Bernhard Brinker

Strategische Herausforderungen im Investment Banking

Forschung

Schriftenreihe der
EUROPEAN BUSINESS SCHOOL
Schloß Reichartshausen

Band 10

Bernhard Brinker

Strategische Herausforderungen im Investment Banking

Integration von Wholesale und Retail Banking

Mit einem Geleitwort von Prof. Dr. Dr. Ann-Kristin Achleitner

DUV Deutscher Universitäts Verlag
GABLER · VIEWEG · WESTDEUTSCHER VERLAG

Die Deutsche Bibliothek – CIP-Einheitsaufnahme

Brinker, Bernhard:
Strategische Herausforderungen im Investment-Banking : Integration von Wholesale und Retail-Banking / Bernhard Brinker. Mit einem Geleitw. von Ann-Kristin Achleitner. – Wiesbaden : DUV, Dt. Univ.-Verl., 1998
(ebs-Forschung : Bd. 10) (DUV : Wirtschaftswissenschaft)
Zugl.: Oestrich-Winkel, Europ. Business School, Diss., 1998
ISBN 978-3-8244-0399-8 ISBN 978-3-322-97638-3 (eBook)
DOI 10.1007/978-3-322-97638-3

Lektorat: Monika Mülhausen

Der Deutsche Universitäts-Verlag ist ein Unternehmen der Bertelsmann Fachinformation GmbH.

http://www.duv.de

Gedruckt auf säurefreiem Papier

ISBN 978-3-8244-0399-8

GELEITWORT

In den letzten Jahren hat das Investment Banking innerhalb der Banken-Industrie gegenüber dem Commercial Banking erheblich an Bedeutung gewonnen. Dabei unterteilt es sich traditionell in das Geschäft mit juristischen Personen, Wholesale Investment Banking genannt, und das Geschäft mit natürlichen Personen, welches als Retail Investment Banking bezeichnet wird.

Eine der großen strategischen Herausforderungen, mit denen sich die zur Zeit in einem starken Umbruch befindliche Investment-Banking-Industrie konfrontiert sieht, betrifft die Frage, inwieweit diese traditionelle Trennung zwischen Wholesale- und Retail-Geschäft aufzuheben ist. Im vergangenen Jahr haben zwei bedeutende Transaktionen innerhalb dieser Industrie in den USA, zum einen die Übernahme des drittgrößten Retail Brokers und Kreditkartenanbieters Dean Witter, Discover durch Morgan Stanley, eine der weltweit führenden Wholesale-Investment-Banken, zum anderen das Kooperationsabkommen zwischen Amerikas größtem Anbieter von Investmentfonds, Fidelity, und der Wholesale-Investment-Bank Salomon Brothers möglicherweise wichtigen Handlungsbedarf unter diesem Aspekt verschärft aufgezeigt.

Der Autor geht in seiner hier vorliegenden Arbeit der Frage nach, inwieweit eine solche Integration von Wholesale und Retail Banking in der Investment-Banking-Industrie aus ökonomischer Perspektive vorteilhaft ist. Dazu wurden Strategien der Vorwärts- und Rückwärtsintegration sowohl unternehmensbezogen aus finanz- und leistungswirtschaftlicher Perspektive als auch wettbewerbsbezogen einer Beurteilung unterzogen.

Die ökonomische Vorteilhaftigkeit von Integrationsstrategien beurteilt der Autor aus neoklassischer sowie aus neoinstitutioneller Perspektive und argumentiert dabei sehr gelungen sowohl auf der Basis eigener empirischer Untersuchungen als auch theoretisch konzeptioneller Betrachtungen. Dabei gelingt es dem Autor zum einen, immer wieder allgemein geäußerte Hypothesen über die Ergebnisvolatilitäten verschiedener Bereiche des Investment Banking zum ersten Mal auf eine empirisch fundierte Basis zu stellen. Zum anderen systematisiert und untersucht er in seiner Arbeit erstmalig die gesamte Bandbreite möglicher Effektivitäts- und Effizienzaspekte derartiger Integrationsstrategien. Schließlich ergeben sich höchst aufschlußreiche Erkenntnisse aus der von einzelwirtschaftlicher Vorteilhaftigkeit abstrahierenden Analyse von Integrationsstrategien im Wettbewerbskontext auf der Basis spieltheoretischer Grundlagen.

Aufgrund der außerordentlich interessanten Ergebnisse wünsche ich dieser Arbeit eine weite Verbreitung und eine interessierte Aufnahme in der Fachdiskussion sowohl in der Theorie als auch in der Praxis.

Prof. Dr. Dr. Ann-Kristin Achleitner

VORWORT

Unterteilt man die Banken-Industrie entlang der beiden Dimensionen Kunden und Produkte, so lassen sich zum einen Wholesale und Retail Banking, zum anderen Commercial und Investment Banking unterscheiden. Anders als das Verhältnis der beiden zuletzt genannten Industriesegmente wurde die Frage nach Ausmaß und Qualität möglicher Wechselbeziehungen zwischen dem Wholesale- und dem Retail-Geschäft in der Investment-Banking-Industrie bislang weder aus bankpolitischer Sicht noch aus mikroökonomischer Perspektive im Hinblick auf Konsequenzen für die zukünftige Industriestruktur thematisiert. Vor diesem Hintergrund war es das primäre Ziel meiner hier vorliegenden Arbeit zu untersuchen, inwieweit eine Integration von Wholesale und Retail Banking in der Investment-Banking-Industrie aus ökonomischer Perspektive vorteilhaft ist.

Bei der Verfolgung dieser Zielsetzung erfuhr ich wertvolle Unterstützung, ohne die diese Arbeit in der vorliegenden Form nicht zustande gekommen wäre, und für die ich mich daher an dieser Stelle bedanke. Dabei ist zunächst meine Doktormutter, Prof. Dr. Dr. Ann-Kristin Achleitner zu erwähnen, der ich für die äußerst effektive und effiziente Begleitung meines Promotionsvorhabens und die mir dabei überlassenen Freiräume dankbar bin. Des weiteren danke ich Prof. Dr. Karl-Werner Schulte für die spontane Übernahme der Zweitkorrektur der Arbeit. Dank schulde ich darüber hinaus insbesondere meinem Arbeitgeber, McKinsey & Company, Inc., für die finanzielle und infrastrukturelle Unterstützung, meinem Arbeitskollegen Dr. Michael Sautter für seine konzeptionellen Anregungen vor allem in der Entstehungsphase dieser Arbeit sowie meinem Promotionskollegen Tilo Dresig, der mir in konzeptionellen und methodischen Diskussionen sowie bei der Abstimmung der Endfassung dieser Arbeit Hilfestellung leistete. Schließlich danke ich meinen Eltern an dieser Stelle sowohl für die Unterstützung während der Promotionszeit als auch für die Förderung und den gewährten Gestaltungsfreiraum während meiner gesamten bisherigen Ausbildung, die mir mein Promotionsvorhaben überhaupt erst ermöglichten. Ihnen widme ich diese Arbeit in großer Dankbarkeit.

Bernhard Brinker

INHALTSVERZEICHNIS

ABBILDUNGSVERZEICHNIS XIII

ABKÜRZUNGSVERZEICHNIS XVII

1 EINLEITUNG 1

1.1 Problemstellung und Zielsetzung der Arbeit 1

1.2 Gang der Untersuchung 8

1.3 Wissenschaftliche Einordnung und methodisches Vorgehen 10

2 DIE U.S.-INVESTMENT-BANKING-INDUSTRIE ALS UNTERSUCHUNGSFELD 13

2.1 Unterteilung der U.S.-Bankenindustrie und begriffliche Abgrenzung 14

2.1.1 Kundenbezogene Unterteilung 15

2.1.2 Produktbezogene Unterteilung 16

2.1.2.1 Commercial Banking 18

2.1.2.2 Investment Banking 20

2.2 Entwicklung und regulatorisches Umfeld der U.S.-Investment-Banking-Industrie 20

2.3 Geschäftsfelder von Investment-Banken 27

2.3.1 Mergers & Acquisitions 30

2.3.2 Corporate Finance/Advisory 32

2.3.3 Underwriting 34

2.3.4 Sales & Trading 38

2.3.5 Asset Management 40

2.4 Spezifika des Managements von Investment-Banken 43

3 TYPOLOGIE UND ERFOLG KUNDENGRUPPENORIENTIERTER STRATEGIEN IM U.S. INVESTMENT BANKING **47**

3.1 Shareholder Value als Erfolgskriterium 48

3.2 Fokussierte kundengruppenorientierte Strategien 53

3.3 Integrationsstrategien 57

3.3.1 Vorwärtsintegration durch die Erweiterung des Wholesale-Geschäfts um Retail-Aktivitäten 57

3.3.2 Rückwärtsintegration durch die Erweiterung des Retail-Geschäfts um Wholesale-Aktivitäten 64

3.4 Zwischenergebnis 66

4 KONZEPTIONELLER BEZUGSRAHMEN ZUR BEURTEILUNG DER VORTEILHAFTIGKEIT VON INTEGRATIONSSTRATEGIEN **69**

4.1 Institutionelle Betrachtungsweise 69

4.2 Neoklassische Betrachtungsweise 71

4.3 Neoinstitutionelle Betrachtungsweise 74

4.3.1 Grundlagen der neoinstitutionellen Betrachtungsweise 74

4.3.2 Funktionale Perspektive als Variante der neoinstitutionellen Betrachtungsweise 83

4.3.2.1 Konzept der funktionalen Perspektive 83

4.3.2.2 Rolle von Investment-Banken aus funktionaler Perspektive 88

4.3.3 Beurteilung der neoinstitutionellen Betrachtungsweise 95

4.4 Zwischenergebnis 95

5 UNTERNEHMENSBEZOGENE BEURTEILUNG DER VORTEILHAFTIGKEIT VON INTEGRATIONSSTRATEGIEN AUS FINANZWIRTSCHAFTLICHER PERSPEKTIVE **97**

5.1 Beurteilung von Diversifikationseffekten 97

5.1.1 Beurteilung aus portfoliotheoretischer Betrachtungsweise 98

5.1.2 Beurteilung aus neoinstitutioneller Betrachtungsweise 100

5.2 Diversifikationseffekte von Integrationsstrategien 107

5.2.1 Durchführung der Untersuchung 107

5.2.2 Ergebnisse der Untersuchung 111

5.3 Zwischenergebnis 126

6 Unternehmensbezogene Beurteilung der Vorteilhaftigkeit von Integrationsstrategien aus leistungswirtschaftlicher Perspektive 131

6.1 Konzept des Structure-Conduct-Performance-Modells 132

6.2 Integrationsstrategien zur Steigerung der Effektivität des Leistungserstellungsprozesses 136

6.2.1 Nachfrageverschiebung vom Retail-Commercial- zum Retail-Investment-Banking-Segment 142

6.2.2 Nachfrageverschiebung vom Wholesale- zum Retail-Investment-Banking-Segment 146

6.2.3 Inhärente Attraktivität des Retail-Investment-Banking-Segments 152

6.3 Integrationsstrategien zur Steigerung der Effizienz des Leistungserstellungsprozesses 159

6.3.1 Economies of Scale 162

6.3.2 Economies of Scope 166

6.4 Zwischenergebnis 178

7 Wettbewerbsbezogene Beurteilung der Vorteilhaftigkeit von Integrationsstrategien 183

7.1 Spieltheoretische Grundlagen 183

7.2 Beurteilung von Integrationsstrategien im Wettbewerbskontext 189

7.3 Zwischenergebnis 200

8 Zusammenfassung und Ausblick 203

ANHANG 211

A1 DATENBANK DER SECURITIES INDUSTRY ASSOCIATION 211

A2 VOLATILITÄTSBERECHNUNG AM BEISPIEL DES TOTAL REVENUE DER U.S. "NATIONAL FULL LINE FIRMS" 225

LITERATURVERZEICHNIS 227

ABBILDUNGSVERZEICHNIS

Abbildung 1-1:	Entwicklungsvergleich U.S.-Commercial- vs. -Investment-Banking-Industrie - 1980-96	3
Abbildung 1-2:	Return on Equity nach Steuern von U.S. "Large Investment Banking Firms" und "National Full Line Firms" - 1980-96	6
Abbildung 1-3:	Aufbau der Arbeit	8
Abbildung 2-1:	Unterteilung der Bankenindustrie	14
Abbildung 2-2:	Top 20 U.S.-Commercial- und -Investment-Banken nach Marktkapitalisierung per Ende April 1997	17
Abbildung 2-3:	Geschäftsfelder von Investment-Banken	28
Abbildung 2-4:	Teilbereiche des Asset Management	40
Abbildung 2-5:	Ertragsentwicklung in der U.S.-Investment-Banking-Industrie nach Geschäftsfeldern - 1975-96	43
Abbildung 2-6:	Management von Wholesale-Investment-Banken	45
Abbildung 3-1:	Typologie und Beispiele kundengruppenorientierter Strategien im Investment Banking	47
Abbildung 3-2:	Total Return to Shareholders von Bear Stearns vs. ausgewählte Indizes - 1985-97	54
Abbildung 3-3:	Total Return to Shareholders von Charles Schwab vs. ausgewählte Indizes - 1987-97	56
Abbildung 3-4:	Total Return to Shareholders von Morgan Stanley (, Dean Witter, Discover) vs. ausgewählte Indizes - 1986-97	60
Abbildung 3-5:	Total Return to Shareholders von Salomon vs. ausgewählte Indizes - 1979-97	63
Abbildung 3-6:	Total Return to Shareholders von Merrill Lynch vs. ausgewählte Indizes - 1979-97	65
Abbildung 3-7:	Total Return to Shareholders der fünf größten börsennotierten U.S.-Investment-Banken vs. ausgewählte Indizes - 1979-97	67
Abbildung 4-1:	Gründe für begrenzte Rationalität und resultierende ökonomische Probleme	77
Abbildung 4-2:	Typen ökonomischer Probleme und deren Handhabung durch Institutionen als Rationalitätssurrogate	82
Abbildung 4-3:	Kernfunktionen des Finanzsystems und Tätigkeitsbereich von Investment-Banken	89

Abbildung 4-4:	Kernfunktionen des Finanzsystems und deren Wahrnehmung durch Investment-Banken	91
Abbildung 5-1:	Vorteilhaftigkeit von Integrationsstrategien aus finanzwirtschaftlicher Perspektive	97
Abbildung 5-2:	Total Revenue von U.S. "National Full Line Firms" und "Large Investment Banking Firms" - 1980-96	112
Abbildung 5-3:	Total Revenue von U.S. "Large Investment Banking Firms" und "Discounters" - 1980-96	113
Abbildung 5-4:	After-Tax Net Income von U.S. "Large Investment Banking Firms" und "Discounters" - 1980-96	114
Abbildung 5-5:	After-Tax Net Income von U.S. "National Full Line Firms" und "Large Investment Banking Firms" - 1980-96	115
Abbildung 5-6:	Volatilitätsvergleich der Ergebnisse von U.S. "National Full Line Firms" und "Large Investment Banking Firms" - 1980-96	116
Abbildung 5-7:	Volatilitätsvergleich der Ergebnisse der fünf größten börsennotierten U.S.-Investment-Banken - 1988-96	118
Abbildung 5-8:	Total Revenue der U.S.-Investment-Banking-Industrie nach Produktgruppen/Geschäftsfeldern - 1980-96	121
Abbildung 5-9:	Total Revenue der U.S. "National Full Line Firms" nach Produktgruppen/Geschäftsfeldern - 1980-96	124
Abbildung 5-10:	Total Revenue der U.S. "Large Investment Banking Firms" nach Produktgruppen/Geschäftsfeldern - 1980-96	125
Abbildung 6-1:	Vorteilhaftigkeit von Integrationsstrategien aus leistungswirtschaftlicher Perspektive	131
Abbildung 6-2:	Konzept des Structure-Conduct-Performance-Modells	133
Abbildung 6-3:	Entwicklungsvergleich U.S. Institutional/Wholesale vs. Retail Asset Management - 1980-95	138
Abbildung 6-4:	Gründe für den relativen Bedeutungsgewinn des Retail-Segments in der U.S.-Investment-Banking-Industrie	141
Abbildung 6-5:	Struktur der Finanzaktiva von U.S.-Privatpersonen - 1980-95	143
Abbildung 6-6:	U.S.-Investmentfondsvolumen nach Fondskategorien - 1975-95	144
Abbildung 6-7:	Vermögenswerte in U.S.-Defined-Benefit- und -Defined-Contribution-Plänen im weiteren Sinne - 1980-95	147
Abbildung 6-8:	Möglichkeiten der steuerbegünstigten individuellen und arbeitgebergestützten Altersvorsorge in den USA	148

Abbildung 6-9:	U.S.-Investmentfondsvolumen im Rahmen von Defined-Contribution-Plänen im weiteren Sinne - 1980-95	150
Abbildung 6-10:	Nettomittelzuflüsse zu U.S.-Investmentfonds - 1992-96	151
Abbildung 6-11:	Demographische Entwicklung in den USA - 1990-2010	153
Abbildung 6-12:	Zusammensetzung der Einkommen von Rentnerhaushalten	154
Abbildung 6-13:	Verteilung von U.S.-Investmentfonds nach Performance Rating - 1991 vs. 1996	156
Abbildung 6-14:	Effizienzsteigerungsmöglichkeiten durch die Integration von Wholesale- und Retail-Investment-Banking-Aktivitäten	160
Abbildung 6-15:	Organisation der Verbindung zwischen Emittenten und Investoren durch Investment-Banken	167
Abbildung 6-16:	Charakteristika der zehn weltweit größten Aktienemissionen - 1993-97	169
Abbildung 6-17:	Arbeitgeberpräferenzen amerikanischer und europäischer Business-School-/Universitäts-Absolventen	175
Abbildung 7-1:	Vorteilhaftigkeit von Integrationsstrategien aus Wettbewerbssicht	183
Abbildung 7-2:	Grundformen spieltheoretisch relevanter Situationen	186
Abbildung 7-3:	Grundmodell der Integration von Wholesale- und Retail-Investment-Banking aus spieltheoretischer Sicht	190
Abbildung 7-4:	Anbieterkonzentration im U.S.-Underwriting-Geschäft - 1988-97	193
Abbildung 7-5:	Anbieterkonzentration im U.S.-Investmentfondsgeschäft - 1987-96	195
Abbildung 7-6:	Anbieterkonzentration im U.S.-Brokerage-Geschäft - 1989-96	197
Abbildung 7-7:	Zugangsmöglichkeiten zu Retail-Kunden für Wholesale-Investment-Banken	198
Abbildung A2-1:	Berechnung des trendbereinigten Variationskoeffizienten als Volatilitätsmaß	225
Abbildung A2-2:	Total Revenue von U.S. "National Full Line Firms" - 1980-96	226

ABKÜRZUNGSVERZEICHNIS

a.a.O.	am angegebenen Ort
ACLI	American Council of Life Insurance
APM	Arbitrage Pricing Model
CAGR	Compound Annual Growth Rate
CAPM	Capital Asset Pricing Model
CEO	Chief Executive Officer
CFTC	Commodities Futures Trading Commission
CMA	Cash Management Account
CS	Credit Suisse
DM	Deutsche Mark
DMG	Deutsche Morgan Grenfell
EBRI	Employee Benefit Research Institute
Ed.	Editor
Eds.	Editors
ERISA	Employee Retirement Income Security Act
et al.	et alii
FDIC	Federal Deposit Insurance Corporation
Hrsg.	Herausgeber
ICI	Investment Company Institute
IFR	International Financing Review
ING	Internationale Nederlanden Groep
IPO	Initial Public Offering
IRA	Individual Retirement Account
i.w.S.	im weiteren Sinne
Jg.	Jahrgang
JITE	Journal of Institutional and Theoretical Economics
LIB	Large Investment Banking Firms
MBA	Master of Business Administration
M&A	Mergers & Acquisitions
NASDAQ	National Association of Securities Dealers Automated Quotation System

NFL	National Full Line Firms
No.	Number
Nr.	Nummer
n.v.	nicht verfügbar
NYC	New York City-based Firms
NYSE	New York Stock Exchange
o.O.	ohne Ortsangabe
OTC	Over the Counter
o.V.	ohne Verfasser
PC	Personal Computer
S.	Seite
SBC	Swiss Bank Corporation
SDC	Securities Data Company
SEC	Securities and Exchange Commission
SIA	Securities Industry Association
SIC	Standard Industrial Classification
S&P	Standard & Poors
UBS	Union Bank of Switzerland
U.S.	United States
USA	United States of America
US $	U.S. Dollar
vgl.	vergleiche
Vol.	Volume
vs.	versus
WiSt	Wirtschaftswissenschaftliches Studium
WWW	World Wide Web
ZfB	Zeitschrift für Betriebswirtschaft
zfbf	Schmalenbachs Zeitschrift für betriebswirtschaftliche Forschung

1 EINLEITUNG

1.1 PROBLEMSTELLUNG UND ZIELSETZUNG DER ARBEIT

Das Investment Banking, verstanden als Wertpapier- und Beratungsgeschäft, hat in den vergangenen Jahren gegenüber dem Commercial Banking, welches neben dem Zahlungsverkehr im wesentlichen das traditionelle Kredit- und Einlagengeschäft umfaßt, signifikant an Bedeutung gewonnen (Abbildung 1-1).[1] Während beispielsweise die Erträge in der U.S.-Investment-Banking-Industrie[2] von 1980 bis 1996 um jährlich durchschnittlich 13,4 Prozent anstiegen, fiel das Wachstum in der U.S.-Commercial-Banking-Industrie im gleichen Zeitraum mit 8,2 Prozent erheblich geringer aus. Noch deutlicher als bei diesem institutionellen Vergleich wird das Bild nach einem Produktvergleich im U.S.-Markt. Einem durchschnittlichen jährlichen Wachstum der Commercial-Paper- und Anleihevolumina von 12,3 Prozent beziehungsweise 9,5 Prozent von 1980 bis 1996 stand im gleichen Zeitraum ein Wachstum des Bestands an traditionellen Bankkrediten von lediglich 3,8 Prozent gegenüber.[3] Die wesentlichen Gründe für diese Entwicklung sind die beschleunigte Globalisierung und Deregulierung der Finanzmärkte, eine Zunahme der Privatisierungsaktivitäten, erhebliche Fortschritte in der Finanztheorie und der Informations- und Kommunikationstechnologie sowie der Trend zur Securitization, das heißt zum Einsatz verbriefter und damit handelbarer Kapitalmarktinstrumente anstelle von unverbrieften Kredittransaktionen.[4]

---

1 Jacob, Adolf-Friedrich/Klein, Sebastian: Investment Banking: Bankpolitik, Methoden und Konzepte, Wiesbaden 1996, S. 5. Eine detailliertere Definition und Abgrenzung von Investment und Commercial Banking erfolgt in Abschnitt 2.1.2.

2 Die Bezeichnung "Industrie" wird hier und im folgenden synonym zum angelsächsischen Begriff "Industry" verwendet; vgl. dazu Caves, Richard: American Industry: Structure, Conduct, Performance, 6th edition, Englewood Cliffs, 1987, S. 1-2; Scherer, Frederic M./Ross, David: Industrial Market Structure and Economic Performance, 3rd edition, Boston 1990, S. 1-2.

3 In Abbildung 1-1 wie im weiteren Verlauf dieser Arbeit wird "durchschnittliche jährliche Wachstumsrate" mit der Bezeichnung "CAGR" ("*C*ompound *A*nnual *G*rowth *R*ate") abgekürzt.

4 Vgl. dazu Marshall, John F./Ellis, M. E.: Investment Banking and Brokerage, Boulder 1994, Preface sowie ausführlicher Merton, Robert C.: Financial Innovation and the Management and Regulation of Financial Institutions, in: Journal of Banking and Finance, Vol. 19 (1995), No. 3/4, S. 461-481; Swary, Itzhak/Topf, Barry: Global Financial Deregulation: Commercial Banking at the Crossroads, Cambridge/Oxford 1992, S. 1-4, 339-362; Schreyer, William A.: The Globalization of Financial Markets, in: Kuhn, Robert Lawrence (Ed.): Investing and Risk Management: Volume I of the Library of Investment Banking, Homewood 1990, S. 27-40; Breuer, Rolf-E.: Globalisierung versus Fragmentierung der Finanzmärkte, in: Gebauer, Wolfgang/Rudolph, Bernd (Hrsg.): Finanzmärkte und Zentralbankpolitik, Frankfurt am Main 1995, S. 243-257; Ramsler,

Diese Entwicklungen scheinen den Prognosen Recht zu geben, die behaupten, "[...] that securitization will defeat intermediation as surely as capitalism triumphed over communism"[5].

Als weitere sichtbare Indizien für den Bedeutungsgewinn des Investment Banking können die Akquisitionen angelsächsischer Investment-Banken durch kontinentaleuropäische, überwiegend auf das traditionelle Commercial Banking fokussierte Institute,[6] die organisatorische Abspaltung und Konzentration entsprechender Geschäftstätigkeiten auf den Finanzplatz London sowie das Vordringen angelsächsischer Investment-Banken auf kontinentaleuropäische Märkte gewertet werden.[7] Auch innerhalb der USA sind nach einer kürzlich erfolgten weiteren Lockerung der regulatorischen Vorschriften für das Trennbankensystem bereits einige Investment-Banken

---

Martin: Finanzinnovationen, in: Gebhard, Günther/Gerke, Wolfgang/Steiner, Manfred (Hrsg.): Handbuch des Finanzmanagements: Instrumente und Märkte der Unternehmensfinanzierung, München 1993, S. 429-444; Cox, Charles C./Kohn, Bruce A.: Regulatory Implications of Computerized Communications in Securities Markets, in: Saunders, Anthony/White, Lawrence J. (Eds.): Technology and the Regulation of Financial Markets: Securities, Futures, and Banking, Lexington/Toronto 1986, S. 7-8; Crawford, Richard D./Sihler, William W.: The Troubled Money Business: The Death of an Old Order and the Rise of a New Order, New York 1991, S. 132-147; Scura, Paul/Issever, Marko/Nabholz, Robert: Financial Innovation and New Corporate Securities, in: Kuhn, Robert Lawrence (Ed.): Corporate and Municipal Securities: Volume III of the Library of Investment Banking, Homewood 1990, S. 623-662; Mishkin, Frederic S.: Financial Markets, Institutions, and Money, New York 1995, S. 264-282; Rauch, Eberhard: Telekommunikation als Motor für strukturelle Änderungen in der Bankenlandschaft, in: Ewerdwalbesloh, Gerd (Hrsg.): Telekommunikation für Banken und Versicherungen: Finanzdienstleistungen im Wandel, Berlin/Heidelberg/New York 1996, S. 95-116; Jacob, Adolf-Friedrich/Klein, Sebastian: Investment Banking, a.a.O., S. 17-22.

5 o.V.: Unbalanced, in: The Economist, Vol. 323 (1992), No. 7757, May 2nd 1992, World Banking Survey, S. 9-12; vgl. dazu auch Warg, Markus: Traditional und Nontraditional Banking: Gegensatz oder Ergänzung?, in: Bank Archiv, 43. Jg. (1995), Nr. 5, S. 341-345, der jedoch betont, daß beide Banking-Typen sich letztlich gegenseitig ergänzen und daher nebeneinander existieren können; diese Meinung vertritt auch Schuster, Leo: Investment Banking, in: Schierenbeck, Henner (Hrsg.): Bank- und Versicherungslexikon, 2., völlig überarbeitete und erweiterte Auflage, München/Wien 1994, S. 360.

6 Zum Beispiel wurde 1989/90 Morgan Grenfell von der Deutschen Bank, 1995 Kleinwort Benson von der Dresdner Bank, im März 1995 Barings von der Internationale Nederlanden Groep (ING), im Juli 1995 SG Warburg vom Schweizerischen Bankverein (SBC) sowie schließlich im Mai 1997 Dillon Read von der neuformierten SBC Warburg übernommen; vgl dazu ausführlicher SDC-Datenbank; Authers, John/Simon, Bernard: Further Shake-Out Seen in US Banking, in: Financial Times, June 30, 1997, S. 22.

7 Jacob, Adolf-Friedrich/Klein, Sebastian: Investment Banking, a.a.O., S. 5; o.V.: The Dutch Touch, in: The Economist, Vol. 339 (1996), No. 7962, April 20th 1996, S. 66-67; o.V.: British Investment Banks: The Last of the Mohicans, in: The Economist, Vol. 340 (1996), No. 7975, July 20th 1996, S. 73-74.

von Commercial-Banken übernommen worden.[8] Über weitere M&A-Transaktionen dieser Art wird spekuliert.[9]

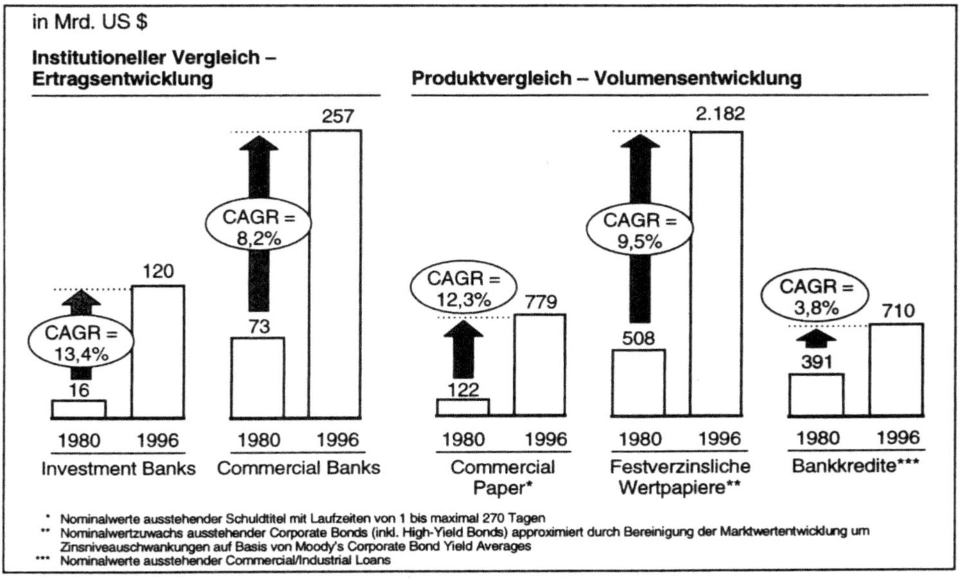

Abbildung 1-1: Entwicklungsvergleich U.S.-Commercial- vs. -Investment-Banking-Industrie - 1980-96[10]

---

8 Bankers Trust zum Beispiel übernahm im Mai 1996 Wolfensohn, im April 1997 Alex. Brown, BankAmerica erwarb im Juni 1997 Robertson Stephens; vgl. dazu Authers, John/Simon, Bernard: Further Shake-Out, a.a.O., S. 22; Neish, Stephen: Boutiques for Sale, in: Euromoney, o. Jg. (1996), No. 330, October, S. 57-60; o.V.: Bankers' Hope, in: The Economist, Vol. 343 (1997), No. 8012, April 12th, 1997, S. 77; Frank, Stephen E./McGeehan, Patrick: BankAmerica Agrees to Acquire Robertson Stephens, a Boutique, in: The Wall Street Journal Europe, June 10th, 1997, S. 16; Dutta, Mahua: Don't Mess With Robertson Stephens, in: The American Banker, Vol. 162 (1997), No. 111, S. 19.

9 Als prominente Übernahmekandidaten für amerikanische oder kontinentaleuropäische Commercial-Banken, wie zum Beispiel J.P. Morgan, Chase Manhattan, Nations Bank, Deutsche Bank und ING werden in letzter Zeit unter anderem American Century, Montgomery Securities, und Lehman Brothers gehandelt; vgl. dazu Authers, John/Simon, Bernard: Further Shake-Out, a.a.O., S. 22; o.V.: Übernahme-Spekulationen beflügeln Lehman-Aktien, in: Frankfurter Allgemeine Zeitung, Nr. 106, 9. Mai 1997, S. 20; o.V.: Nice, If You Can, in: The Economist, Vol. 343 (1997), No. 8016, May 10th 1997, S. 76-81; o.V.: Out of Their League?, in: The Economist, Vol. 343 (1997), No. 8022, June 21st 1997, S. 76; o.V.: Integration in the Financial Services Industry: An Interview with John A. Craven, Chairman, Morgan Grenfell Group plc, London, and Member of the Board of Managing Directors, Deutsche Bank AG, Frankfurt am Main, in: Business Quarterly, Vol. 60 (1996), No. 4, S. 30.

Die zunehmende Integration von Commercial und Investment Banking und eine damit verbundene Konsolidierungswelle vor allem im Zusammenhang mit der fortwährenden Aufweichung des Trennbankenprinzips in den USA[11] ist für viele Marktteilnehmer nicht überraschend.[12] Unerwartet geschahen jedoch Anfang des Jahres 1997 zwei Ereignisse in der amerikanischen Investment-Banking-Industrie: die Kooperation zwischen Amerikas größtem Fondsmanager Fidelity und der Investment-Bank Salomon Brothers[13] sowie die in die gleiche strategische Richtung zielende Übernahme des drittgrößten Retail Brokers und Kreditkartenanbieters Dean Witter, Discover durch Morgan Stanley, eine der weltweit führenden Wholesale-Investment-Banken.[14] Der zuletzt genannte Deal wurde von einem prominenten Marktbeobachter sogar mit den Worten kommentiert: "Yesterday could be the first day of the new financial order"[15]. Tatsächlich werden auch anderen renommierten Investment-Banken

---

10 Eigene Berechnungen auf der Basis von Daten aus der Securities Industry DataBank, SIA, New York (vgl. dazu ausführlicher Punkt A1 des Anhangs) sowie aus FDIC: Report of Condition & Income for Commercial Banks & Selected Other Financial Institutions, Washington D.C. 1981-1997; Federal Reserve: Outstanding Money Market Instruments, Internet Site: The Bond Market Association (http://www.psa.com/research/o3.htm), 16. Januar 1998, S. 1; Moody's: Moody's Corporate Bond Yield Averages, Internet Site: The Bond Market Association (http://www.psa.com/research/C3.htm), 16. Januar 1998, S. 1.

11 Vgl. dazu ausführlicher Abschnitt 2.2.

12 Marshall, John F./Ellis, M. E.: Investment Banking, a.a.O., S. 8-9; Maltzan, Bernd-Albrecht von: Investment Banking trägt zur Stabilisierung des Universalbankgeschäftes bei, in: Zeitschrift für das gesamte Kreditwesen, 49. Jg. (1996), Heft 5, S. 194; o.V.: "Nischenstrategie" für europäische Banken, in: Handelsblatt, Nr. 28, 8. Februar 1996, S. 35.

13 Salomon Brothers erhielt schließlich im September 1997 mit der Akquisition durch den Finanz- und Versicherungskonzern Travelers Group umfassenden Zugang zu Retail-Kunden; vgl. dazu ausführlicher o.V.: Die Übernahme von Salomon durch Travelers schlägt hohe Wellen, in: Frankfurter Allgemeine Zeitung, Nr. 224, 26. September 1997, S. 22; o.V.: Bei Sanford Weill geht es Schlag auf Schlag, in: Frankfurter Allgemeine Zeitung, Nr. 224, 26. September 1997, S. 22; o.V.: Salomon Succumbs at Last, in: The Economist, Vol. 344 (1997), No. 8036, September 27th 1997, S. 81-82; Authers, John: How the Mighty Macho Has Fallen, in: Financial Times, September 27/28, 1997, S. 22; Corrigan, Tracy: The Guy from Brooklyn, in: Financial Times, September 27/28, 1997, S. 7.

14 o.V.: Giants Go Hunting, in: The Economist, Vol. 342 (1997), No. 8003, February 8th 1997, S. 89-90; Fox, Justin: What the Morgan Merger Portends, in: Fortune, Vol. 135 (1997), No. 4, March 3, 1997, S. 19-20; Truell, Peter: Fidelity Forms an Alliance with Salomon, in: The New York Times, January 18, 1997, S. 35; Raghavan, Anita/McGough, Robert: Fidelity Brokerage Arm in Pact to Market Salomon Offerings, in: The Wall Street Journal, January 20, 1997, S. C1; Corrigan, Tracy: Salomon Forges Alliance with Brokerage, in: Financial Times, January 20, 1997, S. 23; Teitelbaum, Richard: The Trouble With the Salomon-Fidelity Deal, in: Fortune, Vol. 135 (1997), No. 4, March 3, 1997, S. 21.

15 Fox, Justin: Morgan Merger, a.a.O., S.19.

wie zum Beispiel Goldman Sachs, die bislang nahezu ausschließlich auf das Wholesale-Geschäft fokussiert waren, Bemühungen nachgesagt, sich Zugang zu Retail-Kunden zu verschaffen.[16]

Parallel zu diesen Entwicklungen ist zu beobachten, daß sich Merrill Lynch, aufbauend auf einer sehr starken Position im Retail Asset Management, kontinuierlich zu einem führenden Anbieter auch im Wholesale Investment Banking entwickelt hat.[17] Sowohl 1995 als auch 1996 belegte Merrill Lynch den ersten Platz im "Poll of Polls" der Fachzeitschrift Euromoney, noch vor den bis dato dominierenden, überwiegend auf das Wholesale-Geschäft fokussierten Anbietern Goldman Sachs, Morgan Stanley und SBC Warburg.[18] Ebenso wurde kürzlich vom größten U.S. Retail Discount Broker Charles Schwab bekannt, daß dieser sich in Gesprächen mit verschiedenen großen Investment-Banken über mögliche Kooperationsformen befindet, die seinen Kunden unmittelbaren Zugang zu erstmals emittierten Aktien verschaffen würden.[19]

Gleichzeitig haben sich in der Investment-Banking-Industrie seit 1980 die Eigenkapitalrenditen der vorwiegend im Wholesale-Geschäft engagierten Banken dem niedrigeren Niveau der stärker retailorientierten Anbieter angeglichen. Nachdem bis zum Beginn der neunziger Jahre die Renditevorsprünge der wholesalelastigen Investment-Banken zeitweise deutlich über 20 Prozentpunkte betragen hatten, waren seit 1991 nur noch vergleichsweise geringe Unterschiede zu beobachten. In den Jahren 1994 und 1995 wiesen die stärker retailorientierten Banken sogar erstmals im Zeitraum von 1980 bis 1996 bessere Eigenkapitalrenditen nach Steuern aus als ihre überwiegend mit Wholesale-Kunden befaßten Konkurrenten (Abbildung 1-2).

---

16 o.V.: Giants Go Hunting, a.a.O., S. 89.

17 Hayes, Samuel L.: The Transformation of Investment Banking, in: Harvard Business Review, Vol. 57 (1979), No. 1, S. 155; vgl. dazu ausführlicher Abschnitt 3.3.2.

18 Dabei gelang es Merrill Lynch 1996 erstmalig, auch im prestigeträchtigen Advisory-Geschäft den ersten Platz einzunehmen; Euromoneys "Poll of Polls" aggregiert zunächst verschiedene League-Table- und Umfrageergebnisse zu Rankings in den Bereichen Underwriting, Trading und Advisory, die dann gewichtet zu einem Gesamtranking zusammengefaßt werden; vgl. dazu ausführlicher Dobson, Rebecca: The Rise of DMG, in: Euromoney, o. Jg. (1997), No. 1, S. 112-113; Duyn, Aline van: Poll of Polls, the Decathlon of Investment Banking, in: Euromoney, o. Jg. (1993), No. 10, S. 79-81.

19 Authers, John: Schwab Targets IPOs, in: Financial Times, August 8, 1997, S. 22.

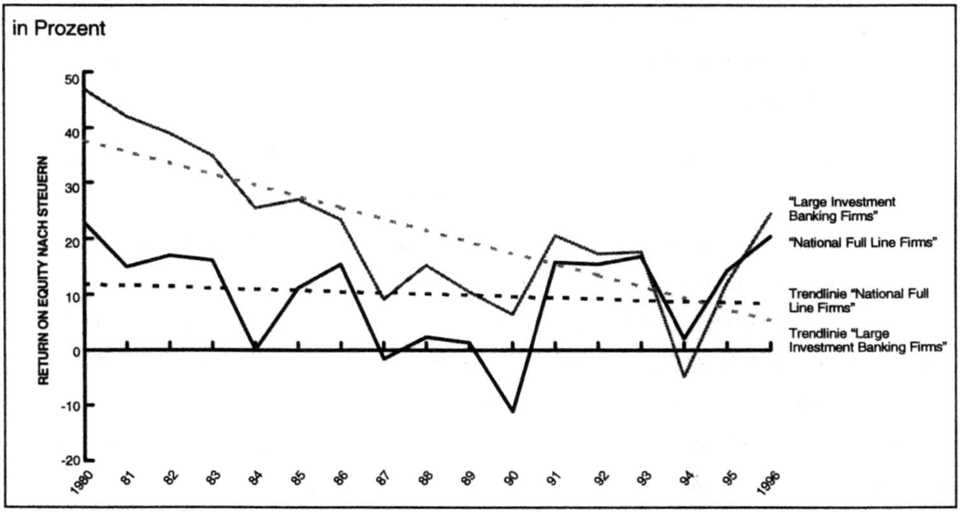

Abbildung 1-2: Return on Equity nach Steuern von U.S. "Large Investment Banking Firms" und "National Full Line Firms" - 1980-96[20]

Während die wissenschaftliche Behandlung des Investment Banking in der deutschsprachigen Bankbetriebswirtschaftslehre die Bedeutung dieser Industrie gegenwärtig nicht angemessen abbildet,[21] existiert im angelsächsischen Sprachraum bereits seit längerer Zeit umfangreiche Literatur zu dieser Thematik.[22] Anders als das Verhältnis

---

20 Eigene Berechnungen auf der Basis von Daten aus der Securities Industry DataBank, SIA, New York (vgl. dazu sowie zur Abgrenzung und den Mitgliedern der Institutsgruppen ausführlicher Punkt A1 des Anhangs) in Anlehnung an die Analyse in Sanford C. Bernstein & Co., Inc.: No Longer the Ugly Duckling: The Retail Securities Industry, New York 1997, S. 8.

21 Vgl. Jakob, Adolf-Friedrich/Klein, Sebastian: Investment Banking, a.a.O., S. 5.

22 Neben zahlreichen Aufsätzen in einschlägigen wissenschaftlichen Zeitschriften können über die bereits zitierten Quellen hinaus beispielhaft folgende Veröffentlichungen genannt werden: Carosso, Vincent P.: Investment Banking in America: A History, Cambridge 1970; Hayes, Samuel L./Spence, A. Michael/Marks, David V. P.: Competition in the Investment Banking Industry, Boston 1983; Eccles, Robert G./Crane, Dwight B.: Doing Deals: Investment Banks at Work, Boston 1988; Williamson, J. Peter (Ed.): The Investment Banking Handbook, New York et al. 1988; Bloch, Ernest: Inside Investment Banking, 2nd edition, Burr Ridge et al. 1989; Scott-Quinn, Brian: Investment Banking: Theory and Practice, London 1990; Rupert, Rupert H. (Ed.): The New Era of Investment Banking: Industry Structure, Trends and Performance, Chicago 1993; Geisst, Charles R.: Investment Banking in the Financial System, Englewood Cliffs 1995; Gardener, Edward/Molyneux, Philip (Eds.): Investment Banking: Theory and Practice, 2nd edition, Plymouth 1996.

zwischen Investment und Commercial Banking[23] wurde jedoch die Frage nach Ausmaß und Qualität möglicher Wechselbeziehungen zwischen dem Wholesale- und dem Retail-Geschäft in der Investment-Banking-Industrie bislang weder aus bankpolitischer Sicht[24] noch aus mikroökonomischer Perspektive im Hinblick auf Konsequenzen für die zukünftige Industriestruktur thematisiert.

Vor dem Hintergrund dieser Ausführungen ist es das Ziel der vorliegenden Arbeit, einerseits eine grundlegende wissenschaftliche Systematisierung des Investment Banking vorzunehmen sowie andererseits darauf aufbauend zu untersuchen, ob es ökonomisch fundierte Gründe gibt, die für eine zunehmende Integration von Wholesale und Retail Banking in der Investment-Banking-Industrie sprechen.

Diese Fragestellung ist zum einen einzelwirtschaftlich im Hinblick auf die bankpolitisch relevanten strategischen Konsequenzen für die Marktteilnehmer von Bedeutung. Zum anderen können aus den angestellten Überlegungen heraus Theorien[25] über künftige Entwicklungen der Struktur der Bankenindustrie im allgemeinen und der Investment-Banking-Industrie im besonderen entwickelt werden, die aus gesamtwirtschaftlicher Perspektive unter anderem hinsichtlich zukünftiger Regulierungsentscheidungen Relevanz besitzen. Gleichzeitig ist es mit der Untersuchung dieser Fragestellung möglich, gängige Meinungen zu diesen beiden Themenkomplexen einer wissenschaftlich fundierten Überprüfung zu unterziehen. Damit entspricht die Arbeit dem allgemeinen Ziel der Wissenschaft, "[...] befriedigende Erklärungen für alles zu fin-

---

23 Vgl. dazu beispielsweise Hayes, Samuel L.: Investment Banking: Commercial Banks' Inroads, in: Williamson, J. Peter (Ed.): The Investment Banking Handbook, New York et al. 1988, S. 443-456; Benston, George J.: The Separation of Commercial and Investment Banking: The Glass-Steagall Act Revisited and Reconsidered, Houndmills et al. 1990; Johnson, Hazel J.: The Banker's Guide to Investment Banking: Securities and Underwriting Activities in Commercial Banking, o.O. 1996.

24 Der innerhalb der Bankbetriebslehre derzeit noch am wenigsten entwickelte Bereich der Theorie der Bankpolitik soll Entscheidungsträgern des Bankbetriebs Entscheidungshilfen und Handlungsempfehlungen geben, die kongruent mit dem jeweiligen spezifischen bankbetrieblichen Zielsystem sind; vgl. dazu ausführlicher Eilenberger, Guido: Bankbetriebswirtschaftslehre: Grundlagen - Internationale Bankleistungen - Bank-Management, 6., völlig neu bearbeitete Auflage, München/Wien 1996, S. 4-5; Büschgen, Hans E.: Bankbetriebslehre: Bankgeschäfte und Bankmanagement, 4., vollständig überarbeitete und erweiterte Auflage, Wiesbaden 1993, S. 3-8.

25 Theorien werden verstanden als "[...] Instrumente des Denkens [...], die der systematischen Ordnung und Vorhersage von Erfahrungstatsachen dienen" (Eilenberger, Guido: Bankbetriebswirtschaftslehre, a.a.O., S. 7).

den, was einer Erklärung zu bedürfen scheint, um damit den menschlichen Wissensbestand zu erweitern und Probleme der Praxis besser beherrschen zu können [...] "[26].

1.2 Gang der Untersuchung

Die vorliegende Arbeit gliedert sich in acht Abschnitte (Abbildung 1-3).

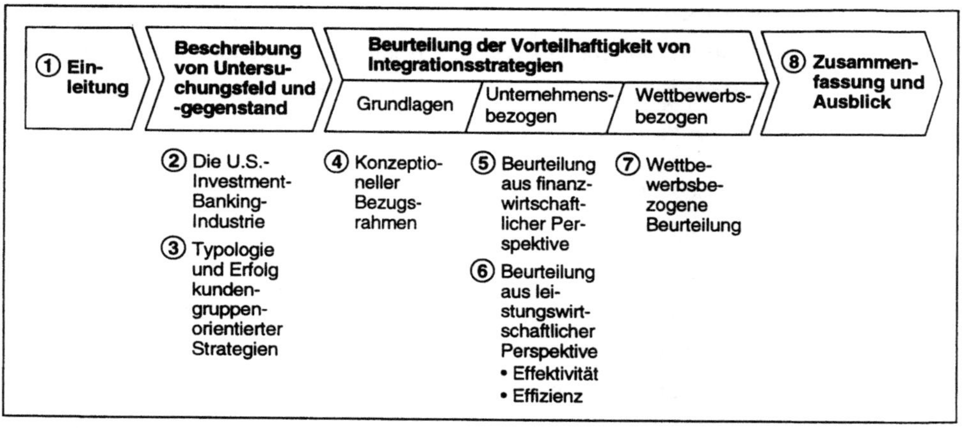

Abbildung 1-3: Aufbau der Arbeit

Das *Gesamtkonzept* sieht im zweiten und dritten Abschnitt die Beschreibung von Untersuchungsfeld und -gegenstand vor, während sich die Abschnitte vier bis sieben mit der umfassenden Analyse der Vorteilhaftigkeit von Integrationsstrategien befassen, wobei die Beurteilung sowohl unternehmensbezogen als auch wettbewerbsbezogen erfolgt.

Zur Erörterung von Problemstellung und Zielsetzung der Untersuchung erläutert *Abschnitt eins* im folgenden noch die wissenschaftliche Einordnung der Arbeit und das methodische Vorgehen.

Abschnitt zwei grenzt die U.S.-Investment-Banking-Industrie als Untersuchungsfeld ab. Dies beinhaltet die kunden- und produktbezogene Unterteilung der U.S.-Bankenin-

---

26 Eilenberger, Guido: Bankbetriebswirtschaftslehre, a.a.O., S. 7; eine ausführlichere Diskussion der Wissenschaftsziele findet sich bei Chmielewicz, Klaus: Forschungskonzeptionen der Wirtschaftswissenschaft, 2., überarbeitete und erweiterte Auflage, Stuttgart 1979, S. 17-18.

dustrie einschließlich der Definition der wesentlichen Begriffe, die Darstellung der Entwicklung und des regulatorischen Umfelds der U.S.-Investment-Banking-Industrie sowie den Überblick über die Geschäftsfelder und die Spezifika des Managements von Investment-Banken. In *Abschnitt drei* wird eine Typologie erstellt, in die sich existierende kundengruppenorientierte Strategien im U.S. Investment Banking als Untersuchungsgegenstand dieser Arbeit einordnen lassen. Gleichzeitig werden diese Strategien anhand einiger Beispiele auf Basis des Shareholder-Value-Kriteriums einer Erfolgsbeurteilung unterzogen.[27]

Abschnitt vier legt den konzeptionellen Bezugsrahmen für die darauffolgende Beurteilung der Vorteilhaftigkeit von Integrationsstrategien. Kernpunkt ist die Einführung geeigneter konzeptioneller Betrachtungsweisen einer Investment-Bank. *Abschnitt fünf* befaßt sich unternehmensbezogen mit der Vorteilhaftigkeit von Integrationsstrategien aus finanzwirtschaftlicher Perspektive, indem zunächst allgemein die Sinnhaftigkeit von Diversifikationsbemühungen auf Unternehmensebene beurteilt wird, um dann konkret die Diversifikationseffekte von Integrationsstrategien zu bewerten. Anschließend erfolgt in *Abschnitt sechs* die unternehmensbezogene Beurteilung der Vorteilhaftigkeit von Integrationsstrategien aus leistungswirtschaftlicher[28] Perspektive. Dazu werden nach einer kurzen Skizzierung und Einordnung des Structure-Conduct-Performance (SCP)-Modells als theoretische Grundlage für diesen Abschnitt die Auswirkungen von Integrationsstrategien auf die Effektivität und Effizienz des Leistungserstellungsprozesses bei Investment-Banken untersucht. Im Anschluß an die erfolgte unternehmensbezogene Betrachtung der Fragestellung komplettiert *Abschnitt sieben* die Analyse mit einer wettbewerbsbezogenen Beurteilung der Vorteilhaftigkeit von Integrationsstrategien.

Abschnitt 8 faßt schließlich die Ergebnisse der Untersuchung zusammen und rundet die Arbeit mit einem Ausblick ab.

---

27 Da es sich im Rahmen dieser Analyse zum Teil um vergleichsweise kurze Beobachtungszeiträume handelt, ist der Erfolg einzelner Strategien noch nicht empirisch testbar. Vielmehr dient die Erfolgsbeurteilung der Illustration und Plausibilisierung der konzeptionellen Argumentation; vgl. dazu ausführlicher Abschnitt 1.3.

28 Der Begriff "leistungswirtschaftlich" wird zur Betrachtung der eigentlichen Erstellung einer marktgerechten (Dienst-)Leistung durch die Investment-Bank verwendet und unterscheidet sich damit von der finanzwirtschaftlichen Perspektive eines Investors.

1.3 Wissenschaftliche Einordnung und methodisches Vorgehen

Folgt man im System der Wissenschaften der Wirtschaftszweigzugehörigkeit des Erfahrungsobjektes als Gliederungskriterium,[29] so ist die vorliegende Arbeit der Bankbetriebslehre zuzuordnen. Darunter soll im folgenden eine Spezialdisziplin der Betriebswirtschaftslehre[30] verstanden werden, die sich mit "[...] Unternehmungen, deren primäre Zweckbestimmung darin besteht, Finanzdienstleistungen zu produzieren, zu vermitteln und/oder zu handeln sowie deren Verknüpfungen zu ihrer Umwelt"[31] mit dem Ziel befaßt, "[...] der bankbetrieblichen Praxis Hilfen zur Führung von Bankunternehmungen [zu] geben [...]"[32].

Da eine Integrationsstrategie Implikationen für das Ausmaß der vertikalen Integration hat und im Rahmen einer strategischen Grundsatzentscheidung eine Neudefinition der Unternehmensgrenzen erfordert, ist die Arbeit nach betrieblichen Funktionen als Gliederungskriterium[33] im Bereich der strategischen Unternehmensführung anzusiedeln.[34]

---

29 Büschgen, Hans E.: Bankbetriebslehre, a.a.O., S. 3.

30 Vgl. zur Stellung der Betriebswirtschaftslehre im System der Wissenschaften ausführlicher Wöhe, Günter: Einführung in die Allgemeine Betriebswirtschaftslehre, 19., überarbeitete und erweiterte Auflage, München 1996, S. 24-34; Lücke, Wolfgang: Die prägende Wirkung der Lehre Gutenbergs für die Entwicklung der Betriebswirtschaftslehre, in: ZfB, 67. Jg. (1997), Heft 12, S. 1247-1248; Albach, Horst (Hrsg.): Zur Theorie der Unternehmung: Schriften und Reden von Erich Gutenberg: Aus dem Nachlaß, Berlin et al. 1989, S. 204-211. Vgl. zur zukünftigen Entwicklung der Betriebswirtschaftslehre Albach, Horst: Gutenberg und die Zukunft der Betriebswirtschaftslehre, in: ZfB, 67. Jg. (1997), Heft 12, S. 1264-1276.

31 Eilenberger, Guido: Bankbetriebswirtschaftslehre, a.a.O., S. 1.

32 Eilenberger, Guido: Bankbetriebswirtschaftslehre, a.a.O., S. 3; vgl. zur Definition und wissenschaftlichen Standortbestimmung der Bankbetriebslehre auch Deppe, Hans-Dieter: Eine Konzeption wissenschaftlicher Bankbetriebslehre in drei Doppelstunden, in: Deppe, Hans-Dieter (Hrsg.): Bankbetriebliches Lesebuch, Stuttgart 1978, S. 6; Büschgen, Hans E.: Bankbetriebslehre, a.a.O., S. 3-8; Eilenberger, Guido: Bankbetriebswirtschaftslehre, a.a.O., S. 1-8.

33 Büschgen, Hans E.: Bankbetriebslehre, a.a.O., S. 3.

34 Vgl. dazu ausführlicher Ansoff, H. Igor: Strategies for Diversification, in: Harvard Business Review, Vol. 35 (1957), No. 5, S. 113-124; Porter, Michael E.: Wettbewerbsstrategie (Competitive Strategy): Methoden zur Analyse von Branchen und Konkurrenten, deutsche Übersetzung von Volker Brandt und Thomas C. Schwoerer, 7. Auflage, Frankfurt/Main/New York 1992, S. 375-403; Kreikebaum, Hartmut: Strategische Unternehmensplanung, 4. Auflage, Stuttgart/Berlin/Köln 1991, S. 50-54; Staehle, Wolfgang H.: Management: Eine verhaltenswissenschaftliche Perspektive, 6., überarbeitete Auflage, München 1991, S. 610-615; Picot, Arnold/Reichwald, Ralf: Auflösung der Unternehmung? Vom Einfluß der IuK-Technik auf Organisationsstrukturen und Kooperationsformen, in: ZfB, 64. Jg. (1994), Nr. 5, S. 547-570.

Innerhalb der Bankbetriebslehre ist die Arbeit somit dem Bereich der Bankunternehmensführung zuzuordnen.[35]

Obwohl in erster Linie konzeptionelle Aussagen entwickelt werden, weist die Arbeit gleichzeitig starken Realitätsbezug auf. Es werden konkrete Hypothesen zur Vorteilhaftigkeit im U.S. Investment Banking beobachtbarer Integrationsstrategien entwickelt, die, soweit möglich, durch empirisches Material unterlegt werden. Dabei ist zwischen Fallbeispielen aus der Praxis und quantitativen Befunden zu unterscheiden. Während ersteren im wesentlichen die Aufgabe zukommt, konzeptionelle Argumente zu illustrieren und deren Realitätsbezug aufzuzeigen, haben quantitative Befunde im Idealfall den Charakter eines empirischen Beweises. So kann zum Beispiel die Hypothese einer Annäherung der Eigenkapitalrenditen der vorwiegend im Wholesale-Geschäft engagierten Banken und der stärker retailorientierten Anbieter in der U.S.-Investment-Banking-Industrie seit 1980[36] durch entsprechende Daten unterlegt werden. Oftmals beziehen sich Aussagen jedoch auf aktuelle und zukünftige Entwicklungen, so daß Datenreihen nicht im erforderlichen Umfang zur Verfügung stehen. Ebenso kommt es vor, daß Daten nicht in hinreichend differenzierter Form vorliegen oder nicht eindeutige Ursache-Wirkungs-Zusammenhänge[37] bestehen. In diesen Fällen werden quantitative Befunde zur Plausibilisierung konzeptionell abgeleiteter Hypothesen herangezogen. Einen Ersatz für einen wissenschaftlich validen empirischen Test kann und soll diese Form der Plausibilisierung jedoch nicht darstellen. Die Ergebnisse haben zwar rein deskriptiven Charakter und lassen nur Aussagen zu der jeweils konkret erhobenen Stichprobe zu. Dennoch lassen sich daraus bei entsprechender Begrün-

---

35 Büschgen, Hans E.: Bankbetriebslehre, a.a.O., S. 5.

36 Abbildung 1-2.

37 Aufgrund einer Vielzahl nicht eindeutig abgrenzbarer Einflußfaktoren kann beispielsweise die Hypothese des ökonomischen Erfolgs einer bestimmten Strategie einer Investment-Bank durch die Analyse ihrer Kapitalmarktbewertung zwar plausibilisiert, nicht jedoch im streng wissenschaftlichen Sinne empirisch getestet werden.

dung auch Hypothesen ableiten oder konkretisieren. Geschieht dies im Rahmen der vorliegenden Arbeit, so werden solche Hypothesen entsprechend gekennzeichnet und deren Plausibilität diskutiert.[38]

---

[38] Vgl. ausführlicher zu Erkenntnismöglichkeiten und Methoden der theoretischen Betriebswirtschaftslehre sowie deren Bedeutung für die Bankbetriebslehre zum Beispiel Wöhe, Günter: Allgemeine Betriebswirtschaftslehre, a.a.O., S. 33-36; Böhme, Markus: Die Zukunft der Universalbank: Strategie, Organisation und Shareholder Value im Informationszeitalter, Ludwig-Maximilians-Universität München, Diss., München 1997, S. 18-19; Picot, Arnold: Empirische Forschungsansätze in der Finanzwirtschaft, in: Büschgen, Hans E. (Hrsg.): Handwörterbuch der Finanzwirtschaft, Stuttgart 1976, S. 317-328; Eichhorn, Peter: Die Methodologiediskussion in der Betriebswirtschaftslehre und ihre Bedeutung für die Bankbetriebslehre, in: Deppe, Hans-Dieter (Hrsg.): Bankbetriebliches Lesebuch, Stuttgart 1978, S. 137-152.

2 Die U.S.-Investment-Banking-Industrie als Untersuchungsfeld

Im wesentlichen aus Gründen der Datenverfügbarkeit[39], der Größe und des Entwicklungsstands des Heimatmarktes[40] sowie aufgrund ihrer internationalen Bedeutung[41] wurde die U.S.-Investment-Banking-Industrie als Basis für die weiteren Untersuchungen und Analysen ausgewählt.[42] Um ein besseres Verständnis für diese Industrie zu erreichen, wird zunächst die gesamte U.S.-Bankenindustrie kunden- und produktbezogen unterteilt und begrifflich abgegrenzt, sowie spezifisch für die Investment-Banking-Industrie die Entwicklung und das regulatorische Umfeld skizziert. Nach dieser Einordnung erfolgt in diesem Abschnitt eine systematische Darstellung der Geschäftsfelder sowie spezifischer Aspekte des Managements von Investment-Banken. Dabei ist anzumerken, daß die grundlegende Struktur der im ersten Unterpunkt dieses Abschnitts folgenden Unterteilung der Bankenindustrie sowie die in Abschnitt 2.3 folgende Übersicht über die Geschäftsfelder auch über die U.S.-Investment-Banking-Industrie hinaus Gültigkeit besitzen.

---

[39] Aufgrund der gesetzlich vorgeschriebenen institutionellen Trennung von Commercial und Investment Banking in den USA ist beispielsweise diese Unterteilung dort auch datenmäßig weitgehend problemlos nachvollziehbar, während dies in Ländern mit Universalbanksystem wie zum Beispiel Deutschland, wenn überhaupt, nur mit erheblichem Aufwand möglich ist.

[40] Zum Beispiel entfielen 1993 über ein Drittel der Marktkapitalisierung aller weltweit börsennotierten Unternehmen sowie fast zwei Drittel des weltweit von der Mutual-Fund-Industrie gemanagten Vermögens auf die USA (Hunt, David: What Future for European Investment Banks?, in: The McKinsey Quarterly, o. Jg. (1995), No. 1, S. 109).

[41] Sechs der zehn weltweit führenden Investment-Banken kamen 1996 aus den USA, wobei dieses Verhältnis seit 1993 nahezu unverändert ist (Dobson, Rebecca: The Rise of DMG, a.a.O., S. 112-113; Duyn, Aline van: Poll of Polls, a.a.O., S. 79-81). Der Marktanteil dieser sechs U.S.-Investment-Banken lag 1996 sowohl im weltweiten M&A-Geschäft als auch im weltweiten Debt- und Equity-Securities-Underwriting- und -Placement-Geschäft über 30 Prozent (SDC-Datenbank, Securities Data Company, New York).

[42] Die Auswahl der U.S.-Investment-Banking-Industrie als Untersuchungsfeld zusammen mit der angelsächsischen Herkunft des Investment Banking erklärt auch den vergleichsweise häufigen Gebrauch englischsprachiger Begriffe im weiteren Verlauf dieser Arbeit, von deren Übersetzung vor allem bei Fachtermini zum Teil abgesehen wurde, um eine größtmögliche Präzision des Ausdrucks und der Argumentation sicherzustellen.

2.1 UNTERTEILUNG DER U.S.-BANKENINDUSTRIE UND BEGRIFFLICHE ABGRENZUNG

Unterteilt man die U.S.-Bankenindustrie entlang der beiden Dimensionen Kunden und Produkte, so kann man zum einen Retail und Wholesale Banking, zum anderen Commercial und Investment Banking unterscheiden (Abbildung 2-1).

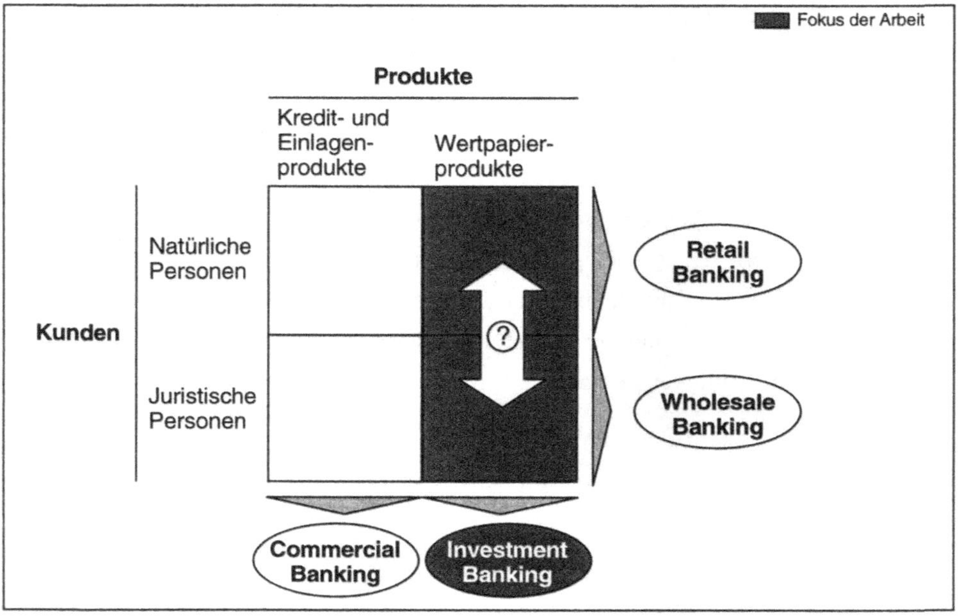

Abbildung 2-1: Unterteilung der Bankenindustrie

Diese Unterteilung grenzt die U.S.-Investment-Banking-Industrie als Untersuchungsfeld dieser Arbeit ab, innerhalb derer die Frage nach einer fortschreitenden Integration der Wholesale- und Retail-Segmente untersucht wird und verdeutlicht darüber hinaus die unterschiedlichen Dimensionen der oftmals synonym verwendeten Termini Wholesale und Investment Banking. Weitere Schnitte, wie zum Beispiel nach Regionen, sind denkbar, würden jedoch an dieser Stelle zu keinem nennenswerten zusätzlichen Erkenntnisgewinn führen.

2.1.1 Kundenbezogene Unterteilung

Entlang der Kundendimension ist zwischen Retail und Wholesale Banking zu unterscheiden. Dabei bezeichnet Retail Banking das Privatkundengeschäft, das heißt sämtliche Geschäfte, die mit Privatkunden im Sinne von natürlichen Personen[43] getätigt werden. Zur Feinsegmentierung der Privatkunden ist es grundsätzlich üblich, weiter nach Einkommen und Vermögen, beispielsweise zwischen Massenkunden, Individualkunden und den sogenannten "High Net Worth Individuals" zu unterscheiden.[44] Die Bedeutung dieser Feinsegmentierung variiert jedoch wiederum nach Produkten. Sie ist beispielsweise für Zahlungsverkehrsprodukte weniger relevant als für den Bereich Wertpapier- und Anlageberatung.[45]

Unter Wholesale Banking soll hier das Großkundengeschäft subsumiert werden, das heißt Geschäfte, die im wesentlichen mit juristischen Personen des privaten oder öffentlichen Rechts abgeschlossen werden. Diese Gruppe umfaßt überwiegend Unternehmen in privatrechtlicher Form, aber zum Beispiel auch Körperschaften und Anstalten des öffentlichen Rechts.[46] Der Logik der Unterteilung folgend wird auch der vom Ergebnisbeitrag her oftmals sehr bedeutende Eigenhandel der Banken dem Wholesale Banking zugeordnet, da in diesem Bereich Geschäfte auf eigene Rechnung, das heißt für die Bank selbst als Unternehmen in privatrechtlicher oder öffentlichrechtlicher Form, abgewickelt werden.

---

43 Neben den natürlichen Personen können auch die nach deutschem Recht existierenden nichtrechtsfähigen Personenvereinigungen des bürgerlichen Rechts dem Retail Banking zugeordnet werden.

44 Im Hinblick auf die zuletzt genannte Kundengruppe der High Net Worth Individuals verläuft die Trennlinie zwischen Wholesale und Retail Banking nicht immer eindeutig.

45 Woelfel, Charles J.: The Dictionary of Banking: Over 5,000 Terms Defined and Explained, Burr Ridge/New York 1994, S. 200; Hein, Manfred: Einführung in die Bankbetriebslehre, 2., überarbeitete Auflage, München 1993, S. 213-220; Schierenbeck, Henner: Institutionelle Bankbetriebslehre: Eine Einführung in die institutionellen Grundlagen des Geld-, Finanz- und Bankwesens, Stuttgart 1987, S. 114; Grill, Wolfgang/Perczynski, Hans: Wirtschaftslehre des Kreditwesens, 22., überarbeitete und erweiterte Auflage, Bad Homburg 1987, S. 16, 19.

46 Woelfel, Charles J.: Dictionary of Banking, a.a.O., S. 247; Schierenbeck, Henner: Institutionelle Bankbetriebslehre, a.a.O., S. 114; Lippe, Gerhard: Das Wissen des Bankkaufmanns, 5., neubearbeitete Auflage, Wiesbaden 1986, S. 149-183; Grill, Wolfgang/Perczynski, Hans: Wirtschaftslehre, a.a.O., S. 16, 20-29.

2.1.2 Produktbezogene Unterteilung

Entlang der Produktdimension läßt sich die U.S.-Bankenindustrie in Commercial und Investment Banking unterteilen.[47] Diese Unterscheidung wurde, anders als beispielsweise im deutschen Universalbanksystem, in den USA im Rahmen des durch den Banking Act von 1933[48] festgeschriebenen Trennbankensystems auch institutionell nachvollzogen.[49] Nach dem Kriterium der Marktkapitalisierung handelt es sich im direkten Vergleich bei den Commercial-Banken um die weitaus bedeutsamere Bankengruppe. Die Top 20 börsennotierten U.S.-Commercial-Banken wiesen Ende April 1997 beinahe die siebenfache Marktkapitalisierung der Top 20 börsennotierten U.S.-Investment-Banken auf (Abbildung 2-2).[50]

---

47 Schierenbeck unterscheidet darüber hinaus die Gruppe der Thrift Institutions, zu denen Savings & Loan Associations, Mutual Savings Banks und Credit Unions gezählt werden. Da diese Institute im wesentlichen das Spar- und Hypothekenkreditgeschäft betreiben, und eine weitergehende Unterteilung der U.S.-Bankenindustrie im Rahmen dieser Arbeit mit keinem zusätzlichen Erkenntnisgewinn verbunden wäre, werden die Thrift Institutions im folgenden der Gruppe der Commercial-Banken zugeordnet. Der zuletztgenannte Grund erklärt auch, weshalb die von Schuster neben dem Commercial Banking vorgenommene Differenzierung zwischen Trust Banking und Investment Banking unterbleibt. Obwohl ersteres vorwiegend Beziehungen zu Investoren, zweiteres vor allem zu Schuldnern beinhaltet, so sind doch beide dem Bereich der Wertpapiergeschäfte zuzuordenen. Deshalb wird das Trust Banking im weiteren Verlauf der Arbeit unter dem Begriff des Investment Banking subsumiert; vgl. dazu ausführlicher o.V.: Thrift Institutions, in: Schierenbeck, Henner (Hrsg.): Bank- und Versicherungslexikon, München/Wien 1990, S. 625; Schierenbeck, Henner: Institutionelle Bankbetriebslehre, a.a.O., S. 100-104, 116-117; Schuster, Leo: Investment Banking, a.a.O., S. 355-356.

48 Nach seinen Initiatoren so benannt, ist der Banking Act von 1933 heute besser unter dem Namen Glass Steagall Act bekannt; vgl. dazu ausführlicher o.V.: Banking Act 1933, in: Schierenbeck, Henner (Hrsg.): Bank- und Versicherungslexikon, München/Wien 1990, S. 80; o.V.: Glass Steagall Act, in: Schierenbeck, Henner (Hrsg.): Bank- und Versicherungslexikon, München/Wien 1990, S. 315-316.

49 o.V.: Trennbankensystem, in: Schierenbeck, Henner (Hrsg.): Bank- und Versicherungslexikon, München/Wien 1990, S. 633; o.V.: Universalbanksystem, in: Schierenbeck, Henner (Hrsg.): Bank- und Versicherungslexikon, München/Wien 1990, S. 641; vgl. zur Entwicklung und zum regulatorischen Umfeld der U.S.-Bankenindustrie ausführlicher Abschnitt 2.2.

50 Dean Witter, Discover wird im Rahmen dieses Vergleiches noch separat geführt, da die fusionierte Morgan Stanley, Dean Witter, Discover trotz der Bekanntgabe des Mergers am 5. Februar 1997 (o.V.: Giants Go Hunting, a.a.O., S. 89) erst ab 2. Juni 1997 unter ihrem neuen Firmennamen an der Börse gehandelt wurde (Bloomberg L.P., New York). Die nach Umfrage- und League-Table-Ergebnissen seit Jahren konsistent zu den weltweit führenden Firmen zählende Investment-Bank Goldman Sachs (Dobson, Rebecca: The Rise of DMG, a.a.O., S. 112-113) ist aufgrund ihrer Partnership-Struktur nicht börsennotiert und daher in dieser Liste nicht enthalten; unter der Annahme des gleichen Marktwert-zu-Buchwert-Verhältnisses für das Eigenkapital ("Partner's Capital") von Goldman Sachs wie von Merrill Lynch und der Einbeziehung von

in Mio. US $

	Commercial Banken*		Investment Banken**	
1	Citicorp	52.170	Merrill Lynch & Co., Inc.	15.719
2	BankAmerica Corp.	41.181	Morgan Stanley Group Inc.	9.975
3	Chase Manhattan Corp.	39.457	Charles Schwab Corp.	6.412
4	Nationsbank Corp.	34.625	Salomon Inc.	5.452
5	Wells Fargo & Co.	24.002	Bear Stearns Companies, Inc.	3.630
6	First Union Corp.	23.609	Lehman Brothers Holdings Inc.	3.443
7	JP Morgan & Co. Inc.	18.452	PaineWebber Group, Inc.	3.162
8	Norwest Corp.	18.389	Donaldson Lufkin & Jenrette	2.299
9	Banc One Corp.	18.105	A.G. Edwards, Inc.	2.224
10	First Chicago NBD Corp.	17.570	Alex. Brown, Inc.	1.551
11	Fleet Financial Group, Inc.	15.982	Legg Mason, Inc.	865
12	Bank of New York Co., Inc.	15.265	Quick & Reilly Group, Inc.	835
13	PNC Bank Corp.	13.329	Raymond James Financial, Inc.	736
14	Keycorp	11.648	Jefferies Group, Inc.	481
15	Bank of Boston Corp.	11.143	Interra Financial Inc.	446
16	MBNA Corp.	11.026	E* Trade Group, Inc.	443
17	Suntrust Banks, Inc.	10.956	SEI Corp.	388
18	Corestates Financial Corp.	10.869	Hambrecht & Quist Group, Inc.	388
19	Mellon Bank Corp.	10.709	Everen Capital Corp.	384
20	National City Corp.	10.687	Morgan Keegan, Inc.	381
	Summe	**409.174**	**Summe**	**59.214**

* Einstufung gemäß primären SIC Codes 6021/6022 ("National Commercial Banks"/"State Commercial Banks")
** Einstufung gemäß primärem SIC Code 6211 ("Security Brokers, Dealers, and Flotation Companies")

Abbildung 2-2: Top 20 U.S.-Commercial- und -Investment-Banken nach Marktkapitalisierung per Ende April 1997[51]

Dennoch sind gewisse Überschneidungen der Aufgabenbereiche sowie vor allem in letzter Zeit deutliche geschäftspolitische Annäherungen zwischen diesen beiden Bankengruppen festzustellen.[52] Als Indiz für diese Entwicklung kann gewertet werden, daß die auf auf den Plätzen eins, zwei und sieben der oben genannten Liste der Commercial-Banken geführten Institute Citicorp, BankAmerica und JP Morgan auch in

Goldman Sachs in die Top 20 börsennotierten U.S.-Investment-Banken würden die Top 20 börsennotierten U.S.-Commercial-Banken bei dem angeführten Vergleich immer noch fast die sechsfache Marktkapitalisierung ausweisen (Compustat-Datenbank, Standard & Poor's Compustat, Englewood; Goldman Sachs: The Goldman Sachs Group, L.P. and Subsidiaries Annual Report 1996; eigene Berechnungen).

51 Eigene Berechnungen auf der Basis von Daten aus der Compustat-Datenbank, Standard & Poor's Compustat, Englewood; die Einstufung der Unternehmen erfolgte nach den SIC Codes aus Executive Office of the President, Office of Management & Budget: Standard Industrial Classification Manual, Indianapolis 1987, S. 336, 341.

52 Jacob, Adolf-Friedrich/Klein, Sebastian: Investment Banking, a.a.O., S. 9-10.

Euromoney's 1996 "Poll of Polls" auf den Plätzen neun, 20 und fünf unter den weltweit führenden Investment-Banken vertreten sind.[53]

2.1.2.1 Commercial Banking

Commercial-Banken, die nach Konzernbilanzvolumen und zum Teil nach ihrem Sitz in Money Center Banks, Regional Banks, Local Banks und Foreign Banks[54] unterteilt werden können, nehmen in den USA vor allem das traditionelle Kredit- und Einlagengeschäft wahr und wickeln als bilanzneutrale Geschäfte den Zahlungsverkehr und auch das Trustgeschäft[55] ab. Daneben ist den Commercial-Banken auch der Handel mit Wertpapieren erlaubt, jedoch ausschließlich auf Anweisung und für Rechnung eines Kunden, womit sich diese Tätigkeit auf eine reine Vermittlerfunktion zwischen Kunden und Brokerfirmen beschränkt.[56]

Grundsätzlich verhindern bestehende gesetzliche Bestimmungen wie das Konzessionierungsrecht für Bund und Einzelstaaten die Ausgliederung des Wertpapiergeschäfts sowie regionale Beschränkungen[57] eine unbegrenzte Ausweitung der Geschäftstätigkeit der Commercial-Banken. Jedoch existieren legale Möglichkeiten, diese Beschrän-

---

53 Dobson, Rebecca: The Rise of DMG, a.a.O., S. 112. Vgl dazu ausführlicher Schuster, Leo: Investment Banking, a.a.O., S. 355-356; Marshall, John F./Ellis, M. E.: Investment Banking, a.a.O., S. 8-9; Schierenbeck, Henner: Institutionelle Bankbetriebslehre, a.a.O., S. 100-101.

54 Money Center Banks sind grundsätzlich definiert als Großbanken mit einer Konzernbilanzsumme von über 30 Milliarden US $, die ihren Sitz an den zentralen Bankplätzen New York oder Chicago haben, wie zum Beispiel Citicorp oder Chase Manhattan Corp.; Regional Banks sind Institute mit einer Konzernbilanzsumme zwischen 1 und 30 Milliarden US $, die ihren Sitz an anderen Bankplätzen von nationaler oder regionaler Bedeutung haben, wie zum Beispiel Wells Fargo & Co.; Local Banks sind die verbleibenden inländischen Institute, die unabhängig sind und keinem Bankkonzern angehören; Foreign Banks bezeichnen sämtliche Beteiligungen, Filialen, Repräsentanzen und Tochterinstitute ausländischer Banken (Schierenbeck, Henner: Institutionelle Bankbetriebslehre, a.a.O., S. 116-117).

55 Treuhandgeschäft, im Rahmen dessen die Bank die Verwaltung von Vermögenswerten sowohl für private als auch juristische Personen übernimmt (Schierenbeck, Henner: Institutionelle Bankbetriebslehre, a.a.O., S. 116-117; American Bankers Association: Banking Terminology, 3rd edition, Washington D.C. 1991, S. 362).

56 Vgl. dazu ausführlicher o.V.: Commercial Banks, in: Schierenbeck, Henner (Hrsg.): Bank- und Versicherungslexikon, München/Wien 1990, S. 169-170; Schierenbeck, Henner: Institutionelle Bankbetriebslehre, a.a.O., S. 104, 114-116.

57 Vgl. dazu ausführlicher Schierenbeck, Henner: Institutionelle Bankbetriebslehre, a.a.O., S. 101-106.

kungen zum Teil zu umgehen und weiterreichende Aktivitäten zu verfolgen. Ein Instrument dazu sind beispielsweise die Errichtung sogenannter Bank Holding Companies[58], die Beteiligungen an einer oder mehreren Geschäftsbanken sowie Nichtbank-Service- oder Finanzierungsgesellschaften halten können. Dabei bedürfen jedoch wiederum Beteiligungen an Banken in anderen Bundesstaaten der ausdrücklichen Erlaubnis des zweiten Bundesstaates, so daß die Errichtung eines bundesweiten Filialbanksystems de facto unmöglich ist. An Nichtbanken darf sich die amerikanische Kreditwirtschaft auch über solche Vehikel grundsätzlich nur mit maximal fünf Prozent beteiligen. Diese Bestimmung gilt jedoch nur eingeschränkt für eng mit dem Bankgeschäft verbundene Aktivitäten, wie zum Beispiel Leasing, Factoring, oder auch den Verkauf von Investmentanteilen. Diese Dienstleistungen dürfen nicht unter dem eigenen Namen, sondern nur über eine zwischengeschaltete Holding angeboten werden. Diese Holding ist dabei jedoch mit ihren Aktivitäten nicht auf das Gebiet des Staates beschränkt, in dem sie ihren Sitz hat.[59]

---

58 Vgl. dazu ausführlicher o.V.: Bank-Holding-Companies, in: Schierenbeck, Henner (Hrsg.): Bank- und Versicherungslexikon, München/Wien 1990, S. 80; o.V.: Bank-Holding-Company-Act of 1956/1970, in: Schierenbeck, Henner (Hrsg.): Bank- und Versicherungslexikon, München/Wien 1990, S. 80.

59 Weitere Möglichkeiten für Commercial-Banken, die gesetzlichen Beschränkungen zu umgehen, bestehen in der Gründung von Edge Act Corporations, die außerhalb des Sitzstaates zur Finanzierung und Abwicklung des Auslandsgeschäfts sowie zum Erwerb von Bankbeteiligungen im Ausland errichtet werden können. Schließlich können mit Loan Production Offices vor allem von größeren Instituten Repräsentanzen in anderen Bundesstaaten zur Akquisition und Pflege von Kundenbeziehungen eröffnet werden; vgl. dazu ausführlicher o.V.: Edge-Act-Corporation, in: Schierenbeck, Henner (Hrsg.): Bank- und Versicherungslexikon, München/Wien 1990, S. 208; o.V.: Loan Production Offices, in: Schierenbeck, Henner (Hrsg.): Bank- und Versicherungslexikon, München/Wien 1990, S. 448; Klebaner, Benjamin J.: American Commercial Banking: A History, Boston 1990, S. 245-246; Schierenbeck, Henner: Institutionelle Bankbetriebslehre, a.a.O., S. 112-114.

2.1.2.2 Investment Banking

Anders als Commercial-Banken dürfen Investment-Banken Wertpapiergeschäfte aller Art tätigen, das heißt auch auf eigene Rechnung ohne Anweisung eines Kunden. Das Kredit- und Einlagengeschäft ist ihnen jedoch grundsätzlich untersagt.[60]

Traditionell umfassen die wesentlichen Tätigkeitsbereiche der Investment-Banken zum einen den Handel mit Wertpapieren aller Art, wobei sie als Broker bzw. Makler oder Eigenhändler auftreten können. Zudem unterstützen sie Kapitalsuchende mit der Emission von Wertpapieren bei der Aufnahme von Eigen- und Fremdkapital. Die dritte wesentliche Aufgabe von Investment-Banken besteht schließlich in der Beratung von Unternehmen, zum Beispiel im Hinblick auf Kapitalstruktur, Fusionen oder Übernahmen, sowie von potentiellen Investoren bei der Suche nach geeigneten Kapitalanlagemöglichkeiten. Darüber hinaus gehört es zum Geschäft von Investment-Banken, Investmentfonds zu verwalten und auch im Zusammenhang mit Wertpapiergeschäften Kredite an Kunden und andere Broker zu vergeben.[61]

2.2 Entwicklung und regulatorisches Umfeld der U.S.-Investment-Banking-Industrie

Die Entwicklung und damit die heutigen Tätigkeitsfelder des Investment Banking unterlagen und unterliegen insbesondere rechtlichen, aber auch ökonomischen und ideengeschichtlichen Einflußfaktoren, die wiederum eng mit der Entwicklung des Trennbankensystems in den USA verbunden waren und heute noch sind.[62]

Die im wesentlichen aus Privatbankhäusern hervorgegangenen Investment-Banken arbeiteten vor, während und nach dem amerikanischen Unabhängigkeitskrieg gegen

---

60 o.V.: Investment Banks, in: Schierenbeck, Henner (Hrsg.): Bank- und Versicherungslexikon, 2., völlig überarbeitete und erweiterte Auflage, München/Wien 1994, S. 360; Schierenbeck, Henner: Institutionelle Bankbetriebslehre, a.a.O., S. 104.

61 Vgl. dazu ausführlicher Wertschulte, Josef F.: Investment Banking, in: Gerke, Wolfgang/Steiner, Manfred (Hrsg.): Handwörterbuch des Bank- und Finanzwesens, 2., überarbeitete und erweiterte Auflage, Stuttgart 1995, Sp. 1022-1023; Schierenbeck, Henner: Institutionelle Bankbetriebslehre, a.a.O., S. 118-119. Eine detaillierte Abgrenzung und Beschreibung der Geschäftsfelder von Investment-Banken erfolgt in Abschnitt 2.3.

62 Marshall, John F./Ellis, M. E.: Investment Banking, a.a.O., S. 14; Wertschulte, Josef F.: Investment Banking, a.a.O., Sp. 1023.

Ende des 18. Jahrhunderts im wesentlichen im Auftrag der Regierung und der stark expandierenden Eisenbahngesellschaften. Mit dem Aufkommen neuer Industrien im 19. Jahrhundert wuchs auch die Bedeutung des Investment Banking, dessen Aufgabenspektrum sich damals auf das M&A- und Underwriting-Geschäft konzentrierte. Bereits zu diesem Zeitpunkt war das amerikanische Bankensystem von einer Trennung zwischen Einlagen- und Kreditgeschäft einerseits und Wertpapiergeschäft andererseits geprägt. Diese Differenzierung war jedoch das Ergebnis einer bewußten Spezialisierungsentscheidung der Banken und nicht auf gesetzgeberische Tätigkeit zurückzuführen. Zu Beginn des 20. Jahrhunderts wurde diese bewußte Differenzierung zunehmend aufgegeben. Auslöser für diese Entwicklung waren die als Trust Companies bezeichneten Vermögensverwaltungsgesellschaften, die zunächst in den Bereich der Wertpapiergeschäfte vorgedrungen waren. Nachdem dies erfolgreich gelungen war, begannen die ersten Trust Companies, auch das Einlagen- und Kreditgeschäft aufzunehmen. Viele Commercial-Banken reagierten auf diese Entwicklung mit der Aufnahme des Wertpapiergeschäfts.[63] Gleichzeitig nahm zu dieser Zeit die Anzahl der Bankinstitute durch Neugründungen erheblich zu. Als Folge des verschärften Wettbewerbs aufgrund der Entwicklungen auf der Angebotsseite stieg die Zahl der Bankenkonkurse in den 20er Jahren trotz wirtschaftlicher Hochkonjunktur auf bis zu 600 jährlich an. Diese Tendenz beschleunigte sich dramatisch durch die Große Depression der amerikanischen Wirtschaft in den Jahren 1929 bis 1933. Der Zusammenbruch des amerikanischen Bankensystems wurde erheblich dadurch begünstigt, daß die meisten Banken aufgrund der Ausweitung ihrer Geschäftstätigkeiten von dem allgemeinen wirtschaftlichen Niedergang in zweifacher Hinsicht betroffen waren. Zum einen mußten sie durch den Börseneinbruch massive Verluste im Wertpapierhandel hinnehmen, zum anderen stieg im Rahmen des Aktivgeschäfts die Anzahl der Schuldnerausfälle als Folge der tiefen Rezession drastisch an. Der sprunghafte Anstieg der Forderungsausfälle war jedoch auch auf den harten Bankenwettbewerb vor der Großen Rezession zurückzuführen. Viele Institute sahen sich im Bestreben, Anlegern hohe Renditen zu bieten, dazu veranlaßt, hochrentierliche, aber ebenso stark risikobehaftete

---

63 Vgl. dazu ausführlicher Kroszner, Randall S.: The Evolution of Universal Banking and its Regulation(s) in Twentieth Century America, in: Saunders, Anthony/Walter, Ingo: Universal Banking: Financial System Design Reconsidered, Chicago/London/Singapore 1996, S. 76-80; Puri, Manju:

Investitionen zu tätigen. Die Vielzahl der fehlgeschlagenen Investitionen führte zu einem allgemeinen Vertrauensverlust der Anleger, die daraufhin bestrebt waren, Einlagen in Bargeld umzuwandeln. Dadurch entstand eine erhebliche Liquiditätskrise, die zu einer schnellen Ausweitung der allgemeinen wirtschaftliche Krise auf das gesamte Bankensystem führte. Im Zusammenhang mit der Großen Depression nahm die Zahl der Bankinstitute in den Jahren 1929 bis 1933 um über 40 Prozent ab.[64]

Als Reaktion auf diese Entwicklung verabschiedete der amerikanische Kongreß im Jahr 1933 unter anderem den bereits oben erwähnten Banking Act oder Glass Steagall Act, der im wesentlichen die institutionelle Trennung zwischen dem Commercial und dem Investment Banking festschreibt. Danach war es Commercial-Banken untersagt, Wertpapiergeschäfte auf eigene Rechnung durchzuführen, Investment-Banken mußten das Einlagen- und Kreditgeschäft unterlassen.[65] Die Investment-Banking-Industrie wurde mit diesen Gesetzgebungsaktivitäten zu einer der am stärksten regulierten Industrien in den USA. Diese Regulierungen erwiesen sich als effektiv, solange für die

---

Commercial Banks in Investment Banking: Conflict of Interest or Certification Role, in: Journal of Financial Economics, Vol. 40 (1996), No. 3, S. 373-401.

64 Vgl. dazu ausführlicher Geisst, Charles R.: Investment Banking, a.a.O., S. 19-23; Schierenbeck, Henner: Institutionelle Bankbetriebslehre, a.a.O., S. 103-104; Wertschulte, Josef F.: Investment Banking, a.a.O., Sp. 1023-1024; Marshall, John F./Ellis, M. E.: Investment Banking, a.a.O., S. 14-15; Hayes, Samuel L./Spence, A. Michael/Marks, David V. P.: Investment Banking Competition: An Historical Sketch, in: Williamson, J. Peter (Ed.): The Investment Banking Handbook, New York et al. 1988, S. 15-23.

65 Eine ausführlichere Darstellung dieser und weiterer die U.S.-Investment-Banking-Industrie betreffender Regulierungsmaßnahmen von 1933 bis 1974 findet sich zum Beispiel in Matthews, John O.: Struggle and Survival on Wall Street: The Economics of Competition Among Securities Firms, New York/Oxford 1994, S. 45-51; Benston, George J.: The Origins of and Justification for the Glass-Steagall Act, in: Saunders, Anthony/Walter, Ingo: Universal Banking: Financial System Design Reconsidered, Chicago/London/Singapore 1996, S. 31-69; Heisler, Jeffrey/Kohn, Sonja: The Banking Culture of the United States of America, in: Schuster, Leo (Ed.): Banking Cultures of the World, Frankfurt am Main 1996, S. 140; Marshall, John F./Ellis, M. E.: Investment Banking, a.a.O., S. 15-17; Rogers, David: The Future of American Banking: Managing for Change, New York et al. 1993, S. 3-18; Dudley, William C.: The Regulatory Environment for Investment Banking, in: Kuhn, Robert Lawrence (Ed.): Investing and Risk Management: Volume I of the Library of Investment Banking, Homewood 1990, S. 45-47, 57-60; Benston, George J.: Separation of Commercial and Investment Banking, a.a.O., S. 6-10; Gart, Alan: Regulation, Deregulation, Reregulation: The Future of the Banking, Insurance, and Securities Industries, New York et al. 1994, S. 252-253.

U.S.-Investment-Banking-Industrie vor dem Hintergrund stabiler wirtschaftlicher Rahmenbedingungen kein grundlegender Wandlungsbedarf bestand.[66]

Zunehmender Anpassungs- und Änderungsbedarf resultierte erst wieder aus der Expansion des Welthandels und dem damit verbundenen Anwachsen der internationalen Finanzströme in den sechziger Jahren. Verstärkend wirkten in den siebziger Jahren der Zusammenbruch des Bretton-Woods-Systems fester Wechselkurse[67] und die Ölkrise mit den beiden Ölpreisschocks in den Jahren 1973/74 und 1978/79. Die aufgrund der erhöhten Ölpreise rapide gestiegenen Einnahmen der OPEC-Länder führten zu erheblichem Anlagebedarf an den verschiedenen nationalen Finanzmärkten und trugen damit auch zum Wachstum der Mitte der 60er Jahre entstandenen Euromärkte bei.[68] Schließlich gerieten in den achtziger Jahren die Leistungsbilanzen der wichtigsten Industrieländer zunehmend ins Ungleichgewicht, wobei sich die USA vom ehemals größten Gläubigerland zum weltweit größten Schuldnerland entwickelten. Parallel dazu resultierte aus der Verschlechterung der außenwirtschaftlichen Situation der Dritte-Welt-Länder die internationale Schuldenkrise.[69] Diese ökonomischen Entwicklungen der letzten 30 bis 40 Jahren trugen zur Globalisierung der Finanz- und Kapitalströme bei. Als Reaktion darauf versuchen seitdem verschiedene Finanzplätze, durch Deregulierungsprozesse den Marktteilnehmern möglichst attraktive Bedingungen zu bieten, um so einen Teil dieser Finanz- und Kapitalströme anzuziehen. Zudem ergibt sich aus den oben skizzierten Entwicklungen ein zunehmender Bedarf an ver-

---

66 Chernow, Ron: The Death of the Banker: The Decline and Fall of the Great Financial Dynasties and the Triumph of the Small Investor, New York 1997, S. 43; Marshall, John F./Ellis, M. E.: Investment Banking, a.a.O., S. 15, 17; Hayes, Samuel L./Spence, A. Michael/Marks, David V. P.: Investment Banking Competition, a.a.O., S. 23-26; Meerschwam, David M.: Breaking Financial Boundaries: Global Capital, National Deregulation, and Financial Services Firms, Boston 1991, S. 75-77; Wertschulte, Josef F.: Investment Banking, a.a.O., Sp. 1024; Geisst, Charles R.: Investment Banking, a.a.O., S. 23-31.

67 Vgl. dazu ausführlicher Siebert, Horst: Außenwirtschaft, 4., völlig neubearbeitete und wesentlich erweiterte Auflage, Stuttgart 1989, S. 349-352.

68 Lippe, Gerhard: Wissen des Bankkaufmanns, a.a.O., S. 694; vgl. zum Entstehen der Euromärkte ausführlicher Hayes, Samuel L./Hubbard Philip M.: Investment Banking: A Tale of Three Cities, Boston 1990, S. 27-64; Fisher, Frederick G. III: Global Market Integration: An International Perspective, in: Williamson, J. Peter (Ed.): The Investment Banking Handbook, New York et al. 1988, S. 39-40; Geisst, Charles R.: Investment Banking, a.a.O., S. 41-47.

69 Richolt, Kurt: Die ökonomischen Rahmenbedingungen des internationalen Bankgeschäfts, in: Büschgen, Hans E./Richolt, Kurt (Hrsg.): Handbuch des internationalen Bankgeschäfts, Wiesbaden 1989, S. 39-40.

brieften und damit international handelbaren Finanztiteln, der auch zu dem am Beginn dieser Arbeit angeführten relativen Bedeutungsgewinn des Investment Banking gegenüber dem Commercial Banking geführt hat. Außerdem haben im gleichen Zeitraum revolutionäre Fortschritte in der Datenverarbeitung und der Telekommunikation zu einer erheblichen Verringerung der Transaktionskosten sowie einer deutlich gesteigerten Transparenz nationaler und internationaler Märkte geführt. Schließlich erhöhte der Anstieg der Volatilität der Finanz- und Kapitalmärkte seit dem Zusammenbruch des Systems von Bretton Woods sowie den beiden Ölpreisschocks die Bedeutung des Risk Management und förderte damit die Entwicklung innovativer Finanzinstrumente, die zur Absicherung von Risiken eingesetzt werden können.[70]

Zum einen, um der U.S.-Bankenindustrie mehr Spielraum zu angemessenen geschäftspolitischen Reaktionen auf die oben skizzierten Veränderungen des für sie relevanten Umfelds zu geben, zum anderen als Reaktion auf die ständigen Versuche vieler Institute, ihre Geschäftsbereiche unter Ausnutzung aller denkbaren gesetzlichen Möglichkeiten zu erweitern, wurde zu Beginn der siebziger Jahre ein Deregulierungsprozeß eingeleitet, der bis heute andauert.[71] Wesentliche Auswirkungen auf die U.S.-Investment-Banking-Industrie hatten die Securities Act Amendmends von 1975,[72] die unter anderem der Securities and Exchange Commission (SEC) den Aufbau eines nationalen Clearing- und Settlement-Systems für Wertpapiertransaktionen vorschrieben sowie die Informationstransparenz und den Wettbewerb der Börsen erhöhten. Die wohl wichtigste Konsequenz dieser Deregulierungsinitiative war die Abschaffung fixer Provisionssätze für Aktientransaktionen. Der 1. Mai 1975, an dem diese neue Regelung eingeführt wurde und die Provisionssätze damit frei verhandelbar waren, wird heute noch in der Investment-Banking-Industrie als "May Day" bezeichnet.[73] Im März 1982 führte die SEC zunächst versuchsweise die Rule 415 ein, die besser unter der Bezeich-

---

70 Geisst, Charles R.: Investment Banking, a.a.O., S. 35-38; Wertschulte, Josef F.: Investment Banking, a.a.O., Sp. 1026-1027; Marshall, John F./Ellis, M. E.: Investment Banking, a.a.O., S. 17.

71 Im folgenden werden lediglich einige ausgewählte Änderungen kurz skizziert. Eine übersichtsartige Darstellung der wichtigsten Deregulierungsmaßnahmen von 1970 bis Anfang der neunziger Jahre findet sich zum Beispiel in Marshall, John F./Ellis, M. E.: Investment Banking, a.a.O., S. 17-20.

72 Matthews, John O.: Economics of Competition, a.a.O., S. 49.

73 Vgl. zu den Konsequenzen der Einführung frei verhandelbarer Provisionssätze ausführlicher zum Beispiel Hayes, Samuel L.: Transformation of Investment Banking, a.a.O., S. 153-170.

nung "Shelf Registration" bekannt ist. Diese Regelung erlaubt Unternehmen, sich die Ausgabe von Wertpapieren bis zu zwei Jahre vor dem tatsächlichen Verkauf genehmigen und eintragen zu lassen, und wurde im November 1983 mit einigen kleineren Änderungen dauerhaft eingeführt. Die wichtigsten Auswirkungen waren erhöhter Wettbewerb im Underwriting-Geschäft sowie geringere Ausgabekosten und größere Flexibilität für die Unternehmen im Hinblick auf ihre Finanzierungsentscheidungen.[74] Im September 1990 wurde mit JP Morgan erstmals einer Commercial-Bank die Gründung einer sogenannten "Section 20 Subsidiary" erlaubt. Mit diesem Vehikel ermöglichten die Section 20 Rules Commercial Bank Holding Companies, in direkter Konkurrenz zu den Investment-Banken Underwriting- und Wertpapierhandelsaktivitäten aufzunehmen, wobei die Erträge aus diesen Geschäften zehn Prozent der gesamten Holding-Erträge nicht übersteigen durften.[75] Weitere Commercial-Banken, wie zum Beispiel Bankers Trust oder Chase Manhattan, folgten diesem Beispiel. Wie sehr diese Regelung zu der bereits eingangs dieser Arbeit geschilderten Aufweichung der Grenzen zwischen Commercial und Investment Banking geführt hat,[76] wurde mit der Anhebung der Grenze von zehn auf 25 Prozent der Holding-Erträge zu Beginn des Jahres 1997 deutlich. Innerhalb von nur drei Monaten nach dieser Neuregelung akquirierten die Commercial-Banken Bankers Trust, Schweizerischer Bankverein (SBC) und BankAmerica die U.S.-Investment-Banken Alex. Brown, Dillon Read und

---

74 Vgl. zu den Konsequenzen der Einführung der Shelf Registration ausführlicher zum Beispiel Cornett, Marcia Millon/Davidson, Wallace N. III/Rangan, Nanda: Deregulation in Investment Banking: Industry Concentration Following Rule 415, in: Journal of Banking and Finance, Vol. 20 (1996), No. 1, S. 85-113; Geisst, Charles R.: Investment Banking, a.a.O., S. 47-51; Moore, N. H./Peterson, David R./Peterson, Pamela P.: Shelf Registration and Shareholder Wealth: A Comparison of Shelf and Traditional Equity Offerings, in: The Journal of Finance, Vol. 41 (1986), No. 2, S. 451-463; Bhagat, Sanjai/Marr, M. Wayne/Thompson, G. Rodney: The Rule 415 Experiment: Equity Markets, in: The Journal of Finance, Vol. 40 (1985), No. 5, S. 1385-1401; Rogowski, Robert J./Sorensen, Eric H.: Deregulation in Investment Banking: Shelf Registration, Structure, and Performance, in: Financial Management, Vol. 14 (1985), No. 1, S. 5-15; Kidwell, David S./Marr, M. Wayne/Thompson, Graham R.: SEC Rule 415: The Ultimate Competitive Bid, in: Journal of Financial and Quantitative Analysis, Vol. 19 (1984), No. 2, S. 183-195.

75 Cadette, Walter M.: Universal Banking: A U.S. Perspective, in: Saunders, Anthony/Walter, Ingo: Universal Banking: Financial System Design Reconsidered, Chicago/London/Singapore 1996, S. 697-701; Saunders, Anthony/Walter, Ingo: Universal Banking in the United States: What Could We Gain? What Could We Lose?, New York/Oxford 1994, S. 164-167.

76 Vgl dazu ausführlicher zum Beispiel Hayes, Samuel L.: Commercial Banks' Inroads, a.a.O., S. 443-456.

Robertson Stephens.[77] In unmittelbarer Konkurrenz zu den Investment-Banken können die Commercial-Banken jedoch bereits seit der oben erwähnten Entstehung der Euromärkte konkurrieren, da der Glass Steagall Act sich nicht auf ausländische Tochtergesellschaften erstreckt, von denen aus die Euromärkte bedient werden, die wiederum keiner Regulierung durch die SEC unterliegen. Aber auch Investment Bank Holding Companies ist neben den traditionellen Investment-Banking-Aktivitäten der Aufbau nicht durch die SEC regulierter Tochtergesellschaften erlaubt, im Rahmen derer sie eigene Mittel für Merchant-Banking-Akivitäten wie zum Beispiel die Vergabe von Bridge Loans oder Venture-Capital-Investitionen verwenden können. Trotz der erwähnten Deregulierungsschritte steht eine inzwischen nahezu unumgängliche konsequente Neuordnung des U.S.-Bankensystems jedoch noch aus. Entsprechende Vorhaben des U.S.-Senats und des Repräsentantenhauses konnten bisher noch nicht verwirklicht werden.[78]

Für die amerikanischen Investment-Banken war die Deregulierungsphase geprägt von Wachstum und Expansion in neue Produkt- und Dienstleistungsbereiche, wie zum Beispiel Bridge Loans, Real Estate, Mortgage-Backed Securities, Financial Futures sowie weitere innovative Finanzprodukte.[79] Den ersten größeren Rückschlag seit der Einführung des Glass Steagall Act erlitten sie mit dem Börsencrash von 1987[80] und dem kleineren Einbruch von 1989 im Zusammenhang mit der allgemein schwachen wirtschaftlichen Lage Ende der 80er Jahre. Eine Folge des damaligen Nachfragerückgangs waren massive Entlassungen. Von 1987 bis 1990 sank die Anzahl der Beschäftigten in der U.S.-Investment-Banking-Industrie um mehr als 15 Prozent von 260.000 auf 220.000.[81] Zudem waren ein zunehmender Konzentrationsgrad sowie kurzzeitig eine wachsende Spezialisierung der Anbieter zu verzeichnen. Verstärkte Konkurrenz ist den U.S.-Investment-Banken in den letzten Jahren auch von eigens eingerichteten

---

77 Authers, John/Simon, Bernard: Further Shake-Out, a.a.O. S. 22.

78 Marshall, John F./Ellis, M. E.: Investment Banking, a.a.O., S. 17-20; Wertschulte, Josef F.: Investment Banking, a.a.O., Sp. 1024-1025; Geisst, Charles R.: Investment Banking, a.a.O., S. 219-227.

79 Vgl. dazu ausführlicher Geisst, Charles R.: Investment Banking, a.a.O., S. 51-60.

80 Vgl. dazu ausführlicher Dietrich, Kimball J.: Financial Services and Financial Institutions: Value Creation in Theory and Practice, Upper Saddle River 1996, S. 473-474.

81 o.V.: Cold Winds on Wall Street: Back to Basics, in: The Economist, Vol. 317 (1990), No. 7676, October 13th 1990, S. 22.

spezialisierten Abteilungen großer Industrieunternehmen, wie zum Beispiel Du Pont, Eastman Kodak, IBM oder Philip Morris erwachsen, die zumindest einfache Underwriting- und Handelsaktivitäten eigenständig abwickeln. Nicht zuletzt diese Entwicklung wurde maßgeblich durch die Fortschritte in der Datenverarbeitungs- und Telekommunikationstechnologie[82] gefördert, die unter anderem den Vorsprung von Investment-Banken gegenüber ihren Kunden im Hinblick auf die Verfügbarkeit von Marktinformationen erheblich schrumpfen ließ. Für komplexere M&A-, Underwriting- oder Handelsgeschäfte zum Beispiel werden jedoch nach wie vor Expertise und Rat der Investment-Banken in Anspruch genommen.[83]

2.3 Geschäftsfelder von Investment-Banken

Für ein besseres Verständnis der Diskussion von Integrationsstrategien im weiteren Verlauf der Arbeit werden in diesem Abschnitt die Geschäftsfelder im Investment Banking systematisch abgegrenzt und erläutert.

Die ursprüngliche Aufgabe von Investment-Banken im Rahmen ihrer Vermittlertätigkeit zwischen Kapitalanbietern und -nachfragern[84] war das Underwriting, das heißt die Begebung von Aktien oder festverzinslichen Wertpapieren am Primärmarkt sowie das Handeln mit diesen Wertpapieren am Sekundärmarkt.[85] Aufgrund der enormen Ausweitung des Aufgabenspektrums seit Inkrafttreten des Glass Steagall Act 1933 generierte diese Tätigkeit anfang der neunziger Jahre jedoch nur noch weniger als zehn Prozent der gesamten Erträge der Investment-Banking-Industrie.[86] Symptomatisch für diese Entwicklung ist die unscharfe und daher wenig hilfreiche Definition,

---

82 Butler, Patrick et al.: A Revolution in Interaction, in: The McKinsey Quarterly, o. Jg. (1997), No. 1, S. 9-14.

83 Schuster, Leo: Investment Banking, a.a.O., S. 359-360; Marshall, John F./Ellis, M. E.: Investment Banking, a.a.O., S. 20-21.

84 Kuhn, Robert Lawrence: A Philosophy of Investment Banking, in: Kuhn, Robert Lawrence (Ed.): Investing and Risk Management: Volume I of the Library of Investment Banking, Homewood 1990, S. 3.

85 Kuhn, Robert Lawrence: The Scope and Structure of Investment Banking, in: Kuhn, Robert Lawrence (Ed.): Capital Raising and Financial Structure: Volume II of the Library of Investment Banking, Homewood 1990, S. 3-6; Marshall, John F./Ellis, M. E.: Investment Banking, a.a.O., S. 4-5; Geisst, Charles R.: Investment Banking, a.a.O., S. 2-3.

86 Geisst, Charles R.: Investment Banking, a.a.O., S. 3.

" [...] that investment banking is what investment banks do"[87]. Trotz dieser Entwicklungsdynamik wird im folgenden versucht, die Geschäftsfelder von Investment-Banken entlang der Dimensionen Kunden[88], Produkte/Services und Märkte/Instrumente abzugrenzen und überblickartig zu beschreiben (Abbildung 2-3).

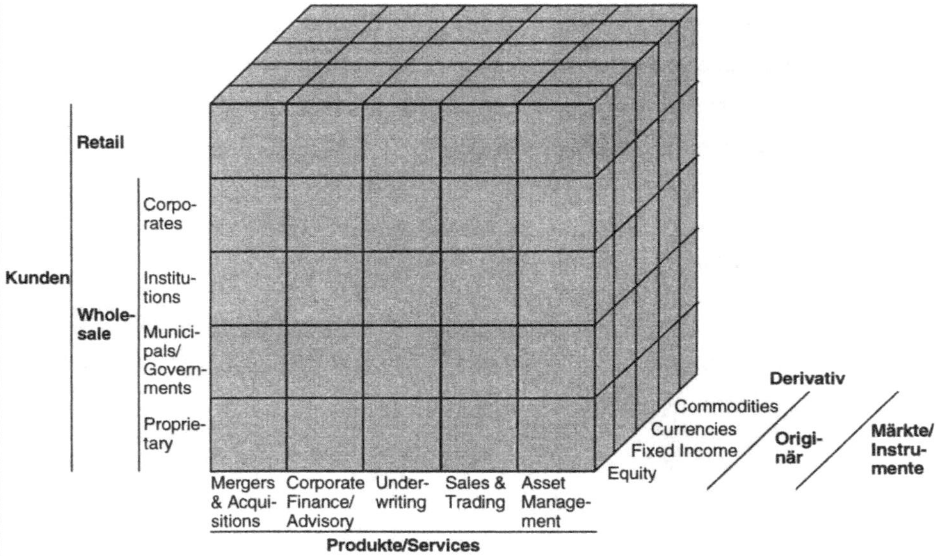

Abbildung 2-3: Geschäftsfelder von Investment Banken[89]

Als primäres Gliederungskriterium für die Abgrenzung und Beschreibung der Geschäftsfelder dient die Dimension Produkte/Services, welche die Bereiche M&A, Corporate Finance/Advisory, Underwriting, Sales & Trading und Asset Management

87 Marshall, John F./Ellis, M. E.: Investment Banking, a.a.O., S. 5.

88 Vgl. zur grundsätzlichen Abgrenzung von "Institutions" in diesem Zusammenhang Gahn, Roland: Delegiertes Portfolio Management deutscher institutioneller Anleger aus dem Nichtbanken-Bereich, Ludwig-Maximilians-Universität München, Diss., München 1994, S. 11-14; im weiteren Verlauf dieser Arbeit soll jedoch noch weiter zwischen Industrieunternehmen, Banken und Versicherungen als "Corporates" sowie "Institutions" unterschieden werden, die im wesentlichen Sozialversicherungsträger, Pensionskassen, Stiftungen und sonstige nicht natürliche Personen umfassen. Da das Proprietary-Geschäft Aktivitäten im eigenen Namen und auf eigene Rechnung einer Investment-Bank umfaßt, sind auch diese unter dem Wholesale-Bereich zu subsumieren.

89 Eigene Abbildung in Anlehnung an Achleitner, Ann-Kristin/Achleitner, Paul: Investment Banking, Working Paper, European Business School, Schloß Reichartshausen, August 1997.

unterscheidet.[90] Die Relevanz der beiden anderen Dimensionen wird jeweils im Rahmen der übersichtsartigen Darstellung der einzelnen Bereiche adressiert.

Als weiteres Differenzierungskriterium zur Beschreibung des Tätigkeitsspektrums von Investment-Banken wird zum Teil die regionale Dimension herangezogen, nach der die Kundendimension oder die marktliche bzw. instrumentelle Dimension weiter differenziert werden können. Darüber hinaus ist in der Literatur eine stärker an Industrien orientierte Untergliederung der Kundendimension zu finden, die einzelne Kunden nach Branchen zu Clustern zusammenfaßt, wie zum Beispiel zur Banken-, Versicherungs-, oder Chemieindustrie.[91] Nach Meinung des Autors eignen sich die regionale Dimension sowie eine stärker an einzelnen Industriezweigen ausgerichtete Untergliederung der Kundendimension immer dann besonders gut, wenn mit der Beschreibung des Tätigkeitsspektrums organisatorische Zuständigkeiten innerhalb von Investment-Banken abgebildet werden sollen. Die in der hier vorliegenden Form vorgenommene Unterteilung nach Kunden, Produkten/Services und Märkten/Instrumenten hat jedoch für die intendierte markt- und vertriebsseitig orientierte Beschreibung der Geschäftsfelder im Investment Banking einen höheren Erkenntniswert und soll deshalb im folgenden als Gerüst für die weiteren Ausführungen dienen.

Nicht jedes einzelne Segment des aus den drei Dimensionen resultierenden Würfels beschreibt ein tatsächlich beobachtbares Geschäftsfeld im Investment Banking. Insofern handelt es sich bei Abbildung 2-3 um eine idealtypische Darstellung der Geschäftsfelder im Investment Banking, bei der zunächst die Anschaulichkeit im Vordergrund steht.

---

90 Diese Dimension dominiert in der Literatur häufig bei der Untergliederung und Beschreibung der wichtigsten Aktivitäten von Investment Banken; vgl. dazu beispielsweise Kuhn, Robert Lawrence: Scope and Structure of Investment Banking, a.a.O., S. 6-16; Marshall, John F./Ellis, M. E.: Investment Banking, a.a.O., S. 65-326; Jacob, Adolf-Friedrich/Klein, Sebastian: Investment Banking, a.a.O., S. 10-15.

91 Vgl. dazu zum Beispiel Lewis, William: Structure of Investment Banks: Three-D Approach Wins Clients, in: Financial Times, International Corporate Finance, June 20, 1997, S. V; Schuster, Leo: Investment Banking, a.a.O., S. 356.

2.3.1 Mergers & Acquisitions

Der Bereich M&A umfaßt alle Beratungsleistungen, die von Investment-Banken im Zusammenhang mit dem Kauf oder Verkauf von Unternehmen oder von Teilen eines Unternehmens erbracht werden. Dabei können im wesentlichen drei Fragestellungen unterschieden werden:[92] Zum einen klassische Strategieberatung im Vorfeld einer Transaktion, zum anderen die eigentliche Kauf- oder Verkaufberatung, welche typischerweise die Schritte Unternehmenswertermittlung, Suche nach geeigneten Transaktionspartnern, Begleitung des Klienten im Rahmen des Verhandlungsprozesses sowie die eigentliche Abwicklung der Transaktion umfassen. Schließlich beraten Investment-Banken im Rahmen der sogenannten "Raid Defence" auch bei der Abwehr unerwünschter, feindlicher Übernahmeversuche.[93]

Die relevanten Kundengruppen für M&A-Aktivitäten sind im wesentlichen Corporates sowie im Rahmen von Privatisierungen auch Municipals und Governments. Als ein Schnittpunkt des Proprietary-Geschäfts mit M&A und auch mit Asset Management können die Merchant-Banking-Aktivitäten[94] von Investment-Banken interpretiert werden, im Rahmen derer sie eigenes Kapital zum Beispiel für Leveraged Buy outs einsetzen.

Der Geschäftsbereich M&A hat seit Beginn der 80er Jahre im Zusammenhang mit dem wachsenden internationalen Markt für Unternehmenskontrolle[95] sowie in den USA gefördert durch günstige steuerliche Regelungen und eine wohlwollende Auslegung der Antitrust-Gesetzgebung erheblich an Bedeutung gewonnen.[96] In den 90er

---

92 Walther, Artur: Die Internationalisierung des Investment Banking in Deutschland, in: Gebauer, Wolfgang/Rudolph, Bernd (Hrsg.): Marketing für Finanzprodukte und Finanzmärkte, Frankfurt am Main 1993, S. 151.

93 Vgl. zum M&A-Geschäft ausführlicher Gaughan, Patrick A.: Mergers, Acquisitions, and Corporate Restructurings, New York et al. 1996; Storck, Joachim: Mergers & Acquisitions: Marktentwicklung und bankpolitische Konsequenzen, Wiesbaden 1993, S. 21-163; Jacob, Adolf-Friedrich/Klein, Sebastian: Investment Banking, a.a.O., S. 12-13.

94 Kuhn, Robert Lawrence: Scope and Structure of Investment Banking, a.a.O., S. 12.

95 Auckenthaler, Christoph: Finanzmathematische Grundlagen des Investment Banking, Bern/Stuttgart/Wien 1994, S. 12; Kuhn, Robert L.: New Age Investment Banking, in: The Journal of Business Strategy, Vol. 11 (1990), No. 6, S. 54-55; Caytas, Ivo G./Mahari, Julian I.: Im Banne des Investment Banking: Fusionen und Übernahmen überleben den Crash '87, 2. Auflage, Stuttgart 1988, S. 31-32.

96 Geisst, Charles R.: Investment Banking, a.a.O., S. 192-193.

Jahren wurde der Bereich durch umfangreiche Privatisierungsaktivitäten begünstigt, die zum Teil aus der Umwandlung ehemals sozialistischer Planwirtschaften resultierten. Abgesehen von den reinen Wachstumseffekten verhalf diese Entwicklung dem internationalen M&A-Geschäft in bis dato wenig aktiven Märkten, wie zum Beispiel in Deutschland, zum Durchbruch.[97] Weiterhin trugen anhaltende Restrukturierungsaktivitäten der Unternehmen in Europa im Rahmen der Vorbereitung auf eine gemeinsame Währung sowie weltweit als Folge der bereits eingangs erwähnten Globalisierungstendenzen zuletzt zum Wachstum des globalen M&A-Marktes bei. Der Wert aller weltweit abgeschlossenen M&A-Transaktionen stieg von 233 Milliarden US $ in 1985 zunächst um nahezu 25 Prozent jährlich auf 564 Milliarden in 1989, um nach einem Rückgang bis auf 262 Milliarden US $ in 1993 erneut um jährlich 45 Prozent auf 553 Milliarden US $ in 1995 anzusteigen.[98] Dieser neuerliche Anstieg hielt bis zum zweiten Halbjahr 1997 an, für das erneut Rekordergebnisse gemeldet wurden.[99] Einen Hinweis auf die oftmals zitierten Globalisierungstendenzen ergibt sich dabei aus dem Anteil der Cross-Border-Transaktionen, der wiederum nach einem Rückgang zu Beginn der neunziger Jahre von sieben Prozent in 1985 auf nahezu 20 Prozent im Jahr 1995 anstieg.[100] Auch bei den grenzüberschreitenden Firmenübernahmen wird für 1997 ein neuer Rekord erwartet.[101]

Diese Entwicklung war für Investment-Banken vor allem insofern von Bedeutung, als sich aus M&A-Geschäften, vor allem im Zusammenhang mit Privatisierungen, oftmals attraktive Folgegeschäfte wie zum Beispiel Corporate-Finance-Beratung oder Underwriting-Geschäft ergeben. Darüber hinaus bieten M&A-Deals aufgrund ihrer unternehmenspolitischen Relevanz für die beratende Investment-Bank eine sehr gute Gelegenheit, eine vertrauensvolle Verbindung zum Top Management aufzubauen und so auch mittel- und langfristig im Rahmen weiterer Gespräche Hinweise auf anste-

---

97 Walther, Artur: Internationalisierung des Investment Banking, a.a.O., S. 150.

98 SDC zitiert nach Smith, Roy C./Walter, Ingo: Global Banking, New York/Oxford 1997, S. 346.

99 o.V.: Getting Hitched, in: The Economist, Vol. 344 (1997), No. 8025, July 12th 1997, S. 20.

100 SDC zitiert nach Smith, Roy C./Walter, Ingo: Global Banking, a.a.O., S. 346.

101 o.V.: OECD erwartet Rekord bei Firmenübernahmen, in: Süddeutsche Zeitung, Nr. 161, 16. Juli 1997, S. 25.

hende lukrative Geschäfte, wie zum Beispiel weitere M&A-Transaktionen, Equity-Underwriting- oder Corporate-Finance- und Advisory-Geschäft zu erhalten.[102]

2.3.2 Corporate Finance/Advisory

Das Corporate-Finance- und Advisory-Geschäft umfaßt sämtliche Know-how-intensiven Beratungsleistungen, die von Investment-Banken neben dem M&A-Geschäft erbracht werden.[103] Diese können sich über sämtliche Märkte und Instrumente erstrecken und sind ausschließlich für Wholesale-Kunden relevant.

Zum einen erbringen Investment-Banken ihre Beratungsleistungen im engen Zusammenhang mit ihren Primärmarktaktivitäten als Emissionsbank. Neben die traditionelle Corporate-Finance-Beratung, die unter anderem die gesamte Kapitalstruktur sowie die genaue Ausgestaltung und Distribution der Emission betrifft, tritt zunehmend auch die Beratung hinsichtlich der als Investor Relations bezeichneten kapitalmarktorientierten Kommunikationspolitik.[104] Diese ist vor allem im Hinblick auf den Einsatz investorenorientierter Verfahren zur Preisfindung und Plazierung einer Emission, wie zum Beispiel dem Bookbuilding-Verfahren, von Bedeutung, da erst eine entsprechende Informationsbereitstellung die Anleger dazu befähigt, fundierte Preis- und Mengengebote für eine Emission abzugeben. Zum anderen bieten Investment-Banken ihre Beratungsleistung und Expertise zur Entwicklung innovativer Finanzierungskonzepte und Finanzprodukte an. Dabei sind neue Finanzierungskonzepte zum Beispiel für öffent-

---

102 Vgl. dazu ausführlicher Jacob, Adolf-Friedrich/Klein, Sebastian: Investment Banking, a.a.O., S. 22; Eccles, Robert G./Crane, Dwight B.: Doing Deals, a.a.O., S. 64-66. Eine ausführlichere Darstellung des M&A-Geschäfts von Investment-Banken findet sich zum Beispiel bei Marshall, John F./Ellis, M. E.: Investment Banking, a.a.O., S. 306-312; Geisst, Charles R.: Investment Banking, a.a.O., S. 193-205; Smith, Roy C./Walter, Ingo: Global Banking, a.a.O., S. 339-375.

103 Jacob, Adolf-Friedrich/Klein, Sebastian: Investment Banking, a.a.O., S. 12.

104 Lingenfelder, Michael/Walz, Hartmut: Investor Relations als Element des Finanzmarketing, in: WiSt, 17. Jg. (1988), Heft 9, S. 467; Jacob, Adolf-Friedrich: Finanzierungsregeln, Vertrauenskapital und Risikoaversion, in: Kistner, Klaus-Peter/Schmidt, Reinhart (Hrsg.): Unternehmensdynamik: Horst Albach zum 60. Geburtstag, Wiesbaden 1991, S. 120-122; vgl. zu Investor Relations ausführlicher zum Beispiel Dürr, Michael: Investor Relations: Handbuch für Finanzmarketing und Unternehmenskommunikation, 2., überarbeitete und erweiterte Auflage, München/Wien/Oldenbourg 1995; Drill, Michael: Investor Relations: Funktion, Instrumentarium und Management der Beziehungspflege zwischen schweizerischen Publikums-Aktiengesellschaften

liche Infrastrukturprojekte von zunehmender Bedeutung für staatliche Institutionen,[105] während das ebenfalls schnell wachsende Financial-Engineering-Geschäft,[106] welches die Entwicklung innovativer Finanzierungsformen, -instrumente und -verträge umfaßt,[107] sich vor allem an den Bedürfnissen der traditionellen Firmenkunden ausrichtet. Ziel der Entwicklung innovativer Finanzprodukte ist neben der Erschließung kostengünstiger Finanzierungsquellen die Beherrschung verschiedener Risiken, wie zum Beispiel Währungs-, Zins- oder Preisrisiken. Dieser zweite Aspekt ist nicht zuletzt aufgrund der zunehmenden Volatilität dieser Größen Gegenstand des Risk Management als eigenständigem Tätigkeitsbereich,[108] welches sich mit der Erfassung, Bewertung und Handhabung von finanzwirtschaftlich relevanten Risiken von Unternehmen befaßt.[109]

Zusammen mit dem M&A-Geschäft haben die Corporate-Finance- und Advisory-Aktivitäten als Ertragsquelle für Investment-Banken seit Beginn der siebziger Jahre erheblich an Bedeutung gewonnen.[110]

---

und ihren Investoren, Bern/Stuttgart/Wien 1995; Gaulke, Jürgen: Investor Relations als Schlüssel zum Erfolg, in: Gablers Magazin, 11. Jg. (1997), Nr. 8, S. 21-24.

105 Rehm, Hannes: Neue Wege zur Finanzierung öffentlicher Investitionen, in: Zeitschrift für öffentliche und gemeinwirtschaftliche Unternehmen, Beiheft Nr. 18, Baden-Baden 1994, S. 7-12.

106 Vgl. zum Financial Engineering ausführlicher zum Beispiel Tufano, Peter: How Financial Engineering Can Advance Corporate Strategy, in: Harvard Business Review, Vol. 74 (1996), No. 1, S. 136-146; Marshall, John F./Ellis, M. E.: Investment Banking, a.a.O., S. 228-305; Schuster, Leo: Investment Banking, a.a.O., S. 358-359.

107 Tebroke, Hermann-Josef: Finanzinnovationen, Überblick, in: Gerke, Wolfgang/Steiner, Manfred (Hrsg.): Handwörterbuch des Bank- und Finanzwesens, 2., überarbeitete und erweiterte Auflage, Stuttgart 1995, Sp. 711-726; vgl. zur Entwicklung von Finanzinnovationen ausführlicher Dufey, Gunter: Finanzinnovationen, Innovationsprozeß, in: Gerke, Wolfgang/Steiner, Manfred (Hrsg.): Handwörterbuch des Bank- und Finanzwesens, 2., überarbeitete und erweiterte Auflage, Stuttgart 1995, Sp. 701-711; Kuhn, Robert Lawrence: Securities and Instruments: Classifications and Characteristics, in: Kuhn, Robert Lawrence (Ed.): Corporate and Municipal Securities: Volume III of the Library of Investment Banking, Homewood 1990, S. 19-20; Khoury, Sarkis J.: The Deregulation of the World's Financial Markets: Myths, Realities, and Impact, New York/Westport/London 1990, Karmann, Alexander/Meyer, Axel: Financial Innovations as Optimal Investment Banking Contracts: An Agency Approach, Beiträge zur Wirtschaftsforschung, Diskussionsbeitrag Nr. 70, Hamburg 1990, S. 192-196; Dufey, Gunter/Giddy, Ian H.: The Evolution of Instruments and Techniques in International Financial Markets, in: S.U.E.R.F., Tilburg 1981.

108 Kuhn, Robert Lawrence: Scope and Structure of Investment Banking, a.a.O., S. 14; Wertschulte, Josef F.: Investment Banking, a.a.O., Sp. 1023.

109 Jacob, Adolf-Friedrich/Klein, Sebastian: Investment Banking, a.a.O., S. 13-14.

110 Matthews, John O.: Economics of Competition, a.a.O., S. 30.

2.3.3 Underwriting

Das Underwriting-Geschäft auf den Primärmärkten stellt neben den Sales & Trading-Aktivitäten auf den Sekundärmärkten das ursprüngliche Geschäft der Investment-Banken dar. Es umfaßt sämtliche Transaktionen zwischen den Emittenten von Wertpapieren als Kapitalnehmern auf der einen und den Investoren auf der anderen Seite[111] und wird grundsätzlich mit Corporates und Institutions in den Bereichen Equity und Fixed Income[112] getätigt.[113]

Dabei übernehmen die Investment-Banken bei Fremdemissionen[114] die Rolle eines Vermittlers, indem sie die Emittenten bei der Emission beraten und begleiten sowie in der Regel im Rahmen eines Konsortiums die Plazierung der Wertpapiere bei den Investoren organisieren.[115] Dies geschieht grundsätzlich entweder als Begebungskonsortium, bei dem das Plazierungsrisiko beim Emittenten verbleibt, oder als Übernahme- oder Garantiekonsortium, bei dem die Emissionsbanken das Plazierungsrisiko übernehmen.[116] Bei internationalen Emissionen wird in der Regel zwischen der soge-

---

[111] Bloch, Ernest: Investment Banking, a.a.O., S. 3.

[112] Vgl. dazu ausführlicher Joehnk, Michael D.: An Introduction to Fixed Income Securities, in: Kuhn, Robert Lawrence (Ed.): Investing and Risk Management: Volume I of the Library of Investment Banking, Homewood 1990, S. 417-427.

[113] Saunders, Anthony/Walter, Ingo: Universal Banking in the United States, a.a.O., S. 163; Guillemin, Evan et al.: The Structure of Investment Banking: Ranking the Underwriters, in: Kuhn, Robert Lawrence (Ed.): Investing and Risk Management: Volume I of the Library of Investment Banking, Homewood 1990, S. 66-71.

[114] Im Unterschied zu Fremdemissionen bringen die Emittenten bei der eher seltenen Form der Selbstemission die Wertpapiere ohne die Einbeziehung von Banken eigenständig in den Verkehr (Gerke, Wolfgang/Rapp, Heinz-Werner: Eigenkapitalbeschaffung durch Erstemission von Aktien, in: Gebhard, Günther/Gerke, Wolfgang/Steiner, Manfred (Hrsg.): Handbuch des Finanzmanagements: Instrumente und Märkte der Unternehmensfinanzierung, München 1993, S. 300-301; Reimnitz, Jürgen: Das Primärgeschäft im Emissionsbereich, in: Büschgen, Hans E./Richolt, Kurt (Hrsg.): Handbuch des internationalen Bankgeschäfts, Wiesbaden 1989, S. 244; Kollar, Axel: Emission von Wertpapieren, in: Gerke, Wolfgang/Steiner, Manfred (Hrsg.): Handwörterbuch des Bank- und Finanzwesens, 2., überarbeitete und erweiterte Auflage, Stuttgart 1995, Sp. 501-503).

[115] Mandelker, Gershon/Raviv, Artur: Investment Banking: An Economic Analysis of Optimal Underwriting Contracts, in: The Journal of Finance, Vol. 32 (1977), No. 3, S. 683.

[116] Schmitz, Ronaldo H.: Emissionsgeschäft der Kreditinstitute, in: Gerke, Wolfgang/Steiner, Manfred (Hrsg.): Handwörterbuch des Bank- und Finanzwesens, 2., überarbeitete und erweiterte Auflage, Stuttgart 1995, Sp. 511-514; Reimnitz, Jürgen: Primärgeschäft im Emissionsbereich, a.a.O., S. 244-245; Gerke, Wolfgang/Rapp, Heinz-Werner: Eigenkapitalbeschaffung, a.a.O., S. 301; Kuhn, Robert Lawrence: Scope and Structure of Investment Banking, a.a.O., S. 7-8; Jacob, Adolf-Friedrich/Klein, Sebastian: Investment Banking, a.a.O., S. 10.

nannten Underwriting Group als Garantiekonsortium und der Selling Group unterschieden, die sich als um die Verkaufsbanken erweiterte Underwriting Group definiert, wobei in den letzten Jahren auch international eine Tendenz zum Einheitskonsortium zu erkennen ist. Je nach Emissionsart und -volumen können Konsortien aus über 50 Banken bestehen, jedoch geht der Trend zu wenigen, dafür aber plazierungsstarken Emissionshäusern. Die Struktur und die Zusammensetzung des aus einfachen Konsorten, den sogenannten Underwriters, sowie eventuell einem erweiterten Führungskreis von Co-Lead Managers bestehenden Konsortiums wird vom Emittenten in Abstimmung mit dem Lead Manager als Konsortialführer vorgenommen. Zusätzlich führt letzterer dabei in der Regel neben der Übernahme des größten Teils der Quote auch die Beratung des Emittenten, die Due Diligence sowie alle zentralen Arbeiten im Zusammenhang mit der Emission durch, wie zum Beispiel Prospekterstellung, Beantragung der Börsenzulassung und Marktpflege nach der Emission. Entscheidend für die Aufnahme und die Rolle innerhalb des Konsortiums sind vor allem das Standing und die Plazierungskraft der Bewerber sowie Umfang und Intensität der Geschäftsbeziehungen mit dem Emittenten.[117]

Ein weiterer wichtiger Aspekt im Zusammenhang mit der Emission von Wertpapieren ist die Frage der Preisfixierung. Als Vorteile von vornherein verbindlich festgelegter Zeichnungspreise werden die einfache Handhabbarkeit dieses Verfahrens sowie die Interessenwahrung der Anleger angeführt, die so bereits vor der Zuteilung den effektiven Zeichnungspreis kennen. Jedoch verhindert die gleichzeitige Fixierung von Menge und Preis beim Festpreisverfahren einen Ausgleich von Angebot und Nachfrage über den Preismechanismus. In diesem Zusammenhang tritt oftmals das sogenannte Underpricing-Phänomen auf, das eine positive Preisdifferenz zwischen dem ersten Kurs im Börsenhandel und dem Zeichnungspreis bei einer Neuemission beschreibt und an beinahe allen relevanten Kapitalmärkten nachgewiesen werden kann. Durchschnittlich treten bei Emissionen im Festpreisverfahren Zeichnungsgewinne von 15 bis 20 Prozent des Zeichnungskurses auf.[118] Aufgrund der negativen Auswirkungen auf die Effizienz der Kapitalmärkte und die erheblichen Opportunitätskosten für die

---

117 Schmitz, Ronaldo H.: Emissionsgeschäft, a.a.O., Sp. 515-516; Marshall, John F./Ellis, M. E.: Investment Banking, a.a.O., S. 73-76; Geisst, Charles R.: Investment Banking, a.a.O., S. 136-138.

118 Uhlir, Helmut: Der Gang an die Börse und das Underpricing-Phänomen, in: Zeitschrift für Bankrecht und Bankwirtschaft, Vol. 1 (1989), Nr. 1, S. 2-16.

Emittenten wird das Underpricing-Phänomen ebenso ausführlich wie kontrovers diskutiert.[119] Neben Unsicherheit im Hinblick auf die Qualität von Erstemissionen, asymmetrischer Informationsverteilung zwischen Emittenten und Anlegern und der unterschiedlichen Informationsverarbeitungskapazität einzelner Anlegergruppen wird auch bewußtes Underpricing der Emissionsbanken zur Sicherstellung des Zeichnungserfolgs auf Kosten der Emissionserlöse vor allem bei Übernahmekonsortien als Begründung für dieses Phänomen angeführt.[120] Insbesondere vor dem Hintergrund, daß es sich um ein für das Verfahren der Preisfixierung spezifisches Phänomen handelt, fällt jedoch der Nachweis eines systematischen Underpricing auf Emissionsmärkten schwer.[121]

Wie bereits oben erwähnt, ist nach Märkten und Instrumenten im wesentlichen zwischen Equity und Fixed Income Underwriting zu unterscheiden. Vor allem beeinflußt

---

119 Neus, Werner: Börseneinführungen, Underpricing und die Haftung von Emissionsbanken, in: Kredit und Kapital, 29. Jg. (1996), Heft 3, S. 428-455; Ritter, Jay R.: The Costs of Going Public, in: Journal of Financial Economics, Vol. 19 (1987), S. 269-281; Balvers, Ronald J./McDonald, Bill/Miller, Robert E.: Underpricing of New Issues and the Choice of Auditor as a Signal of Investment Banker Reputation, in: Accounting Review, Vol. 63 (1988), No. 4, S. 605-622; Uhlir, Helmut: Gang an die Börse, a.a.O., S. 2-16; Husson, Bruno/Jacquillat, Bertrand: French New Issues, Underpricing and Alternative Methods of Distribution, in: Guimaraes, Rui M. C./Kingsman, Brian G./Taylor, Stephen J. (Eds.): A Reappraisal of the Efficiency of Financial Markets, Berlin et al. 1989, S. 362-365; Mauer, David C./Senbet, Lemma W.: The Effect of the Secondary Market on the Pricing of Initial Public Offerings: Theory and Evidence, in: Journal of Financial and Quantitative Analysis, Vol. 27 (1992), No. 1, S. 55-79; Booth, James R./Chua, Lea: Ownership Dispersion, Costly Information, and IPO Underpricing, in: Journal of Financial Economics, Vol. 41 (1996), No. 2, S. 291-310.

120 Baron, David P./Holmström, Bengt: The Investment Banking Contract for New Issues Under Asymmetric Information: Delegation and the Incentive Problem, in: The Journal of Finance, Vol. 35 (1980), No. 5, S. 1115-1138; Baron, David P.: A Model of the Demand for Investment Banking Advising and Distribution Services for New Issues, in: The Journal of Finance, Vol. 37 (1982), No. 4, S. 955-976; Rock, Kevin: Why New Issues Are Underpriced, in: Journal of Financial Economics, Vol. 15 (1986), S. 187-212; Allen, Franklin/Faulhaber, Gerald R.: Signaling by Underpricing in the IPO Market, in: Journal of Financial Economics, Vol. 23 (1989), S. 303-323; Tinic, Seha M.: Anatomy of Initial Public Offerings of Common Stock, in: The Journal of Finance, Vol. 43 (1988), No. 4, S. 789-822; Beatty, Randolph P./Ritter, Jay R.: Investment Banking, Reputation and the Underpricing of Initial Public Offerings, in: Journal of Financial Economics, 15. Jg. (1986), S. 213-232.

121 Uhlir, Helmut: Gang an die Börse, a.a.O., S. 2-16; Wessels, Roberto E.: The Market for Initial Public Offerings: An Analysis of the Amsterdam Stock Exchange (1982-7), in: Guimaraes, Rui M. C./Kingsman, Brian G./Taylor, Stephen J. (Eds.): A Reappraisal of the Efficiency of Financial Markets, Berlin et al. 1989, S. 323-348; Husson, Bruno/Jacquillat, Bertrand: Underpricing, a.a.O., S. 349-368; Gerke, Wolfgang/Rapp, Heinz-Werner: Eigenkapitalbeschaffung, a.a.O., S. 302-304.

durch die bereits eingangs der Arbeit erwähnten Trends zur Globalisierung, Deregulierung und Privatisierung weist das weltweite Equity-Underwriting-Geschäft seit Mitte der 80er Jahre enorme Steigerungsraten auf. Der jährliche Wert der internationalen Neuemissionen stieg von knapp sieben Milliarden US $ in 1988 nahezu kontinuierlich auf über 32 Milliarden US $ in 1995 an, was einer jährlichen Wachstumsrate von beinahe 25 Prozent entspricht.[122] Die Marktkapitalisierung aller börsennotierten Unternehmen wuchs seit 1987 sowohl weltweit als auch nur auf die USA bezogen jährlich um rund zehn Prozent. In 1994 betrug die weltweite Marktkapitalisierung circa 15 Billionen US $, wovon rund ein Drittel auf die USA entfielen.[123] 1995 wurden U.S. Bonds im Wert von 757 Milliarden US $ und internationale Bonds im Wert von 385 Milliarden US $ emittiert, wobei von den internationalen Bonds über 80 Prozent auf den Eurobond-Markt[124] entfielen.[125]

Insbesondere die positive Entwicklung des Equity-Underwriting-Geschäfts ist für die Investment-Banken interessant, da es im Gegensatz zum Debt Underwriting zum einen nach wie vor vergleichsweise attraktive Margen bietet und zusammen mit M&A zum typischen CEO-Geschäft zählt, das heißt im Regelfall die Involvierung und Zustimmung des Top Management erfordert. Daher ist auch das Equity-Underwriting-Geschäft prädestiniert für den Aufbau und die Pflege einer vertrauensvollen Verbindung zur Spitze der Unternehmensleitung, im Rahmen derer, wie bereits im Zusammenhang mit dem M&A-Geschäft erwähnt, frühzeitig Informationen über anstehende weitere lukrative Geschäftsmöglichkeiten gewonnen werden können.[126]

---

122 IFR Equibase (1988-89) und Securities Data Company (1990-95), zitiert nach Smith, Roy C./Walter, Ingo: Global Banking, a.a.O., S. 316.

123 International Finance Corp., zitiert nach Smith, Roy C./Walter, Ingo: Global Banking, a.a.O., S. 301; vgl. zur Entwicklung des internationalen und U.S.-Equity-Underwriting-Geschäfts ausführlicher Smith, Roy C./Walter, Ingo: Global Banking, a.a.O., S. 300-338.

124 Der internationale Bond-Markt umfaßt zum einen im Ausland in der jeweiligen Währung emittierte und den jeweiligen nationalen Regulierungsvorschriften unterliegende Bonds, zum anderen die ebenfalls im Ausland auf eine Fremdwährung (in der Regel US $) lautenden, jedoch keinerlei nationalen Regulierungsvorschriften unterliegenden Eurobonds.

125 SDC und IFR, zitiert nach Smith, Roy C./Walter, Ingo: Global Banking, a.a.O., S. 244; vgl. zur Entwicklung des internationalen und U.S.-Fixed-Income-Underwriting-Geschäfts ausführlicher Smith, Roy C./Walter, Ingo: Global Banking, a.a.O., S. 242-273.

126 Eccles, Robert G./Crane, Dwight B.: Doing Deals, a.a.O., S. 64-66.

2.3.4 Sales & Trading

Während die Investment-Banken beim Underwriting-Geschäft auf den Primärmärkten vorrangig ihre Beratungs- und Distributionsfunktion wahrnehmen, treten sie im Rahmen der Sales & Trading-Aktivitäten auf den Sekundärmärkten[127] als Broker und/oder Händler auf. Als Broker wickeln sie Wertpapierkäufe und -verkäufe im Auftrag ihrer Kunden ab und übernehmen zum Teil auch die Wertpapierverwahrung. Dagegen werden Investment-Banken als Händler selbst zu Transaktionspartnern bei Wertpapiergeschäften, die sie für eigene Rechnung abwickeln.[128] Im Vergleich haben die Provisionserträge der Investment-Banken aus dem Brokerage-Geschäft seit Beginn der siebziger Jahre gegenüber den Erträgen aus den Handelsaktivitäten relativ an Bedeutung verloren.[129] Sales & Trading-Aktivitäten sind für das gesamte Kundenspektrum und über sämtliche Märkte und Instrumente hinweg relevant.[130]

Je nach Betrachtungweise kann den Sekundärmarktaktivitäten der Investment-Banken originärer oder derivativer Charakter zugesprochen werden. Die Ergebnisbeiträge des Proprietary-Geschäfts, das heißt des Eigenhandels, sowie der im Sales & Trading-Bereich erwirtschafteten Provisionserträge betonen den originären Charakter des Geschäfts. Jedoch lassen sich die Sekundärmarktaktivitäten auch als Voraussetzung für ein komplettes und qualitativ hochwertiges Leistungsangebot in anderen Geschäftsfeldern des Investment Banking auffassen. Aus dieser Perspektive kommt den Sales & Trading-Aktivitäten derivativer Charakter zu. Beispielsweise gewinnen Investment-Banken aus ihren Sekundärmarktaktivitäten Informationen über Gegebenheiten, Mechanismen und Akteure der jeweiligen Wertpapiermärkte, die für die Bestimmung des Emissionspreises und -zeitpunktes sowie für die endgültige Plazierung der Wertpapiere im Rahmen eines Underwriting-Geschäfts auf dem Primärmarkt von erheblicher Bedeutung sind. Des weiteren sind Sales & Trading-Fähigkeiten die

---

127 Vgl. dazu ausführlicher Zaß, Manfred: Sekundärmärkte in Aktien und Anleihen, in: Büschgen, Hans E./Richolt, Kurt (Hrsg.): Handbuch des internationalen Bankgeschäfts, Wiesbaden 1989, S. 267-293.

128 Wertschulte, Josef F.: Investment Banking, a.a.O., Sp. 1023.

129 Matthews, John O.: Economics of Competition, a.a.O., S. 25-26, 29-30.

130 Marshall, John F./Ellis, M. E.: Investment Banking, a.a.O., S. 122-130; Geisst, Charles R.: Investment Banking, a.a.O., S. 152; Kuhn, Robert Lawrence: Scope and Structure of Investment Banking, a.a.O., S. 9-10; Jacob, Adolf-Friedrich/Klein, Sebastian: Investment Banking, a.a.O., S. 11.

Voraussetzung für die Durchführung von Kurspflege-Aktivitäten zur Wahrnehmung der Liquiditäts- und Kursstabilisierungsfunktion in der unmittelbaren Folge einer Wertpapieremission. Diesbezügliche Leistungsfähigkeit und -bereitschaft ist umso wichtiger, je bedeutender der Emittent diese einschätzt und zum Auswahlkriterium bei der Zusammenstellung des Emissionskonsortiums macht. Auf der Investorenseite schaffen entsprechende Sekundärmarktfähigkeiten und -aktivitäten insbesondere bei innovativen Produkten Vertrauen in eine angemessene Bewertung und Liquidität des emittierten Titels und ermöglichen oder erleichtern somit deren Plazierung.[131] Schließlich können die bei Sekundärmarkttransaktionen gewonnenen Informationen im Rahmen der Asset-Management-Aktivitäten als integraler Bestandteil der Beratungsleistung an bestehende und potentielle Kunden auf der Investorenseite weitergegeben werden.[132]

Analog zum steigenden Volumen der Neuemissionen weisen auch die Handelsvolumina auf den Sekundärmärkten erhebliche Steigerungsraten auf. Das Volumen des weltweiten Aktienhandels beispielsweise stieg von 5,8 Milliarden US $ in 1987 um jährlich durchschnittlich 7,4 Prozent auf 9,6 Milliarden US $ in 1994[133] an. Der nach Volumen gemessen größte Finanzmarkt der Welt ist jedoch der inzwischen weitgehend von Commercial-Banken dominierte Foreign-Exchange-Markt, dessen durchschnittliches tägliches Handelsvolumen von ungefähr 200 Milliarden US $ im März 1986 um jährlich annähernd 24 Prozent auf circa 1,4 Billionen US $ im April 1995[134] anwuchs.[135]

---

131 Vgl. dazu ausführlicher Dufey, Gunter/Giddy, Ian H.: Evolution of Instruments and Techniques in International Financial Markets, a.a.O.

132 Geisst, Charles R.: Investment Banking, a.a.O., S. 150-151; Kuhn, Robert Lawrence: Scope and Structure of Investment Banking, a.a.O., S. 9; Jacob, Adolf-Friedrich/Klein, Sebastian: Investment Banking, a.a.O., S. 11-12.

133 International Finance Corp., zitiert nach Smith, Roy C./Walter, Ingo: Global Banking, a.a.O., S. 307.

134 International Monetary Fund, April 1995, zitiert nach Smith, Roy C./Walter, Ingo: Global Banking, a.a.O., S. 234.

135 Vgl. zum weltweiten Handel mit Devisen und Aktien ausführlicher Smith, Roy C./Walter, Ingo: Global Banking, a.a.O., S. 232-241, 300-338.

2.3.5 Asset Management

Aufgrund seiner Bedeutung im weiteren Verlauf dieser Arbeit erscheint es sinnvoll, den Bereich Asset Management an dieser Stelle zur Beschreibung weiter zu untergliedern (Abbildung 2-4).

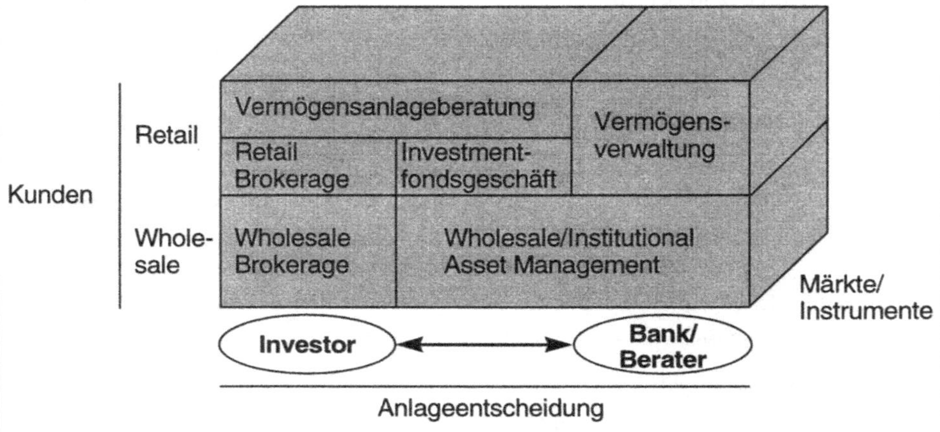

Abbildung 2-4: Teilbereiche des Asset Management

Dazu wird das Kriterium der Anlageentscheidung herangezogen, die entlang eines Kontinuums völlig eigenständig vom Investor selbst getroffen oder vollständig der Bank oder dessen Berater übertragen werden kann. Die Dimensionen Kunden sowie Märkte und Instrumente bleiben gegenüber der ursprünglichen Einteilung der Geschäftsfelder des Investment Banking in Abbildung 2-3 unverändert und werden im Rahmen des Asset Management komplett abgedeckt. Für Wholesale-Kunden, das heißt vor allem für Corporates und Institutions, soll zunächst die einfache Exekution von Wertpapierkauf- und -verkaufaufträgen als "Wholesale Brokerage" bezeichnet werden. Dieser Bereich ist aufgrund der ausgeprägten Eigenständigkeit der Anlageentscheidung von überwiegend sehr professionellen Kunden nahtlos mit dem Geschäftsfeld Sales & Trading verbunden. Davon zu unterscheiden ist das traditionelle Wholesale oder Institutional Asset Management im engeren Sinn, im Rahmen dessen einer Bank mit unterschiedlichen, ex ante festgelegten Freiheitsgraden für die Anlageentscheidung bestimmte Anlagemittel zur Verwaltung im Rahmen von Fonds oder zur

Vollmachtsverwaltung übertragen werden.[136] Diesem Bereich ist auch die Auflage und Verwaltung von Venture-Capital-Fonds zuzuordnen.[137] Für Retail-Kunden reicht das Spektrum von der Vermögensanlageberatung, die je nach Kundenbeziehung unterschiedlich weitreichende Empfehlungen zur Vermögensdisposition umfaßt, bis hin zur Vermögensverwaltung für vermögende Privatkunden, bei der die Bank Portfolioentscheidungen für den Kunden auf der Grundlage einer spezifischen Vollmacht trifft.[138] Des weiteren können im Retail Asset Management die wiederum fließend in das Geschäftsfeld Sales & Trading hineinreichende einfache Ausführung von Wertpapiertransaktionen, möglicherweise induziert durch die Bereitstellung von Wertpapierinformationen und Beratungsleistungen im Rahmen des Retail Brokerage,[139] sowie das Investmentfondsgeschäft unterschieden werden. Bei letzterem wird die Anlageentscheidung zwar für einen festgelegten Betrag vollständig an einen Fondsmanager übertragen, der Kunde kann jedoch das Anlagespektrum durch eine entsprechende Auswahl des Fonds zum Beispiel nach Märkten und Instrumenten, Ländern, Branchen oder Währungen vorab spezifizieren. Analog zum Wholesale oder Institutional Asset Management wird das Investmentfondsgeschäft zusammen mit der Vermögensverwaltung im folgenden auch als Retail Asset Management im engeren Sinne bezeichnet.[140]

Wie im Hinblick auf die Sekundärmarkt-Aktivitäten der Investment-Banken kann auch dem Asset Management sowohl originärer Charakter als eigenständige Provisionsquelle als auch derivativer Charakter in Verbindung zu den Primärmarkt-Aktivitäten zugeschrieben werden. Letzteres ergibt sich aus der Vertriebsunterstützungsfunktion

---

136 Gahn, Roland: Delegiertes Portfolio Management, a.a.O., S. 6-10.

137 Kuhn, Robert Lawrence: Scope and Structure of Investment Banking, a.a.O., S. 16; vgl. dazu ausführlicher Koloski Morris, Jane: Venture Capital I: Industry Structure and Investment Strategy, in: Kuhn, Robert Lawrence (Ed.): Capital Raising and Financial Structure: Volume II of the Library of Investment Banking, Homewood 1990, S. 355-373.

138 Hein, Manfred: Bankbetriebslehre, a.a.O., S. 43-44; Jacob, Adolf-Friedrich/Klein, Sebastian: Investment Banking, a.a.O., S. 12.

139 Da die Trennlinie zwischen dem völlig autonomen Treffen von Anlageentscheidungen und einfachen Formen der Anlageberatung (zum Beispiel im Rahmen des Besuchs einer Bankfiliale) bei Retail-Kunden nicht so eindeutig gezogen werden kann wie bei professionellen institutionellen Anlegern, wird der Begriff des "Retail Brokerage" für den Zweck dieser Arbeit vergleichsweise weit gefaßt.

140 Geisst, Charles R.: Investment Banking, a.a.O., S. 205-211; Marshall, John F./Ellis, M. E.: Investment Banking, a.a.O., S. 312-313.

des Asset Management bei der Plazierung neu emittierter Wertpapiere, die durch etablierte Geschäftsbeziehungen zu Wholesale- und Retail-Investoren erleichtert wird und effizienter zu gestalten sein dürfte. Damit werden im Rahmen des Asset Management Anzahl und Qualität der Investorenbeziehungen, die sich unter anderem am Anlagevolumen und/oder der Anlagestrategie mißt, zu wesentlichen Determinanten der Plazierungskraft und damit des Standings einer Investment-Bank auf den Primärmärkten.[141]

Eine wesentliche Voraussetzung sowohl für das Asset Management als auch für die Primär- und Sekundärmarkt-Aktivitäten sind Informationsbeschaffungs- und -auswertungsaktivitäten im Rahmen des Research.[142] Dieses kann sich auf das makroökonomische Umfeld, bestimmte Teilmärkte oder Branchen sowie einzelne Finanztitel erstrecken, wobei jeweils weiter geografisch sowie nach Märkten und Instrumenten zu differenzieren ist.[143]

Für die Investment-Banken hat das Asset-Management-Geschäft in den vergangenen Jahren enorm an Bedeutung gewonnen. Mit einem durchschnittlichen jährlichen Ertragswachstum von 30 Prozent von 1975 bis 1996 konnte dieses Geschäftsfeld doppelt so hohe Wachstumsraten verzeichnen wie der Durchschnitt und war damit das wachstumsstärkste aller Geschäftsfelder (Abbildung 2-5).[144]

---

141 Jacob, Adolf-Friedrich/Klein, Sebastian: Investment Banking, a.a.O., S. 12; Geisst, Charles R.: Investment Banking, a.a.O., S. 209.

142 Marshall, John F./Ellis, M. E.: Investment Banking, a.a.O., S. 313-314.

143 Jacob, Adolf-Friedrich/Klein, Sebastian: Investment Banking, a.a.O., S. 12.

144 SIA: Security Industry Trends: Negotiated Rates and the U.S. Securities Industry, Vol. 23 (1997), No. 1, S. 15-16.

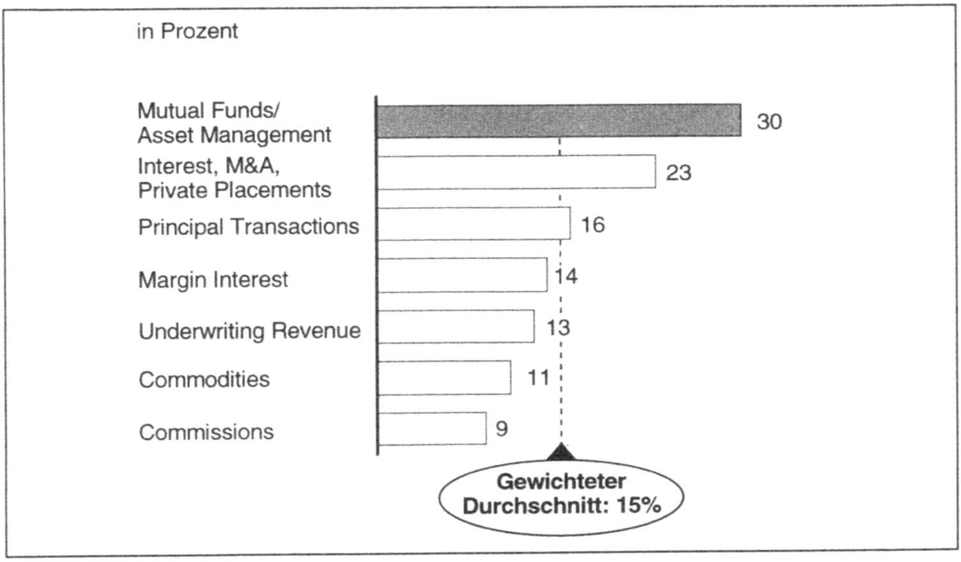

Abbildung 2-5: Ertragsentwicklung in der U.S.-Investment-Banking-Industrie nach Geschäftsfeldern - 1975-96[145]

2.4 Spezifika des Managements von Investment-Banken

Bei der späteren Beurteilung von Integrationsstrategien in der Investment-Banking-Industrie sind auch die spezifischen Aspekte des Managements von Investment-Banken sowohl im funktionalen als auch im institutionalen Sinn[146] zu berücksichtigen. Dies betrifft insbesondere das Wholesale Investment Banking, das heißt vor allem die Bereiche M&A, Corporate Finance/Advisory und Underwriting, deren Spezifika im Hinblick auf das Management im Vergleich zu traditionellen (Groß-)Unternehmen sich eher mit denen anderer professioneller Dienstleistungsunternehmen wie zum Beispiel Anwaltskanzleien, Beratungsfirmen oder Werbeagenturen vergleichen lassen.[147]

---

[145] Eigene Abbildung in Anlehnung an SIA: Security Industry Trends, a.a.O., S. 16.

[146] Management im funktionalen Sinne befaßt sich mit den Prozessen und Funktionen in arbeitsteiligen Organisationen, während Management im institutionalen Sinne die Personen oder Personengruppen, die Managementaufgaben wahrnehmen, sowie deren Tätigkeiten und Rollen beschreibt; vgl. dazu ausführlicher Staehle, Wolfgang H.: Management, a.a.O., S. 65-67.

[147] Eccles, Robert G./Crane, Dwight B.: Managing Through Networks in Investment Banking, in: California Management Review, Vol. 30 (1987), No. 1, S. 176; vgl. dazu ausführlicher auch

Im Gegensatz zum bislang stark hierarchisch geprägten Management traditioneller Commercial-Banken[148] ist bei Wholesale-Investment-Banken aufgrund ihrer Vermittlungsfunktion, der spezifischen wirtschaftlichen Charakteristika ihrer Tätigkeiten und der Besonderheiten des Leistungserstellungsprozesses[149] das Management sich ständig verändernder unternehmensexterner und -interner Netzwerke mit flachen Hierarchien ein zentraler Erfolgsfaktor zur Bewältigung der notwendigen Differenzierungs- und Integrationsleistungen (Abbildung 2-6).[150]

Dies erfordert aufgrund der Komplexität und der Veränderungsgeschwindigkeit des Geschäfts, daß die Strategieformulierung innerhalb eines vom Top Management vorgegebenen Rahmens in hohem Maße in stark spezialisierten und marktnah operierenden Einheiten erfolgt. Dieser partizipative Strategieformulierungsprozeß zusammen mit den erwähnten Umfeldbedingungen bedingt strukturell eine flexible, "self-designing organization", die den Mitarbeitern das erforderliche hohe Maß an Autonomie gewährt.[151] Um trotz dieser Autonomie eine effektive Koordination und Steuerung der Geschäftsaktivitäten gewährleisten zu können, wird die Organisationsform um straffe, vom Top Management entworfene und eingesetzte Informations- und Steuerungssysteme ergänzt.[152] Die Kernfunktionen dieser Systeme sind die Bereitstellung von Informationen über Anzahl und Qualität der externen Verbindungen zu Klienten und der Qualität der geschäftlichen Beziehungen zwischen den Mitarbeitern innerhalb der Organisation zum Zweck der individuellen und kollektiven Performance-Messung.

Mintzberg, Henry: Mintzberg über Management: Führung und Organisation, Mythos und Realität. Aus dem Amerikanischen von Hans-Peter Meyer. Mit fachwissenschaftlicher Beratung durch Prof. Dr. Wolfgang H. Staehle, Freie Universität Berlin, Wiesbaden 1991, S. 107-126, 205-227.

148 Eccles, Robert G./Crane, Dwight B.: Managing Through Networks in Investment Banking, a.a.O., S. 177, 193-194.

149 Als wesentliche Merkmale sind in diesem Zusammenhang die Organisation externer geschäftlicher Beziehungen zwischen Emittenten, Investoren, und anderen Investment-Banken, der schwer herzustellende Zusammenhang zwischen Ressourceneinsatz für einen Klienten und Ertrag aus der Geschäftsbeziehung sowie die jeweils individuelle Bereitstellung einer Leistung in unmittelbarer Zusammenarbeit mit dem Klienten zu nennen; vgl. dazu ausführlicher Eccles, Robert G./Crane, Dwight B.: Doing Deals, a.a.O., S. 35-47.

150 Eccles, Robert G./Crane, Dwight B.: Doing Deals, a.a.O., S. 35-36; Lawrence, Paul R./Lorsch, Jay W.: Organization and Environment: Managing Differentiation and Integration, Homewood 1967.

151 Eccles, Robert G./Crane, Dwight B.: Doing Deals, a.a.O., S. 49; vgl. zu den Charakteristika der "self-designing organization" ausführlicher ebenda, S. 119-146.

152 Vgl. dazu ausführlicher Eccles, Robert G./Crane, Dwight B.: Doing Deals, a.a.O., S. 147-161.

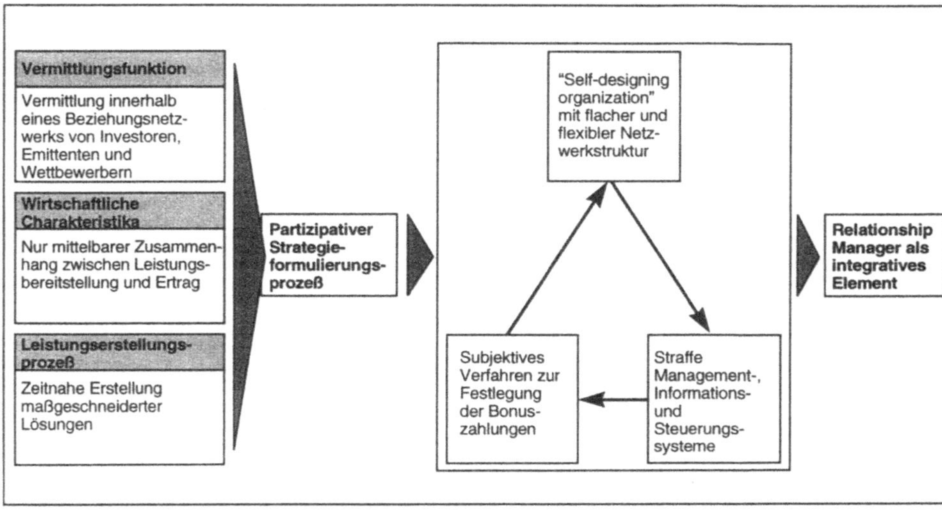

Abbildung 2-6: Management von Wholesale-Investment-Banken[153]

Um möglichen Unvollkommenheiten und Manipulationsmöglichkeiten zu begegnen, wird ergänzend zu diesem System ein bewußt subjektives Verfahren der gegenseitigen Performance-Beurteilung unter den Mitarbeitern etabliert, deren Ergebnisse zur Festlegung der Bonuszahlungen an die Mitarbeiter vom Top Management mit herangezogen werden. Die herausragende Bedeutung talentierter Individuen,[154] verbunden mit ihrer grundsätzlich hohen beruflichen Mobilität, machen die absolute und relative Höhe der Gehalts- und Bonuszahlungen sowie das Verfahren zu deren Festlegung zu einem der wesentlichen Erfolgsfaktoren im Wholesale Investment Banking.[155] Um eine effektive marktgerichtete Koordination der Gesamtaktivitäten sicherzustellen,

---

[153] Eigene Abbildung in Anlehnung an Eccles, Robert G./Crane, Dwight B.: Doing Deals, a.a.O., S. 36.

[154] Maher, Philip/Cooper, Ron: The New Bulge Bracket, in: Investment Dealers' Digest, Vol. 62 (1996), No. 48, November 25, 1997, S. 14-25; Raettig, Lutz R.: Neuere Entwicklungen im Investment Banking, in: Rudolph, Bernd (Hrsg.): Instrumente und Strategien im Investment Banking, Frankfurt am Main 1990, S. 53.

[155] Vgl. zur Bedeutung und zum Prozess der Festlegung der Bonuszahlung ausführlicher Eccles, Robert G./Crane, Dwight B.: Doing Deals, a.a.O., S. 163-178; Wahlman, Anton: The Search for a New Equilibrium: Regrouping the European Investment Banks, unpublished paper submitted at The Paul H. Nitze School of Advanced International Studies at John Hopkins University, 1995, S. 36-37.

werden Klienten gruppenweise von ihren jeweiligen Relationship-Managern[156] betreut, die letztendlich unter Abwägung von Kunden- und Unternehmensinteressen für die Koordination aller erforderlichen Aktivitäten über das gesamte Unternehmen hinweg verantwortlich sind.[157]

Seitens der Mitarbeiter erfordert die spezifische Arbeitsweise von Wholesale-Investment-Banken neben hoher fachlicher Qualifikation ausgeprägte Teamfähigkeit, starke Erfolgsorientierung, Ausdauer, ausgeprägte psychische und physische Belastbarkeit, Mobilität sowie die Bereitschaft, das eigene Talent konsequent weiterzuentwickeln.[158]

Die zukünftigen Herausforderungen für das Management von Wholesale-Investment-Banking-Aktivitäten ergeben sich zum einen aus der zunehmenden Größe der Organisationen mit einer exponentiell wachsenden Anzahl möglicher Beziehungen innerhalb des zu koordinierenden Netzwerks. Des weiteren erschwert die geografische Expansion der Organisationen infolge der Globalisierungstendenzen trotz technischer Fortschritte in der Telekommunikation und der Informationsverarbeitung die Koordinationsleistung. Abzuwarten bleibt, wie diese Management-Herausforderungen von den in das Investment-Banking-Geschäft vordringenden Commercial-Banken gemeistert werden, die zwar mehr Erfahrung mit dem Management großer und internationaler, jedoch vorwiegend hierarchisch koordinierter Organisationen haben, aber weitgehend unerfahren im Management oben beschriebener Netzwerk-Strukturen sind.[159]

---

156 Vgl. zum Relationship Management ausführlicher Eccles, Robert G./Crane, Dwight B.: Doing Deals, a.a.O., S. 179-201; Hofmann, Hansgeorg B.: Produktentwicklungslinien im Investment Banking, in: International Bankers Forum e.V. (Hrsg.): Die Banken auf dem Weg ins 21. Jahrhundert, Wiesbaden 1996, S. 7.

157 Eccles, Robert G./Crane, Dwight B.: Doing Deals, a.a.O., S. 47-52.

158 Goodson, Peter D.: Investment Banking as a Profession: Pathway to Glory or Road to Oblivion?, in: Williamson, J. Peter (Ed.): The Investment Banking Handbook, New York et al. 1988, S. 7; Wertschulte, Josef F.: Investment Banking, a.a.O., Sp. 1030.

159 Gilbert, S. Parker: Investment Banking in the Nineties, in: Challenges of Global Finance: Die Herausforderungen des globalen Finanzmarktes, Mainz 1991, S. 82-85; Kuhn, Robert Lawrence: The Strategies of Investment Banking, in: Kuhn, Robert Lawrence (Ed.): Mergers, Acquisitions, and Leveraged Buyouts: Volume IV of the Library of Investment Banking, Homewood 1990, S. 14-16; Eccles, Robert G./Crane, Dwight B.: Managing Through Networks in Investment Banking, a.a.O., S. 193-194; Eccles, Robert G./Crane, Dwight B.: Doing Deals, a.a.O., S. 203-223.

3 TYPOLOGIE UND ERFOLG KUNDENGRUPPENORIENTIERTER STRATEGIEN IM U.S. INVESTMENT BANKING

In diesem dritten Abschnitt werden alternative kundengruppenorientierte Strategien im Rahmen einer Typologie systematisiert und anhand von Beispielen aus der U.S.-Investment-Banking-Industrie erläutert, wobei primär zwischen ausschließlich Retail- oder Wholesale-fokussierten kundengruppenorientierten Strategien sowie vorwärts- oder rückwärtsgerichteten Integrationsstrategien zu unterscheiden ist (Abbildung 3-1).[160]

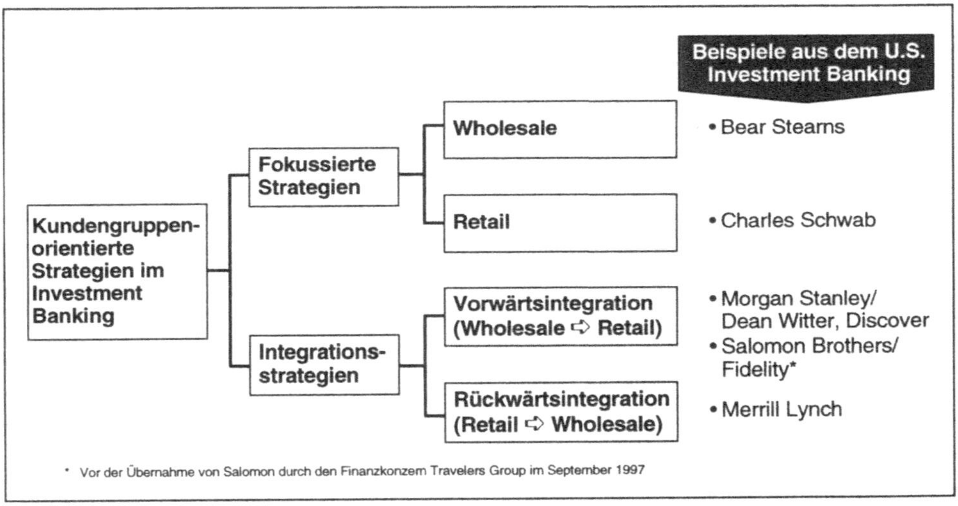

Abbildung 3-1: Typologie und Beispiele kundengruppenorientierter Strategien im Investment Banking[161]

Gleichzeitig stellen die als Beispiele zugeordneten fünf U.S.-Investment-Banken die Grundlage für eine vergleichende, illustrative Erfolgsbeurteilung der einzelnen Strategien auf Basis des Shareholder-Value-Kriteriums dar, welches zunächst kurz skizziert

---

160 Zur Realisierung von Integrationsstrategien steht Investment-Banken prinzipiell das gesamte Spektrum vom Kauf eines Anbieters mit komplementärem Geschäftsfokus über eine Kooperation bis hin zum eigenständigen Aufbau entsprechender Aktivitäten zur Verfügung. Diese Realisierungsalternativen werden im Rahmen der vorliegenden Arbeit nicht ausführlich diskutiert, da sie für die unternehmensbezogene Beurteilung der zentralen Fragestellung nach der grundsätzlichen Vorteilhaftigkeit von Integrationsstrategien nicht relevant sind, sondern lediglich in die wettbewerbsbezogene Beurteilung einbezogen.

und als Erfolgskriterium kritisch beurteilt wird. Einen quantitativen Befund mit dem Charakter eines empirischen Beweises werden diese Analysen nicht darstellen, da aufgrund der geringen Fallzahl und der kurzen Vergangenheit einiger Entwicklungen in der U.S.-Investment-Banking-Industrie die erforderlichen Datenreihen noch nicht zur Verfügung stehen.[162]

3.1 Shareholder Value als Erfolgskriterium

Als Grundlage für eine marktwertorientierte Unternehmensführung gewinnt das Shareholder-Value-Konzept[163] gegenwärtig sowohl in der Praxis als auch in der wissenschaftlichen Diskussion zunehmend an Bedeutung.[164] Es definiert die Maximierung des Marktwerts des Eigenkapitals als primäres Ziel der Unternehmensführung,[165] das bei sämtlichen strategischen und operativen Entscheidungen zu berücksichtigen ist.[166] Eine laufende Ermittlung des Marktwerts des Eigenkapitals findet im Zuge der Börsennotierung von Aktiengesellschaften statt. Die Marktteilnehmer überprüfen

---

161 Die angeführten Beispiele betreffen die nach Marktkapitalisierung per Ende April 1997 fünf größten börsennotierten U.S.-Investment-Banken aus Abbildung 2-2.

162 Zudem kann in diesem Zusammenhang auch nicht von einem monokausalen Wirkungszusammenhang zwischen der jeweiligen kundengruppenorientierten Strategie und dem Unternehmenserfolg aus Aktionärssicht ausgegangen werden.

163 Vgl. dazu grundlegend Rappaport, Alfred: Creating Shareholder Value: The New Standard for Business Performance, New York 1986; Rappaport, Alfred: Wertorientierte Unternehmensführung - Strategien zur Schaffung von Shareholder Value, in: Montgomery, Cynthia A./Porter, Michael E. (Hrsg.): Strategie: Die brillanten Beiträge der weltbesten Strategie-Experten, Wien 1996, S. 433-457.

164 Drukarczyk, Jochen: Wertorientierte Unternehmenssteuerung, in: Zeitschrift für Bankrecht und Bankwirtschaft, 9. Jg. (1997), Heft 3, S. 217-226; Jackson, Tony: Winning Minds, Not Hearts, in: Financial Times, October 27, 1997, S. 14; Hörter, Steffen: Das Shareholder-Value-Konzept: Ein Steuerungsinstrumentarium für Banken?, in: Zeitschrift für das gesamte Kreditwesen, 49. Jg. (1996), Heft 4, S. 146-148; Drukarczyk, Jochen/Richter, Frank: Unternehmensgesamtwert, anteilseignerorientierte Finanzentscheidungen und APV-Ansatz, in: Die Betriebswirtschaft, 55. Jg. (1995), Nr. 5, S. 559; Habermayer, Wolfgang: Das Shareholder-Value-Prinzip zur Unternehmenssteuerung, in: Österreichisches Bank Archiv, 45. Jg. (1997), Nr. 7, S. 497.

165 Schierenbeck, Henner: Shareholder Value-Management im Konzept Ertragsorientierter Banksteuerung, in: Die Bank, 37. Jg. (1998), Nr. 1, S. 13.

166 Bühner, Rolf: Shareholder Value-Ansatz, in: Die Betriebswirtschaft, 52. Jg. (1992), Heft 3, S. 418; Drill, Michael: Investor Relations, a.a.O., S. 32; Speckbacher, Gerhard: Shareholder Value und Stakeholder Ansatz, in: Die Betriebswirtschaft, 57. Jg. (1997), Nr. 5, S. 630; o.V.: Valuing Companies: A Star to Sail by?, in: The Economist, Vol. 344 (1997), No. 8028, August 2nd 1997, S. 57.

fortlaufend die Bewertung des Unternehmens auf der Basis neuer, für die zukünftige Entwicklung relevanter Informationen, wie zum Beispiel strukturelle Veränderungen des Unternehmensumfelds oder auch strategische Unternehmensentscheidungen, und passen die Bewertung der Eigenkapitalanteile ihren Erwartungen an. Folgt man der halbstrengen Form der Efficient Market Hypothesis[167], so bildet diese Form der Marktbewertung den tatsächlichen Wert des Eigenkapitals eines Unternehmens relativ gut ab. Die der Börsennotierung zugrundeliegende und auch auf nicht börsennotierte Unternehmen anwendbare technische Ermittlung des Unternehmenswerts kann auf Basis von Discounted-Cash-Flow-Methoden[168] unter Rückgriff auf das Capital Asset Pricing Model (CAPM)[169] oder das Arbitrage Pricing Model (APM)[170] zur Bestim-

---

167 Die halbstrenge Form der Efficient Market Hypothesis geht davon aus, daß die Preise am Aktienmarkt sämtliche Informationen der Vergangenheit sowie veröffentlichte zukunftsrelevante Informationen reflektieren; vgl. dazu sowie zur Efficient Market Hypothesis ausführlicher Fama, Eugene F.: Efficient Capital Markets: A Review of Theory and Empirical Work, in: The Journal of Finance, Vol. 25 (1970), S. 383-417; Fama, Eugene F.: Efficient Capital Markets II, in: The Journal of Finance, Vol. 46 (1991), No. 5, S. 1575-1617; Brealey, Richard A./Myers, Stewart C.: Principles of Corporate Finance, 4th edition, New York et al. 1991, S. 295-297; Lee, Dwight R./Verbrugge, James A.: The Efficient Market Theory Thrives on Criticism, in: Bank of America Journal of Applied Corporate Finance, Vol. 9 (1996), No. 1, S. 35-40.

168 Im Rahmen der Discounted-Cash-Flow-Methoden können die Entity-, Equity- und Adjusted-Present-Value-Methode unterschieden werden, die zwar bei konsistenter Handhabung zu übereinstimmenden Ergebnissen führen, jedoch je nach Bewertungssituation unterschiedlich gut geeignet sind; vgl. dazu ausführlicher Richter, Frank: DCF-Methoden und Unternehmensbewertung: Analyse der systematischen Abweichungen der Bewertungsergebnisse, in: Zeitschrift für Bankrecht und Bankwirtschaft, 9. Jg. (1997), Heft 3, S. 226-237; Drukarczyk, Jochen: Unternehmensbewertung, unter Mitarbeit von Bernhard Schwetzler, München 1996, S. 142-178.

169 Vgl. zu Grundlagen, Herleitung, Darstellung und Diskussion des CAPM ausführlicher Sharpe, William F.: Capital Asset Prices: A Theory of Market Equilibrium Under Conditions of Risk, in: The Journal of Finance, Vol. 19 (1964), No. 3, S. 425-442; Lintner, John: Security Prices, Risk, and Maximal Gains from Diversification, in: The Journal of Finance, Vol. 20 (1965), No. 4, S. 587-615; Merton, Robert C.: An Intertemporal Capital Asset Pricing Model, in: Econometrica, Vol. 41 (1973), No. 5, S. 867-887; Copeland, Thomas E./Weston, J. Fred: Financial Theory and Corporate Policy, 3rd edition, New York 1988, S. 145-219; Brealey, Richard A./Myers, Stewart C.: Corporate Finance, a.a.O., S. 161-168; Copeland, Tom/Koller, Tim/Murrin, Jack: Valuation: Measuring and Managing the Value of Companies, 2nd edition, New York et al. 1994, S. 258-266; Drukarczyk, Jochen: Unternehmensbewertung, a.a.O., S. 179-192; Auckenthaler, Christoph: Theorie und Praxis des modernen Portfolio-Managements, 2., vollständig überarbeitete und ergänzte Auflage, Bern/Stuttgart/Wien 1994, S. 182-195.

170 Vgl. zu Grundlagen, Herleitung, Darstellung und Diskussion des APM ausführlicher Ross, Stephen A.: The Arbitrage Theory of Capital Asset Pricing, in: Journal of Economic Theory, Vol. 13 (1976), S. 341-360; Chen, Nai-Fu: Some Empirical Tests of the Theory of Arbitrage Pricing, in: Journal of Finance, Vol. 38 (1983), No. 5, S. 1393-1414; Brealey, Richard A./Myers, Stewart C.: Corporate Finance, a.a.O., S. 169-170; Copeland, Tom/Koller, Tim/Murrin, Jack:

mung risikoadjustierter Eigenkapitalkosten durchgeführt werden.[171] Die immer wieder angeführten Kritikpunkte am Shareholder-Value-Konzept[172] können im wesentlichen in drei Kategorien unterteilt werden. Sie betreffen normative, inhaltliche und operative Aspekte.[173]

Normative Aspekte. Auf der normativen Ebene betrifft die Kritik die eindimensionale, auf die Interessen der Kapitalgeber reduzierte Zielkonzeption.[174] Als Gegenargument kann der Residualanspruchscharakter der Anteilseigner angeführt werden, der sich darin begründet, daß die Interessen der Kapitalgeber erst nach der Befriedigung der vertraglich fixierten Ansprüche aller anderen Stakeholders erfüllt werden können. Dies basiert auf der Annahme, daß die Ansprüche der Stakeholders überwiegend finanzieller Natur und vertraglich festgehalten sind.[175]

Inhaltliche Aspekte. Die inhaltliche Kritik zielt im wesentlichen auf das zugrundeliegende stark mechanistische Verständnis des Unternehmens und seiner Entscheidungsträger ab, das sich in der Berücksichtigung ausschließlich monetär meßbarer Einfluß-

---

Valuation, a.a.O., S. 266-271; Kruschwitz, Lutz/Löffler, Andreas: Ross' APT ist gescheitert. Was nun?, in: zfbf, 49. Jg. (1997), Nr. 7/8, S. 644-651; Auckenthaler, Christoph: Theorie und Praxis des modernen Portfolio-Managements, a.a.O., S. 196-205.

171 Böhme, Markus: Zukunft der Universalbank, a.a.O., S. 61-62; vgl zur Bestimmung der Kapitalkosten grundlegend Modigliani, Franco/Miller, Merton H.: The Cost of Capital, Corporation Finance and the Theory of Investment, in: The American Economic Review, Vol. 48 (1958), No. 3, S. 261-297.

172 Bühner, Rolf/Tuschke, Anja: Zur Kritik am Shareholder Value - eine ökonomische Analyse -, in: Betriebswirtschaftliche Forschung und Praxis, 48. Jg. (1997), Nr. 5, S. 499-516; Wagner, Franz W.: Shareholder Value: Eine neue Runde im Konflikt zwischen Kapitalmarkt und Unternehmensinteresse, in: Betriebswirtschaftliche Forschung und Praxis, 48. Jg. (1997), Nr. 5, S. 473-498; Drill, Michael: Investor Relations, a.a.O., S. 32.

173 Vgl. zur Diskussion der Kritikpunkte am Shareholder-Value-Ansatz ausführlicher Brinker, Bernhard: Die Eignung des "Shareholder Value" zur zielorientierten Steuerung von Geschäftseinheiten, Diplomarbeit zur Erlangung des akademischen Grades Diplom-Kaufmann, European Business School, Schloß Reichartshausen, Februar 1994, S. 38-44.

174 Law, Warren A.: Ein Unternehmen ist mehr als sein Börsenwert, in: Harvard Manager, 8. Jg. (1986), Heft 4, S. 12-15; Ulrich, Peter/Fluri, Edgar: Management: Eine konzentrierte Einführung, 4., verbesserte Auflage, Bern/Stuttgart 1986, S. 16-18; Copulsky, William: Balancing the Needs of Customers and Shareholders, in: The Journal of Business Strategy, Vol. 12 (1991), No. 6, S. 44-47; Janisch, Monika: Das strategische Anspuchsgruppenmanagement: Vom Shareholder Value zum Stakeholder Value, Bern/Stuttgart/Wien 1993, S. 105.

175 Rappaport, Alfred: Creating Shareholder Value, a.a.O., S. 12-13; Copeland, Tom/Koller, Tim/Murrin, Jack: Valuation, a.a.O., S. 22-28; Drill, Michael: Investor Relations, a.a.O., S. 33.

größen auf den Cash Flow bei der Ermittlung des Eigenkapitalwerts manifestiert.[176] Eine solche weitgehende Ausblendung qualitativer Faktoren führt möglicherweise zu Fehleinschätzungen bei der Unternehmensbewertung.[177] Diese Problematik kann jedoch durch eine bewußte und konsequente Einbeziehung qualitativer Faktoren bei der Prognose zukünftiger Cash Flows, die systematische Offenlegung der den Schätzungen zugrundeliegenden Annahmen sowie die Durchführung von Szenario- und Sensitivitätsanalysen zur Verringerung der Gefahr von Fehlbewertungen entschärft werden.[178] Des weiteren ist vor allem bei sehr unsicheren Umfeldbedingungen und zur Berücksichtigung der Handlungsflexibilität des Managements eine erhebliche Steigerung der Qualität der Unternehmensbewertung durch die Nutzung der Optionspreistheorie möglich.[179] Ein weiterer inhaltlicher Kritikpunkt betrifft die Validität der oben genannten, vieldiskutierten Modelle CAPM und APM zur Ermittlung der risikoadjustierten Eigenkapitalkosten eines Unternehmens.[180] Trotz vieler berechtigter Bedenken und Einwände bleibt am Ende der Diskussion festzuhalten, daß diese Verfahren gegenwärtig als beste verfügbare Methoden für ihren Zweck anerkannt sind.[181]

Operative Aspekte. Operative Bedenken bestehen hinsichtlich Verfügbarkeit und Qualität des für eine fundierte Ermittlung des Eigenkapitalwerts erforderlichen umfassenden Daten- und Informationsmaterials. Aufgrund der Vielzahl der zu treffenden Prognosen betrifft dieser Einwand insbesondere die Frage der Datensicherheit.[182] Dieses Problem ist jedoch nicht dem Shareholder-Value-Konzept an sich anzulasten,

---

176 Jackson, Tony: Zeal Tempered by Sensitivity, in: Financial Times, October 27, 1997, S. 14; Janisch, Monika: Anspuchsgruppenmanagement, a.a.O., S. 100-101.

177 Day, George S./Fahey, Liam: Putting Strategy into Shareholder Value Analysis, in: Harvard Business Review, Vol. 68 (1990), No. 2, S. 158-160.

178 Gomez, Peter/Ganz, Matthias: Diversifikation mit Konzept: Den Unternehmenswert steigern, in: Harvard Manager, 14. Jg. (1992), Heft 1, S. 54.

179 Leslie, Keith J./Michaels, Max P.: The Real Power of Real Options, in: The McKinsey Quarterly, o. Jg. (1997), No. 3, S. 4-22; Liebler, Hans: Strategische Optionen - Eine kapitalmarktorientierte Bewertung von Investitionen unter Unsicherheit, Konstanz 1996, S. 52-78.

180 Vgl. dazu beispielsweise Haugen, Robert A.: The New Finance: The Case Against Efficient Markets, Englewood Cliffs 1995, S. 118-122.

181 Brealey, Richard A./Myers, Stewart C.: Corporate Finance, a.a.O., S. 171-174; Copeland, Tom/Koller, Tim/Murrin, Jack: Valuation, a.a.O., S. 257-271; Drukarczyk, Jochen: Unternehmensbewertung, a.a.O., S. 179.

182 Janisch, Monika: Anspuchsgruppenmanagement, a.a.O., S. 96-97.

sondern eher als ein Tribut an die Zukunftsorientierung der zugrundeliegenden Bewertungsmethode anzusehen.

Auf der Basis des Shareholder-Value-Konzepts läßt sich die Performance börsennotierter Unternehmen unter Einbeziehung ihrer Zukunftsaussichten sowohl untereinander als auch mit Branchen oder dem gesamten Aktienmarkt anhand des Total Return to Shareholders (TRS) vergleichen. Dieses Maß setzt für eine bestimmte zeitliche Periode die Veränderung der Marktkapitalisierung eines Unternehmens zuzüglich der in diesem Zeitraum ausgeschütteten Dividenden in das Verhältnis zur Marktkapitalisierung zu Beginn der Periode.[183] Auf dieses Maß wird im folgenden bei der einzelfallorientierten Erfolgsbeurteilung alternativer kundengruppenorientierter Strategien zurückgegriffen.[184] Auf eine Risikoadjustierung der Ergebnisse wurde bei den im Rahmen dieses Kapitels folgenden Analysen verzichtet, da hier in erster Linie der relative Performancevergleich relevant ist, und sich die Beta-Werte als Maßgröße für das systematische Risiko[185] für die betrachteten fünf größten börsennotierten U.S.-Investment-Banken kaum unterscheiden.[186]

---

183 o.V.: Valuing Companies, a.a.O., S. 57-58.

184 Als Performance-Maßstäbe werden bei der Erfolgsbeurteilung der 1957 entwickelte Standard & Poors (S&P) 500 Index, der 500 börsennotierte U.S.-Unternehmen umfaßt (400 Industriewerte, je 40 Werte aus der Versorgungs- und der Finanzindustrie, 20 Transportgesellschaften), der seit März 1986 berechnete Banking Composite Index, der 27 börsennotierte U.S.-Commercial-Banken umfaßt ("Money Centers" und "Major Regionals") sowie der seit Januar 1992 berechnete Investment Banking & Brokerage 500 Index, der 12 bösennotierte U.S.-Investment-Banken umfaßt, jeweils als Total-Return-to-Shareholders-Indizes, herangezogen (o.V.: Standard & Poors 500 Index, in: Büschgen, Hans E.: Das kleine Börsenlexikon, Düsseldorf 1994, S. 676; Compustat-Datenbank, Standard & Poor's Compustat, Englewood).

185 Vgl. zu Unterscheidung und Bedeutung von systematischem und unsystematischem Risiko ausführlicher Abschnitt 5.1.1.

186 Für den Zeitraum von 1985 bis 1990 lagen die Beta-Werte beispielsweise im Bereich von 1,21 und 1,30, von 1992 bis 1997 zwischen 1,18 und 1,40 (BARRA, Inc., Berkeley). Interessant ist dabei, daß in beiden Fällen der jeweils höchste Wert auf die Retail-Investment-Bank Charles Schwab entfällt, während die Wholesale-Investment-Bank Salomon den niedrigsten Wert aufweist.

3.2 Fokussierte kundengruppenorientierte Strategien

Fokussierte kundengruppenorientierte Strategien werden von den Investment-Banken verfolgt, die ihre Geschäfte nahezu ausschließlich entweder mit Wholesale- oder Retail-Kunden betreiben (Abbildung 3-1).[187]

Fokussierte Wholesale-Strategie. Ein überwiegend auf das Wholesale-Geschäft mit Unternehmen, Finanzinstitutionen und Regierungen konzentrierter Anbieter von Investment-Banking-Leistungen ist die Bear Stearns Companies, Inc. in New York. Mit einer Marktkapitalisierung von 3,6 Milliarden US $ Ende April 1997 ist sie die fünftgrößte börsennotierte U.S.-Investment-Bank[188] und beschäftigt 7.346 Mitarbeiter.[189] Das Retail-Geschäft spielt mit 511 Retail Brokers und sieben Geschäftsstellen in den USA[190] eine relativ geringe Rolle und konzentriert sich auf die Vermögensverwaltung für sehr wohlhabende Individuen. Bekannt ist Bear Stearns vor allem für ihre vergleichsweise aggressiven Trading-Aktivitäten und das Underwriting-Geschäft, insbesondere im Bereich Fixed Income Securities. Des weiteren bietet Bear Stearns heute Investment-Banking-Beratungsleistungen wie zum Beispiel M&A an und ist in den Bereichen Institutional Equities, Asset Management und Wertpapier-Clearing aktiv.[191]

Bear Stearns wurde 1923 von Joseph Bear, Robert Stearns und Harold Mayer in New York ursprünglich als Equity Trading House gegründet. Die große Depression Ende der zwanziger Jahre, während der sich das Unternehmen durch sehr aggressives Trading von Staatsanleihen hervortat, überstand Bear Stearns ohne Entlassungen. In den fünfziger Jahren gehörte die Firma mit zu den Pionieren des zumindest bis zur Abschaffung fixer Provisionssätze 1975 durch die Securities and Exchange Commission (SEC) äußerst profitablen Block Trading. Bis in die sechziger Jahre expandierte

---

187 Vgl. zu einer ausführlicheren Beschreibung der Kundengruppen Abschnitt 2.3 sowie Abbildung 2-3.

188 Abbildung 2-2.

189 Atlas, Riva: Ranking America's Biggest Brokers: Good News, Bad News, in: Institutional Investor, Vol. 31 (1997), No. 4, S. 110.

190 Atlas, Riva: America's Biggest Brokers, a.a.O., S. 110.

191 Jeffris, Tony: Bear Stearns Companies, Inc., updated by Thomas Derdak, in: Grant, Tina (Ed.): International Directory of Company Histories, Volume 15, Detroit et al. 1996, S. 144-145; Hoover's, Inc.: The Bear Stearns Companies Inc., in: Bloomberg-Financial-Markets-Datenbank, Bloomberg L.P., New York, No. 10191, S. 1.

Bear Stearns mit der Eröffnung neuer Büros sowohl national als auch international. In der Folgezeit wurden sukzessive die übrigen, oben erwähnten Produktbereiche aufgebaut. Nachdem Bear Stearns 1985 an die Börse gegangen war, wurde die Firma nicht zuletzt aufgrund des Geschäftsschwerpunkts im Fixed-Income-Bereich erheblich von den starken Zinserhöhungen im Jahr 1994 und dem daraus resultierenden starken Rückgang des amerikanischen Bondmarktes getroffen.[192]

Der bisherige Erfolg der Strategie von Bear Stearns ist aus Aktionärssicht differenziert zu beurteilen (Abbildung 3-2).

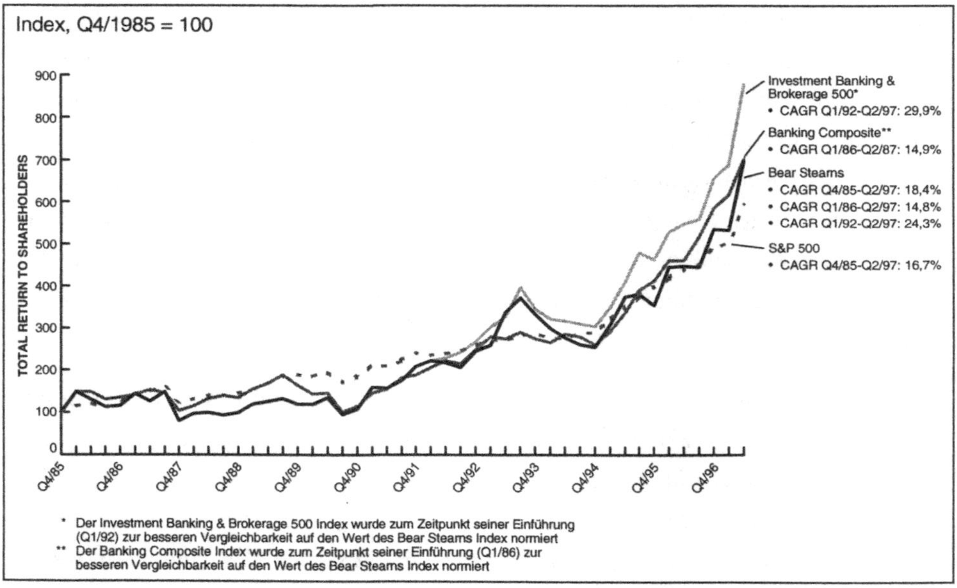

Abbildung 3-2: Total Return to Shareholders von Bear Stearns vs. ausgewählte Indizes - 1985-97[193]

Zwar liegt der durchschnittliche jährliche Total Return to Shareholders seit der Börsennotierung im vierten Quartal 1985 bis zum zweiten Quartal 1997 mit 18,4 Prozent

---

[192] Hoover's, Inc.: Bear Stearns, a.a.O., S. 2-5; Jeffris, Tony: Bear Stearns, a.a.O., S. 144-145.

[193] Eigene Berechnungen auf der Basis von Daten aus der Compustat-Datenbank, Standard & Poor's Compustat, Englewood sowie aus der Datastream-Datenbank, Datastream International Limited, London.

über dem Vergleichswert von 16,7 Prozent für den S&P 500 Index.[194] Der Vergleich mit dem Banking Composite Index über den Zeitraum von dessen Einführung im ersten Quartal 1986 bis zum zweiten Quartal 1997 fällt jedoch mit 14,8 Prozent zu 14,9 Prozent bereits knapp zuungunsten von Bear Stearns aus. Vergleicht man Bear Stearns schließlich mit seinen direkten Wettbewerbern in Form des Investment Banking & Brokerage 500 Index seit dessen Einführung im ersten Quartal 1992 bis zum zweiten Quartal 1997, so stellt man mit 24,3 Prozent gegenüber 29,9 Prozent eine deutliche Underperformance der Bear-Stearns-Aktie fest.

Fokussierte Retail-Strategie. Der nach Marktkapitalisierung führende Anbieter von Wertpapierprodukten und damit eng verwandten Beratungs- und anderen Dienstleistungen für Retail-Kunden in den USA ist die in San Francisco ansässige Charles Schwab Corporation. Mit einer Marktkapitalisierung von 6,4 Milliarden US $ Ende April 1997 ist Charles Schwab die drittgößte börsennotierte U.S.-Investment-Bank,[195] hat circa 9.800 Mitarbeiter, und verfügt mit 3.700 Retail Brokers und 235 Geschäftsstellen über eines der zehn größten Retail-Netzwerke in den USA.[196] Charles Schwab gilt als Pionier der Discount Brokerage Services, das heißt der vergleichsweise kostengünstigen Abwicklung von Kauf- und Verkaufaufträgen für Aktien, festverzinsliche Wertpapiere, Investmentfonds und Optionen für Retail-Kunden. Zudem bietet Charles Schwab Zugang zu Wertpapierinformationen an, und übernimmt die Verwaltung individueller, zum Teil steuerbegünstigter Pensionspläne.[197]

Die Firma wurde 1971 von Charles Schwab ursprünglich als Full-Service Broker für Retail-Kunden gegründet. 1975 verlegte sich Schwab nach dem bereits in Abschnitt 2.2 erwähnten Verbot fixer Provisionssätze für Wertpapiertransaktionen durch die Securities and Exchange Commission (SEC) auf das Discount Brokerage, automatisierte dieses Geschäft zunehmend, und verkaufte es nach einer Phase enormen

---

194 Die angegebenen Prozentwerte beziehen sich hier und im folgenden immer auf den Zeitraum zwischen den Enden der jeweils genannten Quartale.

195 Abbildung 2-2.

196 Atlas, Riva: America's Biggest Brokers, a.a.O., S. 110.

197 Hoover's, Inc.: The Charles Schwab Corporation, in: Bloomberg-Financial-Markets-Datenbank, Bloomberg L.P., New York, No. 10320, S. 1-2.

Wachstums[198] 1983 an die BankAmerica. Als Banken durch staatliche Regulierungen an der Expansion unter anderem in das Investmentfondsgeschäft gehindert wurden, kaufte Charles Schwab das Unternehmen 1987 zurück und brachte es zum großen Teil an die Börse. Charles Schwab akquirierte in der Folge weitere Discount Brokers in den USA und betreibt dieses Geschäft seit der Übernahme des Marktführers Share-Link auch in Großbritannien in bedeutendem Umfang.[199]

Aus Aktionärssicht war Charles Schwab mit dieser Strategie bislang überaus erfolgreich (Abbildung 3-3).

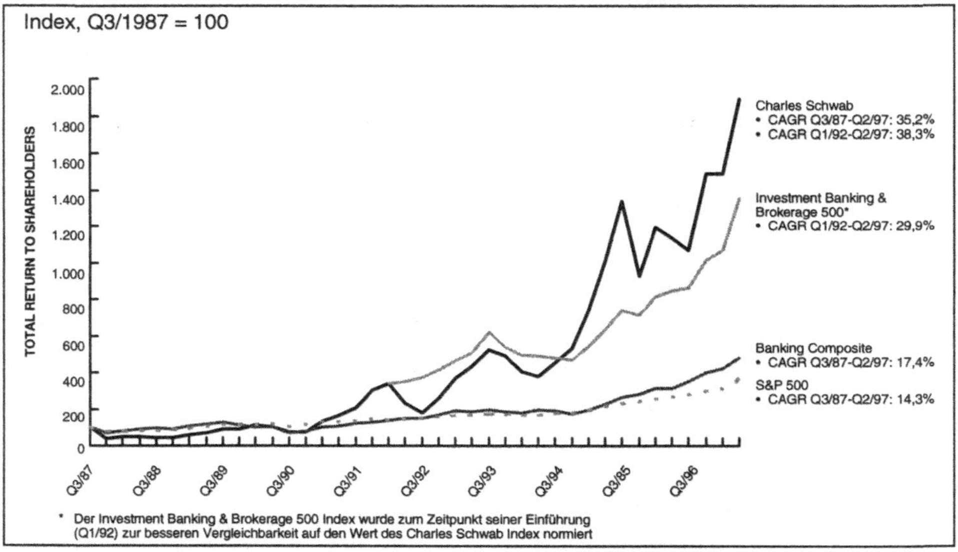

Abbildung 3-3: Total Return to Shareholders von Charles Schwab vs. ausgewählte Indizes - 1987-97[200]

---

198 Von 1977 bis 1983 verdreißigfachte sich die Kundenanzahl, während die Erträge von 4,6 auf 126,5 Millionen US $ anstiegen (Hoover's, Inc.: Charles Schwab, a.a.O., S. 3).

199 Lewis, Scott M.: Charles Schwab Corp., in: Grant, Tina (Ed.): International Directory of Company Histories, Volume 15, Detroit et al. 1996, S. 94-96; o.V.: Small US Investors Push Charles Schwab to the Top, in: The Financial Post, May 16, 1995, S. 16; Hoover's, Inc.: Charles Schwab, a.a.O., S. 2-4.

200 Eigene Berechnungen auf der Basis von Daten aus der Compustat-Datenbank, Standard & Poor's Compustat, Englewood sowie aus der Datastream-Datenbank, Datastream International Limited, London.

Das Unternehmen generierte seit dem dritten Quartal 1987, dem Jahr der ersten Börsennotierung, bis zum zweiten Quartal 1997 im Durchschnitt einen jährlichen Total Return to Shareholders von 35,2 Prozent, und outperformte damit deutlich sowohl den Banking Composite als auch den S&P 500 Index, die im gleichen Zeitraum auf 17,4 Prozent und 14,3 Prozent kamen. Auch den Investment Banking & Brokerage 500 Index konnte Charles Schwab seit dessen Einführung im ersten Quartal 1992 bis zum zweiten Quartal 1997 mit 38,3 Prozent gegenüber 29,9 Prozent klar schlagen.

3.3 INTEGRATIONSSTRATEGIEN

Anders als bei den bislang skizzierten fokussierten kundengruppenorientierten Strategien werden im Rahmen von Integrationsstrategien Investment-Banking-Geschäfte über das gesamte Kundengruppenspektrum hinweg sowohl mit Wholesale- als auch mit Retail-Kunden getätigt.[201] Dabei ist zwischen der Strategie der Vorwärtsintegration, im Rahmen derer eine Investment-Bank ihr Wholesale-Geschäft um Retail-Aktivitäten erweitert, und der Strategie der Rückwärtsintegration, bei der eine Investment-Bank ihr stark auf Retail-Kunden fokussiertes Geschäft um Wholesale-Aktivitäten ergänzt, zu unterscheiden.[202]

3.3.1 Vorwärtsintegration durch die Erweiterung des Wholesale-Geschäfts um Retail-Aktivitäten

Die Strategie der Vorwärtsintegration soll zur Erweiterung der Beurteilungsbasis anhand von zwei Beispielen erläutert werden. Diese unterscheiden sich in ihren Koordinationsformen dahingehend, daß ausgehend vom angestammten Wholesale-Geschäft

---

201 Vgl. zu einer ausführlicheren Beschreibung der Kundengruppen Abschnitt 2.3 sowie Abbildung 2-3.

202 Abbildung 3-1; vgl. zum Begriff der Vorwärtsintegration ausführlicher Williamson, Oliver E.: Markets and Hierarchies: Analysis and Antitrust Implications: A Study in the Economics of Internal Organization, New York/London 1975, S. 102-103; die Bezeichnung Rückwärtsintegration für die Orientierung weg vom Endkunden hin zur Produktentstehung wurde in Analogie dazu gewählt.

der Zugang zu Retail-Kunden zum einen durch Akquisition, zum anderen durch Kooperation angestrebt wurde.[203]

Vorwärtsintegration durch Akquisition. Den unmittelbaren Zugang zu Retail-Kunden verschaffte sich im Februar 1997 Morgan Stanley, eine der führenden U.S.-Wholesale-Investment-Banken, mit der Akquisition von Dean Witter, Discover.[204] Bereits vor der Fusion war Morgan Stanley mit einer Marktkapitalisierung von 10,0 Milliarden US $ Ende April 1997 nach Merrill Lynch die zweitgrößte börsennotierte U.S.-Investment-Bank[205] und beschäftigte 7.811 Mitarbeiter. Durch die Akquisition von Dean Witter, Discover kamen über 33.000 Mitarbeiter sowie circa 9.100 Retail Brokers und 380 Geschäftsstellen hinzu, womit die neu formierte Investment-Bank nach Merrill Lynch und Smith Barney über das drittgrößte Retail-Netzwerk in den USA verfügt.[206] Das Leistungsangebot umfaßt neben dem gesamten Spektrum von Wholesale- und Retail-Investment-Banking-Produkten und -Services[207] auch das Kreditkartengeschäft und Konsumentenkredite.[208]

Morgan Stanley wurde im Jahr 1935 unter anderem von den zwei ehemaligen Partnern der J.P. Morgan Bank, Henry Morgan und Harold Stanley, in New York als Investment-Bank gegründet, nachdem sich J.P. Morgan mit dem 1933 erlassenen Glass

---

203 Vgl. zur Diskussion alternativer Koordinationsformen ausführlicher Picot, Arnold: Transaktionskostenansatz, in: Wittmann, Waldemar et al. (Hrsg.): Handwörterbuch der Betriebswirtschaft, Stuttgart 1993, Sp. 4197-4200; Picot, Arnold: Marktorientierte Gestaltung der Leistungstiefe, in: Steger, Ulrich (Hrsg.): Der Niedergang des US-Management-Paradigmas: Die europäische Antwort, Düsseldorf et al. 1993, S. 188-193; Picot, Arnold/Ripperger, Tanja/Wolff, Birgitta: The Fading Boundaries of the Firm: The Role of Information and Communication Technology, in: Journal of Institutional and Theoretical Economics (JITE), Vol. 152 (1996), S. 65-79.

204 o.V.: Giants Go Hunting, a.a.O., S. 89.

205 Abbildung 2-2; die Marktkapitalisierung von Dean Witter, Discover betrug zum gleichen Zeitpunkt 12,4 Milliarden US $, womit sich für die fusionierte Einheit per Ende April 1997 eine Marktkapitalisierung von 22,4 Milliarden US $ ergibt. In dem Ranking in Abbildung 2-2 ist Dean Witter, Discover aufgrund des etwas abweichenden Geschäftsmix nicht enthalten; der primäre SIC Index für Dean Witter, Discover ist 6141 ("Personal Credit Institutions"), während die in das Ranking eingegangenen Institutionen nach dem primären SIC Index 6211 ("Security Brokers, Dealers, and Flotation Companies") selektiert wurden.

206 Atlas, Riva: America's Biggest Brokers, a.a.O., S. 110; Bloomberg-Financial-Markets-Datenbank, Bloomberg L.P., New York.

207 Vgl. zu einer ausführlicheren Beschreibung des Investment-Banking-Produkt- und -Service-Spektrums Abschnitt 2.3 sowie Abbildung 2-3.

208 Hoover's, Inc.: Morgan Stanley, Dean Witter, Discover & Co., in: Bloomberg-Financial-Markets-Datenbank, Bloomberg L.P., New York, No. 15970, S. 1-2.

Steagall Act[209] für das Commercial Banking entschieden hatte und damit zur Aufgabe des Wertpapiergeschäfts gezwungen war. Das neu gegründete Unternehmen war von Beginn an auf das traditionelle Wholesale-Investment-Banking fokussiert. Anfang der siebziger Jahre schuf Morgan Stanley als erster Anbieter eine separate Abteilung für das M&A-Geschäft, 1986 folgte der Gang an die Börse, wobei jedoch die leitenden Mitarbeiter 81 Prozent der Anteile behielten. Anfang 1997 lagen noch 40 Prozent der Morgan-Stanley-Aktien in den Händen der Mitarbeiter. Den ersten bedeutenden Schritt in Richtung Retail Asset Management unternahm Morgan Stanley 1996 mit der Akquisition der Investmentfondsgesellschaft Van Kampen/American Capital, Inc. für 1,2 Milliarden US $.[210] Mit Dean Witter, Discover[211] erwarb Morgan Stanley im Februar 1997 unter anderem den drittgrößten U.S Retail Broker, Asset-Management-Geschäft in erheblichem Umfang und einen der drei größten Kreditkartenanbieter in den USA.[212]

Aus Aktionärssicht ist die Strategie der Vorwärtsintegration von Morgan Stanley mit der Akquisition von Dean Witter, Discover differenziert zu beurteilen (Abbildung 3-4). Zwar konnten im Zeitraum vom ersten Quartal 1986, dem Jahr der Börseneinführung von Morgan Stanley, bis zum zweiten Quartal 1997 mit einem durchschnittlichen jährlichen Total Return to Shareholders von 18,7 Prozent sowohl der S&P 500 Index mit 15,8 Prozent als auch der Banking Composite Index mit 14,9 Prozent um 2,9 beziehungsweise 3,8 Prozentpunkte übertroffen werden. Die Performance der unmittelbaren Wettbewerber in Form des Investment Banking & Brokerage 500 Index im Zeitraum von dessen Einführung im ersten Quartal 1992 bis zum zweiten Quartal 1997 wurde jedoch mit 22,7 Prozent gegenüber 29,9 Prozent um 7,2 Prozentpunkte verfehlt.

---

209 Vgl. zum Glass Steagall Act ausführlicher Abschnitt 2.2.

210 o.V.: Giants Go Hunting, a.a.O., S. 90.

211 Vgl. zu Dean Witter, Discover ausführlicher Mote, Dave: Dean Witter, Discover & Co., in: Grant, Tina (Ed.): International Directory of Company Histories, Volume 15, Detroit et al. 1996, S. 96-98.

212 Vgl. dazu ausführlicher Matthews, John O.: Economics of Competition, a.a.O., S. 206-208; Hoover's, Inc.: Morgan Stanley, Dean Witter, Discover, a.a.O., S. 1-5; Tucker, Tom: Morgan Stanley Group Inc., updated by David E. Salamie, in: Grant, Tina (Ed.): International Directory of Company Histories, Volume 15, Detroit et al. 1996, S. 374-378.

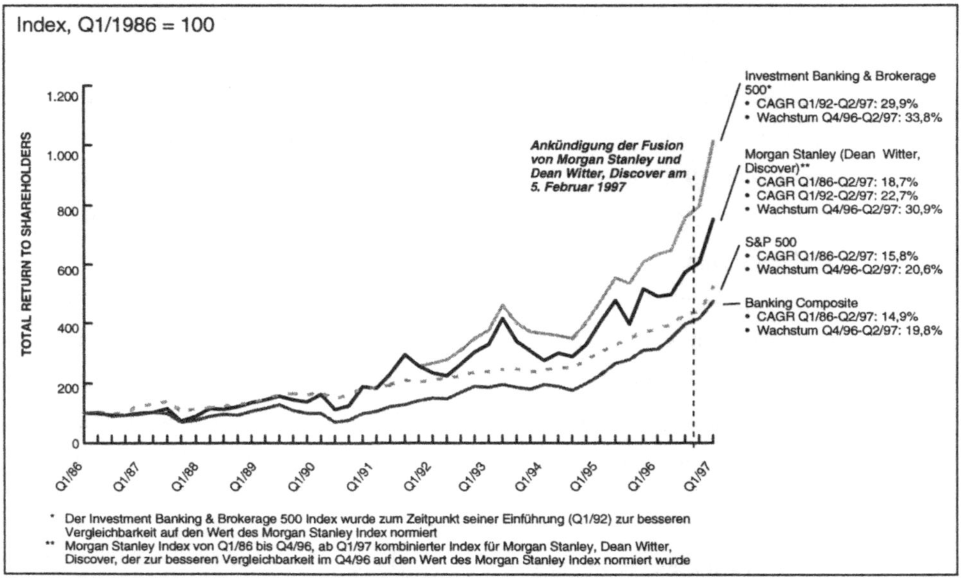

Abbildung 3-4: Total Return to Shareholders von Morgan Stanley (, Dean Witter, Discover) vs. ausgewählte Indizes - 1986-97[213]

Betrachtet man lediglich den Zeitraum ab der eigentlichen strategischen Richtungsänderung mit dem Erwerb von Dean Witter, Discover,[214] so ergibt sich aus Aktionärssicht ein positiveres, wenn auch noch nicht voll zufriedenstellendes Bild. Im Halbjahr vom vierten Quartal 1996 bis zum zweiten Quartal 1997 stieg der Total Return to Shareholders Index von Morgan Stanley, Dean Witter, Discover um 30,9 Prozent an. Dieser Wert liegt mit 10,3 beziehungsweise 11,1 Prozentpunkten noch deutlicher als zuvor bei der längerfristigen Betrachtung über der Performance des S&P 500 Index mit 20,6 Prozent und des Banking Composite Index, der im gleichen Zeitraum 19,8 Prozent erzielte. Obwohl die Steigerungsrate von Morgan Stanley, Dean Witter, Discover noch 2,9 Prozentpunkte unter derjenigen des Investment Banking & Brokerage 500 Index mit 33,8 Prozent in diesem Zeitraum lag, kann insgesamt von einem leichten Aufholeffekt im ersten Halbjahr 1997 gesprochen werden.

---

213 Eigene Berechnungen auf der Basis von Daten aus der Compustat-Datenbank, Standard & Poor's Compustat, Englewood sowie aus der Datastream-Datenbank, Datastream International Limited, London.

214 Die Ankündigung der Fusion mit Dean Witter, Discover durch Morgan Stanley erfolgte am 5. Februar 1997 (Bloomberg L.P., New York).

Vorwärtsintegration durch Kooperation. Nicht durch Akquisition, sondern durch ein Kooperationsabkommen mit der nach Anlagevolumen weltweit führenden Investmentfondsgesellschaft Fidelity Investments beabsichtigte Salomon Brothers, sich überlegenen Zugang zu Retail-Kunden zu sichern.[215] Salomon war Ende April 1997 mit einer Marktkapitalisierung von 5,5 Milliarden US $ die viertgrößte börsennotierte U.S.-Investment-Bank[216] und beschäftigte 6.600 Mitarbeiter,[217] war jedoch im Retail-Geschäft so gut wie nicht präsent. Mit dem im Januar 1997 verkündeten und zunächst auf drei Jahre befristeten Kooperationsabkommen mit Fidelity Investments bekommt Salomon Brothers über 3.649 Retail Brokers und 90 Geschäftsstellen des Fidelity Brokerage Service sowie über Fidelitys bedeutende Direktvertriebsaktivitäten Zugang zu Retail-Kunden.[218] Im Gegenzug soll Fidelity seinen Brokerage-Kunden mindestens zehn Prozent aller Aktienemissionen anbieten können, die unter dem Lead Management von Salomon Brothers plaziert werden.[219] Salomon Brothers ist vor allem bekannt für seine Bond-Underwriting- und (Proprietary-)Trading-Aktivitäten, deckt jedoch nahezu vollständig das gesamte Spektrum von Wholesale-Investment-Banking-Produkten und -Services ab.[220]

Salomon Brothers wurde im Jahr 1910 von den drei Brüdern Arthur, Herbert und Percy Salomon in New York gegründet. Das Unternehmen wurde 1917 Händler in U.S.-Staatsanleihen und spezialisierte sich bis in die sechziger Jahre auf das Bond Trading. In den fünfziger Jahren begann Salomon jedoch bereits mit der systematischen Erweiterung seiner Produktpalette, zunächst mit der Ausweitung der Trading-

---

215 Shearlock, Peter: Battle of the Bulge Bracket, in: The Banker, Vol. 147 (1997), No. 853, S. 20.

216 Abbildung 2-2.

217 Atlas, Riva: America's Biggest Brokers, a.a.O., S. 110.

218 Atlas, Riva: America's Biggest Brokers, a.a.O., S. 110.

219 Im Jahr 1996 war Salomon Brothers der sechstgrößte Lead Manager bei U.S.-Aktienemissionen (Truell, Peter: Alliance with Salomon, a.a.O., S. 35).

220 Raghavan, Anita/McGough, Robert: Fidelity Brokerage Arm in Pact to Market Salomon Offerings, a.a.O., S. C1; Truell, Peter: Alliance with Salomon, a.a.O., S. 35; Magon, Kim M.: Fidelity Investments Inc., updated by Taryn Benbow-Pfalzgraf, in: Grant, Tina (Ed.): International Directory of Company Histories, Volume 15, Detroit et al. 1996, S. 188-190; Hoover's, Inc.: Salomon Inc., in: Bloomberg-Financial-Markets-Datenbank, Bloomberg L.P., New York, No. 11315, S. 1-2; o.V.: Salomon Inc., updated by David E. Salamie, in: Grant, Tina (Ed.): International Directory of Company Histories, Volume 15, Detroit et al. 1996, S. 448; vgl. zu einer ausführlicheren Beschreibung des Investment-Banking-Produkt- und -Service-Spektrums Abschnitt 2.3 sowie Abbildung 2-3.

Aktivitäten, dann mit der Aufnahme des Equity-Underwriting-Geschäfts und dem Aufbau des Corporate-Finance-Bereichs. Erhebliche Rückschläge stellten der durch das Fehlverhalten von Salomon ausgelöste Skandal im Rahmen einer Auktion von U.S.-Treasuries im Jahr 1991 sowie im Jahr 1995 öffentlich bekanntgewordene Fehler in der Führung der Handelskonten dar. Seit dem Jahr 1996 forciert Salomon den Aufbau des Geschäfts mit Retail-Kunden, der im Januar 1997 mit dem Kooperationsabkommen mit Fidelity Investments untermauert wurde, bevor der Finanz- und Versicherungskonzern Travelers Group Salomon im September 1997 übernahm.[221] Fidelity Investments wurde in den vierziger Jahren in Boston von Edward C. Johnson II. gegründet und befindet sich heute noch mehrheitlich im Eigentum der Gründerfamilie. Das Unternehmen wurde vor allem durch seine Innovationsleistung sowohl im Hinblick auf Investmentprodukte als auch bezogen auf Management und Organisation seiner Aktivitäten bekannt. Fidelity gehört heute mit seinem Investmentfondsgeschäft und den Discount-Brokerage-Aktivitäten zu den größten Retail-Asset-Managern in den USA.[222]

Auch die Beurteilung der von Salomon verfolgten Strategie der Vorwärtsintegration durch die Kooperation mit Fidelity Investments fällt aus Aktionärssicht nicht eindeutig aus (Abbildung 3-5). Salomon erzielte im Zeitraum vom vierten Quartal 1979, dem Beginn der Untersuchungsperiode, bis zum zweiten Quartal 1997 einen durchschnittlichen jährlichen Total Return to Shareholders von 9,7 Prozent. Dieser Wert liegt mit 7,3 Prozentpunkten bereits deutlich unter der Performance des S&P 500 Index mit 17,0 Prozent im gleichen Zeitraum. Der Vergleich mit den beiden Banking-Indizes fällt noch ungünstiger aus. Während der Banking Composite Index im Zeitraum von dessen Einführung im ersten Quartal 1986 bis zum zweiten Quartal 1997 mit 1,9 Prozent gegenüber 14,9 Prozent um 13,0 Prozentpunkte underperformt wurde, beträgt der Abstand zum Investment Banking & Brokerage 500 Index seit dessen Einführung im ersten Quartal 1992 mit einem durchschnittlichen jährlichen Total Return to Shareholders von 16,0 Prozent gegenüber 29,9 Prozent sogar 13,9 Prozentpunkte.

---

221 o.V.: Übernahme von Salomon durch Travelers, a.a.O., S. 22.

222 Vgl. dazu ausführlicher Matthews, John O.: Economics of Competition, a.a.O., S. 208-212; o.V.: Salomon, a.a.O., S. 447-450; Hoover's, Inc.: Salomon, a.a.O., S. 2-4; Magon, Kim M.: Fidelity, a.a.O., S. 188-190.

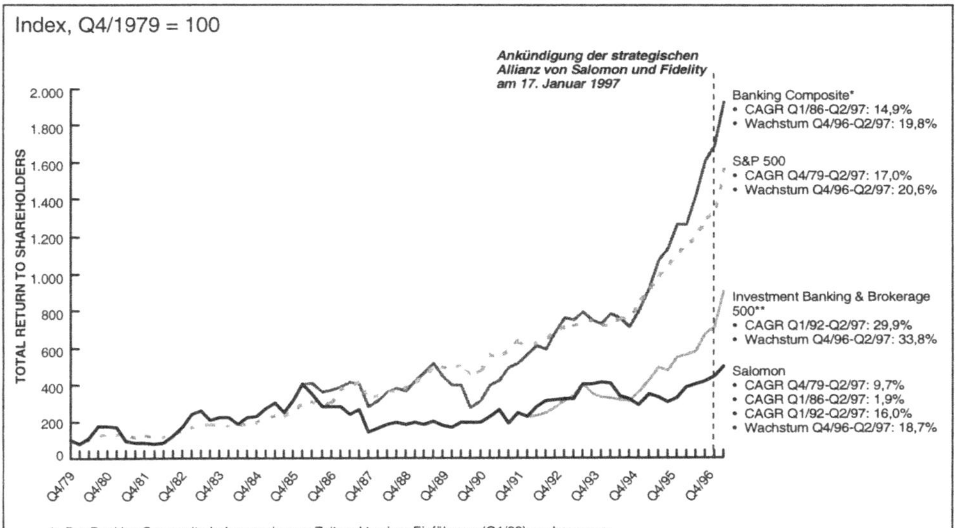

* Der Banking Composite Index wurde zum Zeitpunkt seiner Einführung (Q1/86) zur besseren Vergleichbarkeit auf den Wert des Salomon Index normiert

** Der Investment Banking & Brokerage 500 Index wurde zum Zeitpunkt seiner Einführung (Q1/92) zu besseren Vergleichbarkeit auf den Wert des Salomon Index normiert

Abbildung 3-5: Total Return to Shareholders von Salomon vs. ausgewählte Indizes - 1979-97[223]

Für den Zeitraum, in dem die Kooperation mit Fidelity Investments Wirkung zeigen konnte,[224] ergibt sich aus Aktionärssicht ein etwas positiveres, jedoch immer noch sehr unbefriedigendes Bild. Vom vierten Quartal 1996 bis zum zweiten Quartal 1997 stieg der Total Return to Shareholders Index von Salomon um 18,7 Prozent. Diese Steigerungsrate im ersten Halbjahr 1997 wird wiederum von allen drei Vergleichsindizes übertroffen. Während sich der Abstand zum S&P 500 Index mit 20,6 Prozent auf 1,9 Prozentpunkte und zum Banking Composite Index mit 19,8 Prozent auf 1,1 Prozentpunkte reduzierte, erhöhte sich die Differenz zum Investment Banking & Brokerage 500 Index, der im Vergleichszeitraum eine Steigerungsrate von 33,8 Prozent erzielte, auf 15,1 Prozentpunkte.

223 Eigene Berechnungen auf der Basis von Daten aus der Compustat-Datenbank, Standard & Poor's Compustat, Englewood sowie aus der Datastream-Datenbank, Datastream International Limited, London.

224 Die Ankündigung der Kooperation mit Fidelity Investments durch Salomon erfolgte am 17. Januar 1997 (Truell, Peter: Alliance with Salomon, a.a.O., S. 35).

3.3.2 Rückwärtsintegration durch die Erweiterung des Retail-Geschäfts um Wholesale-Aktivitäten

Als Beispiel für ein Unternehmen, das ausgehend von seinem angestammten Retail-Geschäft das Geschäftsportfolio sukzessive um Wholesale-Aktivitäten erweitert hat, kann Merrill Lynch & Co., Inc. herangezogen werden. In der Tradition ihres Gründers Charles Merrill, der als Mann bekannt wurde, "[...] who brought Wall Street to Main Street",[225] ist die Firma heute mit 12.900 Retail Brokers und 670 Geschäftsstellen die größte Retail-Brokerage-Firma in den USA.[226] Gleichzeitig ist Merrill Lynch mit 41.300 Mitarbeitern und einer Marktkapitalisierung von 15,7 Milliarden US $ Ende April 1997[227] die größte börsennotierte U.S.-Investment-Bank[228] und belegte im Wholesale Investment Banking sowohl 1995 als auch 1996 den ersten Platz im "Poll of Polls" der Fachzeitschrift Euromoney.[229] Die Firma deckt heute das gesamte Spektrum von Investment-Banking-Produkten und -Services ab,[230] und bietet ihren Retail-Kunden darüber hinaus auch Finanzierungsprodukte und Versicherungsleistungen an.[231]

Merrill Lynch wurde 1914 von Charles Merrill, der ein halbes Jahr später Edmund Lynch als Partner aufnahm, ursprünglich für das Underwriting-Geschäft gegründet. Jedoch verfolgte das Unternehmen bereits während der zwanziger Jahre auch zunehmend das Geschäft mit privaten Kleininvestoren. 1930 wurde das Retail-Geschäft an E. A. Pierce, die zu diesem Zeitpunkt größte U.S.-Brokerage-Firma verkauft, bevor es 1940 im Zuge einer Fusion mit E. A. Pierce zurückgekauft wurde. In der weiteren Entwicklung fiel Merrill Lynch durch Produktinnovationen vor allem im Retail-Geschäft auf, wie zum Beispiel der Einführung des patentierten Cash Management Account (CMA) im Jahr 1977, und erweiterte kontinuierlich das Produktspektrum.

---

225 Hoover's, Inc.: Merrill Lynch & Co., Inc., in: Bloomberg-Financial-Markets-Datenbank, Bloomberg L.P., New York, No. 10990, S. 1.

226 Atlas, Riva: America's Biggest Brokers, a.a.O., S. 110.

227 Abbildung 2-2.

228 Atlas, Riva: America's Biggest Brokers, a.a.O., S. 110.

229 Dobson, Rebecca: The Rise of DMG, a.a.O., S. 112-113; vgl. dazu ausführlicher Abschnitt 1.1.

230 Vgl. zu einer ausführlicheren Beschreibung des Investment-Banking-Produkt- und -Service-Spektrums Abschnitt 2.3 sowie Abbildung 2-3.

Besondere Aufmerksamkeit galt dabei in den achtziger Jahren den Bereichen M&A, Underwriting und Trading. Nicht zuletzt als Folge dieser Bemühungen wurden gegen Ende der achtziger Jahre knapp 60 Prozent des Gewinns im Wholesale Investment Banking erzielt. Merrill Lynch beschleunigte sein Wachstum auch durch weitere Akquisitionen im In- und Ausland. So wurde beispielsweise im Jahr 1995 die Smith New Court PLC in Großbritannien zur weiteren Stärkung der Bereiche Equity Sales & Trading und Equity Research übernommen.[232]

Mit seiner rückwärtsgerichteten Integrationsstrategie war Merrill Lynch bislang aus Aktionärssicht sehr erfolgreich (Abbildung 3-6).

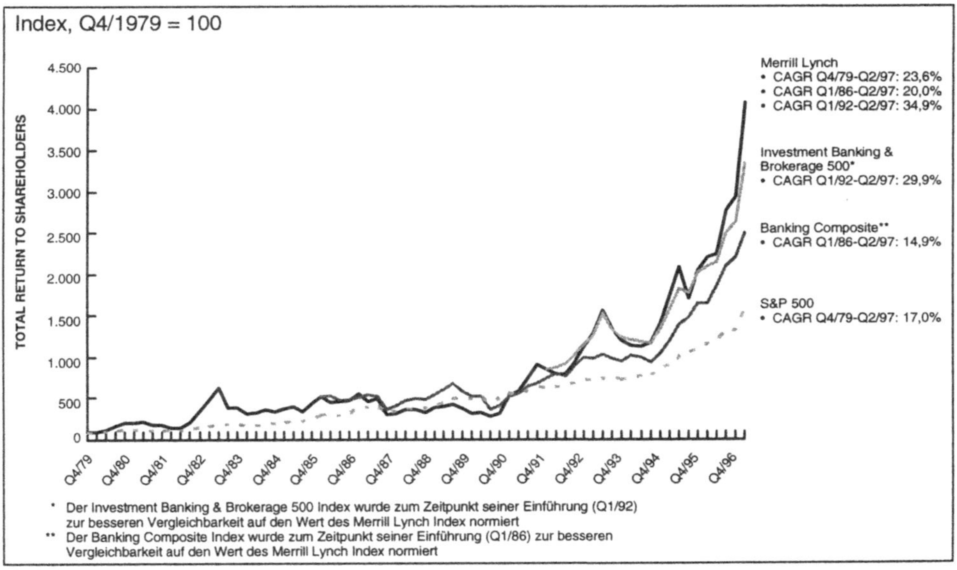

Abbildung 3-6: Total Return to Shareholders von Merrill Lynch vs. ausgewählte Indizes - 1979-97[233]

---

231 o.V.: Merrill Lynch & Co., Inc., updated by David E. Salamie, in: Grant, Tina (Ed.): International Directory of Company Histories, Volume 15, Detroit et al. 1996, S. 340; Hoover's, Inc.: Merrill Lynch, a.a.O., S. 1-4.

232 Vgl. dazu ausführlicher Matthews, John O.: Economics of Competition, a.a.O., S. 204-206; Hoover's, Inc.: Merrill Lynch, a.a.O., S. 1-4; o.V.: Merrill Lynch, a.a.O., S. 340-343.

233 Eigene Berechnungen auf der Basis von Daten aus der Compustat-Datenbank, Standard & Poor's Compustat, Englewood sowie aus der Datastream-Datenbank, Datastream International Limited, London.

Mit einem durchschnittlichen jährlichen Total Return to Shareholders von 23,6 Prozent im Zeitraum vom vierten Quartal 1979, dem Beginn der Untersuchungsperiode, bis zum zweiten Quartal 1997 übertraf Merrill Lynch deutlich den S&P 500 Index, der im Vergleichszeitraum 17,0 Prozent erzielte. Ebenso klar outperformte das Unternehmen den Banking Composite Index in der Zeit von dessen Einführung im ersten Quartal 1986 bis zum zweiten Quartal 1997 mit 20,0 Prozent im Vergleich zu 14,9 Prozent. Auch den Investment Banking & Brokerage 500 Index konnte Merrill Lynch seit dessen Einführung im ersten Quartal 1992 bis zum zweiten Quartal 1997 mit 34,9 Prozent gegenüber 29,9 Prozent schlagen.

3.4 Zwischenergebnis

Vergleicht man aus der Aktionärsperspektive die Performance der als Beispiele für die einzelnen kundengruppenorientierten Strategien angeführten und nach Marktkapitalisierung Ende April 1997 fünf führenden börsennotierten U.S.-Investment-Banken, so ergibt sich ein gemischtes Bild (Abbildung 3-7).[234]

Auffallend ist das hervorragende Abschneiden des auf das Retail-Geschäft fokussierten Discount Brokers Charles Schwab, der seit seiner Börsennotierung die beste Performance aller untersuchten Investment-Banken aufwies und auch die zum Vergleich herangezogenen Indizes schlug. Lediglich im ersten Halbjahr 1997, zu dessen Beginn Morgan Stanley und Salomon Brothers ihr verstärktes Vordringen in das Retail-Geschäft bekanntgaben, blieb Charles Schwab hinter den angeführten Wettbewerbern bis auf Salomon sowie hinter dem Investment Banking & Brokerage 500 Index zurück.

Sehr erfolgreich war auch die heute ebenfalls nachhaltig im Retail-Segment tätige Investment-Bank Merrill Lynch mit ihrer rückwärtsgerichteten Integrationsstrategie. In allen bis auf zwei der betrachteten Zeitperioden erzielte Merrill Lynch die beste Performance und war die einzige der analysierten Investment-Banken, die in sämtlichen Zeitabschnitten alle drei zum Vergleich herangezogenen Indizes outperformte.

---

234 Die Festlegung der Betrachtungszeiträume ergibt sich aus den unterschiedlichen Zeitpunkten der Börseneinführung der analysierten Wettbewerber.

in Prozent

	CAGR					Wachstum
	Q4/79 - Q2/97	Q4/85 - Q2/97	Q1/86 - Q2/97	Q3/87 - Q2/97	Q1/93 - Q2/97	Q4/96 - Q2/97
Bear Stearns	n.v.	18,4	14,8	17,2	26,2	29,9
Charles Schwab	n.v.	n.v.	n.v.	35,2	47,1	26,9
Morgan Stanley (,Dean Witter, Discover)*	n.v.	n.v.	18,7	20,1	21,2	30,9
Salomon	9,7	4,2	1,9	6,6	10,5	18,7
Merrill Lynch	23,6	21,5	20,0	24,0	35,5	47,4
S&P 500	17,0	16,7	15,8	14,3	20,1	20,6
Banking Composite	n.v.	n.v.	14,9	17,4	24,3	19,8
Investment Banking & Brokerage 500	n.v.	n.v.	n.v.	n.v.	28,6	33,8

* Morgan Stanley Index von Q1/86 bis Q4/96, ab Q1/97 kombinierter Index für Morgan Stanley, Dean Witter, Discover, der zur besseren Vergleichbarkeit im Q4/96 auf den Wert des Morgan Stanley Index normiert wurde

Abbildung 3-7: Total Return to Shareholders der fünf größten börsennotierten U.S.-Investment-Banken[235] vs. ausgewählte Indizes - 1979-97[236]

Morgan Stanley lag mit seiner vorwärtsgerichteten Integrationsstrategie, die jedoch erst zu Beginn des Jahres 1997 zum Tragen kam, im Mittelfeld der untersuchten Banken. Da sich im ersten Halbjahr 1997 das Ausmaß der Underperformance sowohl gegenüber dem Investment Banking & Brokerage 500 Index als auch im Vergleich zu den untersuchten Wettbewerbern verringerte, kann durchaus von einem Aufholeffekt in diesem Zeitraum gesprochen werden. Ein ähnlicher Effekt ist, wenn auch in deutlich schwächerem Umfang, bei Salomon zu beobachten. Obwohl Salomon über alle untersuchten Zeiträume hinweg die schlechteste Performance unter den beteiligten Banken aufwies und auch die Vergleichsindizes nicht schlagen konnte, verringerte sich das Ausmaß der Underperformance leicht im ersten Halbjahr 1997, nachdem Salomon

---

235 Nach Marktkapitalisierung per Ende April 1997; Einstufung als Investment-Bank gemäß primärem SIC Code 6211 ("Security Brokers, Dealers, and Flotation Companies") aus Executive Office of the President, Office of Management & Budget: Standard Industrial Classification, a.a.O., S. 341; vgl. zum Ranking ausführlicher Abbildung 2-2.

236 Eigene Berechnungen auf der Basis von Daten aus der Compustat-Datenbank, Standard & Poor's Compustat, Englewood sowie aus der Datastream-Datenbank, Datastream International Limited, London.

Brothers Anfang des Jahres 1997 den Zugang zu Retail-Kunden, anders als Morgan Stanley, durch eine Kooperationsvereinbarung gesucht hatte.

Die Performance der durchgängig auf das Wholesale-Geschäft fokussierten Investment-Bank Bear Stearns ist über alle betrachteten Zeiträume hinweg als mittelmäßig zu bezeichnen. Stets im Mittelfeld der analysierten Banken positioniert, lag Bear Stearns damit jedesmal unter dem Investment Banking & Brokerage 500 Index, underperformte in zwei der betrachteten Zeiträume den Banking Composite Index und in einem Fall den S&P 500 Index.

Zusammenfassend bleibt festzuhalten, daß die beiden besten Performanceergebnisse im Vergleich der untersuchten, nach Marktkapitalisierung per Ende April 1997 fünf größten börsennotierten U.S.-Investment-Banken unter Einbeziehung des Retail-Geschäfts erzielt wurden. Im Fall Charles Schwab mit einer fokussierten Retail-Strategie, bei Merrill Lynch mit einer rückwärtsgerichteten Integrationsstrategie, das heißt mit einer Erweiterung des bestehenden Retail-Geschäfts um Wholesale-Aktivitäten. Obwohl aus Aktionärssicht immer noch unbefriedigend, kann Morgan Stanley und Salomon innerhalb des untersuchten Samples eine leichte relative Verbesserung der Performance seit der Ankündigung einer verstärkten Aufnahme des Retail-Geschäfts im Rahmen ihrer vorwärtsgerichteten Integrationsstrategien attestiert werden.

Wie bereits eingangs des dritten Abschnitts erwähnt, dienen diese Analysen in erster Linie der Illustration und Plausibilisierung der in den folgenden Abschnitten erfolgenden konzeptionellen Argumentation. Vor diesem Hintergrund soll in den verbleibenden Abschnitten dieser Arbeit die Vorteilhaftigkeit der eben erwähnten und anhand von Beispielen illustrierten Integrationsstrategien detaillierter analysiert und beurteilt werden. Dazu wird im folgenden vierten Abschnitt zunächst der konzeptionelle Bezugsrahmen für die weiteren Analysen festgelegt.

4 Konzeptioneller Bezugsrahmen zur Beurteilung der Vorteilhaftigkeit von Integrationsstrategien

Als Basis für die weitere unternehmens- und wettbewerbsbezogene Untersuchung der Vorteilhaftigkeit von Integrationsstrategien werden in diesem vierten Abschnitt der Arbeit die institutionelle, die neoklassische und die neoinstitutionalistische Sichtweise vorgestellt und im Hinblick auf ihre Eignung als konzeptioneller Bezugsrahmen beurteilt.

4.1 Institutionelle Betrachtungsweise

Konzept der institutionellen Betrachtungsweise. Vor allem im deutschsprachigen Raum hat sich die Bankbetriebslehre als Spezialdisziplin der Betriebswirtschaftslehre um das Erkenntnisobjekt Bank beziehungsweise Kreditinstitut herauskristallisiert. Sie analysiert Wesen und Geschäftstätigkeit der Kreditinstitute sowie das für sie relevante Umfeld, wobei die *Bankgeschäftslehre* als Lehre von Systematik, Inhalt und Abwicklung von Bankleistungen traditionell den Ausgangspunkt bildet. Dabei wurde in der Regel zwischen Aktiv- und Passivgeschäft sowie sonstigem Dienstleistungsgeschäft unterschieden. Inzwischen findet häufiger eine weniger am internen Rechnungswesen als an den Kundenbedürfnissen orientierte Systematisierung statt, die zwischen Finanzierungs-, Geld- und Kapitalanlage- und Zahlungs- und Verrechnungsfazilitäten unterscheidet sowie die Eigengeschäfte der Banken zu einer eigenständigen vierten Kategorie zusammenfaßt.[237] Dieser begrifflich-systematische Ansatz der Bankbetriebslehre hat sich in der Vergangenheit parallel und weitgehend entkoppelt von allgemeinen ökonomischen Theorien fortentwickelt und kann daher heute eher als eine Form praxisorientierter Unternehmensführungslehre denn als echte wissenschaftliche Teildisziplin eingeordnet werden.[238]

Die Beiträge zur *Theorie des Bankbetriebs* rekurrieren in der Regel auf Modelle des Operations Research und der Systemtheorie sowie auf allgemeine Erkenntnisse des Rechnungswesens und der Organisationslehre. Dabei stehen in der Bankbetriebslehre

---

[237] Büschgen, Hans E.: Bankbetriebslehre, a.a.O., S. 318-319.

[238] Büschgen, Hans E.: Bankbetriebslehre, a.a.O., S. 5-8; Böhme, Markus: Zukunft der Universalbank, a.a.O., S. 25-26.

weniger Gesamtbankmodelle im Sinne des Operations Research im Mittelpunkt als die Explikation wissenschaftlicher Banktermini.[239] Dazu werden Bankbetriebe als Produktionsbetriebe angesehen, die sich analytisch in einen technisch-organisatorischen und einen liquiditätsmäßig-finanziellen Bereich aufspalten lassen. Aus der Perspektive soziotechnischer Systeme werden Bankbetriebe sogar in eine noch größere Anzahl von Subsystemen unterteilt.[240]

Beurteilung der institutionellen Betrachtungsweise. Die institutionelle Betrachtungsweise der Bankbetriebslehre bietet sich für eine spezialisierte Beschäftigung mit den Eigenheiten von Bankbetrieben an. Jedoch ist bereits diesbezüglich zumindest umstritten, ob die Eigenheiten von Bankbetrieben so stark ausgeprägt sind, daß sie eine spezialisierte Betrachtung im Rahmen einer eigenständigen, institutionell ausgeprägten Bankbetriebslehre erfordern und sich der Analyse auf der Basis allgemeiner Theorien entziehen.[241] Für die Problemstellung dieser Arbeit erscheint die institutionelle Betrachtungsweise deutlich zu eng fokussiert. Dies ergibt sich zum einen aus der starken Konzentration der Bankbetriebslehre auf die traditionellen Geschäfte der Kreditinstitute, während die wissenschaftliche Behandlung des Investment Banking zumindest in der deutschsprachigen Literatur, wie bereits erwähnt, dessen Bedeutung nicht angemessen berücksichtigt. Zum anderen werden die folgenden Abschnitte zeigen, daß Investment-Banken, insbesondere im Hinblick auf Fragen der Industriestruktur, durchaus der Analyse durch allgemeine Theorien zugänglich sind, so daß eine spezialisierte Betrachtungsweise für den Zweck dieser Arbeit nicht erforderlich scheint.[242] Zudem ist die Erklärungskraft der Bankbetriebslehre begrenzt, da sich die Bankgeschäftslehre auf der begrifflich-systematischen Ebene erschöpft, während die Ansätze zur Theorie des Bankbetriebes nicht zuletzt aufgrund der geringen Allgemeinheit ihrer Aussagen zumindest hinsichtlich der in dieser Arbeit behandelten Fragestellung einen vergleichsweise geringen Informationsgehalt aufweisen.[243]

---

239 Vgl. dazu beispielsweise Eilenberger, Guido: Bankbetriebswirtschaftslehre, a.a.O., S. 11-18.

240 Böhme, Markus: Zukunft der Universalbank, a.a.O., S. 26-27.

241 Siegert, Theo: Eigenarten bankbetrieblicher Leistungen: Ein Beitrag zur theoretischen Bankbetriebslehre, München 1974, S. 271-274.

242 Vgl. zu dieser Argumentation auch Böhme, Markus: Zukunft der Universalbank, a.a.O., S. 26.

243 Vgl. zum Informationsgehalt von Aussagen ausführlicher Chmielewicz, Klaus: Forschungskonzeptionen der Wirtschaftswissenschaft, 2., überarbeitete und erweiterte Auflage, Stuttgart 1979, S. 123-129.

Schließlich leidet die ökonomische Fundierung und damit die Relevanz der Bankbetriebslehre an der mangelnden Integration neuerer Entwicklungen aus der allgemeinen Betriebswirtschaftslehre, wie zum Beispiel neuer ökonomischer Theorien der Unternehmung. Dem stand bislang, trotz zum Teil vielversprechender Anwendungen, die starke Fokussierung der Bankbetriebslehre entgegen.[244]

4.2 Neoklassische Betrachtungsweise

Konzept der neoklassischen Betrachtungsweise. Die Neoklassik baut auf der von Adam Smith gelegten paradigmatischen Basis der ökonomischen Theorien[245] mit den elementaren Bausteinen Knappheit, individuelles Optimierungsverhalten, Spezialisierung und Tauschgewinne auf.[246] In diesen Kontext setzt sie Unternehmen, die lediglich durch ihre Produktionsfunktion spezifiziert werden, sowie objektiv rational handelnde Akteure ein.[247] Das heißt, daß alle Akteure automatisch zutreffende und vollständige Informationen über die Welt besitzen und vor diesem Hintergrund objektiv rational auf der Basis subjektiver Nutzenkalküle handeln.[248] Damit abstrahiert die Neoklassik nicht nur vollständig von Transaktionskosten,[249] sondern, im Gegensatz

---

244 Siegert, Theo: Eigenarten bankbetrieblicher Leistungen, a.a.O.; Böhme, Markus: Zukunft der Universalbank, a.a.O., S. 26.

245 Smith, Adam: An Inquiry into the Nature and Causes of the Wealth of Nations, London 1776.

246 Vgl. dazu ausführlicher North, Douglass C.: Institutions, Institutional Change and Economic Performance, Cambridge/New York/Melbourne 1990, S. 27-28 sowie Franck, Egon: Die ökonomischen Institutionen der Teamsportindustrie: Eine Organisationsbetrachtung, Wiesbaden 1995, S. 20-22.

247 Hart, Oliver: Firms, Contracts, and Financial Structure, Oxford 1995, S. 15.

248 Feess-Dörr, Eberhard: Mikroökonomie: Eine Einführung in die neoklassische und klassisch-neoricardianische Preis- und Verteilungstheorie, Marburg 1991, S. 75-77; Franck, Egon: Die ökonomischen Institutionen, a.a.O., S. 57; Wenger, Ekkehard/Terberger, Eva: Die Beziehung zwischen Agent und Prinzipal als Baustein einer ökonomischen Theorie der Organisation, in: WiSt, 17. Jg. (1988), Heft 10, S. 506; vgl. zu den Annahmen der Neoklassik ausführlicher beispielsweise Mas-Colell, Andreu/Whinston, Michael D./Green, Jerry R.: Microeconomic Theory, New York/Oxford 1995.

249 Vgl. zur Definition von Transaktionskosten ausführlicher beispielsweise Coase, Ronald H.: The Nature of the Firm, in: Economica, Vol. 4 (1937), S. 386-405; Picot, Arnold: Transaktionskostenansatz, a.a.O., Sp. 4194-4204; Theuvsen, Ludwig: Interne Organisation und Transaktionskostenansatz: Entwicklungsstand - weiterführende Überlegungen - Perspektiven, in: ZfB, 67. Jg. (1997), Heft 9, S. 971-996.

zur institutionellen Betrachtungsweise, auch weitgehend von Institutionen,[250] zumindest solange diese als reine Instrumente zum Umgang mit begrenzter Rationalität[251] betrachtet werden.[252] Die zentrale, stark funktional ausgerichtete Fragestellung der neoklassischen Mikroökonomik ist, wie sich knappe Güter mit dem Ziel einer effizienten Ressourcenallokation bewirtschaften lassen. Aufgabe des Finanzmarktsystems einer Volkswirtschaft als relevantes Umfeld von Investment-Banken ist folglich zum Beispiel die Bewirtschaftung knappen Investitionskapitals. Dazu müssen zum einen Kapitalangebot und -nachfrage koordiniert sowie Kapital zum Ausgleich von Überschüssen und Defiziten transferiert werden. Diese beiden Funktionen lassen sich mit der Nutzung von Marktmechanismen effizient darstellen. Die Bildung markträumender Preise beziehungsweise Zinssätze auf der Basis von Angebot und Nachfrage sorgt dafür, daß Kapital lediglich in solche Investitionsprojekte fließt, deren Renditen höher sind als die Opportunitätskosten in der Form alternativer Projekte oder Konsumpläne.[253]

Beurteilung der neoklassischen Betrachtungsweise. Die wesentlichen Vorzüge der neoklassischen Betrachtungsweise liegen in ihrer ökonomischen Fundierung, der logisch-analytischen Stringenz[254] sowie in ihrer funktionalen Orientierung. Letztere läßt eine für die Analyse der dieser Arbeit zugrundeliegenden Problemstellung erforderliche, wesentlich breitere Perspektive zu als die institutionelle Betrachtungsweise der Bankbetriebslehre. Zudem hebt die Neoklassik die Bedeutung von Economies of Scale im Hinblick auf die Größe von Unternehmen hervor, und hilft beim Verständnis

---

250 North, Douglass C.: Economic Performance Through Time, in: The American Economic Review, Vol. 84 (1994), June, S. 359-360; Merton, Robert C./Bodie, Zvi: A Conceptual Framework for Analyzing the Financial Environment, in: Crane, Dwight B. et al. (Eds.): The Global Financial System: A Functional Perspective, Boston 1995, S. 9-12.

251 Vgl. dazu ausführlicher Abschnitt 4.3.1.

252 Vgl. dazu beispielsweise Franck, der die Neoklassik als Institutionenlehre nicht als eine unterlegene, durch das Aufkommen des Neoinstitutionalismus überwundene Theorie, sondern als eine Ergänzung einstuft, mit deren Hilfe mögliche andere ökonomische Effekte von Institutionen separiert werden können, die sich nicht aus Informationsproblemen ergeben (Franck, Egon: Die ökonomischen Institutionen, a.a.O., S. 57-59).

253 Böhme, Markus: Zukunft der Universalbank, a.a.O., S. 27; vgl. zum neoklassischen Ansatz übersichtsartig beispielsweise Feess-Dörr, Eberhard: Mikroökonomie, a.a.O., S. 77-85; Picot, Arnold/Dietl, Helmut/Franck, Egon: Organisation: Eine ökonomische Perspektive, Stuttgart 1997, S. 43-53.

254 Terberger, Eva: Neo-institutionalistische Ansätze: Entstehung und Wandel, Anspruch und Wirklichkeit, Wiesbaden 1994, S. 87.

des Verhaltens gesamter Industrien sowie von Unternehmen in Märkten mit unvollkommenem Wettbewerb.[255] Vernachlässigt werden jedoch bei der neoklassischen Betrachtungsweise die interne Organisation und die Unternehmensgrenzen.[256] Zudem bleibt unberücksichtigt, daß Wirtschaftssubjekte in der Realität mit beschränkter Rationalität handeln und durchaus Transaktionskosten anfallen. Untersuchungen von Wallis und North haben ergeben, daß heute in industrialisierten Volkswirtschaften mehr als 50 Prozent des Bruttosozialprodukts für Transaktionskosten aufgewendet beziehungsweise durch Transaktionsleistungen erwirtschaftet werden.[257] Im Finanzsektor einer Volkswirtschaft, also auch von Investment-Banken, werden nahezu ausschließlich Transaktionsleistungen erbracht.[258] Da diese in der neoklassischen Betrachtungsweise aufgrund des Annahmengerüsts nicht vorkommen, werden auch Institutionen, die Transaktionsleistungen erbringen, in der Regel nicht thematisiert.[259] Obwohl die Neoklassik aufgrund ihrer Vorzüge eine wesentliche Grundlage für die weitere Untersuchung der Vorteilhaftigkeit von Integrationsstrategien darstellt, legt der zuletzt beschriebene Umstand für die Problemstellung dieser Arbeit eine Ergänzung der rein neoklassischen Betrachtungweise nahe.[260]

---

255 Hart, Oliver: Firms, Contracts, and Financial Structure, a.a.O., S. 16-17.

256 Hart, Oliver: Firms, Contracts, and Financial Structure, a.a.O., S. 17.

257 Wallis, John Joseph/North, Douglass C.: Measuring the Transaction Sector in the American Economy, 1870-1970, in: Engerman, Stanley L./Gallman, Robert E. (Eds.): Long-Term Factors in American Growth, Chicago/London 1986, S. 95-148.

258 Vgl. dazu ausführlicher Picot, Arnold: Die organisatorische Herausforderung, in: Ewerdwalbesloh, Gerd (Hrsg.): Telekommunikation für Banken und Versicherungen: Finanzdienstleistungen im Wandel, Berlin/Heidelberg/New York 1996, S. 50-51; Wallis, John Joseph/North, Douglass C.: Measuring the Transaction Sector, a.a.O., S. 95-148.

259 Merton/Bodie sprechen in diesem Zusammenhang von einer “largely [...] ‘institution-free’ perspective in which only functions ‘matter’” (Merton, Robert C./Bodie, Zvi: Conceptual Framework, a.a.O., S. 10).

260 Tool, Marc R.: Pricing, Valuation and Systems: Essays in Neoinstitutional Economics, Aldershot/Brookfield 1995, S. 15; Löchel, Horst: Institutionen, Transaktionskosten und wirtschaftliche Entwicklung: Ein Beitrag zur neuen Institutionenökonomik und zur Theorie von Douglass C. North, Berlin 1995, S. 19-22; Böhme, Markus: Zukunft der Universalbank, a.a.O., S. 27-28.

4.3 Neoinstitutionelle Betrachtungsweise

Eine sinnvolle Ergänzung der rein neoklassischen Perspektive stellen Elemente der neoinstitutionellen Betrachtungsweise dar, deren Konzept zunächst kurz skizziert wird. In der Folge wird das an den Neoinstitutionalismus angelehnte Konzept der funktionalen Betrachtungsweise vorgestellt, um daraus die für die weiteren Analysen relevanten Kernfunktionen einer Investment-Bank abzuleiten. Abschließend erfolgt eine Beurteilung der neoinstitutionellen Betrachtungsweise im Hinblick auf die Eignung als Grundlage für die weiteren Untersuchungen in der vorliegenden Arbeit.

4.3.1 Grundlagen der neoinstitutionellen Betrachtungsweise

Wie die Neoklassik baut auch der Neoinstitutionalismus auf der oben beschriebenen, von Adam Smith gelegten ökonomischen Basis auf. Die neoinstitutionelle Betrachtungsweise unterscheidet sich jedoch in der Konzeption des in diesen Kontext eingesetzten ökonomischen Akteurs, der hier lediglich über begrenzte Rationalität verfügt.[261] Dies bedeutet, daß zwischen der objektiven Welt und der Weltsicht des Akteurs Unterschiede bestehen können und daher nicht mehr automatisch ein Zustand vollständiger Information vorliegt. Deshalb wird in diesem Zusammenhang nicht wie in der Neoklassik von objektiv rationalen, sondern lediglich von begrenzt rationalen ökonomischen Akteuren gesprochen.[262]

Dem Neoinstitutionalismus kann zunehmend der Charakter eines Meta-Konzepts zugesprochen werden,[263] welches mit der Agency-Theorie[264], der Transaktions-

---

[261] Vgl. ausführlicher zur Relevanz der erkenntnistheoretischen Konzeption des eingesetzten ökonomischen Akteurs für die Entwicklung ökonomischer Theorien zum Beispiel North, Douglass C.: Institutions, a.a.O., S. 17-26.

[262] Franck, Egon: Die ökonomischen Institutionen, a.a.O., S. 21-22.

[263] Eggertsson, Thráinn: Economic Behaviour and Institutions, Cambridge et al. 1990, S. XIII; Ebers, Mark/Gotsch, Wilfried: Institutionenökonomische Theorien der Organisation, in: Kieser, Alfred (Hrsg.): Organisationstheorien, 2., überarbeitete Auflage, Stuttgart/Berlin/Köln 1995, S. 185-235, S. 185-186; Franck, Egon: Die ökonomischen Institutionen, a.a.O., S. 23; Picot, Arnold/Dietl, Helmut/Franck, Egon: Organisation, S. 53-54; Thiele, Mouna: Neue Institutionenökonomik, in: Das Wirtschaftsstudium, 23. Jg. (1994), Heft 12, S. 993-997.

[264] Pratt, John W./Zeckhauser, Richard J.: Principals and Agents. An Overview, in: Pratt, John W./Zeckhauser, Richard J. (Eds.): Principals and Agents: The Structure of Business, Boston 1985, S. 1-35; Jensen, Michael C./Meckling, William H.: Theory of the Firm: Managerial Beha-

kostentheorie[265] und der Property-Rights-Theorie[266] im wesentlichen drei Theorieansätze zusammenfaßt, die die Ökonomik mit begrenzt rationalen Akteuren etwas voneinander differierend vorantreiben. Obwohl diese Ansätze noch nicht als konsolidiert gelten können, weisen sie doch erhebliche Überschneidungen auf,[267] so daß im folgenden kurz die übergreifende Logik der einzelnen Teiltheorien skizziert werden soll.[268]

Allen genannten Ansätzen ist gemein, daß sie von Schäden aufgrund begrenzter Rationalität ausgehen. Diese Schäden versuchen die Akteure durch Institutionen als Ratio-

---

vior, Agency Costs and Ownership Structure, in: Jensen, Michael C./Smith, Clifford W. Jr. (Eds.): The Modern Theory of Corporate Finance, New York et al. 1984, S. 78-133; Spremann, Klaus: Reputation, Garantie, Information, in: ZfB, 58. Jg. (1988), Nr. 5/6, S. 613-629; Spremann, Klaus: Asymmetrische Information, in: ZfB, 60. Jg. (1990), Nr. 5/6, S. 561-586.

265 Vgl. zur Transaktionskostentheorie ausführlicher Coase, Ronald H.: Nature of the Firm, a.a.O., S. 386-405; Williamson, Oliver E.: Markets and Hierarchies, a.a.O.; Williamson, Oliver E.: Transaction Cost Economics: The Governance of Contractual Relations, in: Journal of Law and Economics, Vol. 22 (1979), S. 233-261; Williamson, Oliver E.: The Economics of Organization: The Transaction Cost Approach, in: American Journal of Sociology, Vol. 87 (1981), S. 548-577; Williamson, Oliver E.: Die ökonomischen Institutionen des Kapitalismus: Unternehmen, Märkte, Kooperationen, Tübingen 1990; Klein, B./Crawford, R./Alchian, A.: Vertical Integration, Appropriable Rents, and the Competitive Contracting Process, in: Journal of Law and Economics, Vol. 21 (1978), No. 2, S. 297-326; Dixit, Avinash K.: The Making of Economic Policy: A Transaction-Cost Politics Perspective, Cambridge/London 1996, S. 31-36; Picot, Arnold: Transaktionskostenansatz in der Organisationstheorie: Stand der Diskussion und Aussagewert, in: Die Betriebswirtschaft, 42. Jg. (1982), Nr. 2, S. 267-284; Picot, Arnold: Transaktionskostenansatz, a.a.O., Sp. 4194-4204.

266 Demsetz, Harold: The Exchange and Enforcement of Property Rights, in: Journal of Law and Economics, Vol. 7 (1964), S. 11-26; Demsetz, Harold: Towards a Theory of Property Rights, in: American Economic Review, Vol. 57 (1967), S. 347-359; Alchian, Amen A./Demsetz, Harold: Production, Information Costs, and Economic Organization, in: The American Economic Review, Vol. 62 (1972), S. 777-795; Furubotn, Eirik G./Pejovich, Svetozar: Property Rights and Economic Theory: A Survey of Recent Literature, in: Journal of Economic Literature, Vol. 10 (1972), S. 1137-1162; Picot, Arnold: Verfügungsrechte und Wettbewerb als Determinanten der Entwicklung des Verwaltungsbereichs von Organisationen, in: Boettcher, Erik/Herder-Dorneich, Philipp/Schenk, Karl-E. (Hrsg.): Jahrbuch für Neue Politische Ökonomie, 3. Band, Tübingen 1984, S. 198-222; Barzel, Yoram: Economic Analysis of Property Rights, Cambridge 1989.

267 Zum Teil wird die Property-Rights-Theorie als eine gewisse Weiterentwicklung sowohl der Agency-Theorie als auch der Transaktionskostentheorie dargestellt, die als einziger Ansatz die Frage der Unternehmensgrenzen adressiert; vgl. dazu ausführlicher Hart, Oliver: Firms, Contracts, and Financial Structure, a.a.O., S. 15-29; Jensen, Michael C./Meckling, William H.: Theory of the Firm, a.a.O., S. 78-133; Eisenhardt, Kathleen M.: Agency Theory: An Assessment and Review, in: Academy of Management Review, Vol. 14 (1989), No. 1, S. 57-74.

268 Franck, Egon: Die ökonomischen Institutionen, a.a.O., S. 23; vgl. zu einer übersichtsartigen, vergleichenden Darstellung dieser drei Ansätze Picot, Arnold/Dietl, Helmut/Franck, Egon: Organisation, S. 53-94.

nalitätssurrogate[269] zu minimieren. Vor diesem Hintergrund intendiert der Neoinstitutionalismus, zum einen mögliche Probleme oder Schäden aufgrund begrenzter Rationalität zu systematisieren und zum anderen als Rationalitätssurrogate geeignete Institutionen zu konzipieren.[270]

Als Effizienzkriterium zur Beurteilung alternativer institutioneller Lösungen werden in der Regel die von Coase eingeführten Transaktionskosten herangezogen.[271] Diese werden zum Teil etwas unzureichend operationalisiert[272] mit den Reibungsverlusten in der Physik verglichen[273] oder allgemein als "cost of running the system"[274] bezeichnet. In bezug auf die oben erwähnte, von Adam Smith gelegte paradigmatische Basis können Transaktionskosten als Produktionswertverluste durch Fehlspezialisierungen und überhöhte Tauschkosten definiert werden, die aufgrund begrenzter Rationalität der handelnden wirtschaftlichen Akteure entstehen.[275]

Begrenzte Rationalität kann mit den oben genannten Folgen aus Informationslücken[276], Opportunismus und Risikoaversion resultieren. Dabei sind Informationslücken die Folge der Begrenztheit des Menschen im Hinblick auf Informationsverarbeitungs-, Kommunikations- und Reflexionsfähigkeit. Opportunismus, definiert als "self-interest seeking with guile"[277], wird in dieser Betrachtung erst dann relevant,

---

269 Konkreter werden Institutionen hier und im folgenden als äußerer Rahmen verstanden, "[...] in dem Menschen tätig werden und aufeinander einwirken. Sie legen die Beziehungen einerseits der Zusammenarbeit, andererseits des Wettbewerbs fest, die eine Gesellschaft und insbesondere eine Wirtschaftsordnung ausmachen" (North, Douglass C.: Theorie des institutionellen Wandels: Eine neue Sicht der Wirtschaftsgeschichte, Tübingen 1988, S. 207).

270 Franck, Egon: Die ökonomischen Institutionen, a.a.O., S. 23.

271 Coase, Ronald H.: Nature of the Firm, a.a.O., S. 386-405; Coase, Ronald H.: The Problem of Social Cost, in: Journal of Law and Economics, Vol. 3 (1960), S. 1-44.

272 Vgl. zu dieser Kritik ausführlicher auch Picot, Arnold: Transaktionskostenansatz in der Organisationstheorie, a.a.O., S. 267-284.

273 Williamson, Oliver E.: Die ökonomischen Institutionen des Kapitalismus, a.a.O., S. 21.

274 Milgrom, Paul/Roberts, John: Economics, Organization, and Management, Englewood Cliffs 1992, S. 29.

275 Vgl. zu dieser Definition ausführlicher Franck, Egon: Die ökonomischen Institutionen, a.a.O., S. 23-27.

276 Vgl. zur zentralen Bedeutung der unvollkommenen Information von Marktteilnehmern im Rahmen der neoinstitutionellen Betrachtungsweise Terberger, Eva: Neo-institutionalistische Ansätze, a.a.O, S. 64-66.

277 Williamson, Oliver E.: Strategizing, Economizing, and Economic Organization, University of California at Berkeley Working Paper EAP-41, Berkeley 1991, S. 7.

wenn zusätzlich Informationslücken vorliegen, während Risikoaversion als eine Folge von Informationslücken ökonomischer Akteure anzusehen ist.[278]

Als Folge der begrenzten Rationalität wirtschaftlicher Akteure können Koordinations-, Motivations-, Versicherungsmotivations- und Versicherungsprobleme auftreten (Abbildung 4-1).[279]

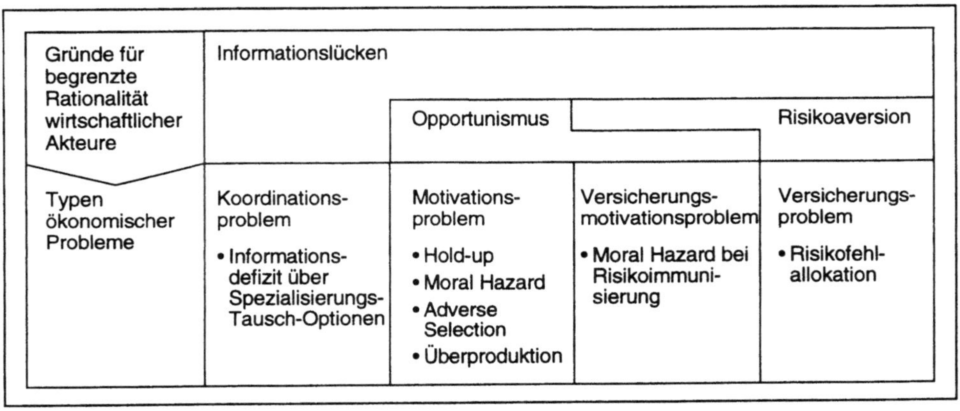

Abbildung 4-1: Gründe für begrenzte Rationalität und resultierende ökonomische Probleme[280]

Koordinationsproblem. Das Koordinationsproblem tritt als Folge von Informationslücken auf und verhindert eine Optimierung des Ergebnisses aus Spezialisierungsvorteilen und Abstimmungs- beziehungsweise Tauschkosten.[281]

Motivationsproblem. Motivationsprobleme ergeben sich aus der Kombination von Informationslücken und Opportunismusneigungen der beteiligten wirtschaftlichen Akteure. Anders als bei dem eben erwähnten Koordinationsproblem tritt neben Informationsdefizite zusätzlich der mangelnde Wille eines oder mehrerer beteiligter Akteure, eine optimale Spezialisierungs-Tausch-Konfiguration zu erreichen. Motiva-

---

278 Vgl. zu den Ursachen begrenzter Rationalität ausführlicher beispielsweise Franck, Egon: Die ökonomischen Institutionen, a.a.O., S. 28-30.

279 Franck, Egon: Die ökonomischen Institutionen, a.a.O., S. 30-31.

280 Eigene Abbildung in Anlehnung an Franck, Egon: Die ökonomischen Institutionen, a.a.O., S. 31.

281 Vgl. zum Koordinationsproblem ausführlicher Milgrom, Paul/Roberts, John: Economics, Organization, and Management, a.a.O. sowie Franck, Egon: Die ökonomischen Institutionen, a.a.O., S. 30-33.

tionsprobleme können unter anderem in den ökonomischen Varianten des Hold-up, Moral Hazard, Adverse Selection oder der Überproduktion auftreten.[282]

Hold-up-Verhalten beschreibt die ex post klar feststellbare Abweichung des Verhaltens eines Transaktionspartners von einem vereinbarten Verhaltensschema, wobei diese Abweichung aufgrund eines Abhängigkeitsverhältnisses nicht sanktionierbar sein darf, und mindestens einer der Transaktionspartner das Verhalten seines Partners ex ante nicht beurteilen kann.[283] Irreversible Vorleistungen einer Seite, wie zum Beispiel spezifische Investitionen in Sach- oder Humankapital, können von der anderen Seite zum Hold-up-Verhalten genutzt werden.[284] Als Resultat von Hold-up-Problemen, die auch als Erpressungsprobleme bezeichnet werden können, sind sowohl die Unterlassung objektiv sinnvoller spezifischer Investitionen als auch das Entstehen übertriebener Tauschkosten aufgrund der Verschwendung von Absicherungsressourcen möglich. Das Hold-up-Problem ist sowohl in der transaktionskosten- als auch in der agency-theoretischen Literatur anzutreffen, wobei es in letzterer ausschließlich auf Informationsasymmetrien zwischen den Vertragsparteien in Verbindung mit der "hidden intention"[285] einer Partei zurückgeführt wird.[286]

Moral-Hazard-Probleme können sich in Situationen eindeutiger Informationsasymmetrie ergeben, wobei die Informationsunterschiede erst nach dem Vertragsabschluß entstehen. Elementar ist zudem ein Kontrolldefizit mindestens eines Transaktionspartners, das dem anderen Partner diskretionären Verhaltensspielraum läßt, so daß nach Vertragsabschluß nicht exakt zu beurteilen ist, ob die getroffenen Vertragsvereinba-

---

282 Franck, Egon: Die ökonomischen Institutionen, a.a.O., S. 31, 33; Schween, Carsten: Corporate Venture Capital: Risikokapitalfinanzierung deutscher Industrieunternehmen, Wiesbaden 1996, S. 142-147.

283 Vgl. zum Hold-up-Problem ausführlicher Alchian, Amen A./Woodward, S.: Reflections on the Theory of the Firm, in: Journal of Institutional and Theoretical Economics, Vol. 143 (1987), S. 110-136; Alchian, Amen A./Woodward, S.: The Firm is Dead. Long Live the Firm: A Review of Oliver E. Williamson's The Economic Institutions of Capitalism, in: Journal of Economic Literature, Vol. 26 (1988), S. 65-79.

284 Vgl. zum Entstehen von Abhängigkeitsbeziehungen ausführlicher Williamson, Oliver E.: Die ökonomischen Institutionen des Kapitalismus, S. 60-64.

285 Dietl, Helmut: Institutionen und Zeit, Tübingen 1993, S. 141-142.

286 Es kann jedoch argumentiert werden, daß Hold-up-Verhalten auch aus einer Situation einer vollkommenen Ex-ante-Informationssymmetrie heraus entstehen kann (Franck, Egon: Die ökonomischen Institutionen, a.a.O., S. 34-37).

rungen eingehalten werden. Im Fall der als "hidden action"[287] bezeichneten Variante kann eine Seite die Handlungen der anderen nicht beobachten. "Hidden information"[288] bezeichnet dagegen eine Situation, in der eine Seite die Handlungen der anderen zwar beobachten, aber dennoch nicht adäquat beurteilen kann. Diese Konstellation kann sich zum Beispiel aufgrund unterschiedlichen Zugangs zu Informationen über relevante Umfeldveränderungen ergeben,[289] oder das Resultat unterschiedlicher fachlicher Spezialisierungsgrade sein. Moral-Hazard-Probleme können auch als Betrugsprobleme bezeichnet werden und Transaktionskosten in der Form unterlassener inhaltlich sinnvoller spezifischer Investitionen oder überhöhter Tauschkosten aufgrund exzessiver Absicherungsbemühungen verursachen.[290]

Im Gegensatz zu Moral-Hazard-Problemen besteht die als "hidden characteristics"[291] bezeichnete Informationsasymmetrie bei Adverse-Selection-Problemen bereits vor Vertragsabschluß und ist für die Vertragspartner zunächst nicht offensichtlich. Nach Vertragsabschluß wird das Verhalten des jeweiligen Transaktionspartners sowie die Qualität seines Inputs jedoch klar erkennbar. Ein Akteur muß demnach bei einem Partner mit "hidden characteristics" befürchten, daß seine Erwartungen hinsichtlich wichtiger Verhaltenseigenschaften nicht erfüllt werden. Das auch als Täuschungsproblem zu bezeichnende Adverse-Selection-Problem kann Transaktionskosten im wesentlichen in drei verschiedenen Formen versursachen. Zum einen können Spezialisierungsvorteile unausgeschöpft bleiben, wenn sich Transaktionspartner weigern, derartige Leistungsbeziehungen überhaupt einzugehen. Zweitens sind Fehlspezialisierungen möglich, indem zwar Transaktionsbeziehungen eingegangen werden, diese sich jedoch hinterher als die falschen herausstellen oder ein Transaktionspartner aufgrund von Absicherungsverhalten den gerade gewünschten Vertragspartner nicht gewinnen kann.[292] Schließlich können übertriebene Absicherungsmaßnahmen gegen das Täu-

---

287 Arrow, Kenneth J.: The Economics of Agency, in: Pratt, John W./Zeckhauser, Richard J. (Hrsg.): Principals and Agents: The Structure of Business, Boston 1985, S. 38.

288 Dietl, Helmut: Institutionen und Zeit, a.a.O., S. 138.

289 Arrow, Kenneth J.: The Economics of Agency, a.a.O., S. 39.

290 Franck, Egon: Die ökonomischen Institutionen, a.a.O., S. 36-38.

291 Spremann, Klaus: Asymmetrische Information, a.a.O., S. 566; Dietl, Helmut: Institutionen und Zeit, a.a.O., S. 137-138.

292 Letzteres Problem ist zum Beispiel in Versicherungsmärkten relevant und kann bis zum Zusammenbruch eines Marktes führen; vgl. dazu ausführlicher Akerlof, George: The Market for

schungsrisiko sowie überhöhte Tauschkosten, zum Beispiel in der Form von Such-, Verhandlungs-, oder Vertragskosten zum Entstehen von Transaktionskosten führen.[293]

Anders als die Hold-up-, Moral-Hazard- und Adverse-Selection-Probleme, die durch Opportunismus im Rahmen von Vertragsbeziehungen entstehen, resultiert das Problem der Überproduktion aus opportunistischem außervertraglichen Verhalten. Es kann gezeigt werden, daß aus negativen externen Effekten[294] resultierende Überproduktion durch Fehlspezialisierung[295] theoretisch durch einen nachträglichen Vertrag zwischen Produzenten und Betroffenen vermieden werden könnte.[296] Dies kann jedoch in der Realität an Informationslücken und den daraus resultierenden Opportunismusneigungen der beteiligten Akteure scheitern. Eine Möglichkeit ist, daß aufgrund der im Rahmen eines nachträglichen Vertrags zu erwartenden Tauschkosten erst gar nicht versucht wird, die Fehlspezialisierung zu beheben. Des weiteren ist denkbar, daß zwar entsprechende Anstrengungen unternommen werden, deren Kosten aber die aus der Beseitigung der Überproduktion durch Fehlspezialisierung resultierenden Gewinne kompensieren.[297]

Versicherungsproblem. Das Versicherungsproblem resultiert aus einer Kombination von Informationslücken und Risikoaversion der beteiligten Transaktionspartner. Aufgrund unterschiedlicher Bereitschaften ökonomischer Akteure, Risiken zu tragen,[298] entscheidet in einer Spezialisierungs-Tausch-Beziehung die Risikoallokation über die Höhe der entstehenden Transaktionskosten. Diese sind dabei grundsätzlich umso höher, je stärker der risikoaversere Partner am aufzuteilenden Gesamtrisiko beteiligt

---

"Lemons": Quality Uncertainty and the Market Mechanism, in: Quarterly Journal of Economics, Vol. 84 (1970), No. 3, S. 488-500.

293 Franck, Egon: Die ökonomischen Institutionen, a.a.O., S. 38-39.

294 Vgl. zu externen Effekten ausführlicher beispielsweise Feess-Dörr, Eberhard: Mikroökonomie, a.a.O., S. 319-352; Picot, Arnold: Betriebswirtschaftliche Umweltbeziehungen und Umweltinformationen: Grundlagen einer erweiterten Erfolgsanalyse für Unternehmungen, Berlin 1977.

295 Bei Externalitäten im Konsumbereich kann in diesem Zusammenhang von Übernutzung gesprochen werden.

296 Milgrom, Paul/Roberts, John: Economics, Organization, and Management, a.a.O., S. 75; Coase, Ronald H.: Problem of Social Cost, a.a.O., S. 1-44.

297 Franck, Egon: Die ökonomischen Institutionen, a.a.O., S. 39-42.

298 Diese Unterschiede können sich zum Beispiel aus überlegenen Fähigkeiten einzelner wirtschaftlicher Akteure ergeben, Risiken zu poolen.

wird.[299] Risikofehlallokationen in diesem Sinne können daher zu überhöhten Transaktionskosten führen.[300]

Versicherungsmotivationsproblem. Kommt zur Kombination von Informationslücken und Risikoaversion, aus der sich wie erwähnt ein Versicherungsproblem entwickeln kann, zusätzlich Opportunismus hinzu, dann ergibt sich daraus potentiell ein Versicherungsmotivationsproblem. Wird ein Partner aufgrund extrem unterschiedlicher Grade von Risikoaversion bei den beteiligten Transaktionspartnern im Sinne einer effizienten Risikoallokation von sämtlichen Risiken einer Transaktionsbeziehung befreit, dann ergibt sich daraus die Gefahr des Entstehens eines Moral-Hazard-Problems, wenn zusätzlich Informationsasymmetrien zwischen den Transaktionspartnern bestehen. Daraus folgt, daß bei Informationsasymmetrien grundsätzlich die Transaktionskosten durch Risikofehlallokation und durch Moral-Hazard-Verhalten gegeneinander abgewogen werden müssen.[301] Die Unterscheidung zwischen Motivations- und Versicherungsmotivationsproblem ist deshalb zu treffen, weil Risikoaversionsunterschiede zwischen den Transaktionspartnern, und damit die Risikoallokationsfrage, zwar für letzteres Voraussetzung ist, nicht jedoch für das Motivationsproblem. Zudem wird mit dieser Unterscheidung deutlicher, daß es in einigen Fällen, wie zum Beispiel bei Versicherungs- oder Arbeitsverträgen, gerade deswegen zu Moral-Hazard-Problemen kommen kann, weil versucht wird, Risiken effizient auf die Transaktionspartner zu alloziieren.[302]

Um die beschriebenen, aus der begrenzten Rationalität der Akteure resultierenden Schäden zu vermeiden beziehungsweise zu minimieren, wird im neoinstitutionalistischen Modell versucht, geeignete Institutionen als Rationalitätssurrogate zu konzipieren. Diese lassen sich deckungsgleich mit den oben erwähnten Gründen für die

---

299 Milgrom, Paul/Roberts, John: Economics, Organization, and Management, a.a.O., S. 213-214.

300 Franck, Egon: Die ökonomischen Institutionen, a.a.O., S. 43-44.

301 Nur so lassen sich beispielsweise die Existenz von Selbstbeteiligungsklauseln in Versicherungsverträgen oder die Vereinbarung leistungsbezogener Entlohnungssysteme erklären; vgl. dazu ausführlicher beispielsweise Milgrom, Paul/Roberts, John: Economics, Organization, and Management, a.a.O., S. 206-207.

302 Franck, Egon: Die ökonomischen Institutionen, a.a.O., S. 44-46.

begrenzte Rationalität wirtschaftlicher Akteure[303] in Informations-, Anreiz- und Risikoallokationsinstrumente unterteilen (Abbildung 4-2).

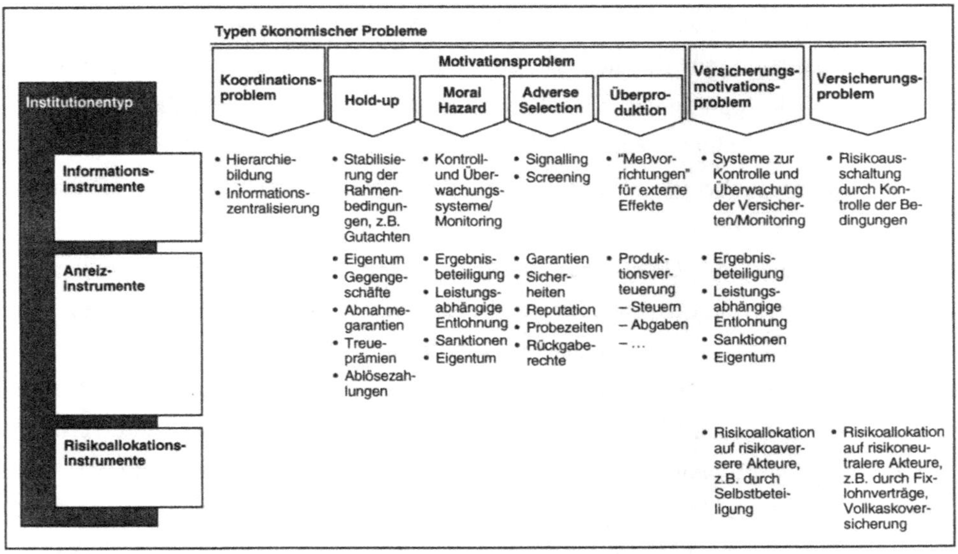

Abbildung 4-2: Typen ökonomischer Probleme und deren Handhabung durch Institutionen als Rationalitätssurrogate[304]

Da Informationslücken die Voraussetzung für sämtliche Typen ökonomischer Probleme sind, können Informationsinstrumente bei allen Problemtypen einen Lösungsbeitrag leisten. Analog dazu sind Anreizinstrumente in der Lage, bei der Lösung von Motivations- und Versicherungsmotivationsproblemen zu helfen, während Risikoallokationsinstrumente bei Versicherungsmotivations- und Versicherungsproblemen wirksam sein können.[305]

---

303 Informationslücken, Opportunismus und Risikoaversion (Abbildung 4-1).

304 Eigene Abbildung in Anlehnung an Franck, Egon: Die ökonomischen Institutionen, a.a.O., S. 52.

305 Eine über Abbildung 4-2 hinausgehende, ausführlichere Beschreibung von Wirkungsweise und Anwendungsmöglichkeiten sämtlicher Instrumente ist im Hinblick auf die Problemstellung dieser Arbeit wenig zielführend und unterbleibt daher; vgl. zu einer detaillierten Darstellung Franck, Egon: Die ökonomischen Institutionen, a.a.O., S. 46-55; Schween, Carsten: Corporate Venture Capital, a.a.O., S. 147-160.

4.3.2 Funktionale Perspektive als Variante der neoinstitutionellen Betrachtungsweise

Im folgenden Abschnitt soll zunächst das Konzept der funktionalen Perspektive, das an der Harvard Business School im Rahmen des Global Financial System Project entwickelt wurde,[306] vorgestellt werden, um anschließend die Kernfunktionen von Investment-Banken als Basis für die weiteren Analysen zu konkretisieren.

4.3.2.1 Konzept der funktionalen Perspektive

Das Konzept der funktionalen Perspektive wurde mit dem Ziel entwickelt, eine neue Sichtweise von Finanzinstitutionen und Finanzmärkten zu schaffen, "[...] that [...] can be constructively used to frame questions and seek answers about public policy issues, the strategy of financial institutions, the prospective structure of the industry, and so on."[307] Da die funktionale Perspektive sowohl die begrenzte Rationalität wirtschaftlicher Akteure als auch Institutionen berücksichtigt, kann sie als eine Variante der neoinstitutionellen Betrachtungsweise eingeordnet werden.[308] Die funktionale Perspektive greift jedoch auch auf Elemente der Neoklassik zurück, indem sie ökonomische Funktionen,[309] und nicht Institutionen, zum Ausgangspunkt der Analyse macht, und dann nach der am besten geeigneten, über Raum und Zeit sich ändernden institutionellen Konfiguration zu deren Wahrnehmung sucht.[310] Mit diesem Ansatz ermög-

---

306 Crane, Dwight B. et al. (Eds.): The Global Financial System: A Functional Perspective, Boston 1995, S. VII.

307 Crane, Dwight B. et al. (Eds.): Global Financial System, a.a.O., S. IX.

308 Vgl. zu dieser Einordnung auch Böhme, Markus: Zukunft der Universalbank, a.a.O., S. 28-29.

309 Crane, Dwight B./Bodie, Zvi: The Transformation of Banking, Harvard Business Review, Vol. 74 (1996), No. 2, S. 109-111; Merton, Robert C.: The Financial System and Economic Performance, in: Journal of Financial Services Research, Vol. 3 (1990), No. 4, S. 263-300.

310 Merton, Robert C./Bodie, Zvi: Conceptual Framework, a.a.O., S. 9-12. Einfach und zutreffend kann dieser Ansatz auch mit der Sentenz "[...] institutional form follows function" beschrieben werden (Crane, Dwight B. et al. (Eds.): Global Financial System, a.a.O., S. IX). Das Konzept der funktionalen Perspektive, Institutionen innerhalb des Finanzsystems funktional aus der neoinstitutionellen Betrachtungsweise zu analysieren, kann als relativ neu eingestuft werden; vgl. dazu ausführlicher Diamond, Douglas W.: Financial Intermediation and Delegated Monitoring, in: Review of Economic Studies, Vol. 51 (1984), No. 166, S. 393-414; Dietl, Helmut: Organizational Response to Capital Market Inefficiencies: Germany, Japan and the United States in Comparison, Habilitationsschrift an der Ludwig-Maximilians-Universität München, München 1996; Saunders,

licht die funktionale Perspektive Analysen sowohl auf der Ebene des gesamten Finanzsystems[311] als auch auf der Ebene von Institutionen, Aktivitäten und Produkten.[312]

Ausgehend von der neoklassisch abgeleiteten übergeordneten Funktion des Finanzsystems, die bestmögliche Allokation wirtschaftlicher Ressourcen zu ermöglichen, werden im Rahmen der funktionalen Perspektive mit der Abwicklung von Zahlungen, der Losgrößentransformation, dem Ressourcentransfer, dem Risikomanagement, der Bereitstellung von Preisinformationen sowie dem Umgang mit Anreizproblemen sechs grundlegende Funktionen des Finanzsystems[313] unterschieden.[314]

Abwicklung von Zahlungen. Zur Ermöglichung eines effizienten Austauschs von Waren, Dienstleistungen und Vermögensgegenständen müssen über das Finanzsystem Zahlungen abgewickelt und die damit verbundenen Risiken gehandhabt werden können.[315] Dabei lassen sich die Teilfunktionen Clearing und Settlement unterscheiden. Während ersteres den mit der Ausführung der Zahlung verbundenen Informationsverarbeitungsprozeß umfaßt, beinhaltet das Settlement den Ausgleich der daraus resultierenden Forderungen und Verbindlichkeiten durch die Übertragung von Zentralbankgeld oder Wertpapieren.[316] Auch Derivative können im Zusammenhang mit Wertpapiertransaktionen einen Beitrag zur effizienten Abwicklung von Zahlungen leisten und werden daher der Zahlungsfunktion zugerechnet.[317] Diese wird bewußt von

---

Anthony: Financial Institutions Management: A Modern Perspective, 2nd edition, Chicago et al. 1997; Böhme, Markus: Zukunft der Universalbank, a.a.O., S. 29.

311 Der Begriff "Finanzsystem" wird hier wie im folgenden als Übersetzung der Bezeichnung "Financial System" im Original verwandt.

312 Merton, Robert C./Bodie, Zvi: Conceptual Framework, a.a.O., S. 4.

313 Vgl. zu alternativen, primär zu deskriptiven Zwecken vorgenommenen Abgrenzungen von Funktionen auch in der deutschsprachigen Literatur übersichtsartig Merton, Robert C./Bodie, Zvi: Conceptual Framework, a.a.O., S. 26-28 sowie Böhme, Markus: Zukunft der Universalbank, a.a.O., S. 29-30.

314 Merton, Robert C./Bodie, Zvi: Conceptual Framework, a.a.O., S. 12-16.

315 Merton, Robert C./Bodie, Zvi: Conceptual Framework, a.a.O., S. 12.

316 Perold, André F.: The Payment System and Derivative Instruments, in: Crane, Dwight B. et al. (Eds.): The Global Financial System: A Functional Perspective, Boston 1995, S. 33.

317 Transaktionen mit Derivaten können als virtuelle Kassamarkttransaktionen aufgefaßt werden und substituieren somit andernfalls notwendige Zahlungsvorgänge. In diesem Sinne werden Derivate hier als Erweiterung des Systems zur Abwicklung von Zahlungen betrachtet; vgl. dazu auch anhand von Beispielen ausführlicher Merton, Robert C./Bodie, Zvi: Conceptual Framework, a.a.O., S. 13 sowie Perold, André F.: Payment System, a.a.O., S. 38, 60-71.

der später behandelten Transferfunktion unterschieden, da Zahlungen nicht nur zum Zweck des Kapitaltransfers getätigt werden. Vielmehr hat die Mehrzahl der ausgeführten bargeldlosen Zahlungen einen realwirtschaftlichen Hintergrund.[318] Zudem ist die institutionelle Ausgestaltung des vergleichsweise komplexen, mit Kosten und Risiken verbundenen Zahlungsabwicklungsprozesses nicht notwendigerweise von den gleichen Rahmenbedingungen abhängig wie die Transferfunktion.[319]

Losgrößentransformation. Die Notwendigkeit der Losgrößentransformation[320] resultiert aus der Tatsache, daß in Volkswirtschaften ein strukturelles Mißverhältnis zwischen Kapitalangebot und Kapitalnachfrage besteht. Kein Individuum könnte allein ausreichend Kapital aufbringen, um Großunternehmen wie zum Beispiel General Motors zu finanzieren.[321] Dieser Problematik wird beispielsweise von Commercial-Banken durch das Hereinnehmen und Sammeln von Einlagen begegnet (Pooling), die im nächsten Schritt in Form von Krediten an kapitalsuchende Investoren weitergereicht werden. Alternativ dazu können diese selbst entsprechend gestückelte Aktien oder Anleihen am Kapitalmarkt begeben (Subdividing), die direkt von kapitalanbietenden Kleinanlegern erworben werden können.[322]

Ressourcentransfer. Eine weitere Aufgabe des Finanzsystems ist die Ermöglichung des von anderen Funktionen unabhängigen effizienten Transfers wirtschaftlicher Ressourcen über Raum, Zeit und unterschiedliche Industrien hinweg. In diesem Zusammenhang geht es nicht nur um die Übertragung von Finanzkapital, sondern auch von Realkapital. Die Institution eines gut entwickelten Kapitalmarkts schafft dabei die Voraussetzung für eine effiziente Trennung von Eigentum und Management eines

---

318 Wertmäßig betrachtet kehrt sich dieses Verhältnis jedoch um (Perold, André F.: Payment System, a.a.O., S. 39-43).

319 Böhme, Markus: Zukunft der Universalbank, a.a.O., S. 35; vgl. zur Funktion der Abwicklung von Zahlungen ausführlicher Perold, André F.: Payment System, a.a.O., S. 33-79.

320 Sinngemäße Übersetzung von "Pooling Resources and Subdividing Shares" (Merton, Robert C./Bodie, Zvi: Conceptual Framework, a.a.O., S. 13).

321 Sirri, Erik R./Tufano, Peter: The Economics of Pooling, in: Crane, Dwight B. et al. (Eds.): The Global Financial System: A Functional Perspective, Boston 1995, S. 96.

322 Merton, Robert C./Bodie, Zvi: Conceptual Framework, a.a.O., S. 13-14; Böhme, Markus: Zukunft der Universalbank, a.a.O., S. 31; vgl. zur Funktion der Losgrößentransformation durch Pooling und Subdividing ausführlicher Sirri, Erik R./Tufano, Peter: Economics of Pooling, a.a.O., S. 81-127.

Unternehmens, die wiederum die Basis für eine Realisierung von Spezialisierungsvorteilen darstellt.[323]

Risikomanagement. Ein gut funktionierendes Finanzsystem muß den Umgang mit Unsicherheit ermöglichen und die Voraussetzungen für eine effiziente Allokation von Risiken schaffen. Dies geschieht über die Schaffung von Institutionen, die sowohl für Haushalte als auch für Unternehmen Möglichkeiten zum Risiko-Pooling und -Sharing anbieten. Erst damit wird die Trennung zwischen der Bereitstellung von Investitionskapital und der Übernahme der damit verbundenen Risiken ermöglicht, die, wie die Separierung von Eigentum und Management, eine weitergehende Ausnutzung von Spezialisierungsvorteilen erlaubt.[324] Existierende Risiken können unabhängig von ihrer Art grundsätzlich durch Hedging[325], Versicherung und Diversifikation eliminiert oder zumindest reduziert werden.[326] Beim Hedging wird eine exakt spiegelbildliche Risikoposition aufgebaut, so daß im Verbund eine sichere Position daraus resultiert. Die Versicherung, zum Beispiel durch den Abschluß eines Versicherungsvertrags oder den Kauf von Optionen, stellt eine noch präzisere Möglichkeit zur Absicherung gegen Risiken dar. Während beim Hedging sowohl Risiken mit aus der Sicht des Individuums negativen Auswirkungen als auch damit verbundene Chancen gleichermaßen eliminiert werden, können auf dem Weg der Versicherung gegen eine entsprechende Prämie die negativen Risiken bei gleichzeitiger Wahrung der Chancen ausgeschlossen werden. Das Prinzip der Diversifikation besteht in der Zusammenfassung geeigneter, das heißt nicht vollständig korrelierter, Einzelrisiken im Rahmen eines Portfolios, dessen Gesamtrisiko mit abnehmender Korrelation der enthaltenen Vermögenswerte

---

323 Merton, Robert C./Bodie, Zvi: Conceptual Framework, a.a.O., S. 14; vgl. zur Funktion des Ressourcentransfers ausführlicher Crane, Dwight B.: The Tansfer of Economic Resources, in: Crane, Dwight B. et al. (Eds.): The Global Financial System: A Functional Perspective, Boston 1995, S. 129-151.

324 Merton, Robert C./Bodie, Zvi: Conceptual Framework, a.a.O., S. 14-15.

325 Vergleiche zum Hedging von Risiken ausführlicher Sahl, Andreas: Integriertes Hedging von Risiken mit dem Portfolio-Ansatz, in: Eller, Roland (Hrsg.): Handbuch Derivativer Instrumente: Produkte, Strategien und Risikomanagement, Stuttgart 1996, S. 291-299.

326 Mason, Scott P.: The Allocation of Risk, in: Crane, Dwight B. et al. (Eds.): The Global Financial System: A Functional Perspective, Boston 1995, S. 162-176.

fällt. Damit lassen sich aus individueller Sicht die übernommenen Risiken zwar nicht wie beim Hedging und Versichern eliminieren, aber zumindest reduzieren.[327]

Bereitstellung von Preisinformationen. Um die Koordination dezentraler Entscheidungen in den verschiedensten Sektoren einer Volkswirtschaft zu ermöglichen, muß das Finanzsystem Preisinformationen bereitstellen. Dies ist zum einen für den Handel von Vermögens- und Schuldtiteln auf den Finanzmärkten erforderlich. Gleichzeitig geht von den auf Finanzmärkten gebildeten Preisen in Form von Zinssätzen und Wertpapierkursen eine erhebliche Signalwirkung aus. Haushalte legen diese Informationen der Aufteilung ihres Einkommens in Konsum und Ersparnis sowie der Gestaltung ihres Vermögensportfolios zugrunde, während Unternehmen auf dieser Basis ihre Investitions- und Finanzierungsentscheidungen treffen. Die Dichte der verfügbaren Informationen, vor allem in bezug auf zukünftige Volatilitäten, hat gerade in den beiden letzten beiden Jahrzehnten aufgrund der wachsenden Diversität der Finanzmärkte erheblich zugenommen.[328] Diese Entwicklung trägt dazu bei, daß bessere Entscheidungen zu einer möglichst effizienten Ressourcenallokation getroffen werden können.[329]

Umgang mit Anreizproblemen. Die letzte der sechs im Rahmen der funktionalen Perspektive unterschiedenen Funktionen des Finanzsystems ist die Bereitstellung von Möglichkeiten, um Anreizprobleme zu entschärfen oder sogar hinfällig zu machen und

---

327 Böhme, Markus: Zukunft der Universalbank, a.a.O., S. 31-33; vgl. zur Funktion des Risikomanagements ausführlicher Mason, Scott P.: Allocation of Risk, a.a.O., S. 153-195.

328 Zukünftige Volatilitäten, die wichtige Inputfaktoren für Risikomanagement- und strategische Planungsentscheidungen sind, können insbesondere aus Preisen für Optionen oder optionsartige Wertpapiere abgeleitet werden. In diesem Zusammenhang war und ist die Beschleunigung bei der Entwicklung von Finanzinnovationen sowie die Weiterentwicklung der Finanztheorie von erheblicher Bedeutung; vgl. dazu ausführlicher Allen, Franklin/Gale, Douglas: Financial Innovation and Risk Sharing, Cambridge/London 1995, S. 3-7; Finnerty, John D.: An Overview of Corporate Securities Innovation, in: Continental Bank Journal of Applied Corporate Finance, o. Jg. (1992), S. 23-39; Miller, Merton H.: Financial Innovation: Achievements and Prospects, in: Journal of Applied Corporate Finance, Vol. 5 (1992), No. 4, S. 4-11; Remolona, Eli M.: The Recent Growth of Financial Derivative Markets, in: Federal Reserve Bank of New York Quarterly Review, o. Jg. (1992), Winter, S. 28-43; Merton, Robert C./Bodie, Zvi: Conceptual Framework, a.a.O., S. 4-5.

329 Merton, Robert C./Bodie, Zvi: Conceptual Framework, a.a.O., S. 15-16; vgl. zur Funktion der Bereitstellung von Preisinformationen ausführlicher Bodie, Zvi/Merton, Robert C.: The Informational Role of Asset Prices: The Case of Implied Volatility, in: Crane, Dwight B. et al. (Eds.): The Global Financial System: A Functional Perspective, Boston 1995, S. 197-224.

damit Transaktionskosten zu senken. Anreizprobleme werden in diesem Zusammenhang immer dann relevant, wenn zwischen den Beteiligten einer Finanztransaktion Informationsasymmetrien oder Principal-Agent-Beziehungen bestehen.[330] Ansatzpunkte zur Eindämmung dieser Kosten bieten neben einer entsprechenden Ausgestaltung von Verträgen wiederum der Einsatz von Finanzinnovationen[331] beziehungsweise Derivaten[332] im Rahmen von Programmen zum Risikomanagement auf Unternehmensebene.[333]

Eine für den Zweck dieser Arbeit hilfreiche konkrete Anwendung des Ansatzes erfordert zunächst eine Spezifikation der Rolle, die Investment-Banken vor dem Hintergrund dieser Kernfunktionen aus der funktionalen Perspektive wahrnehmen.

4.3.2.2 Rolle von Investment-Banken aus funktionaler Perspektive

Aufbauend auf den sechs soeben beschriebenen Kernfunktionen des globalen Finanzsystems wird im folgenden Abschnitt die Rolle von Investment-Banken innerhalb dieses Systems aus funktionaler Perspektive abgegrenzt.

---

330 Vgl. zur Problematik von Informationsasymmetrien und Principal-Agent-Beziehungen im Kontext von Finanzmärkten ausführlicher Strong, Norman/Walker, Martin: Information and Capital Markets, Oxford/New York 1987.

331 Vgl. zu Finanzinnovationen ausführlicher Tufano, Peter: Securities Innovations: A Historical and Functional Perspective, in: Bank of America Journal of Applied Corporate Finance, Vol. 7 (1995), No. 4, S. 90-103; Binkowski, Peter/Beeck, Helmut: Finanzinnovationen, Bonn 1989.

332 Vgl. zu Derivaten als Finanzinnovationen ausführlicher Eller, Roland: Derivative Instrumente - Überblick, Strategien, Tendenzen, in: Eller, Roland (Hrsg.): Handbuch Derivativer Instrumente: Produkte, Strategien und Risikomanagement, Stuttgart 1996, S. 3-38; Winter, Stefan M.: Derivative Finanzinstrumente der dritten Generation, in: Rudolph, Bernd (Hrsg.): Derivative Finanzinstrumente, Stuttgart 1995, S. 211-237.

333 Merton, Robert C./Bodie, Zvi: Conceptual Framework, a.a.O., S. 16; Böhme, Markus: Zukunft der Universalbank, a.a.O., S. 33-34; vgl. zur Funktion des Umgangs mit Anreizproblemen ausführlicher Froot, Kenneth A.: Incentive Problems in Financial Contracting: Impacts on Corporate Financing, Investment, and Risk Management Policies, in: Crane, Dwight B. et al. (Eds.): The Global Financial System: A Functional Perspective, Boston 1995, S. 225-261.

Grundsätzlich können die Kernfunktionen des Finanzsystems im Rahmen von hierarchischen und marktlichen institutionellen Arrangements sowie auf der Basis von Mischformen wahrgenommen werden (Abbildung 4-3).[334]

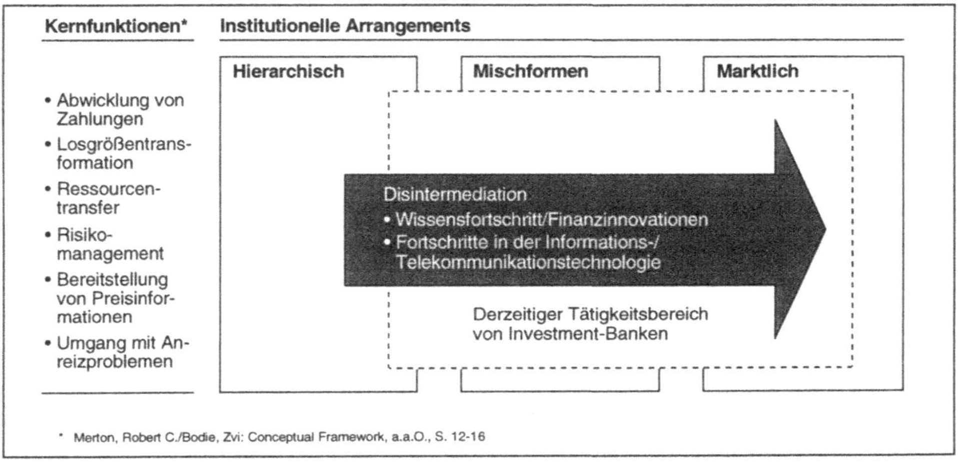

Abbildung 4-3: Kernfunktionen des Finanzsystems und Tätigkeitsbereich von Investment-Banken

So kann beispielsweise die Losgrößentransformation sowohl hierarchisch durch das Sammeln von Bankeinlagen und deren Ausgabe in Form von Krediten als auch marktlich durch die Ausgabe von Aktien oder Anleihen über Wertpapierbörsen erfolgen. Das Poolen finanzieller Ressourcen in Investmentfonds, die wiederum unter anderem in börsennotierte Wertpapiere investieren, kann in diesem Zusammenhang als Mischform zur Wahrnehmung der Losgrößentransformationsfunktion angesehen werden. In der Regel erfolgt eine hierarchische Wahrnehmung der einzelnen Kernfunktionen immer dann, wenn die Transaktionskosten der marktlichen Wahrnehmung prohibitiv hoch sind oder zumindest die Kosten einer hierarchischen Wahrnehmung übersteigen.[335] Der eingangs dieser Arbeit erwähnte, im wesentlichen auf Wissensfortschritte

[334] Vgl. dazu ausführlicher Picot, Arnold: Transaktionskostenansatz in der Organisationstheorie, a.a.O., S. 267-284; Picot, Arnold: Ein neuer Ansatz zur Gestaltung der Leistungstiefe, in: zfbf, 43. Jg. (1991), Nr. 4, S. 336-357.

[335] Picot, Arnold: Transaktionskostenansatz, a.a.O., Sp. 4195. Benston/Smith führen in diesem Zusammenhang aus, die "[...] *raison d'être* for this industry [of financial intermediaries] is the existence of transaction costs" (Benston, George J./Smith, Clifford W.: A Transaction Cost

und Fortschritte der Informations- und Telekommunikationstechnologie zurückzuführende Trend zur Disintermediation, der zu dem skizzierten relativen Bedeutungsgewinn des Investment Banking gegenüber dem Commercial Banking geführt hat,[336] beschreibt nichts anderes als die derzeit beobachtbare Verschiebung von hierarchischen hin zu marktlichen institutionellen Arrangements zur Wahrnehmung der Kernfunktionen des globalen Finanzsystems. Investment-Banken profitieren von dieser Entwicklung, da sich ihr gegenwärtiger Tätigkeitsbereich, grob beschrieben, von einer teilweise hierarchischen Wahrnehmung einzelner Funktionen über die Mischformen hinweg bis zur Unterstützung einer marktlichen Wahrnehmung der Kernfunktionen erstreckt.[337]

Für eine detailliertere Analyse der Rolle von Investment-Banken aus funktionaler Perspektive werden im folgenden die bereits im Verlauf der Arbeit identifizierten Produkt- beziehungsweise Servicebereiche von Investment-Banken[338] auf ihre wesentlichen Beiträge zur Wahrnehmung der einzelnen Kernfunktionen untersucht (Abbildung 4-4).

M&A. Im Rahmen ihrer M&A-Tätigkeit können Investment-Banken zum einen unmittelbar zur Übertragung von Realkapital, wie zum Beispiel ganzer Produktionsanlagen, beitragen.[339] Dies stellt neben der Übertragung von Finanzkapital die zweite elementare Teilfunktion zur Ermöglichung des Ressourcentransfers dar. Darüber hinaus generieren Investment-Banken im Rahmen ihrer Bewertungstätigkeit bei M&A-Mandaten Preisinformationen und tragen so zu einer erhöhten Transparenz des Marktes für Realkapital bei. Dies bewirkt zusammen mit der Durchführung des Informationsbeschaffungs- beziehungsweise Due-Diligence-Prozesses[340] durch eine Investment-Bank als Vertreter des potentiellen Erwerbers eines Unternehmens eine

---

Approach to the Theory of Financial Intermediation, in: The Journal of Finance, Vol. 31 (1976), No. 2, S. 215).

336 Vgl. dazu ausführlicher Abschnitt 1.1 sowie Abbildung 1-1.

337 Vgl. dazu auch Böhme, Markus: Zukunft der Universalbank, a.a.O., S. 37-38.

338 Vgl. dazu ausführlicher Abschnitt 2.3 sowie Abbildung 2-3.

339 Böhme, Markus: Zukunft der Universalbank, a.a.O., S. 35.

340 Beelitz, Frank F.: M&A in den USA: Der Prozeß und die Player, in: Siegwart, Hans et al. (Hrsg.): Meilensteine im Management: Mergers & Acquisitions, Stuttgart/Basel 1990, S. 113-115; Craven, John A.: Mergers & Acquisitions, in: Gerke, Wolfgang/Steiner, Manfred (Hrsg.):

erhebliche Reduktion der Informationsasymmetrien zwischen diesem und den mit Insider-Informationen ausgestatteten Eigentümern des zum Verkauf stehenden Unternehmens und damit eine Verminderung der Anreizprobleme. Auch eine entsprechende, auf Transaktionserfahrung und Erfolg basierende Reputation der Investment-Bank im M&A-Geschäft kann zu einer erheblichen Verringerung der Anreizprobleme führen.[341]

✓ Unmittelbar
(✓) Mittelbar
– Keine

Kernfunktionen*	Produkte/Services von Investment-Banken				
	Mergers & Acquisitions	Corporate Finance/Advisory	Underwriting	Sales & Trading	Asset Management
• Abwicklung von Zahlungen	–	(✓)	–	✓	–
• Losgrößentransformation	–	(✓)	✓	–	✓
• Ressourcentransfer	✓	(✓)	(✓)	(✓)	✓
• Risikomanagement	–	(✓)	(✓)	(✓)	✓
• Bereitstellung von Preisinformationen	✓	–	✓	✓	–
• Umgang mit Anreizproblemen	✓	✓	✓	–	✓

* Merton, Robert C./Bodie, Zvi: Conceptual Framework, a.a.O., S. 12-16

Abbildung 4-4: Kernfunktionen des Finanzsystems und deren Wahrnehmung durch Investment-Banken

Corporate Finance/Advisory. Mit der Entwicklung innovativer Finanzinstrumente, wie zum Beispiel Derivate, die zum Teil den Handel mit Kassamarktinstrumenten ersetzen können, tragen Investment-Banken im Rahmen ihres Corporate Finance/Advisory-Geschäfts mittelbar sowohl zur Abwicklung von Zahlungen im Zusammenhang mit Wertpapiertransaktionen[342] als auch zum Risikomanagement durch Hedging oder

Handwörterbuch des Bank- und Finanzwesens, 2., überarbeitete und erweiterte Auflage, Stuttgart 1995, Sp. 1449-1450.

341 Vgl. dazu ausführlicher Bowers, Helen M./Miller, Robert E.: Choice of Investment Banker and Shareholders' Wealth of Firms Involved in Acquisitions, in: Financial Management, Vol. 19 (1990), No. 4, S. 34-44.

342 Vgl. dazu ausführlicher Perold, André F.: Payment System, a.a.O., S. 38, 60-71.

Versicherung in Unternehmen bei.[343] Zudem können mit der Einführung innovativer Finanzierungsformen, wie zum Beispiel Asset-backed Securities, verbesserte Voraussetzungen für die marktliche Wahrnehmung der Funktionen Losgrößentransformation und Ressourcentransfer geschaffen werden.[344] Schließlich haben Investment-Banken mit ihren Beratungsleistungen im engen Zusammenhang mit ihren Primärmarktaktivitäten als Emissionsbank[345] Einfluß auf die Kapitalstruktur, die Auswahl geeigneter Finanzierungsinstrumente sowie die Ausgestaltung der Emission und können so bereits in der Konzeptionsphase einen frühen, unmittelbaren Beitrag zur Verringerung der Anreizprobleme zwischen Anlegern und Investoren leisten.

Underwriting. Zum einen leistet das Underwriting von Aktien und Anleihen einen unmittelbaren Beitrag zur Losgrößentransformation durch das eigentliche Subdividing von Eigen- und Fremdkapital kapitalsuchender Unternehmen und ermöglicht damit die marktliche Wahrnehmung des Ressourcentransfers durch den Verkauf von entsprechenden Anteilen über die Wertpapierbörsen an viele einzelne, auch kleinere Kapitalanleger. Zum anderen kann das Underwriting innovativer Finanzierungsinstrumente den Emittenten beim Risikomanagement durch Hedging oder Versicherung gegen Risiken über den Kapitalmarkt unterstützen. Darüber hinaus werden von Investment-Banken im Rahmen des Underwriting mit der Festlegung des Emissionspreises erstmals vor der Börsennotierung Preisinformationen über eine Aktie oder Anleihe bereitgestellt.[346] Schließlich können die im Rahmen des Underwriting-Prozesses zu erstellenden Börsenprospekte mit den darin enthaltenen Informationen und Klauseln zur Einschränkung des Handlungsspielraums des Agenten unmittelbar so weit zur Verringerung der Anreizprobleme beitragen, daß die verbleibenden Probleme von den Investoren selbst zu handhaben sind.[347] Ebenso können Investment-Banken, soweit vorhanden, mit ihrer durch einen guten Track Record unterlegten Reputation als Underwriter eine entscheidende Verringerung von Anreizproblemen bewirken.[348]

---

343 Merton, Robert C./Bodie, Zvi: Conceptual Framework, a.a.O., S. 14-15.

344 Böhme, Markus: Zukunft der Universalbank, a.a.O., S. 116-117.

345 Vgl. dazu ausführlicher Abschnitt 2.3.2.

346 Merton, Robert C./Bodie, Zvi: Conceptual Framework, a.a.O., S. 13-16.

347 Böhme, Markus: Zukunft der Universalbank, a.a.O., S. 40.

348 Booth, James R./Smith, Richard L. II: Capital Raising, Underwriting and the Certification Hypothesis, in: Journal of Financial Economics, Vol. 15 (1986), S. 261-281; Beatty, Randolph

Sales & Trading. Zum Teil nehmen Investment-Banken das im Zusammenhang mit Sales & Trading-Aktivitäten erforderliche Clearing und Settlement von Wertpapiertransaktionen eigenständig wahr und tragen somit unmittelbar zur Abwicklung von Zahlungen bei.[349] Mit dem eigentlichen Verkauf und dem Handel von Fremdwährungen und Derivaten[350] leisten sie ferner einen mittelbaren Beitrag zur Wahrnehmung der Funktion Zahlungsabwicklung. Sales & Trading-Aktivitäten in Aktien, Anleihen und innovativen Finanzinstrumenten in Primär- und Sekundärmärkten ermöglichen und unterstützen zudem die marktliche Wahrnehmung der Funktionen Ressourcentransfer und Risikomanagement. Darüber hinaus stellen Investment-Banken mit ihren Sales & Trading-Aktivitäten, insbesondere im Rahmen des Market Making sowie im Eigenhandel, unmittelbar Preisinformationen für die übrigen aktiven und potentiellen Marktteilnehmer bereit.[351]

Asset Management. Im Rahmen des Asset Management, insbesondere durch das Management und den Vertrieb von Investmentfonds, nehmen Investment-Banken unmittelbar die Funktion der Losgrößentransformation wahr. Anlegergelder werden gesammelt und kapitalsuchenden Investoren unter anderem durch den Kauf von Anteilen am Eigen- oder Fremdkapital zur Verfügung gestellt.[352] Mit der Vermögensanlageberatung und -verwaltung außerhalb des Investmentfondsgeschäfts unterstützen Investment-Banken die rein marktliche Wahrnehmung der Losgrößentransformation, indem sie vor allem Retail-Kunden als Anlegern den Zugang zu Wertpapierbörsen erleichtern beziehungsweise überhaupt erst ermöglichen. Des weiteren trägt das Asset Management unmittelbar zum Transfer wirtschaftlicher, insbesondere finanzieller Ressourcen über unterschiedliche Industrien, Raum und Zeit hinweg bei. Investmentfonds beispielsweise investieren die ihnen anvertrauten Mittel global in den

---

P./Ritter, Jay R.: Investment Banking, a.a.O., S. 213-232; Carter, Richard/Manaster, Steven: Initial Public Offerings and Underwriter Reputation, in: The Journal of Finance, Vol. 45 (1990), No. 4, S. 1045-1067; Carter, Richard B./Dark, Frederick H.: An Empirical Examination of Investment Banking Reputation Measures, in: The Financial Review, Vol. 27 (1992), No. 3, S. 355-374; Chemmanur, Thomas J./Fulghieri, Paolo: Investment Bank Reputation, Information Production, and Financial Intermediation, in: Journal of Finance, Vol. 49 (1994), No. 1, S. 57-79.

349 Perold, André F.: Payment System, a.a.O., S. 39-43; Jeffris, Tony: Bear Stearns, a.a.O., S. 145.

350 Als virtuelle Kassamarkttransaktionen aufgefaßt, können Transaktionen mit Derivaten, wie bereits oben erläutert, andernfalls notwendige Zahlungsvorgänge substituieren.

351 Vgl. dazu ausführlicher Abschnitt 2.3.4.

352 Merton, Robert C./Bodie, Zvi: Conceptual Framework, a.a.O., S. 14.

verschiedensten Industrien und Ländern und spielen inzwischen eine immer bedeutendere Rolle als Vehikel der Altersvorsorge, das Individuen während ihrer beruflich aktiven Zeit zum Ansparen der für den Ruhestand erforderlichen finanziellen Mittel nutzen.[353] Außerdem leisten Investment-Banken, wie bereits oben erwähnt, durch die Diversifikation von Anlagerisiken mit ihrem Investmentfondsgeschäft einen unmittelbaren Beitrag zum Risikomanagement.[354] Schließlich können Investment-Banken im Rahmen des Asset Management auch unmittelbar zu einer Verringerung der Anreizprobleme beitragen, indem sie das Informationsgefälle zwischen den Emittenten von Wertpapieren und den einzelnen Anlegern durch die Bereitstellung beziehungsweise den Verkauf ihrer durch Research gewonnenen Informationen sowie ihres besseren und schnelleren Informationszugangs reduzieren.[355]

Auffallend an der Aufstellung in Abbildung 4-4 ist, daß die unmittelbare Wahrnehmung einzelner Kernfunktionen des globalen Finanzsystems durch Investment-Banken überwiegend in den Bereichen M&A, Underwriting und Asset Management erfolgt. Die übrigen Produkt- und Servicebereiche ermöglichen und unterstützen im wesentlichen die marktliche Wahrnehmung einzelner Kernfunktionen. Über alle Produkte und Services hinweg betrachtet zeigt sich, daß der wesentliche und auch unmittelbare Beitrag von Investment-Banken in der Bereitstellung von Preisinformationen und der Optimierung des Umgangs mit Anreizproblemen liegt, wozu jeweils drei beziehungsweise vier Produkt- und Servicebereiche unmittelbar beitragen. Am wenigsten scheint die Produkt- und Servicepalette von Investment-Banken zur Abwicklung von Zahlungen geeignet zu sein.

---

353 Vgl. dazu ausführlicher Abschnitt 6.2.2.

354 Merton, Robert C./Bodie, Zvi: Conceptual Framework, a.a.O., S. 15.

355 Vgl. dazu ausführlicher Sirri, Erik R./Tufano, Peter: Economics of Pooling, a.a.O., S. 113.

4.3.3 Beurteilung der neoinstitutionellen Betrachtungsweise

Aufgrund der Einführung begrenzter Rationalität und der damit verbundenen Anerkennung von Transaktionskosten kann auf Basis der neoinstitutionellen Betrachtungsweise eine deutlich umfassendere und realitätsnähere Analyse[356] von Unternehmen erfolgen als dies allein neoklassisch möglich ist.[357] Insbesondere die Variante der funktionalen Perspektive stellt ein ökonomisch fundiertes und für den Zweck dieser Arbeit geeignetes Instrumentarium bereit, mit dessen Hilfe Effektivität und Effizienz alternativer institutioneller Konfigurationen konzeptionell beurteilt werden können. Darüber hinaus ermöglicht dieser Ansatz, die Auswirkungen von Veränderungen struktureller Rahmenbedingungen einer Industrie auf die Wettbewerbsfähigkeit der Ausrichtung und Organisation bestehender Institutionen abzuleiten.[358] Als wesentlicher Nachteil der neoinstitutionalistischen Betrachtungsweise steht dem hohen Erklärungsgehalt der Hypothesen die starke Beeinträchtigung deren empirischer Überprüfbarkeit gegenüber, die aus den ungelösten Problemen der Operationalisierung elementarer Teilkonzepte resultiert.[359]

4.4 Zwischenergebnis

Ziel dieses vierten Abschnitts war die Beurteilung alternativer Theorieansätze als Basis für die weitere unternehmens- und wettbewerbsbezogene Untersuchung der Vorteilhaftigkeit von Integrationsstrategien. Dabei stellte sich heraus, daß die institutionelle Sichtweise nur über eine begrenzte Erklärungskraft verfügt und für den Zweck dieser Arbeit zu eng fokussiert ist. Die neoklassische Sichtweise wird im wesentlichen wegen ihrer guten ökonomischen Fundierung, ihrer durch die funktionale Orientierung breiten Perspektive sowie aufgrund der erwiesenen Eignung für industriestrukturelle Fragestellungen als Grundlage für die weiteren Untersuchungen herangezogen.

---

356 Terberger bezeichnet den Neoinstitutionalismus in diesem Zusammenhang "[...] als 'realitätsnähere' Variante der Neoklassik [...]" (Terberger, Eva: Neo-institutionalistische Ansätze, a.a.O, S. 81).

357 Hart, Oliver: Firms, Contracts, and Financial Structure, a.a.O., S. 18.

358 Böhme, Markus: Zukunft der Universalbank, a.a.O., S. 29.

359 Vgl. zur Beurteilung der neoinstitutionellen Betrachtungsweise ausführlicher Ebers, Mark/ Gotsch, Wilfried: Institutionenökonomische Theorien, a.a.O., S. 233-235.

Darüber hinaus erscheint die gute empirische Überprüfbarkeit aus neoklassischen Ansätzen heraus entwickelter Hypothesen im Hinblick auf die Qualität der Ergebnisse dieser Arbeit vielversprechend. Das hochgradig restriktive Annahmengerüst der Neoklassik und die damit zwangsläufig verbundene Realitätsferne der Aussagen legt die Einbeziehung der neoinstitutionellen Perspektive als zweites theoretisches Standbein dieser Arbeit nahe. Insbesondere die funktionale Perspektive als Variante der neoinstitutionellen Betrachtungsweise sollte, wenn auch zu Lasten der empirischen Überprüfbarkeit zum jetzigen Zeitpunkt, eine realitätsnähere konzeptionelle Argumentation der Auswirkungen von Änderungen der Rahmenbedingungen auf die Struktur der Investment-Banking-Industrie ermöglichen.

5 Unternehmensbezogene Beurteilung der Vorteilhaftigkeit von Integrationsstrategien aus finanzwirtschaftlicher Perspektive

Als erster Teil der unternehmensbezogenen Beurteilung der Vorteilhaftigkeit von Integrationsstrategien nimmt der fünfte Abschnitt dieser Arbeit die finanzwirtschaftliche Perspektive ein (Abbildung 5-1).

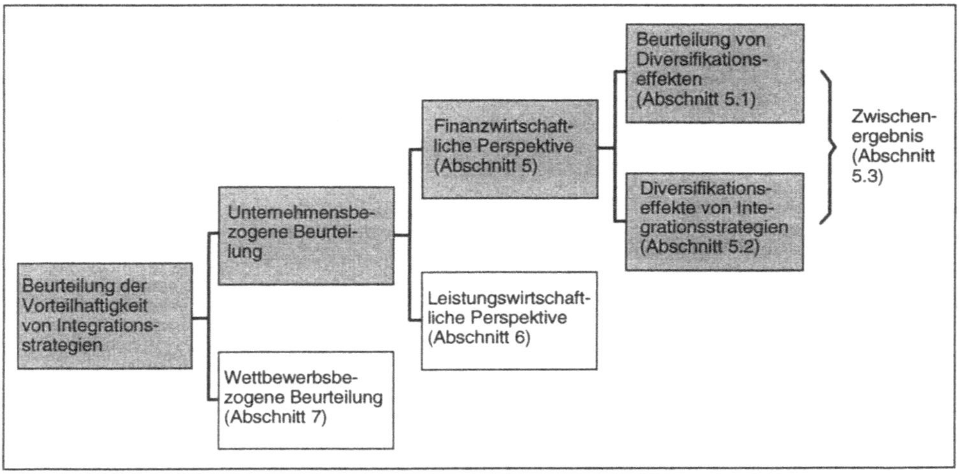

Abbildung 5-1: Vorteilhaftigkeit von Integrationsstrategien aus finanzwirtschaftlicher Perspektive

Aus dieser heraus erfolgt zunächst eine grundsätzliche Beurteilung des Wertes von Diversifikationsbemühungen auf Unternehmensebene. Anschließend werden die Diversifikationseffekte von Integrationsstrategien konkret am Beispiel der U.S.-Investment-Banking-Industrie untersucht, um dann mit einem Zwischenergebnis zur Beurteilung der Vorteilhaftigkeit von Integrationsstrategien aus leistungswirtschaftlicher Perspektive überzuleiten.

5.1 Beurteilung von Diversifikationseffekten

Vor der eingehenden Analyse von Diversifikationseffekten durch eine Integration von Wholesale- und Retail-Investment-Banking-Aktivitäten wird zunächst grundsätzlich die ökonomische Sinnhaftigkeit von Diversifikationsbemühungen auf Unternehmensebene zum einen aus portfoliotheoretischer Sichtweise und zum anderen aus neoinstitutionalistischer Perspektive beurteilt.

5.1.1 Beurteilung aus portfoliotheoretischer Betrachtungsweise

Die von Markowitz 1952 entwickelte Portfoliotheorie untersucht die Möglichkeit von Investoren, durch die Diversifikation ihres Portfolios riskanter Aktiva die Standardabweichung der Portfoliorendite zu reduzieren[360] und stellt die Grundlage für sämtliche nachfolgend veröffentlichten Werke zu Risiko-Rendite-Beziehungen dar.[361] Vor dem Hintergrund des ihr zugrunde liegenden Annahmegerüsts, welches unter anderem rational agierende Investoren sowie einen vollkommenen, arbitragefreien Kapitalmarkt und damit auch die Abwesenheit von Transaktionskosten unterstellt,[362] ist die Portfoliotheorie in die Tradition neoklassischer Ansätze einzuordnen.[363]

Kernaussage der Portfoliotheorie ist, daß die Standardabweichung der Rendite als Risikomaß eines Portfolios riskanter Aktiva geringer als das gewichtete Mittel der Standardabweichungen der Renditen der einzelnen Aktiva ist, solange die Renditen der in dem Portfolio enthaltenen Aktiva nicht vollständig miteinander korreliert sind.[364] Diese Reduzierung der Standardabweichung der Rendite und damit des Risi-

---

360 Vgl. dazu ausführlicher Markowitz, Harry M.: Portfolio Selection, in: The Journal of Finance, Vol. 7 (1952), No. 1, S. 77-91; Markowitz, Harry M.: Portfolio Selection: Efficient Diversification of Investments, New Haven/London 1959; Auckenthaler, Christoph: Theorie und Praxis des modernen Portfolio-Managements, a.a.O., S. 153-182.

361 So basiert beispielsweise auch das Mitte der sechziger Jahre von William Sharpe, John Lintner und Jack Treynor entwickelte Capital Asset Pricing Model (CAPM) auf der Portfoliotheorie von Markowitz; vgl. dazu ausführlicher Brealey, Richard A./Myers, Stewart C.: Corporate Finance, a.a.O., S. 155-162; Auckenthaler, Christoph: Theorie und Praxis des modernen Portfolio-Managements, a.a.O., S. 152-153.

362 Breid, Volker: Marktorientierte Risikoberücksichtigung in den Ansätzen der neoklassischen Finanzierungstheorie, in: Betriebswirtschaftliche Forschung und Praxis, 48. Jg. (1997), Nr. 3, S. 309; Drukarczyk, Jochen: Theorie und Politik der Finanzierung, 2., völlig neugestaltete Auflage, München 1993, S. 226.

363 Folgerichtig wird auch das auf der Portfoliotheorie aufbauende Capital Asset Pricing Model (CAPM) der neoklassischen Finanzierungs- oder Kapitalmarkttheorie zugeordnet (Breid, Volker: Marktorientierte Risikoberücksichtigung, a.a.O., S. 308-310).

364 Vgl. dazu ausführlicher Brealey, Richard A./Myers, Stewart C.: Corporate Finance, a.a.O., S. 155-159; Drukarczyk, Jochen: Theorie und Politik der Finanzierung, a.a.O., S. 226-230.

kos wird als Diversifikationseffekt bezeichnet.[365] Dabei wird bei der Bildung eines ideal diversifizierten Referenzportfolios, üblicherweise des Marktportfolios, der verbleibende Anteil der Standardabweichung als systematisches Risiko bezeichnet. Diversifizierbare Risikoanteile der einzelnen Titel stellen das unsystematische Risiko dar.[366] Die Effizienz eines Portfolios, beziehungsweise das Ausmaß des Diversifikationseffekts, läßt sich durch das Verhältnis der tatsächlich im Portfolio diversifizierten Standardabweichung der Rendite zum theoretisch diversifizierbaren unsystematischen Risiko ermitteln. Ein Portfolio von U.S.-Aktienwerten gilt beispielsweise bereits dann als nahezu vollkommen effizient diversifiziert, wenn es mindestens 40 verschiedene Wertpapiere enthält.[367] Eine deutliche weitere Effizienzsteigerung läßt sich dann lediglich durch eine Erweiterung des Anlageuniversums[368] der in dem Portfolio zusammengefaßten Aktiva erreichen.[369]

Die wichtigste Konsequenz dieser Argumentation ist, daß eine Kombination von Investitionsprojekten, wie zum Beispiel im Rahmen eines Zukaufs weiterer Geschäftsfelder oder der Fusion zweier Unternehmen nur dann zu einem Wertzuwachs aus Eigentümersicht führt, wenn diese Transaktion aufgrund von Synergien eine Erhöhung der Cash Flows bewirkt. Eine alleinige Diversifikation des unsystematischen Risikos könnte ebenso effizient von den Investoren durch eine geeignete Zusammenstellung ihres Beteiligungs- beziehungsweise Aktienportfolios vorgenommen werden.[370]

---

365 Spremann, Klaus: Diversifikation im Normalfall und im Streßfall, in: ZfB, 67. Jg. (1997), Heft 8, S. 865-867.

366 Dreesbach, Stefan: Derivative Aktienindexprodukte, a.a.O., S. 305; Brealey, Richard A./Myers, Stewart C.: Corporate Finance, a.a.O., S. 155. Bei Aktien trägt das unsystematische Risiko im allgemeinen mit 70 bis 80 Prozent in deutlich höherem Maße zum Gesamtrisiko bei als das (systematische) Marktrisiko mit 20 bis 30 Prozent (Montgomery, Cynthia A./Singh, Harbir: Diversification Strategy and Systematic Risk, in: Strategic Management Journal, Vol. 5 (1984), No. 2, S. 182).

367 Die Standardabweichung der Portfoliorendite liegt dann mit circa 20 Prozent bereits sehr nahe an der Standardabweichung der Rendite des durch den S&P 500 Index nachgebildeten U.S.-Marktportfolios von 19,3 Prozent (Sirri, Erik R./Tufano, Peter: Economics of Pooling, a.a.O., S. 102-103).

368 Die Standardabweichung der Rendite eines globalen Aktienportfolios beträgt beispielsweise etwa nur die Hälfte des Wertes für das durch den S&P 500 Index nachgebildete U.S.-Marktportfolio (Cooper, I./Kaplanis, E.: Home Bias in Equity Portfolios and the Cost of Capital for Multinational Firms, in: Journal of Applied Corporate Finance, Vol. 8 (1995), No. 3, S. 95-102).

369 Sirri, Erik R./Tufano, Peter: Economics of Pooling, a.a.O., S. 101-108; Böhme, Markus: Zukunft der Universalbank, a.a.O., S. 41.

370 Breid, Volker: Marktorientierte Risikoberücksichtigung, a.a.O., S. 309.

Deshalb werden Investoren bei vollkommenen Kapitalmärkten für das Halten unsystematischer Risiken nicht entschädigt.[371] Auf die Problemstellung dieser Arbeit übertragen folgt daraus, daß Diversifikationsbemühungen auf Unternehmensebene durch eine Integration von Wholesale- und Retail-Investment-Banking-Aktivitäten aus rein portfoliotheoretischer Betrachtungsweise beim Anfall durch derartige Transaktionen bedingter zusätzlicher Kosten auf Unternehmensebene als wertvernichtend einzustufen sind.[372]

5.1.2 Beurteilung aus neoinstitutioneller Betrachtungsweise

Die Beurteilung aus neoklassischer Betrachtungsweise überflüssiger, unter Umständen sogar ökonomisch nachteiliger Diversifikationsbemühungen auf Unternehmensebene ändert sich bei der Aufhebung der Prämisse vollkommener Märkte[373] im Rahmen der Betrachtung des gleichen Sachverhalts aus neoinstitutioneller Sichtweise. Diese Änderung resultiert im wesentlichen aus der Divergenz der Kosten interner und externer Finanzierungsformen[374] bei einer Aufweichung des restriktiven neoklassischen Annahmegerüsts mit der Einführung von Marktunvollkommenheiten aufgrund asymmetrischer Informationsverteilung und den sich in diesem Zusammenhang ergebenden Anreiz- und Kontrollproblemen.[375]

Bei statischer Betrachtungsweise und unter der Annahme effizienter Kapitalmärkte existiert für ein Unternehmen eine optimale Zielkapitalstruktur, das heißt eine Kombination von Eigen- und Fremdkapital, die einen optimalen Trade-off der Vor- und

---

371 Sirri, Erik R./Tufano, Peter: Economics of Pooling, a.a.O., S. 101-102.

372 Vgl. dazu auch Goold, Michael: Strategies and Styles: The Role of the Centre in Managing Diversified Corporations, Oxford/New York 1987, S. 15-34.

373 Vgl. zu den Auswirkungen von Marktunvollkommenheiten in diesem Zusammenhang ausführlicher Mayshar, Joram: Transaction Costs in a Model of Capital Market Equilibrium, in: Journal of Political Economy, Vol. 87 (1979), No. 4, S. 673-700; Merton, Robert C.: A Simple Model of Capital Market Equilibrium with Incomplete Information, in: Journal of Finance, Vol. 42 (1987), No. 3, S. 483-510.

374 Froot, Kenneth A.: Incentive Problems in Financial Contracting, a.a.O., S. 232-233.

375 Breid, Volker: Marktorientierte Risikoberücksichtigung, a.a.O., S. 309; vgl. zu einer übersichtsartigen Darstellung und empirischen Untersuchung der Auswirkungen von Diversifikationsbemühungen auf den Unternehmenswert auch Berger, Philip G./Ofek, Eli: Diversification's Effect on Firm Value, in: Journal of Financial Economics, Vol. 37 (1995), S. 39-65.

Nachteile der Fremdkapitalfinanzierung sicherstellt.[376] Die Nachteile der Fremdkapitalfinanzierung liegen in den Kosten, die bei einem bereits hohen Verschuldungsgrad eines Unternehmens aus dem sogenannten "Financial Distress" resultieren können.[377] Hinter diesem Begriff verbergen sich im wesentlichen Unternehmenswertverluste infolge zu hoher Investitionen in Projekte, deren Erträge die Kapitalkosten nicht decken, sowie zu geringer Investitionen in solche Projekte, die im eben genannten Sinne als vorteilhaft einzustufen sind. Diese Konstellationen können sich aus Interessensinkongruenzen von Eigen- und Fremdkapitalgebern sowie Anreizproblemen in nichteigentümergeführten Unternehmen ergeben.[378] Als wesentlicher Vorteil ist neben dem Wert der Steuervorteile aus der Fremdkapitalfinanzierung die disziplinierende Wirkung von Fremdkapital auf angestellte Manager durch die Verringerung frei verfügbarer finanzieller Ressourcen anzuführen.[379] Daraus ergibt sich, daß bei einem angemessenen, unkritischen Verschuldungsgrad und begrenzter Innenfinanzierungskraft eines Unternehmens die Fremdkapitalfinanzierung gegenüber einer zusätzlichen Eigenkapitalaufnahme am Kapitalmarkt eine vergleichsweise günstige Finanzierungsform darstellen kann.[380]

Im Gegensatz zur statischen Betrachtungsweise berücksichtigt die dynamische Betrachtungsweise den Aspekt, daß der Verschuldungsgrad eines Unternehmens in einer bestimmten Industrie in hohem Maße durch dessen Profitabilität in der Vergan-

---

[376] Vgl dazu ausführlicher Brealey, Richard A./Myers, Stewart C.: Corporate Finance, a.a.O., S. 421-434; vgl. zu weiterer Evidenz für diese Trade-off-Hypothese Schwartz, Eli/Aronson, J. Richard: Some Surrogate Evidence in Support of the Concept of Optimal Financial Structure, in: The Journal of Finance, Vol. 22 (1967), No. 1, S. 10-18; MacKie-Mason, Jeffrey M.: Do Taxes Affect Corporate Financing Decisions?, in: The Journal of Finance, Vol. 45 (1990), No. 5, S. 1471-1494.

[377] Vgl. zu den Kosten von "Financial Distress" ausführlicher Brealey, Richard A./Myers, Stewart C.: Corporate Finance, a.a.O., S. 434-444; Warner, Jerold B.: Bankruptcy Costs: Some Evidence, in: Jensen, Michael C./Smith, Clifford W. Jr. (Eds.): The Modern Theory of Corporate Finance, New York et al. 1984, S. 66-76.

[378] Froot, Kenneth A.: Incentive Problems in Financial Contracting, a.a.O., S. 229-230.

[379] Chatterjee, Sayan/Wernerfelt, Birger: The Link between Resources and Type of Diversification: Theory and Evidence, in: Strategic Management Journal, Vol. 12 (1991), No. 1, S. 35-36; Jensen, Michael C.: Agency Costs of Free Cash Flow, Corporate Finance, and Takeovers, in: The American Economic Review, Vol. 76 (1986), No. 2, S. 323-329.

[380] Froot, Kenneth A.: Incentive Problems in Financial Contracting, a.a.O., S. 227-230.

genheit erklärt wird.[381] Je höher die Profitabilität in der Vergangenheit, desto geringer der Verschuldungsgrad in der Gegenwart. Zum Teil lang anhaltende Abweichungen von der im Rahmen der statischen Betrachtungsweise postulierten optimalen Finanzierungsstruktur legen die Vermutung nahe, daß Unternehmen zunächst alle Möglichkeiten der Innenfinanzierung aus einbehaltenen Gewinnen ausschöpfen, bevor sie auf Formen der Außenfinanzierung zurückgreifen. Dabei wiederum scheint zunächst die Aufnahme von Fremdkapital favorisiert zu werden, während die Ausgabe neuer Aktien offenbar lediglich als letztes Mittel in Erwägung gezogen wird.[382] Während dieses Verhalten zum Teil ökonomisch vollkommen rational mit den Unterschieden in den mit den genannten Finanzierungsformen verbundenen Ausgabekosten erklärt werden kann, ist es auch in erheblichem Maße auf Anreizprobleme infolge von Informationsasymmetrien zwischen gut informierten Managern oder Eigentümern und außenstehenden Kapitalgebern zurückzuführen,[383] die den Zustand eines Unternehmens und damit die Qualität einer Aktienemission nicht mit Sicherheit beurteilen können. Daher bewertet der Aktienmarkt eine gute und eine schlechte Emission ceteris paribus zum gleichen "Durchschnittspreis". Dieser Umstand begründet eine Adverse-Selection-Problematik bei der Außenfinanzierung durch Aktienemissionen.[384] Die gut informierten Manager oder Eigentümer von Unternehmen mit unterdurchschnittlichen Ergebnissen werden die Aktienemission durchführen, da der von den Investoren gebotene Preis über dem ihrer Einschätzung nach wahren Wert der Aktie liegt, während die Manager oder Eigentümer von Unternehmen mit überdurchschnittlicher Performance aufgrund der in ihren Augen vorliegenden Unterbewertung zumindest zögern werden. Vor diesem Hintergrund wird eine Aktienausgabe am Markt zumeist

---

[381] Vgl. dazu ausführlicher beispielsweise Kester, W. Carl: Capital and Ownership Structure: A Comparison of United States and Japanese Manufacturing Corporations, in: Financial Management, Vol. 15 (1986), No. 1, S. 97-113 sowie Titman, Sheridan/Wessels, Roberto: The Determinants of Capital Structure Choice, in: The Journal of Finance, Vol. 43 (1988), No. 1, S. 1-19.

[382] Vgl. zu dieser "Pecking-Order-Theorie" ausführlicher Myers, Stewart C.: The Capital Structure Puzzle, in: The Journal of Finance, Vol. 39 (1984), No. 3, S. 575-592; Myers, Stewart C./Majluf, Nicolas S.: Corporate Financing and Investment Decisions When Firms Have Information that Investors Do Not, in: Journal of Financial Economics, Vol. 13 (1984), June, S. 187-221; Brealey, Richard A./Myers, Stewart C.: Corporate Finance, a.a.O., S. 446-447.

[383] Froot, Kenneth A.: Incentive Problems in Financial Contracting, a.a.O., S. 231; Brealey, Richard A./Myers, Stewart C.: Corporate Finance, a.a.O., S. 447.

[384] Vgl. zur Adverse-Selection-Problematik als einer möglichen Ausprägung von Motivationsproblemen ausführlicher Abschnitt 4.3.1.

als ein negatives Signal aufgenommen, daß gut informierte Manager oder Eigentümer den Aktienkurs ihres Unternehmens als zu hoch bewerten.[385]

Gemäß dieser Argumentation im Rahmen der dynamischen Sichtweise müßten am Aktienmarkt als Reaktion auf die Ankündigung einer Emission nachlassende Kurse zu beobachten sein. Dies steht im Widerspruch zu den Erkenntnissen der statischen Trade-off-Theorie, die eine Aktienemission als eine Rückkehr zur optimalen Kapitalstruktur deuten und daher positiv bewerten würde. Die empirischen Beobachtungen scheinen die Adverse-Selection-Problematik der dynamischen Sichtweise zu bestätigen und damit den Aktienmarkt als einen "Market for Lemons" im Sinne von Akerlof zu charakterisieren.[386] Als Reaktion auf die Ankündigung von Aktienemissionen vor allem auf dem Sekundärmarkt konnten nachhaltige Kursrückgänge beobachtet werden,[387] deren Umfang positiv mit dem Ausmaß der Informationsasymmetrie korrelierte.[388] Fremdkapitalemissionen werden dagegen folgerichtig als positives Zeichen gewertet, jedoch nur, solange die Höhe des Verschuldungsgrads keine zusätzlichen Kosten aufgrund von "Financial Distress" befürchten läßt. Sobald ein Unternehmen seine Verschuldungskapazität weitgehend ausgeschöpft hat, stellen sowohl die Aufnahme weiteren Fremdkapitals als auch die Ausgabe von Aktien vergleichsweise teure Formen der Außenfinanzierung dar.[389]

Somit kann festgehalten werden, daß Unternehmen grundsätzlich die Innenfinanzierung gegenüber der Außenfinanzierung vorziehen und das Kostendifferential zwischen diesen beiden Finanzierungsformen umso größer wird, je mehr durch das Unternehmen bereits auf externe Finanzierungsquellen zurückgegriffen wurde. Zudem wächst

---

385 Froot, Kenneth A.: Incentive Problems in Financial Contracting, a.a.O., S. 230-231.

386 Akerlof, George: Market for Lemons, a.a.O., S. 488-500.

387 Vgl. dazu ausführlicher beispielsweise Asquith, Paul/Mullins, David W. Jr.: The Impact of Initiating Dividend Payments on Shareholders' Wealth, in: Journal of Business, Vol. 56 (1983), No. 1, S. 77-96; Loughran, Tim/Ritter, Jay R.: The Timing and Subsequent Performance of New Issues, University of Illinois Working Paper, November 1993; Benartzi, Shlomo/Michaely, Roni/Thaler, Richard: Do Changes in Dividends Signal the Future or the Past?, in: The Journal of Finance, Vol. 52 (1997), No. 3, S. 1007-1034.

388 So fielen die Kursrückgänge in stark regulierten Industrien mit vergleichsweise hoher Publizität von Unternehmensinformationen, wie zum Beispiel bei Versorgungsunternehmen geringer aus; vgl. dazu ausführlicher Smith, Clifford W. Jr.: Alternative Methods for Raising Capital - Rights Versus Underwritten Offerings, in: Journal of Financial Economics, Vol. 5 (1986), S. 273-307.

389 Froot, Kenneth A.: Incentive Problems in Financial Contracting, a.a.O., S. 231-232.

das Ausmaß der Anreizprobleme und damit des Kostendifferentials, je höher der Anteil der Investitionen in immaterielle Vermögensgegenstände ist. Derartige Investitionen, die unter anderem typisch für stark talentbasierte Industrien wie zum Beispiel die Investment-Banking-Industrie sind,[390] lassen in besonderem Maße Informationsasymmetrien entstehen, da sich deren Vorteilhaftigkeit in der Regel vergleichsweise schwer abschätzen läßt und immaterielle Vermögensgegenstände normalerweise deutlich schlechtere Sicherheiten darstellen als physische Vermögensgegenstände.[391]

Dieser Umstand hat weitreichende Implikationen sowohl für die Bedeutung von Wertpapierinnovationen als auch für Investitions- und Finanzierungsentscheidungen sowie das Risikomanagement auf Unternehmensebene, da Firmen auf diesem Weg versuchen, die aus dem oben beschriebenen Phänomen resultierenden Wertverluste zu minimieren.[392] Über den Teilaspekt der Investitionsentscheidungen auf Unternehmensebene kann nun unmittelbar die Verbindung mit dem Diversifikationseffekt hergestellt werden, der oftmals als wesentlicher Treiber der Integration von Wholesale und Retail Banking in der Investment-Banking-Industrie angeführt wird.[393]

Im Rahmen der Investitionspolitik auf Unternehmensebene läßt sich vor dem Hintergrund der oben beschriebenen Kostendifferentiale zwischen Innen- und Außenfinanzierung neben den Problemen der Unter- und Überinvestition[394] auch das Investi-

---

390 Vgl. dazu ausführlicher Abschnitt 2.4.

391 Froot, Kenneth A.: Incentive Problems in Financial Contracting, a.a.O., S. 232-233.

392 Froot, Kenneth A.: Incentive Problems in Financial Contracting, a.a.O., S. 233, 237; vgl. dazu ausführlicher zum Beispiel Stein, Jeremy C.: Convertible Bonds as "Backdoor" Equity Financing, in: Journal of Financial Economics, Vol. 32 (1992), August, S. 3-22; Froot, Kenneth A./Scharfenstein, David S./Stein, Jeremy C.: Risk Management: Coordinating Corporate Investment and Financing Policies, in: The Journal of Finance, Vol. 48 (1993), No. 5, S. 1629-1658; vgl. dazu analog Goold, Michael: Strategies and Styles, a.a.O., S. 243-259.

393 In Berichten und Kommentaren zu bereits abgewickelten oder erwarteten Übernahmen von Retail- durch Wholesale-Investment-Banken wird regelmäßig auf die geringe Volatilität der Cash Flows, vor allem aus dem Retail Asset Management, hingewiesen und dessen Komplementarität mit dem stark volatilen Wholesale-Geschäft als wesentliches Motiv für derartige Transaktionen betont; vgl. dazu beispielsweise Authers, John: Mighty Macho, a.a.O., S. 22; o.V.: Gentle Thunderer, in: The Economist, Vol. 345 (1997), No. 8044, November 22nd 1997, S. 105; o.V.: Merrill Lynch kauft Mercury Asset Management, in: Frankfurter Allgemeine Zeitung, Nr. 270, 20. November 1997, S. 22; o.V.: Giants Go Hunting, a.a.O., S. 89-90; o.V.: Salomon Succumbs, a.a.O., S. 81.

394 Vgl. dazu ausführlicher Froot, Kenneth A.: Incentive Problems in Financial Contracting, a.a.O., S. 238-246.

tionsmix-Problem identifizieren. Ein bei Fehlen von Anreizproblemen optimales Investitionsportfolio kann sich vor dem Hintergrund solcher Probleme als suboptimal herausstellen. Dies resultiert im wesentlichen daraus, daß Investitionsstrategien anders als aus neoklassischer Sichtweise auch dadurch einen Wertbeitrag leisten können, daß sie ceteris paribus den Bedarf an zusätzlich benötigter, vergleichsweise teurer Außenfinanzierung minimieren.[395]

Daraus ergibt sich, daß Unternehmen bei der Existenz von Anreizproblemen Investitionsprojekte umso höher bewerten, je weniger positiv beziehungsweise je stärker negativ deren Cash Flows mit den vorhandenen Cash Flows korrelieren, und je niedriger das inhärente Risiko der mit dem Investitionsprojekt verbundenen Cash Flows ist. Diese Überlegungen gewinnen umso mehr an Bedeutung, je geringer die finanziellen Reserven sind, über die das Unternehmen verfügt.[396]

Mit dieser Argumentation kann in vielen Fällen auch die intuitive Forderung nach einer höheren Mindestverzinsung für Projekte mit stark volatilen Cash Flows ökonomisch rational begründet werden, auch wenn die Volatilität ausschließlich aus unsystematischen Risiken resultiert, die bei der Kapitalkostenermittlung auf Basis des der neoklassischen Betrachtungsweise zuzurechnenden Capital Asset Pricing Models (CAPM)[397] unberücksichtigt bleiben würden.[398] Gelingt es wertmaximierend handelnden Managern oder Eigentümern, die Volatilität ihrer gesamten Cash Flows zu reduzieren, so verringern sie damit zum einen die Wahrscheinlichkeit, wenn auch nur temporär, auf externe Finanzierungsquellen zurückgreifen zu müssen. Gleichzeitig sinkt die Gefahr, daß das Unternehmen in Financial Distress gerät. Dies wiederum erhöht die Verschuldungskapazität und ermöglicht dem Unternehmen damit nach der

---

395 Froot, Kenneth A.: Incentive Problems in Financial Contracting, a.a.O., S. 246-247.

396 Froot, Kenneth A.: Incentive Problems in Financial Contracting, a.a.O., S. 247.

397 Breid, Volker: Marktorientierte Risikoberücksichtigung, a.a.O., S. 308-310.

398 Drukarczyk, Jochen: Theorie und Politik der Finanzierung, a.a.O., S. 239. Vgl. zu Ansatzpunkten zur Berücksichtigung dieser Problematik bei der Vergabe von Investitionsbudgets Merton, Robert C.: Operation and Regulation in Financial Intermediation: A Functional Perspective, in: Englund, Peter et al. (Eds.): Operation and Regulation of Financial Markets, Stockholm 1993, S. 17-67; Merton, Robert C./Perold, André F.: Theory of Risk Capital in Financial Firms, in: Journal of Applied Corporate Finance, Vol. 6 (1993), No. 3, S. 16-33; Froot, Kenneth A./Stein, Jeremy C.: Risk Management, Capital Budgeting, and Capital Structure Policy for Financial Institutions: An Integrated Approach, National Bureau of Economic Research Working Paper 5403, Cambridge, January 1996.

Ausschöpfung sämtlicher Innenfinanzierungsmöglichkeiten den Zugang zu weiterem Fremdkapital. Da, wie oben ausgeführt, die Fremdkapitalaufnahme die gegenüber der Eigenkapitalaufnahme unter den geschilderten Bedingungen günstigere Form der Außenfinanzierung darstellt, kann so von wertsteigernden Managern oder Eigentümern[399] beim Vorhandensein von Anreizproblemen der Unternehmenswert gesteigert werden.[400]

Auf die Problemstellung dieser Arbeit übertragen heißt dies, daß es isoliert aus finanzwirtschaftlicher Perspektive auf Basis der neoinstitutionellen Argumentation für eine Investment-Bank ökonomisch durchaus sinnvoll sein kann, auf Unternehmensebene eine Verringerung der Ergebnisvolatilität anzustreben.[401] Zusätzliche Bedeutung gewinnt dieser Aspekt durch die bereits in Abschnitt 2.4 erläuterte außerordentliche Bedeutung der Höhe der jährlichen Bonuszahlungen, vor allem für die Führungskräfte einer Investment-Bank.[402] Starke Schwankungen oder sogar völlige Ausfälle entsprechender Bonuszahlungen können aufgrund der hohen beruflichen Mobilität schnell zu Abgängen insbesondere der leistungsstärksten Mitarbeiter führen, die in dieser hochgradig talentbasierten Industrie[403] nur schwer zu verkraften sind.[404] Diese Problematik ließe sich mit einer Verringerung der Ergebnisvolatilität zum Beispiel durch Änderungen des Geschäftsportfolios zumindest abschwächen. Zwar kann man auch

---

399 Bei nicht wertmaximierend handelnden Managern besteht natürlich die Gefahr, daß diese Argumentation unter Verfolgung individueller Ziele, wie in den sechziger und siebziger Jahren geschehen, zum Aufbau stark diversifizierter Konglomerate mit schlechter Performance mißbraucht wird.

400 Froot, Kenneth A.: Incentive Problems in Financial Contracting, a.a.O., S. 247-248.

401 Grundsätzlich ist dabei zwischen marktfähigen und nicht-marktfähigen Risiken zu unterscheiden. Während ersteren am effizientesten durch Methoden des traditionellen Risk Management zu begegnen ist, können die für jedes Unternehmen relevanten nicht-marktfähigen Risiken durch Anpassungen der Finanzierungs- und, wie oben diskutiert, der Investitionspolitik entschärft werden; vgl. dazu sowie zu einer ökonomisch sinnvollen "Anwendungshierarchie" der genannten Methoden ausführlicher Froot, Kenneth A./Stein, Jeremy C.: Risk Management, Capital Budgeting, and Capital Structure, a.a.O.; Froot, Kenneth A.: Incentive Problems in Financial Contracting, a.a.O., S. 256-259.

402 Vgl. zur Bedeutung und zum Prozeß der Festlegung der Bonuszahlung ausführlicher Eccles, Robert G./Crane, Dwight B.: Doing Deals, a.a.O., S. 163-178.

403 Raettig, Lutz R.: Entwicklungen im Investment Banking, a.a.O., S. 53.

404 Vgl. zu dieser Problematik beispielsweise den Fall Salomon Brothers Ende der achtziger und Anfang der neunziger Jahre, als zum Teil sehr erfolgreiche Mitarbeiter die Firma nach Geschäftseinbrüchen und einer (dann wieder zurückgenommenen) Änderung des Bonussystems verließen (o.V.: Salomon, a.a.O., S. 449; Hoover's, Inc.: Salomon, a.a.O., S. 3-4).

mit der Möglichkeit einer kreditfinanzierten Glättung stark volatiler Ergebnisse als Alternative zur Vermeidung derartiger Phänomene argumentieren, jedoch lassen auch hier die zu erwartenden negativen Signalwirkungen sowohl intern als möglicherweise auch extern eine vorübergehende Kreditfinanzierung zumindest von Teilen der Bonuszahlungen als fragwürdig erscheinen. Die Argumentation aus neoinstitutioneller Perspektive zeigt auch, daß die Realisierung von Diversifikationseffekten auf Unternehmensebene durch die Integration von Wholesale- und Retail-Banking-Aktivitäten für einzelne Firmen theoretisch umso geringere Relevanz besitzt, je weniger diese auf externe Investoren zur Finanzierung ihres Geschäfts angewiesen sind, die Informationsasymmetrien und die damit möglicherweise verknüpften Nachteile befürchten müssen.[405]

Ob durch die Integration von Wholesale- und Retail-Banking-Aktivitäten tatsächlich die vielfach vermutete Verringerung der Ergebnisvolatilität der Cash Flows erzielt werden kann, soll im folgenden Abschnitt konkret am Beispiel der U.S.-Investment-Banking-Industrie untersucht werden.

5.2 Diversifikationseffekte von Integrationsstrategien

Die Realisierbarkeit finanzwirtschaftlicher Diversifikationseffekte durch eine Integration von Wholesale- und Retail-Banking-Aktivitäten wird in diesem Abschnitt anhand von Daten aus der U.S.-Investment-Banking-Industrie sowohl institutionell als auch produktbezogen untersucht. Im folgenden werden zunächst die gewählte Durchführungsform und anschließend die Ergebnisse der Untersuchung dargestellt.

5.2.1 Durchführung der Untersuchung

Die Untersuchung baut überwiegend auf statistischem Material der amerikanischen Securities Industry Association (SIA) in New York, dem Verband der amerikanischen Werpapierindustrie, auf. Dieses ermöglicht zum einen die institutionelle Unterschei-

---

[405] Diese Argumentation setzt jedoch wiederum die unrealistische Annahme voraus, daß die unmittelbar in das Geschäft involvierten Eigner über ihre Geschäftsanteile hinaus ein voll diversifiziertes Portfolio halten.

dung zwischen den sogenannten “National Full Line Firms”, die sowohl im Retail- als auch im Wholesale-Geschäft vertreten sind, den überwiegend auf das Wholesale-Geschäft spezialisierten “Large Investment Banking Firms” und den stark auf das Retail-Brokerage-Geschäft fokussierten “Discounters”. Darüber hinaus lassen sich die in der U.S.-Wertpapierindustrie erzielten Erträge grob nach wesentlichen Produktgruppen beziehungsweise Geschäftsfeldern differenzieren.[406] Unternehmensspezifische Daten einzelner U.S.-Investment-Banken ergänzen die Analyse.

Potentielle Diversifikationseffekte werden anhand der Volatilität des Total Revenue (Ertrag) und des After-Tax Net Income (Gewinn nach Steuern) beurteilt.[407] Die Ertragsgröße wird als Maßstab herangezogen, da sie unverfälscht die Natur des zugrundeliegenden Geschäfts wiedergibt und auch von Außenstehenden sowohl nach Instituts- als auch nach Produktgruppen differenziert ermittelt werden kann. Aus der Investorenperspektive ist jedoch die Gewinnvolatilität eines Geschäfts relevanter. Diese wird im vorliegenden Fall zur Sicherstellung der Verfügbarkeit konsistenter Datensätze anhand der Volatilität des After-Tax Net Income ermittelt, auch wenn gewisse Verzerrungen im Rahmen der Rechnungslegung nicht ausgeschlossen werden können.[408] Ein nach Produktgruppen beziehungsweise Geschäftsfeldern differenzierter Vergleich der Volatilität des After-Tax Net Income ist im Rahmen dieser Arbeit mangels Verfügbarkeit entsprechender Daten für Außenstehende für die einzelnen betrachteten U.S.-Investment-Banken nicht möglich.

---

406 Vgl. zu einer ausführlicheren Beschreibung der Datenbank der SIA einschließlich der von ihr vorgenommenen Abgrenzung der einzelnen Institutsgruppen und Produktgruppem beziehungsweise Geschäftsfelder Punkt A1 des Anhangs.

407 An dieser Stelle sowie im folgenden wird aus Gründen einer konsistenten Gesamtdarstellung sowie einer größtmöglichen Präzision des Ausdrucks und der Argumentation im Rahmen der Auswertung der durchgeführten Analysen zum Teil auf die englischsprachigen Bezeichnungen der relevanten Positionen aus der Gewinn- und Verlustrechnung und der Bilanz sowie der einzelnen Produktgruppen beziehungsweise Geschäftsfelder zurückgegriffen.

408 Vgl. dazu ausführlicher beispielsweise Rappaport, Alfred: Creating Shareholder Value, a.a.O., S. 20; Gomez, Peter: Wertmanagement: Vernetzte Strategien für Unternehmen im Wandel, Düsseldorf et al. 1993, S. 89-90; Gomez, Peter/Weber, Bruno: Akquisitionsstrategien zur Steigerung des Unternehmungswertes, in: Siegwart, Hans et al. (Hrsg.): Meilensteine im Management, Band 1: Mergers & Acquisistions, Basel/Frankfurt am Main/Stuttgart 1990, S. 184-185.

Die Volatilität von Zahlungsreihen wird im allgemeinen anhand der Standardabweichung oder der Varianz gemessen.[409] Da die empirische Varianz als Dimension das Quadrat des betrachteten Merkmals besitzt, im Fall der vorliegenden Untersuchung Ertrag oder Gewinn nach Steuern in US $, wird hier, wie häufig in sozioökonomischen Zusammenhängen, zur sinnvolleren Interpretierbarkeit die Standardabweichung herangezogen, mit deren Hilfe die absolute durchschnittliche Abweichung der Merkmalswerte vom arithmetischen Mittel bestimmt werden kann.[410]

Da sowohl Ertrag als auch Gewinn nach Steuern einen Wachstumstrend aufweisen, müssen die betrachteten Zahlenreihen zur Erlangung sinnvoller und aussagekräftiger Ergebnisse trendbereinigt werden.[411] Dies geschieht im vorliegenden Fall mit Hilfe der Methode der kleinsten Quadrate,[412] wobei zur Ermittlung der Trendfunktion als Funktionstyp der lineare Trend herangezogen wurde. Diese Wahl erscheint aufgrund der Verläufe der Originalzeitreihenwerte und der guten Interpretationsmöglichkeiten der linearen Trendfunktion gegenüber anderen Trendfunktionen, wie zum Beispiel dem Exponentialtrend, als die am besten geeignete Alternative.[413]

Um für den Zweck dieser Arbeit die Vergleichbarkeit der ermittelten Ertrags- und Gewinnvolatilitäten für verschiedene Institutsgruppen und Produktgruppen beziehungsweise Geschäftsfelder als Grundgesamtheiten mit unterschiedlichen Mittelwerten sicherzustellen, wird aus der trendbereinigten Standardabweichung durch Division durch das jeweilige arithmetische Mittel ein trendbereinigter Variationskoeffizient als relatives, maßstabsunabhängiges Streuungsmaß ermittelt.[414] Dieser gibt folglich an, wieviel Prozent des arithmetischen Mittelwerts die trendbereinigte Standard-

---

409 Brealey, Richard A./Myers, Stewart C.: Corporate Finance, a.a.O., S. 156; Schulze, Peter M.: Beschreibende Statistik, a.a.O., S. 78.

410 Neubauer, Werner: Statistische Methoden: Ausgewählte Kapitel für das wirtschaftswissenschaftliche Grundstudium, Frankfurt am Main 1991, S. 74-76; Schulze, Peter M.: Beschreibende Statistik, a.a.O., S. 66-76.

411 Vgl. zur Trendbereinigung ausführlicher Neubauer, Werner: Statistische Methoden, a.a.O., S. 131-132.

412 Vgl. zur Methode der kleinsten Quadrate ausführlicher Neubauer, Werner: Statistische Methoden, a.a.O., S. 116-125; Schulze, Peter M.: Beschreibende Statistik, a.a.O., S. 235-246.

413 Vgl. zur Auswahl eines geeigneten Funktionstyps ausführlicher Schulze, Peter M.: Beschreibende Statistik, a.a.O., S. 246-247; Neubauer, Werner: Statistische Methoden, a.a.O., S. 118.

414 Neubauer, Werner: Statistische Methoden, a.a.O., S. 79-80; Schulze, Peter M.: Beschreibende Statistik, a.a.O., S. 76-77.

abweichung beträgt, und kann unmittelbar über verschiedene Institutsgruppen oder Produktgruppen beziehungsweise Geschäftsfelder hinweg verglichen werden. Als Gleichung kann der trendbereinigte Variationskoeffizient wie folgt beschrieben werden:

$$V_{trendbereinigt} = \frac{\sqrt[2]{\frac{1}{N}\sum_{i=1}^{N}\left(x_i - t_i\right)^2}}{\overline{X}} \quad \text{mit} \quad t_i = ai + b$$

Dabei gelten folgende Definitionen:

a:	Steigung der Trendlinienfunktion
b:	Ordinatenabschnitt der Trendlinienfunktion bei i = 0
i:	Laufindex für die jeweils betrachtete Periode
N:	Anzahl der betrachteten Perioden
t_i:	Trendlinienwert am Ende der Periode i
$V_{trendbereinigt}$:	Trendbereinigter Variationskoeffizient
x_i:	Merkmalswert am Ende der Periode i
$\overline{X}$:	Arithmetisches Mittel der Merkmalswerte x_i.

Dieser so definierte trendbereinigte Variationskoeffizient wurde als Basis für die Beurteilung potentieller Diversifikationseffekte durch eine Integration von Wholesale und Retail Investment Banking herangezogen.[415]

---

415 Vgl. ausführlicher zur Berechnung des trendbereinigten Variationskoeffizienten am Beispiel des Total Revenue der Gruppe der "National Full Line Firms" Punkt A2 des Anhangs.

5.2.2 Ergebnisse der Untersuchung

Hinsichtlich der Ergebnisse der vorgenommenen Analysen kann zwischen dem institutionellen Vergleich der Ergebnisvolatilitäten unterschiedlicher Institutsgruppen in der U.S.-Investment-Banking-Industrie und einem in erster Linie nach Produktgruppen und Geschäftsfeldern differenzierenden Vergleich unterschieden werden.

Institutionell orientierter Vergleich. Die Ergebnisse des institutionell orientierten Vergleichs resultieren im wesentlichen aus einer Gegenüberstellung und Analyse der Volatilität sowohl des Total Revenue als auch des After-Tax Net Income für die Institutsgruppen der "National Full Line Firms", "Large Investment Banking Firms" und der "Discounters" in der U.S.-Investment-Banking-Industrie. Gemessen an ihrem Ertrag repräsentierten diese drei Gruppen Ende 1996 zusammen fast zwei Drittel der U.S.-Investment-Banking-Industrie, wobei 25,1 Prozent auf die "National Full Line Firms", 36,0 Prozent auf die "Large Investment Banking Firms" und lediglich 3,3 Prozent auf die "Discounters" entfielen. Dies darf jedoch nicht darüber hinwegtäuschen, daß letztere mit 29,7 Prozent von 1980 bis 1996 die höchste durchschnittliche jährliche Wachstumsrate aufwies. Die beiden anderen Institutsgruppen kamen im gleichen Zeitraum in der Reihenfolge ihrer Nennung auf Wachstumsraten von 9,3 Prozent und 16,7 Prozent.[416] Ergänzend wurden hinsichtlich der Ergebnisdimensionen Total Revenue und After-Tax Net Income die nach Marktkapitalisierung per Ende April 1997 fünf größten börsennotierten U.S.-Investment-Banken Merrill Lynch, Morgan Stanley, Charles Schwab, Salomon und Bear Stearns[417] zu einer unternehmensspezifischen Analyse herangezogen.

Bei einem direkten Vergleich der das gesamte Kundenspektrum abdeckenden "National Full Line Firms" mit den überwiegend auf das Wholesale-Investment-Banking-Geschäft fokussierten "Large Investment Banking Firms" erwies sich der Total Revenue der zuletzt genannten Gruppe mit einem trendbereinigten Variationskoeffizienten von 22,3 Prozent als nahezu doppelt so volatil wie die Erträge der aus Kundengruppensicht stärker integrierten "National Full Line Firms" mit 11,7 Prozent (Abbildung 5-2).

---

416 Eigene Berechnungen auf der Basis von Daten aus der Securities Industry DataBank, SIA, New York (vgl. dazu ausführlicher Punkt A1 des Anhangs).

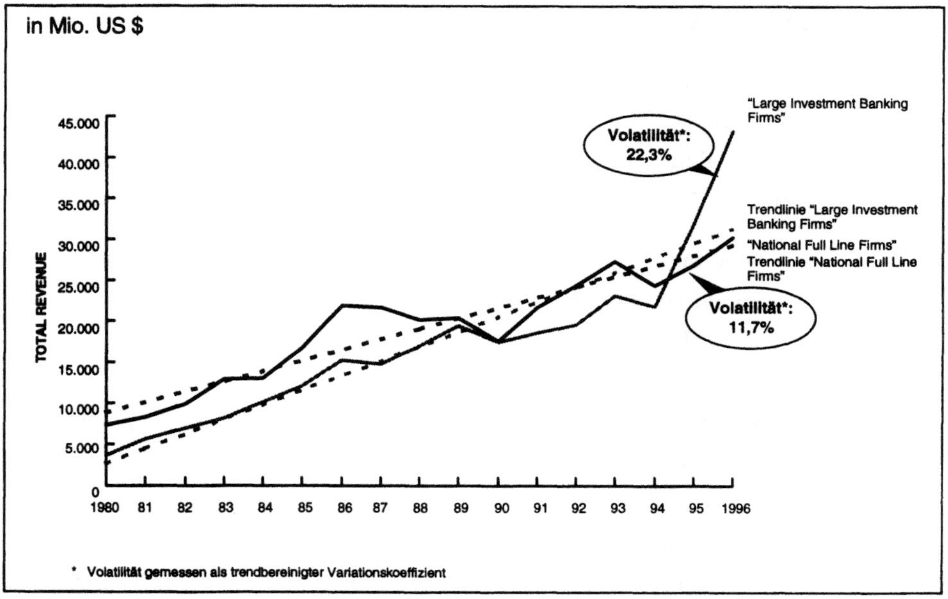

Abbildung 5-2: Total Revenue von U.S. "National Full Line Firms" und "Large Investment Banking Firms" - 1980-96[418]

Dieses Ergebnis ist zunächst konsistent mit der bereits erwähnten,[419] in Berichten und Kommentaren zu bereits abgewickelten oder erwarteten Übernahmen von Retail- durch Wholesale-Investment-Banken vielfach geäußerten Vermutung, daß die Cash Flows aus dem Retail Investment Banking, und damit im wesentlichen aus dem Retail Asset Management, eine vergleichsweise geringe Volatilität aufweisen und in idealer Weise komplementär zu dem stark volatilen Wholesale-Geschäft der Investment-Banken sind.[420] Weitere Bestätigung findet diese Hypothese durch den Vergleich der Ertragsvolatilität von "Large Investment Banking Firms" und der Gruppe der überwie-

---

417 Vgl. dazu ausführlicher Abbildung 2-2.

418 Eigene Berechnungen auf der Basis von Daten aus der Securities Industry DataBank, SIA, New York (vgl. dazu ausführlicher Punkt A1 und Punkt A2 des Anhangs).

419 Abschnitt 5.1.2.

420 Vgl. dazu beispielsweise Authers, John: Mighty Macho, a.a.O., S. 22; o.V.: Gentle Thunderer, a.a.O., S. 105; o.V.: Merrill Lynch kauft Mercury, a.a.O., S. 22; o.V.: Giants Go Hunting, a.a.O., S. 89-90; o.V.: Salomon Succumbs, a.a.O., S. 81. Bei dieser vielfach geäußerten Vermutung wird oftmals unzureichend zwischen den Unterschieden hinsichtlich der produktgruppenspezifischen Ergebnischarakteristika (Asset Management vs. M&A, Corporate Finance/Advisory, Underwri-

gend im Retail-Discount-Brokerage-Geschäft tätigen "Discounter", deren Bedeutung in der U.S.-Investment-Banking-Industrie seit 1980 zwar wie bereits erwähnt stark gewachsen, jedoch auch heute noch vergleichsweise gering ist (Abbildung 5-3).

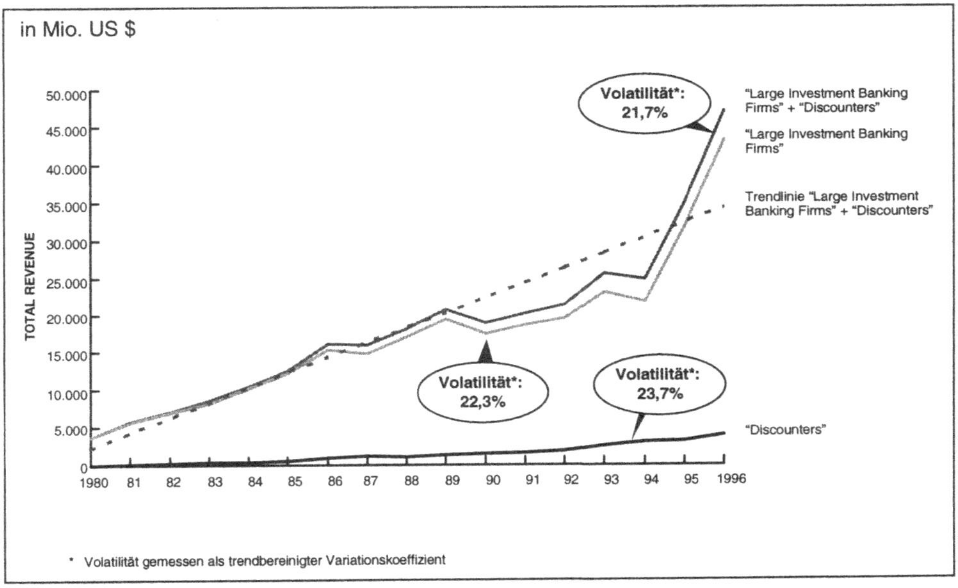

Abbildung 5-3: Total Revenue von U.S. "Large Investment Banking Firms" und "Discounters" - 1980-96[421]

Kombiniert man die Erträge dieser beiden Institutsgruppen, so ergibt sich mit einem trendbereinigten Variationskoeffizienten von 21,7 Prozent für die Summe der Erträge eine geringere Volatilität als für die isoliert betrachteten Erträge der beiden Institutsgruppen mit 22,3 Prozent für die "Large Investment Banking Firms" und 23,7 Prozent für die "Discounters".[422]

---

ting und Sales & Trading) und der kundengruppenspezifischen Ergebnischarakteristika (Retail vs. Wholesale) differenziert.

421 Eigene Berechnungen auf der Basis von Daten aus der Securities Industry DataBank, SIA, New York (vgl. dazu ausführlicher Punkt A1 und Punkt A2 des Anhangs).

422 Gleichwohl überrascht vor dem Hintergrund der bisherigen Erkenntnisse die Tatsache, daß die Volatilität der Erträge der stark retaillastigen "Discounter" für sich genommen im betrachteten Zeitraum mit 23,7 Prozent höher ausfällt als bei den wholesaleorientierten "Large Investment Banking Firms" mit 22,3 Prozent.

Führt man die zuletzt beschriebene Analyse auf Basis der aus Investorenperspektive relevanteren Ergebnisdimension After-Tax Net Income durch, so ergibt sich ein vergleichbares Bild (Abbildung 5-4).

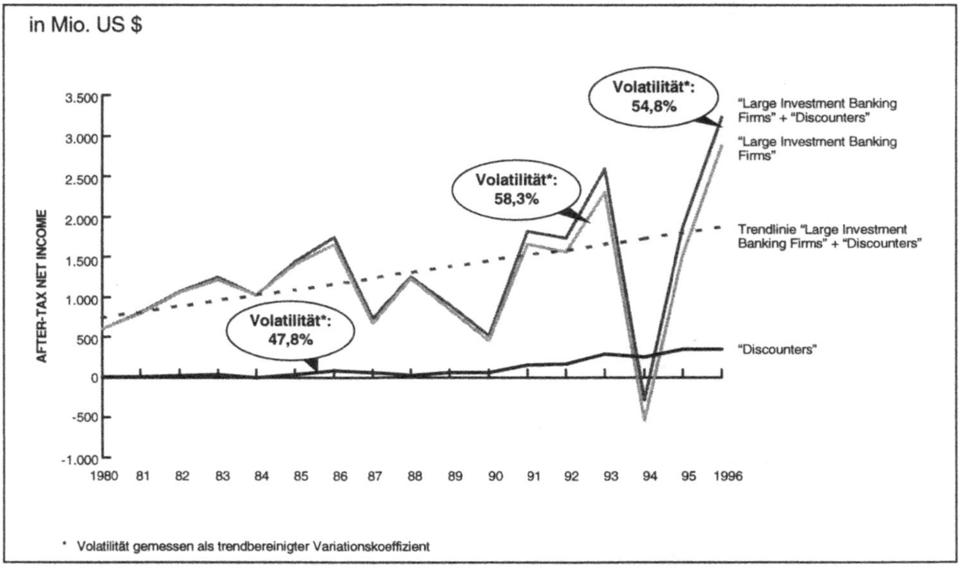

Abbildung 5-4: After-Tax Net Income von U.S. "Large Investment Banking Firms" und "Discounters" - 1980-96[423]

Trotz des, gemessen am Absolutwert des Ergebnisses, vergleichsweise geringen Bedeutungsgewichts der "Discounters" verringert sich die Volatilität des After-Tax Net Income der "Large Investment Banking Firms" von 58,3 Prozent bei einer additiven Kombination mit dem mit 47,8 Prozent weniger volatilen After-Tax Net Income der "Discounters" deutlich auf 54,8 Prozent. Da die Bildung des mit dem durchschnittlichen After-Tax Net Income von 1980 bis 1996 gewichteten arithmetischen Mittels[424] mit 57,4 Prozent einen höheren Wert ergibt,[425] deutet auch dieses Ergebnis auf eine gute Eignung des Retail Asset Management zur Glättung der Ergebnisse aus dem stärker volatilen Wholesale-Investment-Banking-Geschäft hin.

---

423 Eigene Berechnungen auf der Basis von Daten aus der Securities Industry DataBank, SIA, New York (vgl. dazu ausführlicher Punkt A1 und Punkt A2 des Anhangs).

424 Schulze, Peter M.: Beschreibende Statistik, a.a.O., S. 47-54.

Keine Bestätigung findet diese Hypothese jedoch bei einem Vergleich der Volatilität des After-Tax Net Income von "National Full Line Firms" und "Large Investment Banking Firms" (Abbildung 5-5).

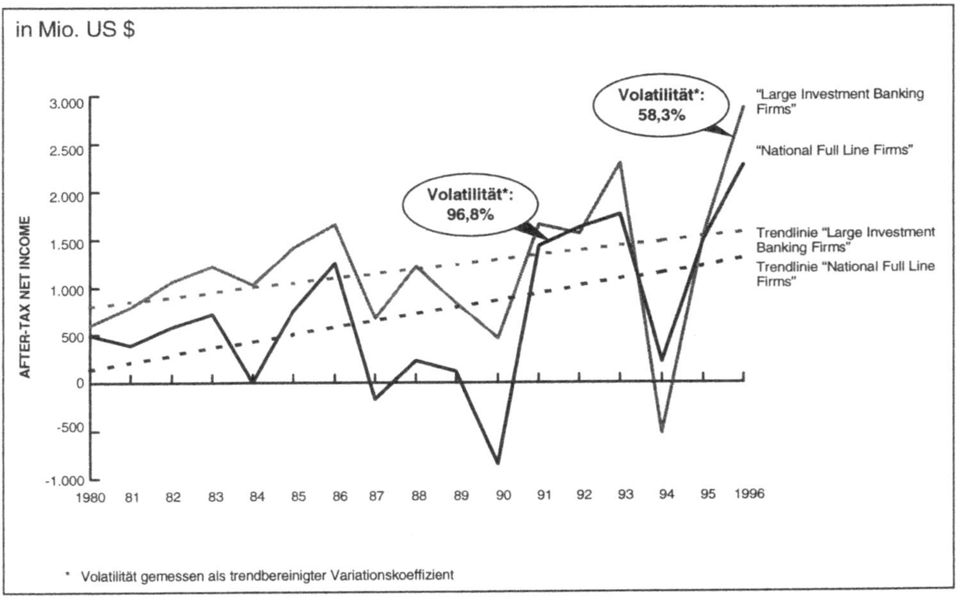

Abbildung 5-5: After-Tax Net Income von U.S. "National Full Line Firms" und "Large Investment Banking Firms" - 1980-96[426]

Anders als beim Vergleich der Ertragsvolatilität dieser beiden Institutsgruppen[427] errechnet sich für die "National Full Line Firms" mit 96,8 Prozent ein deutlich höherer trendbereinigter Variationskoeffizient für das After-Tax Net Income als für die "Large Investment Banking Firms" mit 58,3 Prozent.

Rein formal müssen die diametralen Ergebnisse dieser beiden Volatilitätsanalysen auf Unterschiede hinsichtlich der Total Expenses (Aufwendungen) bei den beiden Institutsgruppen zurückzuführen sein, da sich das After-Tax Net Income durch die Subtraktion der Total Expenses vom Total Revenue ergibt (Abbildung 5-6).

---

425 Eigene Berechnungen auf der Basis von Daten der SIA; vgl. dazu ausführlicher Punkt A1 des Anhangs.

426 Eigene Berechnungen auf der Basis von Daten aus der Securities Industry DataBank, SIA, New York (vgl. dazu ausführlicher Punkt A1 und Punkt A2 des Anhangs).

in Prozent

		National Full Line Firms	Large Investment Banking Firms
After-Tax Net Income	• Volatilität*	96,8	58,3
Total Revenue	• Volatilität*	11,7	22,3
Total Expenses	• Volatilität*	12,0	21,7
	• Erklärung der jährlichen Steigerungsrate der Total Expenses durch diejenige des Total Revenue (Determinationskoeffizient R^2)	80,0	83,6

* Volatilität gemessen als trendbereinigter Variationskoeffizient

Abbildung 5-6: Volatilitätsvergleich der Ergebnisse von U.S. "National Full Line Firms" und "Large Investment Banking Firms" - 1980-96[428]

Unterzieht man die Total Expenses einer Volatilitätsanalyse wie zuvor Total Revenue und After-Tax Net Income, so stellt sich zum einen heraus, daß der trendbereinigte Variationskoeffizient für die Total Expenses mit 12,0 Prozent bei den "National Full Line Firms" etwas über der auf die gleiche Weise errechneten Kennzahl von 11,7 Prozent für die Volatilität des Total Revenue liegt, während der gleiche Wert bei den "Large Investment Banking Firms" mit 21,7 Prozent etwas geringer als die Volatilität des Total Revenue mit 22,3 Prozent ausfällt. Entscheidend für die Volatilität des After-Tax Net Income ist jedoch in diesem Zusammenhang, wie gut sich die Höhe der Total Expenses an den mehr oder weniger stark volatilen Total Revenue bei den beiden Institutsgruppen anpassen. Zu diesem Zweck wurde im Rahmen einer linearen Einfachregression unter Anwendung der Methode der kleinsten Quadrate analysiert,[429] wie gut die jährlichen prozentualen Steigerungsraten der Total Expenses durch die Steigerungsraten des Total Revenue erklärt werden. Dabei stellt sich heraus, daß der

---

427 Abbildung 5-3.

428 Eigene Berechnungen auf der Basis von Daten aus der Securities Industry DataBank, SIA, New York (vgl. dazu ausführlicher Punkt A1 und Punkt A2 des Anhangs).

429 Schulze, Peter M.: Beschreibende Statistik, a.a.O., S. 134-143.

Determinationskoeffizient R^2 als Maß für die Güte der Anpassung[430] für die "National Full Line Firms" mit 80,0 Prozent niedriger ausfällt als für die "Large Investment Banking Firms" mit 83,6 Prozent. Das heißt, daß die jährlichen Steigerungsraten der Total Expenses bei den "Large Investment Banks" stärker den Steigerungsraten des Total Revenue folgen als bei den "National Full Line Firms", und daß das After-Tax Net Income infolgedessen bei der zuletztgenannten Institutsgruppe im direkten Vergleich eine höhere Volatilität aufweist.[431]

Eine mögliche grundlegende Verzerrung der bisher ermittelten Ergebnisse könnte sich aus der Verwendung aggregierter Daten durch den Vergleich der Institutsgruppen "National Full Line Firms" und "Large Investment Banking Firms" ergeben, die sich aus sechs respektive acht Einzelinstituten zusammensetzen.[432] Dies könnte Diversifikationseffekte unberücksichtigt lassen, die insbesondere die Ergebnisse des nach gängiger Meinung inhärent stärker volatilen Wholesale-Banking-Geschäfts[433] stärker geglättet erscheinen lassen würden, als dies auf der Ebene der einzelnen Investment-Banken tatsächlich der Fall ist. Daher wurde zusätzlich die Volatilität der Ergebnisse der nach Marktkapitalisierung per Ende April 1997 fünf größten börsennotierten U.S.-Investment-Banken Merrill Lynch, Morgan Stanley, Charles Schwab, Salomon und Bear Stearns[434] vergleichend analysiert. Dieses Sample wurde mit Dean Witter, Discover um den drittgrößten U.S. Retail Broker und einen führenden Anbieter von Kreditkarten erweitert,[435] um die Auswirkungen der im Februar 1997 angekündigte

---

430 Schulze, Peter M.: Beschreibende Statistik, a.a.O., S. 143-148.

431 Vgl. dazu auch die Ergebnisse einer Untersuchung von Sanford C. Bernstein & Co., Inc.: Retail Securities Industry, a.a.O., S. 8-9.

432 SIA: User Guide to SIA's Securities Industry DataBank, New York 1997, S. 5; vgl. zur Datenbank der SIA ausführlicher Punkt A1 des Anhangs.

433 Vgl. dazu beispielsweise Authers, John: Mighty Macho, a.a.O., S. 22; o.V.: Gentle Thunderer, a.a.O., S. 105; o.V.: Merrill Lynch kauft Mercury, a.a.O., S. 22; o.V.: Giants Go Hunting, a.a.O., S. 89-90; o.V.: Salomon Succumbs, a.a.O., S. 81.

434 Vgl. dazu ausführlicher Abbildung 2-2.

435 o.V.: Giants Go Hunting, a.a.O., S. 89; aufgrund des Geschäftsmix ist Dean Witter, Discover unter dem primären SIC Code 6141 für "Personal Credit Institutions" (Executive Office of the President, Office of Management & Budget: Standard Industrial Classification, a.a.O., S. 339) eingeordnet (Compustat-Datenbank, Standard & Poor's Compustat, Englewood) und erscheint daher nicht in der Aufstellung der nach Marktkapitalisierung per Ende April 1997 zwanzig größten börsennotierten U.S.-Investment-Banken, für die als Auswahlkriterium der primäre SIC Code 6211 für "Security Brokers, Dealers, and Flotation Companies" (Executive Office of the

Übernahme durch Morgan Stanley[436] auf die Volatilität des After-Tax Net Income und des Total Revenue fiktiv rückwirkend modellieren zu können. Der Untersuchungszeitraum mußte aus Gründen der Datenverfügbarkeit gegenüber den übrigen Analysen auf die Jahre 1988 bis 1996 verkürzt werden (Abbildung 5-7).

in Prozent

Unternehmen	Volatilität* After-Tax Net Income	Volatilität* Total Revenue	CAGR Total Revenue 1988 - 96
Charles Schwab	18,3	16,8	24,6
Bear Stearns	26,8	11,7	12,8
Morgan Stanley	28,7	10,3	15,6
Merrill Lynch	35,2	9,4	11,3
Salomon	81,1	13,6	5,0
Dean Witter, Discover	6,3	10,7	21,7
Morgan Stanley + Dean Witter, Discover	15,7	7,9	17,8

* Volatilität gemessen als trendbereinigter Variationskoeffizient

Abbildung 5-7: Volatilitätsvergleich der Ergebnisse der fünf größten börsennotierten U.S.-Investment-Banken[437] - 1988-96[438]

Bei der Analyse stellte sich heraus, daß mit Charles Schwab der am stärksten auf das Retail-Investment-Banking-Geschäft fokussierte Anbieter[439] innerhalb des betrachteten Samples mit einem trendbereinigten Variationskoeffizienten von 18,3 Prozent

---

President, Office of Management & Budget: Standard Industrial Classification, a.a.O., S. 341) herangezogen wurde (Abbildung 2-2).

436 Abschnitt 2.1.2.

437 Nach Marktkapitalisierung per Ende April 1997; Einstufung als Investment-Bank gemäß primärem SIC Code 6211 für "Security Brokers, Dealers, and Flotation Companies" (Executive Office of the President, Office of Management & Budget: Standard Industrial Classification, a.a.O., S. 341); vgl. zum Ranking ausführlicher Abbildung 2-2.

438 Eigene Berechnungen auf der Basis von Daten aus der Bloomberg-Financial-Markets-Datenbank, Bloomberg L.P., New York sowie aus der Compustat-Datenbank, Standard & Poor's Compustat, Englewood; vgl. zur Volatilitätsberechnung ausführlicher Punkt A2 des Anhangs.

439 Vgl. dazu ausführlicher Abschnitt 3.2.

abgesehen von Dean Witter, Discover mit und ohne Hinzurechnung der Morgan-Stanley-Werte die niedrigste Volatilität hinsichtlich des After-Tax Net Income aufweist. Bezüglich des Total Revenue, der im betrachteten Zeitraum mit einer durchschnittlichen jährlichen Wachstumsrate von 24,6 Prozent am stärksten von allen untersuchten Firmen wuchs, errechnet sich jedoch mit 16,8 Prozent die höchste Volatilität. Des weiteren fällt auf, daß die integrierte, sowohl das Retail- als auch das Wholesale-Kundensegment abdeckende Investmentbank Merrill Lynch[440] mit 9,4 Prozent zwar die niedrigste Volatilität des Total Revenue innerhalb der primär untersuchten Gruppe aufweist, das After-Tax Net Income jedoch mit 35,2 Prozent im beobachteten Zeitraum deutlich volatiler war als bei den stark auf das Wholesale-Geschäft fokussierten Anbietern Bear Stearns[441] und Morgan Stanley[442]. Zudem blieb die durchschnittliche jährliche Wachstumsrate des Total Revenue mit 11,3 Prozent sowohl hinter der Steigerung dieser beiden zuletzt genannten Konkurrenten als auch derjenigen von Charles Schwab zurück. Konsistent mit der bereits erwähnten Hypothese der vergleichsweise hohen Volatilität des Wholesale-Geschäfts sind die Ergebnisse für Salomon. Für diese nahezu ausschließlich im Wholesale-Segment tätige Investment-Bank,[443] die zudem für ihre aggressive und von hoher Risikobereitschaft geprägte Trading-Kultur bekannt ist,[444] errechnen sich für den Zeitraum noch vor der Ankündigung der Kooperation mit Fidelity im Januar 1997 sowie der letztendlichen Übernahme durch die Travelers Group im September 1997[445] die mit 81,1 Prozent höchste Volatilität des After-Tax Net Income, und mit 13,6 Prozent der zweithöchste Wert für die Ertragsvolatilität. Die mit Abstand niedrigste Volatilität des After-Tax Net Income weist mit 6,3 Prozent der nahezu ausschließlich auf das Retail-Geschäft fokussierte Anbieter Dean Witter, Discover[446] auf. Kombiniert man dessen Ergebnisse rückwirkend für den betrachteten

---

[440] Vgl. dazu ausführlicher Abschnitt 3.3.2.

[441] Vgl. dazu ausführlicher Abschnitt 3.2.

[442] Bezogen auf Morgan Stanley vor der Akquisition von Dean Witter, Discover; vgl. dazu ausführlicher Abschnitt 3.3.1.

[443] Bianco, Anthony: Can Salomon Grow by Shrinking? The Firm is Abandoning Markets it Worked Hard to Dominate, in: Business Week, o. Jg. (1987), No. 3023, October 26, 1987, S. 30.

[444] McGoldrick, Beth: Inside the Goldman Sachs Culture, in: Institutional Investor, Vol. 9 (1984), No.1, S. 56; Authers, John: Mighty Macho, a.a.O., S. 22; Hoover's, Inc.: Salomon, a.a.O., S. 1.

[445] Vgl. dazu ausführlicher Abschnitt 3.3.1.

[446] o.V.: Giants Go Hunting, a.a.O., S. 89; dazu ist anzumerken, daß das Kreditkartengeschäft von Dean Witter, Discover als zweites großes Standbein neben dem Retail-Brokerage-Geschäft zwar

Zeitraum mit denen des späteren Käufers Morgan Stanley, so ergibt sich, ausgehend von den ursprünglichen Werten für Morgan Stanley, eine erhebliche Ergebnisglättung. Die Werte der trendbereinigten Variationskoeffizienten für den Total Revenue und das After-Tax Net Income sinken von 10,3 Prozent und 28,7 Prozent mit der Addition der Ergebnisströme auf 7,9 Prozent[447] und 15,7 Prozent.

Produkt- und geschäftsfeldorientierter Vergleich. Ergänzend zu den in den vergangenen Absätzen ausgewerteten institutionellen Vergleichen wurde auch ein nach Produktgruppen und Geschäftsfeldern differenzierender Vergleich der Ergebnisvolatilitäten für den Zeitraum von 1980 bis 1996 vorgenommen.[448] Diese Analyse wurde sowohl über die gesamte U.S.-Investment-Banking-Industrie hinweg als auch isoliert für die Institutsgruppen der "National Full Line Firms" und der "Large Investment Banks" durchgeführt. Mangels Verfügbarkeit konsistenter, extern zugänglicher Daten konnte die Analyse jedoch nicht auf die Ebene einzelner Investment-Banken ausgeweitet werden und mußte sich auf die Analyse der Volatilität des Total Revenue beschränken.

Vergleicht man die Ertragsvolatilität nach Produktgruppen beziehungsweise Geschäftsfeldern[449] für die Gesamtheit der U.S.-Investment-Banking-Industrie (Abbildung 5-8), so stellen sich isoliert betrachtet der Total Revenue aus dem Trading, das heißt aus Kursgewinnen oder -verlusten aus dem gewöhnlichen Handel mit Wertpapieren,[450] sowie die Commissions aus sämtlichen Transaktionen von Aktien und Anleihen für fremde Rechnung[451] mit trendbereinigten Variationskoeffizienten von

---

auch dem Retail-Geschäft zuzuordenen ist, entlang der Produktdimension jedoch nicht dem Investment Banking zugerechnet werden kann.

447 Obwohl die Volatilität des Total Revenue von Dean Witter, Discover mit 10,7 Prozent sogar geringfügig über dem Ausgangswert von Morgan Stanley von 10,3 Prozent lag.

448 Vgl. ausführlicher zur Volatilitätsberechnung am Beispiel des Total Revenue der Gruppe der "National Full Line Firms" Punkt A2 des Anhangs.

449 Vgl. ausführlicher zur Abgrenzung der Produktgruppen beziehungsweise Geschäftsfelder des Investment Banking Abschnitt 2.3 sowie Abbildung 2-3.

450 Die Kategorie Trading umfaßt nicht die Erträge aus dem Eigenhandel mit Wertpapieren, die in der Kategorie Investment enthalten sind (SIA: Securities Industry DataBank, a.a.O., S. 2); vgl. zur Abgrenzung der einzelnen Ertragskategorien in der Datenbank der SIA ausführlicher Punkt A1 des Anhangs.

451 Vgl. zur Abgrenzung der einzelnen Ertragskategorien in der Datenbank der SIA ausführlicher Punkt A1 des Anhangs.

12,3 Prozent und 14,7 Prozent als die am wenigsten volatilen Produktgruppen beziehungsweise Geschäftsfelder heraus.

in Prozent

Produktgruppe/Geschäftsfeld	Volatilität*	CAGR 1980 - 96	Anteil am Total Revenue 1996
Trading	12,3	11,9	15,8
Commissions	14,7	7,6	15,3
Asset Management	15,5	23,8	4,4
Other Unrelated	20,4	14,8	4,4
Mutual Funds	26,4	26,4	3,7
Underwriting	26,5	14,2	9,3
Margin Interest	27,4	8,0	5,9
Commodities	50,9	3,8	0,9
Investment	63,5	4,5	0,9
Other Securities Related	67,8	22,9	39,1
Total Revenue**	**16,2**	**13,4**	**100,0**
Commissions + Asset Management + Mutual Funds	15,1	10,2	23,4
Total Revenue ohne (Commissions + Asset Management + Mutual Funds)	18,2	14,8	76,6

* Volatilität gemessen als trendbereinigter Variationskoeffizient
** Total Revenue der U.S.-Investment-Banking-Industrie 1996: 120,2 Mrd. US $

Abbildung 5-8: Total Revenue der U.S.-Investment-Banking-Industrie nach Produktgruppen/Geschäftsfeldern - 1980-96[452]

Gleichzeitig waren dies mit Anteilen von 15,8 Prozent und 15,3 Prozent am Total Revenue der U.S.-Investment-Banking-Industrie von 120,2 Milliarden DM im Jahr 1996 hinter der Ertragskategorie Other Securities Related[453] mit 39,1 Prozent die beiden mit Abstand wichtigsten Aktivitäten. Läßt man mit der Kategorie Other Unrelated sämtliche Erträge außer Betracht, die nicht mit dem Wertpapiergeschäft im wei-

[452] Eigene Berechnungen auf der Basis von Daten aus der Securities Industry DataBank, SIA, New York (vgl. dazu ausführlicher Punkt A1 und Punkt A2 des Anhangs).

[453] Hinter der Kategorie Other Securities Related verbergen sich im wesentlichen Zinserträge aus Geschäften im Repurchase- und Resale-Markt ("Repo"-Markt), das heißt dem sehr liquiden Markt zwischen Investment-Banken zur kurzfistigen, voll durch entsprechende Wertpapierpositionen besicherten Aufnahme oder Anlage von Geldern im Zusammenhang mit den Wertpapierhandelsaktivitäten, der inzwischen erhebliche Bedeutung erlangt hat (Marshall, John F./Ellis, M. E.: Investment Banking, a.a.O., S. 9, 136-139) sowie Erträge aus dem M&A-Geschäft, aus Private Placements sowie aus außerhalb der Börse getätigten Over-the-Counter- ("OTC")-Optionsgeschäften (SIA: Securities Industry DataBank, a.a.O., S. 2); vgl. zur Abgrenzung der einzelnen Ertragskategorien in der Datenbank der SIA ausführlicher Punkt A1 des Anhangs.

testen Sinne zusammenhängen,[454] dann folgen mit trendbereinigten Variationskoeffizienten von 15,5 Prozent und 26,4 Prozent die Kategorien Asset Management[455] und Mutual Funds[456], die darüber hinaus mit 23,8 Prozent und 26,4 Prozent die höchsten durchschnittlichen jährlichen Wachstumsraten aufweisen. Diese beiden zuletzt genannten Kategorien bilden zusammen mit den Commissions aus dem Brokerage-Geschäft den Produktbereich Asset Management im weiteren Sinne ab, wie er für den Zweck dieser Arbeit definiert wurde,[457] und enthalten damit sowohl Wholesale- als auch Retail-Komponenten.[458] Darüber hinaus kann argumentiert werden, daß auch Teile der Erträge der Kategorien Trading und Margin Interest[459] durch das Retail Asset Management induziert werden und damit teilweise dem Retail-Geschäft zuzuordnen sind. Auffallend ist jedoch, daß die (nahezu) ausschließlich dem Wholesale-Geschäft zuzurechnenden Kategorien Other Securities Related, Investment, Commodities und Underwriting vergleichsweise hohe Ertragsvolatilitäten aufweisen.[460] Auf die beiden am stärksten wachsenden Ertragskategorien Asset Management und Mutual Funds, die als einzige in vollem Umfang dem Asset Management im engeren Sinne zuzurechnen sind, entfielen zusammen mit den Commissions Ende 1996 23,4 Prozent des Gesamtertrags der U.S.-Investment-Banking-Industrie von 120,2 Milliarden US $. Zusam-

---

[454] Vgl. zur Abgrenzung der einzelnen Ertragskategorien in der Datenbank der SIA ausführlicher Punkt A1 des Anhangs.

[455] Asset Management umfaßt in der Definition der SIA sämtliche Erträge aus der Wertpapierberatung, dem Führen von Depotkonten sowie sämtlichen damit verbundenen Dienstleistungen (SIA: Securities Industry DataBank, a.a.O., S. 2); vgl. zur Abgrenzung der einzelnen Ertragskategorien in der Datenbank der SIA ausführlicher Punkt A1 des Anhangs.

[456] Die Kategorie Mutual Funds beinhaltet sämtliche Erträge aus dem Vertrieb offener Investmentfonds (SIA: Securities Industry DataBank, a.a.O., S. 2); vgl. zur Abgrenzung der einzelnen Ertragskategorien in der Datenbank der SIA ausführlicher Punkt A1 des Anhangs.

[457] Vgl. dazu ausführlicher Abschnitt 2.3.5 sowie Abbildung 2-4.

[458] Schätzungen zufolge entfallen circa zwei Drittel der in der gesamten U.S.-Investment-Banking-Industrie verdienten Commissions auf das Retail-Geschäft (SIA: 1997 Securities Industry Fact Book, New York 1997, S. 35, 37).

[459] Die Kategorie Margin Interest umfaßt Zinserträge, die mit Kundenkonten im Zusammenhang mit Wertpapier- und Commodity-Depots verdient werden (SIA: Securities Industry DataBank, a.a.O., S. 2); vgl. zur Abgrenzung der einzelnen Ertragskategorien in der Datenbank der SIA ausführlicher Punkt A1 des Anhangs.

[460] Die Kategorien Investment, Commodities und Underwriting stehen in dieser Reihenfolge für Gewinne aus eigenen Investitionen in Wertpapiere, sämtliche Erträge aus dem Geschäft mit Commodities sowie die Erträge aus dem Underwriting-Geschäft (SIA: Securities Industry DataBank, a.a.O., S. 2); vgl. zur Abgrenzung der einzelnen Ertragskategorien in der Datenbank der SIA ausführlicher Punkt A1 des Anhangs.

mengenommen reduzieren diese drei überwiegend dem Asset Management zuzurechnenden Ertragsgrößen, die zu erheblichen Teilen aus dem Retail-Geschäft stammen, mit einer Volatilität von 15,1 Prozent den Wert des trendbereinigten Variationskoeffizienten für die verbleibenden 76,6 Prozent des Total Revenue von 18,2 Prozent auf 16,2 Prozent für den Total Revenue. Diese Beobachtungen decken sich mit der bereits erwähnten Vermutung, daß die Cash Flows aus dem Retail Investment Banking, das heißt im wesentlichen aus dem Retail Asset Management eine vergleichsweise geringe Volatilität aufweisen und daher aus Diversifikationsüberlegungen heraus eine gute Ergänzung zu dem stärker volatilen Wholesale-Geschäft darstellen.

Führt man die gleiche Analyse wie soeben beschrieben für die Teilmenge der gleichermaßen das Retail- wie auch das Wholesale-Geschäft betreibenden "National Full Line Firms"[461] durch (Abbildung 5-9), so erweisen sich neben dem Total Revenue aus den Bereichen Trading und Commissions wie auf der Ebene der gesamten U.S.-Investment-Banking-Industrie auch die Kategorien Commodities und Margin Interest als weniger volatil als der Bereich Asset Management. Die Erträge aus Mutual Funds der "National Full Line Firms" sind sogar noch volatiler als die Erträge der Kategorie Other Securities Related. Zusammengerechnet reduzieren die drei Kategorien Commissions, Asset Management und Mutual Funds trotz ihrer relativ höheren Volatilität von 13,9 Prozent gegenüber 13,4 Prozent für den Total Revenue ohne diese drei Bereiche jedoch auch hier die Volatilität des Total Revenue auf 11,7 Prozent. Noch deutlicher als auf der Ebene der gesamten U.S.-Investment-Banking-Industrie weisen die Bereiche Asset Management und Mutual Funds mit 27,8 Prozent und 27,5 Prozent die höchsten durchschnittlichen jährlichen Wachstumsraten auf und steuern inzwischen zusammen mit den Commissions mit 39,8 Prozent gegenüber 23,4 Prozent in der gesamten U.S.-Investment-Banking-Industrie[462] einen um über 50 Prozent höheren Anteil zum Total Revenue der "National Full Line Firms" von 30,2 Milliarden US $ bei.

---

461 Vgl. dazu ausführlicher Abschnitt 5.2.1 sowie Punkt A1 des Anhangs.
462 Abbildung 5-8.

in Prozent

Produktgruppe/Geschäftsfeld	Volatilität*	CAGR 1980 - 96	Anteil am Total Revenue 1996
Commodities	10,7	1,1	2,3
Commissions	13,6	5,3	20,6
Other Unrelated	14,2	17,0	4,3
Trading	15,4	11,0	21,8
Margin Interest	17,0	4,1	8,0
Asset Management	18,1	27,8	9,3
Other Securities Related	25,5	13,2	14,3
Mutual Funds	25,6	27,5	9,9
Underwriting	32,2	9,8	9,4
Investment	115,6	-7,2	0,1
Total Revenue**	**11,7**	**9,3**	**100,0**
Commissions + Asset Management + Mutual Funds	13,9	9,5	39,8
Total Revenue ohne (Commissions + Asset Management + Mutual Funds)	13,4	9,1	61,2

* Volatilität gemessen als trendbereinigter Variationskoeffizient
** Der Total Revenue der "National Full Line Firms" machte 1996 mit 30,2 Mrd. US $ 25,1 Prozent des Gesamtertrags der U.S.-Investment-Banking-Industrie von 120,2 Mrd. US $ aus

Abbildung 5-9: Total Revenue der U.S. "National Full Line Firms" nach Produktgruppen/Geschäftsfeldern - 1980-96[463]

Interessant ist auch der Vergleich mit den Analyseergebnissen für die Institutsgruppe der "Large Investment Banking Firms", die überwiegend auf das Geschäft mit Wholesale-Kunden fokussiert sind (Abbildung 5-10).[464] Hier erweist sich lediglich der Bereich Trading als weniger volatil als die Kategorien Commissions und Asset Management, während der Bereich Mutual Funds bei der Einstufung nach zunehmender Volatilität noch hinter den Bereichen Underwriting, Margin Interest und Other Securities Related zurückbleibt. Kombiniert man die Erträge der drei Bereiche Commissions, Asset Management und Mutual Funds, so stellt sich heraus, daß sie mit 6,4 Prozent bei den "Large Investment Banking Firms" einen deutlich geringeren Anteil ausmachen als bei den "National Full Line Firms" mit 39,8 Prozent und der gesamten U.S.-Investment-Banking-Industrie mit 23,4 Prozent. Darüber hinaus fällt

---

463 Eigene Berechnungen auf der Basis von Daten aus der Securities Industry DataBank, SIA, New York (vgl. dazu ausführlicher Punkt A1 und Punkt A2 des Anhangs).

464 Vgl. dazu ausführlicher Abschnitt 5.2.1 sowie Punkt A1 des Anhangs.

auf, daß diese drei Kategorien mit 9,3 Prozent im Vergleich zu 9,5 Prozent und 10,2 Prozent ein geringeres durchschnittliches jährliches Wachstum aufweisen.

in Prozent

Produktgruppe/Geschäftsfeld	Volatilität*	CAGR 1980 - 96	Anteil am Total Revenue 1996
Trading	18,3	11,7	17,3
Commissions	18,4	8,3	5,4
Asset Management	27,8	21,9	0,8
Underwriting	31,2	19,2	12,7
Margin Interest	35,4	13,0	3,6
Other Securities Related	44,0	25,3	56,7
Mutual Funds	61,5	31,3	0,2
Other Unrelated	72,7	8,3	1,9
Investment	78,6	2,3	0,9
Commodities	146,9	19,3	0,5
Total Revenue**	**22,3**	**16,7**	**100,0**
Commissions + Asset Management + Mutual Funds	17,6	9,3	6,4
Total Revenue ohne (Commissions + Asset Management + Mutual Funds)	24,1	17,6	93,6
Total Revenue + (Commissions + Asset Management + Mutual Funds) von "National Full Line Firms"	17,8	14,3	127,8

* Volatilität gemessen als trendbereinigter Variationskoeffizient
** Der Total Revenue der "Large Investment Banking Firms" machte 1996 mit 43,2 Mrd. US $ 36,0 Prozent des Gesamtertrags der U.S.-Investment-Banking-Industrie von 120,2 Mrd. US $ aus

Abbildung 5-10: Total Revenue der U.S. "Large Investment Banking Firms" nach Produktgruppen/Geschäftsfeldern - 1980-96[465]

Schließlich liegt die Volatilität der aggregierten Erträge dieser drei Bereiche bei den "Large Investment Banks" mit 17,6 Prozent klar über den Vergleichswerten von 13,9 Prozent bei den "National Full Line Firms" und 15,1 Prozent für die gesamte U.S.-Investment-Banking-Industrie. Trotzdem verringert sich die Volatilität des Total Revenue ohne die Erträge aus Commissions, Asset Management und Mutual Funds auch bei den "Large Investment Banking Firms" von 24,1 Prozent durch die Hinzurechnung dieser drei Bereiche auf 22,3 Prozent für den Total Revenue, der von 1980 bis 1996 um jährlich durchschnittlich 16,7 Prozent wuchs. Kombiniert man diesen überwiegend aus dem Wholesale-Geschäft stammenden Total Revenue der "Large

465 Eigene Berechnungen auf der Basis von Daten aus der Securities Industry DataBank, SIA, New York (vgl. dazu ausführlicher Punkt A1 und Punkt A2 des Anhangs).

Investment Banking Firms" mit den sowohl im Geschäft mit Retail- als auch mit Wholesale-Kunden erzielten Commission-, Asset-Management- und Mutual-Fund-Erträgen der "National Full Line Firms",[466] so steigert sich der Total Revenue der "Large Investment Banking Firms" rein rechnerisch von 43,2 Milliarden US $ um 27,8 Prozent auf 55,2 Milliarden US $. Gleichzeitig reduziert sich die Volatilität des Total Revenue der "Large Investment Banking Firms" von den bereits erwähnten 22,3 Prozent weiter auf 17,8 Prozent.

5.3 Zwischenergebnis

Ziel dieses fünften Abschnitts war es, die ökonomische Sinnhaftigkeit einer Integration von Wholesale- und Retail-Banking-Aktivitäten in der Investment-Banking-Industrie allein aus finanzwirtschaftlicher Perspektive aufgrund zu erwartender Diversifikationseffekte zu beurteilen.

Dazu bleibt zum einen festzuhalten, daß die Realisierung solcher Diversifikationseffekte zur Glättung des Cash-Flow-Profils auf Unternehmensebene, selbst wenn dies möglich wäre, aus streng portfoliotheoretischer Sichtweise als ökonomisch nicht sinnvoll einzustufen ist. Vor dem Hintergrund des neoklassischen Annahmengerüsts führen derartige Transaktionen nur dann zu einem Wertzuwachs aus Eigentümersicht, wenn diese aufgrund von Synergien substantielle Veränderungen der Cash Flows und nicht lediglich eine Risikodiversifikation bewirken, da letztere mindestens ebenso effizient auf der Investorenebene durch eine entsprechende Gestaltung des Beteiligungs- beziehungsweise Aktienportfolios realisiert werden kann.[467] Berücksichtigt man die Existenz von Anreizproblemen und betrachtet den Sachverhalt aus neoinstitutioneller Perspektive, so erweist sich die Diversifikation vor allem nicht-marktfähiger Risiken als ökonomisch sinnvoll. Dies gilt umso mehr, je wichtiger externe, nicht unmittelbar in das Geschäft involvierte Investoren für die Finanzierung der Geschäfts-

---

466 Vgl. dazu ausführlicher die Beschreibung der einzelnen von der SIA abgegrenzten Institutsgruppen in Punkt A1 des Anhangs.

467 Vgl. dazu ausführlicher Abschnitt 5.1.1.

aktivitäten sind,[468] und je höher die Informationsasymmetrien auf den Kapitalmärkten und die damit positiv korrelierte Differenz zwischen den Kosten interner und externer Finanzierungsformen ausfallen.[469]

Ob überhaupt das Potential zur Realisierung derartiger Diversifikationseffekte besteht, wurde empirisch am Beispiel der U.S.-Investment-Banking-Industrie sowohl institutionell als auch produkt- beziehungsweise geschäftsfeldorientiert untersucht.[470]

Im Rahmen der institutionell orientierten Untersuchung deuteten die Ergebnisse zunächst auf eine gute Eignung des Retail-Geschäfts zur Glättung stärker volatiler Wholesale-Ergebnisse hin. Gemessen am trendbereinigten Variationskoeffizienten errechnete sich für den Total Revenue der überwiegend auf das Investment-Banking-Geschäft mit Wholesale-Kunden fokussierten "Large Investment Banking Firms" eine nahezu doppelt so hohe Volatilität wie für die Erträge der sowohl im Wholesale- als auch im Retail-Investment-Banking-Geschäft engagierten "National Full Line Firms". Des weiteren verringerten sich sowohl die Ertragsvolatilität als auch die Volatilität des After-Tax Net Income der "Large Investment Banking Firms" durch die Kombination mit den jeweils gleichen Größen der auf das Retail-Brokerage-Geschäft ausgerichteten Gruppe der "Discounters". Im Widerspruch dazu stehen jedoch die Ergebnisse des Vergleichs der Volatilität des After-Tax Net Income zwischen den Gruppen der "Large Investment Banking Firms" und der "National Full Line Firms", bei dem sich die Volatilität des Gewinns bei der zuletzt genannten Gruppe als deutlich höher erwies. Da dieses Ergebnis aufgrund der Betrachtung aggregierter Daten für die jeweiligen Institutsgruppen unter Umständen auch von Verzerrungen durch Diversifikationseffekte beinflußt sein kann, wurden die gleichen Analysen zusätzlich auf Unternehmensebene für die fünf nach Marktkapitalisierung Ende April 1997 größten börsennotierten U.S.-Investment-Banken Merrill Lynch, Morgan Stanley, Charles Schwab, Salomon und Bear Stearns sowie den auf das Retail-Brokerage- und das Kreditkartengeschäft fokussierten Anbieter Dean Witter, Discover durchgeführt. Auch daraus ergaben sich keine eindeutigen Ergebnisse. Zwar wiesen mit Charles Schwab

---

468 Gleichzeitig wird davon ausgegangen, daß unmittelbar in das Geschäft involvierte Eigner als "interne Investoren" über ihre Geschäftsanteile hinaus ein voll diversifiziertes Portfolio halten.

469 Vgl. dazu ausführlicher Abschnitt 5.1.2.

470 Vgl. dazu ausführlicher Abschnitt 5.2.

der am stärksten auf das Retail-Geschäft ausgerichtete Anbieter die niedrigste Volatilität des After-Tax Net Income und mit Merrill Lynch die aus Kundengruppensicht bereits heute voll integrierte Investment-Bank die niedrigste Volatilität des Total Revenue aus der Gruppe der fünf größten börsennotierten Anbieter auf. Zudem wurden beide Werte noch deutlich von dem Retail-Anbieter Dean Witter, Discover unterboten, und auch die Kombination der Ergebnisse dieses Anbieters mit denjenigen von Morgan Stanley führte zu einer deutlichen Senkung der Ergebnisvolatilität im Vergleich zu deren Ergebnissen bei isolierter Betrachtung. Jedoch ergaben sich im Widerspruch dazu für die stark auf das Wholesale-Geschäft fokussierten Morgan Stanley[471] und Bear Stearns niedrigere Volatilitätswerte für das After-Tax Net Income als für den integrierten Anbieter Merrill Lynch. Ebenso fiel die Ertragsvolatilität des Retail Brokers Charles Schwab deutlich höher aus als bei den Wholesale-Anbietern Morgan Stanley, Bear Stearns und Salomon Brothers.

Die produkt- beziehungsweise geschäftsfeldorientierte Untersuchung[472] konzentrierte sich stark auf die Bereiche Commissions, Asset Management und Mutual Funds. Die Erträge dieser Produktbereiche beziehungswiese Geschäftsfelder sind überwiegend dem Produktbereich Asset Management im weiteren Sinne, so wie er für den Zweck dieser Arbeit definiert wurde, zuzuordnen, und dürften als einzige zu wesentlichen Anteilen auch im Retail-Geschäft erwirtschaftet werden. Auffallend ist bei der Analyse zunächst, daß die Erträge dieser drei Bereiche für sich genommen vereinzelt zum Teil volatiler sind als andere, zum Teil auch klassische Wholesale-Bereiche, wie zum Beispiel Underwriting, Trading oder Commodities. Dies könnte jedoch wiederum, wie bereits oben im Rahmen der Auswertung der institutionellen Untersuchung erwähnt, aufgrund der Betrachtung aggregierter Daten für die jeweiligen Institutsgruppen auch auf Verzerrungen durch Diversifikationseffekte zurückzuführen sein. Für die These, daß sich das Retail-Geschäft in der Investment-Banking-Industrie, das heißt im wesentlichen das Retail Asset Management, im Rahmen einer Diversifikationsstrategie gut zur Glättung der stärker volatilen Cash Flows aus dem Wholesale-Geschäft eignet,

---

471 Vor der im Februar 1997 angekündigten Übernahme von Dean Witter, Discover durch Morgan Stanley.

472 Mangels Verfügbarkeit konsistenter externer Daten mußte sich die Analyse auf die Volatilität des Total Revenue beschränken und konnte auch nicht auf die Ebene einzelner Investment-Banken ausgeweitet werden.

spricht zum einen die Erkenntnis, daß die Volatilität des Total Revenue bei allen betrachteten Institutsgruppen geringer ist als dies ohne die drei Bereiche Commissions, Asset Management und Mutual Funds der Fall wäre. Dies trifft selbst dann zu, wenn, wie im Fall der "National Full Line Firms", die Volatilität der Kombination dieser drei Bereiche über derjenigen des Total Revenue ohne Commissions, Asset Management und Mutual Funds lag. Des weiteren stellt sich heraus, daß die kombinierten Erträge dieser drei Kategorien bei der Institutsgruppe der überwiegend auf das Wholesale-Geschäft ausgerichteten "Large Investment Banking Firms" deutlich volatiler waren als bei den auch substantiell im Retail-Geschäft engagierten "National Full Line Firms" und der gesamten U.S.-Investment-Banking-Industrie. Schließlich kann eine deutliche Senkung der Volatilität des Total Revenue der "Large Investment Banking Firms" herbeigeführt werden, indem man zu diesem Wert fiktiv die Erträge aus Commissions, Asset Management und Mutual Funds der stärker retaillastigen "National Full Line Firms" hinzuaddiert.

Insgesamt betrachtet kann allein aus finanzwirtschaftlicher Perspektive nur schwer eine ökonomische Logik abgeleitet werden, die für eine Diversifikationsstrategie durch die Kombination von Wholesale- und Retail-Investment-Banking-Aktivitäten spricht. Zum einen wird diese Thematik überhaupt nur relevant, wenn man vom Bestehen von Informationsasymmetrien auf den Kapitalmärkten ausgeht, die für das jeweils zu betrachtende Unternehmen von Bedeutung sind. Zum anderen deuten zwar einige Ergebnisse tatsächlich auf das Bestehen von entsprechenden Diversifikationspotentialen hin, eine generell gültige Aussage läßt sich jedoch im oben erwähnten Sinne aufgrund von ebenfalls existierenden Gegenbeispielen nicht treffen.

Obwohl es nicht der primäre Fokus der in diesem Abschnitt vorgenommenen produkt- und geschäftsfeldorientierten Analysen der Ertragsvolatilität war, liefern diese auch Erkenntnisse über das relative Wachstum der einzelnen Bereiche. Es zeigt sich, daß die Bereiche Mutual Funds und Asset Management, die als einzige ausschließlich dem Produktbereich Asset Management im engeren Sinne, wie er für den Zweck dieser Arbeit definiert wurde,[473] zuzuordnen sind, in der gesamten U.S.-Investment-Banking-Industrie von 1980 bis 1996 mit 26,4 Prozent und 23,8 Prozent die höchsten durchschnittlichen jährlichen Ertragswachstumsraten aller separat betrachteten Produktgruppen beziehungweise Geschäftsfelder aufweisen. Diesen Werten stehen 3,8 Prozent, 4,5 Prozent, 11,9 Prozent und 14,2 Prozent für die den überwiegend wholesaleorientierten Geschäftsfeldern Sales & Trading und Underwriting[474] zuzuordnenden Bereiche Commodities, Investment, Trading und Underwriting gegenüber. Kombiniert standen die beiden Kategorien Asset Management und Mutual Funds im Jahr 1996 für 8,1 Prozent des Gesamtertrags der Industrie, der sich auf 120,2 Milliarden US $ belief und von 1980 bis 1996 ein durchschnittliches jährliches Wachstum von 13,4 Prozent aufwies.

Aufschlußreich ist an dieser Stelle auch der Vergleich zwischen den überwiegend auf das Wholesale-Geschäft fokussierten "Large Investment Banking Firms" und den das Retail- wie auch das Wholesale-Geschäft gleichermaßen verfolgenden "National Full Line Firms".[475] Während die kombinierten Erträge aus Asset Management und Mutual Funds bei der erstgenannten Gruppe von 1980 bis 1996 mit einer durchschnittlichen jährlichen Rate von 22,9 Prozent wuchsen und im Jahr 1996 lediglich 1,0 Prozent des Gesamtertrags der "Large Investment Banking Firms" ausmachten, stiegen sie bei den "National Full Line Firms" im gleichen Zeitraum um jährlich durchschnittlich 27,6 Prozent und standen im Jahr 1996 für 19,2 Prozent des Gesamtertrags. Diese Daten deuten vor dem Hintergrund der unterschiedlichen Kundengruppenorientierungen der beiden Institutsgruppen auf eine relative Zunahme der Bedeutung des Retail Asset Management im engeren Sinne hin. Die eingehendere Untersuchung dieser Entwicklung bildet den Schwerpunkt des ersten Teils des folgenden Abschnitts.

---

473 Abschnitt 2.3.5; die Erträge der Kategorie Commissions sind auch den Bereichen Wholesale und Retail Brokerage sowie teilweise dem Geschäftsfeld Sales & Trading zuzurechnen.

474 Vgl. zur Abgrenzung dieser Geschäftsfelder ausführlicher Abschnitt 2.3.3 und Abschnitt 2.3.4.

475 Vgl. dazu ausführlicher die Beschreibung der einzelnen von der SIA abgegrenzten Institutsgruppen in Punkt A1 des Anhangs.

6 Unternehmensbezogene Beurteilung der Vorteilhaftigkeit von Integrationsstrategien aus leistungswirtschaftlicher Perspektive

Nach der Beurteilung der Vorteilhaftigkeit von Integrationsstrategien aus der finanzwirtschaftlichen Perspektive nimmt der sechste Abschnitt dieser Arbeit als zweiter Teil der unternehmensbezogenen Beurteilung die leistungswirtschaftliche Perspektive ein (Abbildung 6-1).

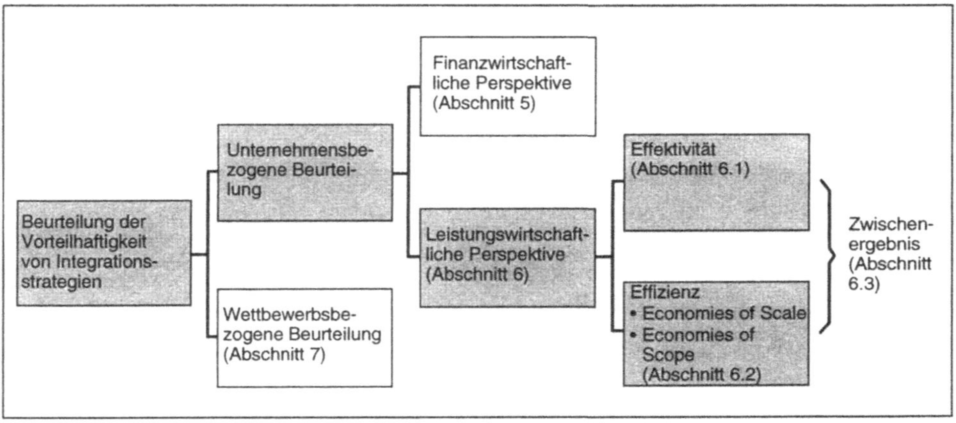

Abbildung 6-1: Vorteilhaftigkeit von Integrationsstrategien aus leistungswirtschaftlicher Perspektive

Als theoretische Grundlage wird zunächst das Konzept des Structure-Conduct-Performance (SCP)-Modells[476] beschrieben und eingeordnet.[477] Auf dieser Basis wird dann zum einen untersucht, inwieweit eine Integration von Wholesale- und Retail-Aktivitäten zu einer Steigerung der Effektivität[478] des Leistungserstellungsprozesses von Investment-Banken beitragen kann. Zum anderen wird die Realisierbarkeit zusätzlicher Effizienzpotentiale[479] in der Form möglicher Economies of Scale und Economies of Scope durch die Abdeckung des kompletten Kundenspektrums im Investment

---

476 Die Bezeichnung "Structure-Conduct-Performance-Modell" wird im folgenden mit dem Akronym "SCP-Modell" abgekürzt.

477 Vgl. zur Anwendung des SCP-Modells auf die Investment-Banking-Industrie auch Matthews, John O.: Economics of Competition, a.a.O., S. 83-252.

478 Effektivität wird in diesem Zusammenhang verstanden als "doing the right things"; vgl. zu einer ausführlicheren Definition Abschnitt 6.2.

479 Effizienz ist in diesem Zusammenhang kurz am besten mit "doing things right" zu umschreiben; vgl. zu einer ausführlicheren Definition Abschnitt 6.3.

Banking analysiert, bevor die Erkenntnisse aus diesem Abschnitt in einem Zwischenergebnis zusammengefaßt werden.

6.1 KONZEPT DES STRUCTURE-CONDUCT-PERFORMANCE-MODELLS

Ausgangspunkt der Untersuchung in diesem Abschnitt ist die Überlegung, daß Veränderungen des für Investment-Banken relevanten Umfelds traditionelle Annahmen über eine effektive und effiziente Gestaltung des Leistungserstellungsprozesses obsolet machen und damit mittel- bis langfristig zu einer veränderten Aufstellung der Investment-Banken als Leistungsanbieter auch im Hinblick auf deren Integrationsgrad im Sinne der Fragestellung dieser Arbeit führen können.

Diese Überlegung soll auf der theoretischen Grundlage des SCP-Modells weiterverfolgt werden, das in der Theorie der Industrial Organization[480] zum Verständnis von Wirkungszusammenhängen zwischen Rahmenbedingungen, Marktstruktur, Marktverhalten und Marktergebnis[481] sowie zur Untersuchung von deren Veränderungen herangezogen wird (Abbildung 6-2).

Zur Beschreibung einer Industrie beziehungsweise einer Branche werden die drei Modellbestandteile Marktstruktur, Marktverhalten und Marktergebnis unterschieden, die in einen politischen und rechtlichen Rahmen eingebettet sind und von diesem unmittelbar beeinflußt werden. Als Beispiele für derartige Gegebenheiten, die zu einem bestimmten Zeitpunkt oder für einen festgelegten Zeitraum gelten und von den Marktteilnehmern kurzfristig nicht beeinflußbar sind,[482] können Regulierungen von Arbeits-, Kapital- und Produktmärkten sowie die Kartellgesetzgebung angeführt werden. Des weiteren ist eine Industrie von weiteren angebots- und nachfrageseitigen Rahmenbedingungen geprägt, die primär eine bestimmte Marktstruktur determinieren.

---

480 Die Theorie der Industrial Organization differenziert sich von der (neoklassischen) Mikroökonomie im wesentlichen durch ihre stark empirische Ausrichtung zur Beschreibung der Realität und zur Ableitung wirtschaftspolitischer Maßnahmen (Reid, Gavin C.: Theories of Industrial Organization, Oxford/New York 1987, S. 1; Scherer, Frederic M./Ross, David: Industrial Market Structure, a.a.O., S. 2-3).

481 Clarkson, Kenneth W./Miller, Roger LeRoy: Industrial Organization: Theory, Evidence and Public Policy, New York 1982, S. 8.

482 Clarkson, Kenneth W./Miller, Roger LeRoy: Industrial Organization, a.a.O., S. 6.

Dabei lassen sich als Beispiele auf der Angebotsseite vorhandene Rohstoffe, verfügbare Technologien sowie bestimmte Preiselastizitäten nennen. Nachfrageseitig wird die Marktstruktur durch das Konsumentenverhalten beeinflußt, welches beispielsweise in Form des Nachfragewachstums, der Nachfrageschwankungen und der Preiselastizität sichtbar werden kann.[483]

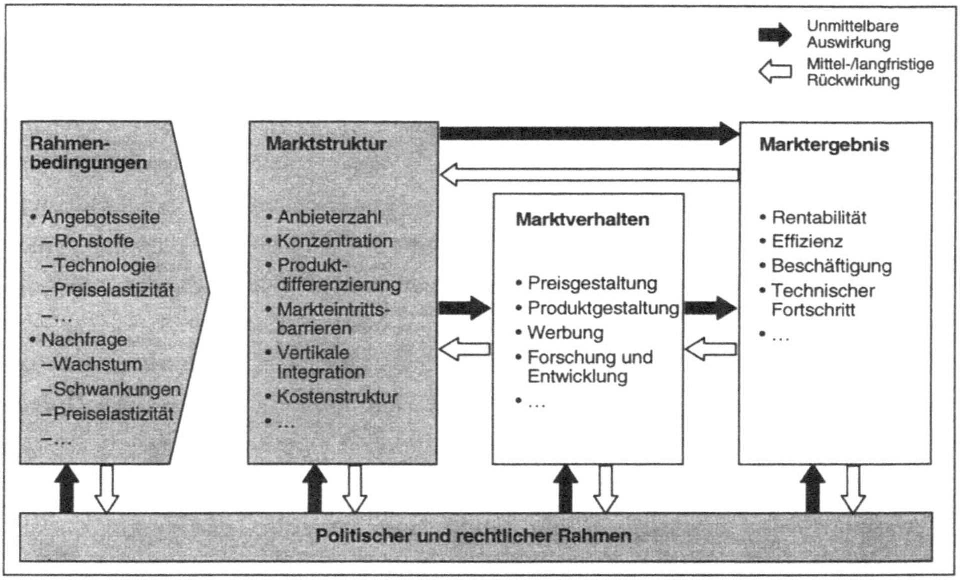

Abbildung 6-2: Konzept des Structure-Conduct-Performance-Modells[484]

Zentrale Modellbestandteile sind die Marktstruktur sowie das Marktverhalten, wobei letzteres durch die Struktur beeinflußt wird, und beide unmittelbare Auswirkungen auf das Marktergebnis haben. Die Marktstruktur[485] ergibt sich aus den Angebots- und Nachfragestrukturen. Diese wiederum können jeweils beispielsweise anhand der Anzahl der Marktteilnehmer, der Höhe der Markteintrittsbarrieren und der Kosten-

---

483 Reid, Gavin C.: Theories of Industrial Organization, a.a.O., S. 8; Hofmann, Hans-Joachim: Die Evolution von Marktstrukturen: Eine theoretische und empirische Diskussion zur Entwicklung der horizontalen Unternehmenskonzentration, Bern/Stuttgart 1982, S. 20-21.

484 Eigene Abbildung in Anlehnung an Scherer, Frederic M./Ross, David: Industrial Market Structure, a.a.O., S. 4 sowie Wetzel, Christoph: Die Auswirkungen des Reichsbörsengesetzes von 1896 auf die Effektenbörsen im Deutschen Reich, insbesondere auf die Berliner Fondsbörse, Münster 1996, S. 17.

strukturen als Monopole, Oligopole oder Polypole charakterisiert werden.[486] Die Marktstruktur hat unmittelbare Konsequenzen für das Marktverhalten[487], das sich zum Beispiel im Preissetzungsverhalten dokumentiert. Mit dem Ziel der Gewinnmaximierung wird ein Angebotsmonopolist seinen Preis theoretisch so wählen, daß die Grenzkosten den Grenzerlösen entsprechen, während die Anbieter im Polypol als Mengenanpasser so lange produzieren, bis die Grenzkosten den am Markt existierenden Gleichgewichtspreis erreichen.[488] Des weiteren manifestiert sich das Marktverhalten beispielsweise in der Produktgestaltung sowie in den Ausgaben für Werbung und Forschung und Entwicklung. Das Marktergebnis[489] ist letztendlich der Indikator für die Leistungsfähigkeit des jeweils betrachteten Marktes und wird unmittelbar von Marktstruktur und Marktverhalten sowie von dem existierenden politischen und rechtlichen Rahmen beeinflußt. Es kann sowohl aus der Sicht eines einzelnen Unternehmens, zum Beispiel anhand der Rentabilität gemessen, als auch aus volkswirtschaftlicher Sicht, beispielsweise im Hinblick auf Markteffizienz, Beschäftigung oder technischen Fortschritt, untersucht werden.[490] Die Zulässigkeit von Rückkoppelungen zwischen den einzelnen Modellbestandteilen sorgt für einen dynamischen Aspekt innerhalb des ursprünglich statischen Modells. So kann zum Beispiel ein von starkem Konkurrenzkampf und intensivem Preiswettbewerb geprägtes Marktverhalten zum Ausscheiden von Marktteilnehmern führen und damit die Marktstruktur beeinflussen.[491]

Da die vorliegende Arbeit mit der Analyse von Integrationstendenzen von Wholesale und Retail Banking in der Investment-Banking-Industrie in erster Linie die Frage der

---

485 Vgl. zur Marktstruktur ausführlicher Caves, Richard: Structure, Conduct, Performance, a.a.O., S. 17-35; Scherer, Frederic M./Ross, David: Industrial Market Structure, S. 97-151.

486 Clarkson, Kenneth W./Miller, Roger LeRoy: Industrial Organization, a.a.O., S. 6.

487 Vgl. zum Marktverhalten ausführlicher Caves, Richard: Structure, Conduct, Performance, a.a.O., S. 48-65.

488 Bruhn, Manfred: Marketing: Grundlagen für Studium und Praxis, Wiesbaden 1990, S. 185-187, 192-194.

489 Vgl. zum Marktergebnis ausführlicher Caves, Richard: Structure, Conduct, Performance, a.a.O., S. 66-82.

490 Reid, Gavin C.: Theories of Industrial Organization, a.a.O., S. 13; Clarkson, Kenneth W./Miller, Roger LeRoy: Industrial Organization, a.a.O., S. 6.

491 Jacquemin, Alexis: The New Industrial Organization: Market Forces and Strategic Behavior, 2nd edition, Cambridge 1991, S. 5-6; Wetzel, Christoph: Effektenbörsen, a.a.O., S. 11, 16-19.

vertikalen Integration[492] als einer Determinante der Marktstruktur dieser Industrie betrifft,[493] stellen die folgenden Untersuchungen im wesentlichen auf die Wirkungszusammenhänge zwischen politischem und rechtlichem Rahmen, Rahmenbedingungen und Marktstruktur sowie den Rückwirkungen von Marktverhalten und Marktergebnis auf die Marktstruktur ab.[494]

Das SCP-Modell wurde ursprünglich in den vierziger Jahren von Mason konzipiert, der zunächst monokausale Wirkungszusammenhänge zwischen den einzelnen Bestandteilen des Modells postulierte. Nach Weiterentwicklungen während der sechziger und siebziger Jahre wurde das SCP-Modell letztendlich aufgrund der Arbeiten von Scherer 1980 umfassend zur Beschreibung der U.S.-Industrie sowie zur Beurteilung der U.S.-Antitrust-Politik eingesetzt und kann als ein von Ökonomen zur Untersuchung von Marktstrukturen weitgehend akzeptiertes Modell angesehen werden.[495]

In der dargestellten Form ist das SCP-Modell der neoklassischen Betrachtungsweise zuzuordnen. Dies ergibt sich zum einen aus der Unterstellung mechanistischer Wirkungszusammenhänge.[496] So wird beispielsweise, wie bereits oben erwähnt, davon ausgegangen, daß die Marktstruktur quasi automatisch ein bestimmtes Preissetzungsverhalten der Marktteilnehmer determiniert. Eng damit verbunden ist des weiteren die Annahme rationalen Verhaltens seitens der Marktteilnehmer sowie der für die Wettbewerbsorganisation verantwortlichen Behörden und des Staates. Aus der Sicht der Unternehmen ist es rational, marktmachterhöhende Maßnahmen, wie zum Beispiel

---

492 Vgl. zur vertikalen Integration ausführlicher Porter, Michael E.: Wettbewerbsvorteile (Competitive Advantage): Spitzenleistungen erreichen und behaupten, deutsche Übersetzung von Angelika Jaeger, 3. Auflage, Frankfurt/Main/New York 1992, S. 113-114; Chandler, Alfred D. Jr.: Scale and Scope: The Dynamics of Industrial Capitalism, Cambridge/London 1990, S. 90-145; Langlois, Richard N./Robertson, Paul L.: Explaining Vertical Integration: Lessons from the American Automobile Industry, in: Journal of Economic History, Vol. 49 (1989), No. 2, S. 361-375; Argyres, Nicholas: Evidence on the Role of Firm Capabilities in Vertical Integration Decisions, in: Strategic Management Journal, Vol. 17 (1996), No. 2, S. 129-131.

493 Neal, Robert/Reiffen, David: The Effect of Integration Between Broker-Dealers and Specialists, in: Lo, Andrew W. (Ed.): The Industrial Organization and Regulation of the Securities Industry, Chicago/London 1996, S. 178-180.

494 Vgl. zum Zusammenhang von Marktstruktur und Marktergebnis am Beispiel der europäischen Bankenindustrie Goldberg, Lawrence G./Rai, Anoop: The Structure-Performance Relationship for European Banking, in: Journal of Banking and Finance, Vol. 20 (1996), No. 4, S. 745-771.

495 Reid, Gavin C.: Theories of Industrial Organization, a.a.O., S. 11; Caves, Richard: Structure, Conduct, Performance, a.a.O., S. 14.

Kooperationen mit Wettbewerbern oder der bewußte Aufbau von Markteintrittsbarrieren, zu ergreifen, um die entsprechenden Monopolrenten zu realisieren, solange dies nicht Sanktionen durch die im Sinne des politischen und rechtlichen Rahmens agierenden Aufsichtsbehörden nach sich zieht. Umgekehrt verlangt dies vom Staat und seinen Aufsichtsbehörden zur Sicherung der überlegenen Allokationsleistung des Wettbewerbs, den Aufbau wirtschaftlicher Monopolmacht in einer Industrie zu begrenzen beziehungsweise bereits bestehende Machtkonzentrationen gegebenenfalls abzuschwächen.[497]

6.2 Integrationsstrategien zur Steigerung der Effektivität des Leistungserstellungsprozesses

Zur Untersuchung der Auswirkungen einer Integration des Wholesale- und Retail-Geschäfts auf die Effektivität des Leistungserstellungsprozesses, das heißt auf die Kongruenz des Leistungsangebots mit der Nachfrageentwicklung, werden in diesem Abschnitt die für das U.S. Investment Banking vor dem Hintergrund der Fragestellung relevanten Entwicklungen erläutert und auf ihre Auswirkungen hin analysiert.

Wie bereits am Ende des fünften Abschnitts erwähnt, wies der Produktbereich Asset Management im engeren Sinn, so wie er für den Zweck dieser Arbeit definiert und abgegerenzt wurde, von 1980 bis 1996 die höchste Wachstumsrate aller Produktbereiche in der U.S.-Investment-Banking-Industrie auf.[498] Gleichzeitig ist das Asset Management aufgrund seiner Relevanz sowohl für Retail- als auch für Wholesale-Kunden[499] gut zur Beobachtung möglicher Verlagerungen der relativen Bedeutungsgewichte dieser beiden Kundengruppen mit entsprechenden Konsequenzen für die Marktstruktur der Investment-Banking-Industrie geeignet. Erste Hinweise auf eine derartige Entwicklung zugunsten des Retail-Segments ergaben sich bereits in Abschnitt 5.3 mit der Feststellung, daß die kombinierten Erträge aus den von der SIA

---

496 Caves, Richard: Structure, Conduct, Performance, a.a.O., S. 14-15.

497 Picot, Arnold/Dietl, Helmut/Franck, Egon: Organisation, a.a.O., S. 53.

498 Abschnitt 5.3.

499 Der Produktbereich Asset Management im weiteren Sinne ist als einziger Bereich des Investment Banking für das gesamte Kundengruppenspektrum relevant; vgl. dazu ausführlicher Abschnitt 2.3.

so definierten Produktbereichen Asset Management und Mutual Funds, die als einzige Kategorien dem Produktbereich Asset Management im engeren Sinne in der Definition dieser Arbeit zuzuordnen sind, bei den nahezu ausschließlich auf das Wholesale-Segment fokussierten "Large Investment Banking Firms" in der Zeit von 1980 bis 1996 mit jährlich durchschnittlich 22,9 Prozent gegenüber 27,6 Prozent einen deutlich geringeren Anstieg aufwiesen als bei den sowohl im Retail- als auch im Wholesale-Segment tätigen "National Full Line Firms".[500]

Tatsächlich lassen sich im U.S. Asset Management für den Zeitraum von 1980 bis 1995 deutliche Verschiebungen der Angebots- und Nachfragestruktur mit einer erheblichen relativen Bedeutungszunahme des Retail-Segments konstatieren, die im Sinne einer Steigerung der Effektivität des Leistungsprozesses zu einer verstärkten strukturellen Integration von Wholesale- und Retail-Aktivitäten in der Investment-Banking-Industrie führen könnten (Abbildung 6-3).

Während das Volumen des Institutional beziehungsweise Wholesale Asset Management[501] im Zeitraum von 1980 bis 1995 mit einer jährlichen Wachstumsrate von 11,0 Prozent gegenüber 14,2 Prozent für das Gesamtvolumen unterdurchschnittlich anstieg, wuchs das Retail-Asset-Management-Volumen in diesem Zeitraum mit einer durchschnittlichen jährlichen Rate von 22,5 Prozent. Damit erhöhte sich der Anteil und somit die relative Bedeutung des Retail-Segments in bezug auf das Gesamtvolumen des Produktbereichs Asset Management im engeren Sinne in der hier vorgenommenen Abgrenzung deutlich von 16,0 Prozent auf 45,5 Prozent. Daß diese Bedeutungsverschiebung nicht lediglich Resultat eines Basiseffekts ist, zeigt die Entwicklung im Zeitraum von 1990 bis 1995, in dem sich das Wachstumsdifferential mit 21,5 Prozent gegenüber 9,5 Prozent nochmals erhöhte.

---

[500] Gleichzeitig machten die kombinierten Erträge dieser beiden Produktbereiche bei den "National Full Line Firms" im Jahr 1996 19,2 Prozent, bei den "Large Investment Banking Firms" nur 1,0 Prozent des Gesamtertrags aus, so daß die beschriebene Entwicklung auch nicht lediglich auf einen Basiseffekt zurückgeführt werden kann; vgl. dazu ausführlicher Abschnitt 5.3 sowie Abbildung 5-9 und Abbildung 5-10.

[501] Das Volumen des Institutional/Wholesale Asset Management wird hier als Summe der Vermögenswerte in Pensionsfonds, Foundations und Endowments berechnet; vgl. zu dieser Vorgehensweise beispielsweise auch Goldman Sachs: Investment Management Industry, a.a.O.; vgl. zur Definition von "Foundation" und "Endowment" als unterschiedliche Formen von Stiftungen ausführlicher American Bankers Association: Banking Terminology, a.a.O., S. 132, 160.

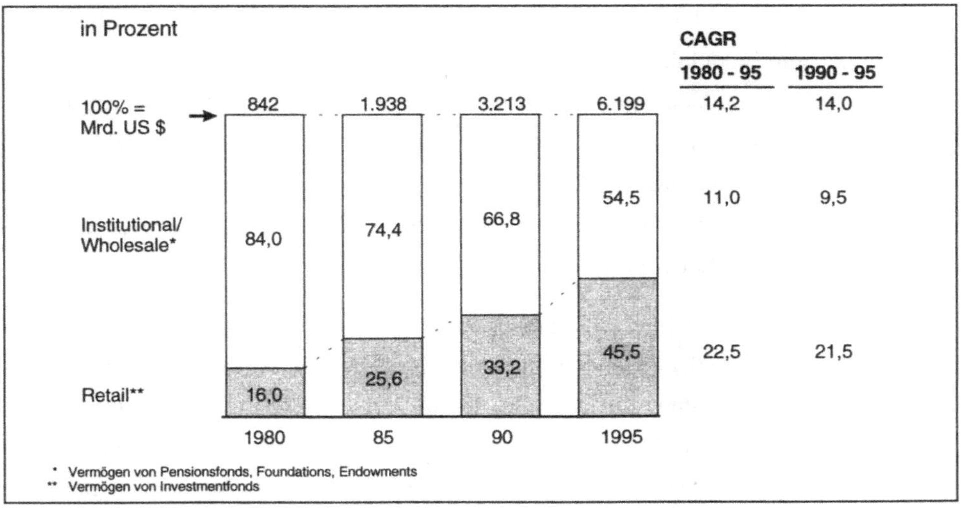

Abbildung 6-3: Entwicklungsvergleich U.S. Institutional/Wholesale vs. Retail Asset Management - 1980-95[502]

Das Investmentfondsvolumen umfaßt hier auch das Volumen der Retail-Fonds, das von institutionellen Anlegern beziehungsweise Corporates gehalten wird,[503] weil es sich um ein Retail-Produkt handelt, welches bei Bedarf auch von retaillastigen Investment-Banken ohne besonderen Mehraufwand an Nicht-Retail-Kunden vertrieben werden kann. Diese Hypothese erscheint vor dem Hintergrund der vergleichsweise geringen Bedeutung des Verkaufs von Investmentfonds bei Wholesale-Investment-Banken realistisch. Der Ertrag aus dem Verkauf von Investmentfonds bei der sowohl

---

502 Eigene Berechnungen auf der Basis von Daten aus ICI: Mutual Fund Fact Book: A Basic Guide to the Trends and Statistics Observed and Recorded in the Mutual Fund Industry, 37th edition, Washington D.C. 1997, S. 60; Sanford C. Bernstein & Co., Inc.: The Future of Money Management in America, New York 1996, S. 31, Exhibit 17; Goldman Sachs: The Coming Evolution of the Investment Management Industry: Opportunities and Strategies, New York, October 1995, S. 12, Exhibit II.1; die Werte für das Vermögen in Foundations und Endowments (1995: 5,6 Prozent des gesamten Institutional/Wholesale-Asset-Management-Volumens) für 1980, 1990 und 1995 (jeweils zum Jahresende) wurden auf der Basis der durchschnittlichen jährlichen Wachstumsraten von 12/1975 bis 12/1985 beziehungsweise von 12/1985 bis 3/1995 unter Annahme im Zeitverlauf konstanter Wachstumsraten ermittelt.

503 Da sich der Anteil der von institutionellen Anlegern gehaltenen Investmentfonds gemäß einer Untersuchung des ICI, Washington D.C., dem Branchenverband der U.S.-Investmentgesellschaften, im Jahr 1996 gegenüber 1990 unverändert auf 26 Prozent des Gesamtvolumens belief (ICI: Mutual Fund Fact Book, a.a.O., S. 35-37), wurde dieser Wert auch für die übrigen Beobachtungszeitpunkte im Rahmen der Analysen dieser Arbeit angenommen.

im Retail- als auch im Wholesale-Segment tätigen Gruppe der "National Full Line Firms" war im Jahr 1995 mit 2,3 Milliarden US $ beziehungsweise 8,7 Prozent des Total Revenue mehr als fünfzigmal so hoch wie bei der überwiegend auf das Wholesale-Geschäft fokussierten Gruppe der "Large Investment Banking Firms" mit 0,04 Milliarden US $ beziehungsweise 0,1 Prozent des Total Revenue.[504] Selbst wenn man das auf institutionelle Anleger beziehungsweise Corporates entfallende Investmentfondsvolumen statt dem Retail dem Wholesale/Institutional Asset Management zurechnet, bleibt die Aussage in ihrer Tendenz richtig. Die durchschnittliche jährliche Wachstumsrate würde sich bei einer unveränderten Wachstumsrate des Retail Asset Management von 22,5 Prozent für das Wholesale/Institutional Asset Management von 11,0 Prozent auf 12,1 Prozent erhöhen, und der Retail-Anteil würde nach wie vor, wenn auch etwas schwächer, zu Lasten des Wholesale-Anteils von 11,9 Prozent auf 33,7 Prozent steigen.

Obwohl das Retail Asset Management allein durch das Investmentfondsvolumen in Abbildung 6-3 nicht vollständig abgebildet wird,[505] erscheint es realistisch, diese Trendaussage auf das gesamte Retail Asset Management zu beziehen. Untersucht man nämlich undifferenziert die Volumenentwicklung der neben den Investmentfonds insgesamt von Retail-Investoren direkt gehaltenen Aktien und Anleihen sowie der in Trusts[506] investierten Vermögenswerte, so errechnet sich dafür mit 11,0 Prozent von 1980 bis 1995 die gleiche durchschnittliche jährliche Wachstumsrate wie für das Wholesale/Institutional Asset Management.[507] Geht man von der Annahme aus, daß

---

504 Eigene Berechnungen auf der Basis von Daten aus der Securities Industry DataBank, SIA, New York.

505 Damit bleiben Teile des der Vermögensanlageberatung und der Vermögensverwaltung unterliegenden Volumens unberücksichtigt (Abbildung 2-4), die auch wesentliche Teile des in Trusts investierten Anlagevolumens umfassen. Diese Ungenauigkeit mußte in Kauf genommen werden, da sich diese Bereiche auf Basis der verfügbaren Daten nicht klar von dem Volumen der direkt gehaltenen Aktien und Anleihen abgrenzen ließen, die der autonomen Anlageentscheidung der Retail-Investoren unterliegen.

506 Im Rahmen des Trustgeschäfts übernimmt die Bank als Treuhänder die Verwaltung von Vermögenswerten sowohl für private als auch für juristische Personen (Schierenbeck, Henner: Institutionelle Bankbetriebslehre, a.a.O., S. 116-117; American Bankers Association: Banking Terminology, a.a.O., S. 362).

507 Die mit 11,0 Prozent im Vergleich zur Rate von 22,5 Prozent für das Investmentfondsvolumen deutlich niedrigere durchschnittliche jährliche Wachstumsrate der direkt gehaltenen Aktien und Anleihen sowie der in Trusts investierten Vermögenswerte (wobei letztere im Jahr 1995 lediglich knapp 11 Prozent des Gesamtvolumens ausmachten) ist konsistent mit der Ertragsentwicklung in

der Anteil der Bereiche Vermögensanlageberatung und Vermögensverwaltung am Gesamtvolumen der von Retail-Investoren direkt gehaltenen Aktien und Anleihen gegenüber dem verbleibenden Anteil des autonomen Anlageentscheidungen der Retail-Investoren unterliegenden Volumens[508] über den betrachteten Zeitraum hinweg nicht zurückgegangen ist,[509] kann diese Aussage in ihrem Trend auf das gesamte Retail Asset Management im engeren Sinne bezogen werden.[510] In Abhängigkeit von der Höhe des prozentualen Anteils der Bereiche Vermögensanlageberatung und Vermögensverwaltung am gesamten Volumen der direkt von Retail-Investoren gehaltenen Aktien und Anleihen verringerte sich das durchschnittliche jährliche Wachstum des Produktbereichs Retail Asset Management im engeren Sinne von 1980 bis 1995 im unrealistischen Extremfall[511] von 22,5 Prozent auf 12,9 Prozent, und der Anstieg des Anteils am Gesamtvolumen des Produktbereichs Asset Management fiele statt mit

---

der U.S.-Investment-Banking-Industrie. Die Erträge aus dem Bereich Mutual Funds stiegen von 1980 bis 1996 mit jährlich durchnittlich 26,4 Prozent deutlich stärker als die Commissions mit 7,6 Prozent (Abbildung 5-8), die zumindest zum Teil aus Käufen und Verkäufen von Retail-Investoren direkt gehaltener Aktien und Anleihen stammen (vgl. zur Abgrenzung der einzelnen Produktgruppen beziehungsweise Geschäftsfelder der SIA ausführlicher Punkt A1 des Anhangs).

508 Vgl. zur Abgrenzung des Produktbereichs Retail Asset Management ausführlicher Abschnitt 2.3.5 sowie Abbildung 2-4.

509 Diese Annahme erscheint vor dem Hintergrund der Ertragsentwicklung in der U.S.-Investment-Banking-Industrie nicht nur plausibel, sondern sogar eher konservativ. Von 1980 bis 1996 stiegen die Erträge der von der SIA so definierten Produktgruppe Asset Management (vgl. dazu ausführlicher Punkt A1 des Anhangs), der die Provisionserträge aus der Vermögensanlageberatung und der Vermögensverwaltung zuzurechnen sind, um jährlich durchschnittlich 23,8 Prozent gegenüber 7,6 Prozent der Commissions (Abbildung 5-8), die zumindest teilweise aus Käufen und Verkäufen von Retail-Investoren direkt gehaltener Aktien und Anleihen stammen. Dabei fiel dieser Unterschied mit 27,8 Prozent gegenüber 5,3 Prozent bei den sowohl im Retail- als auch im Wholesale-Segment tätigen "National Full Line Firms" (Abbildung 5-9) noch deutlicher aus als bei den überwiegend auf das Wholesale-Geschäft fokussierten "Large Investment Banking Firms" mit 21,9 Prozent gegenüber 8,3 Prozent (Abbildung 5-10).

510 Donald Marron, Chairman des nach der Anzahl von Brokern fünftgrößten U.S. Retail Brokers PaineWebber (Atlas, Riva: America's Biggest Brokers, a.a.O., S. 110) prognostiziert sogar eine weitere Zunahme der Bedeutung von Beratungsleistung im Retail Asset Management: "The availability of advice [...] will determine which firms individuals select to manage their retirement money" (o.V.: Take My Advice, in: The Economist, Vol. 346 (1998), No. 8053, January 31st 1998, S. 87).

511 Der unrealistische Extremfall wäre, daß der Anteil der Bereiche Vermögensanlageberatung und Vermögensverwaltung am gesamten Volumen der direkt von Retail-Investoren gehaltenen Aktien und Anleihen 100 Prozent beträgt. Im umgekehrten Fall, daß das gesamte Volumen der direkt gehaltenen Aktien und Anleihen der autonomen Anlageentscheidung der Retail-Investoren unterliegt, wäre die aus der Entwicklung des Investmentfondsvolumens abgeleitete Trendaussage

nahezu 30 Prozentpunkten von 16,0 Prozent auf 45,5 Prozent mit etwas mehr als fünf Prozentpunkten von 69,6 Prozent auf 74,7 Prozent geringer aus.

Entscheidend für die Nachhaltigkeit des relativen Bedeutungsgewinns des Retail Asset Management und damit gleichzeitig des Retail-Segments in der U.S.-Investment-Banking-Industrie sind die für diese Entwicklung ausschlaggebenden Gründe (Abbildung 6-4).

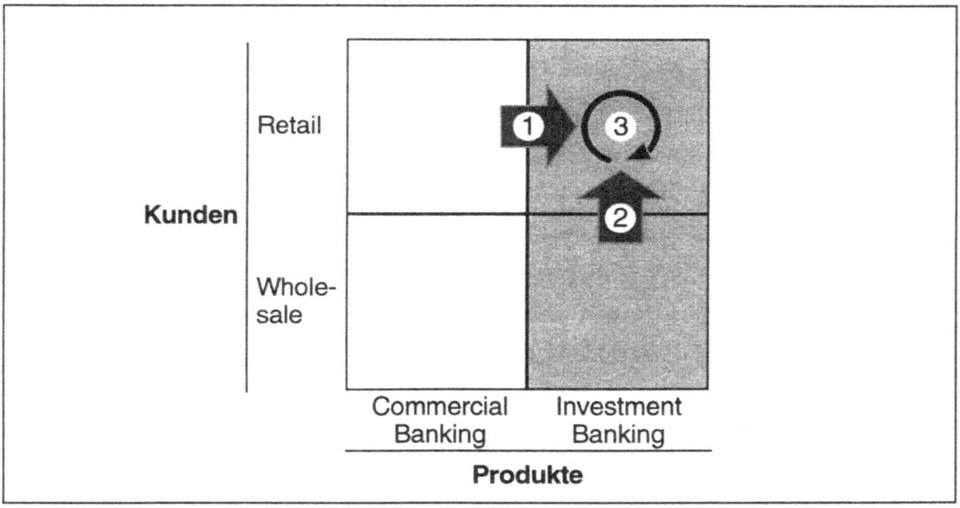

Abbildung 6-4: Gründe für den relativen Bedeutungsgewinn des Retail-Segments in der U.S.-Investment-Banking-Industrie

Als solche sind Nachfrageverschiebungen vom Retail-Commercial- zum Retail-Investment-Banking-Segment (1), vom Wholesale- zum Retail-Investment-Banking-Segment (2) sowie die inhärente Attraktivität dieses zuletzt genannten Segments (3) zu nennen. Im Sinne des SCP-Modells[512] sind diese Gründe wiederum auf mit technologischen und finanztheoretischen Fortschritten verbundene Produktinnovationen auf der Angebotsseite, auf Nachfrageverschiebungen aufgrund von Änderungen des dem politischen und rechtlichen Rahmen zuzuordnenden Rentensystems sowie aufgrund

sowohl qualitativ als auch quantitativ exakt auf den gesamten Produktbereich Retail Asset Management im engeren Sinne übertragbar.

512 Vgl. dazu ausführlicher Abschnitt 6.1 und Abbildung 6-2.

günstiger demographischer Rahmenbedingungen und auf makroökonomisch induzierte Nachfrageschwankungen zurückzuführen.

6.2.1 Nachfrageverschiebung vom Retail-Commercial- zum Retail-Investment-Banking-Segment

Ein Faktor für den Bedeutungsgewinn des Retail-Segments in der U.S.-Investment-Banking-Industrie war die zunehmende Verlagerung von Einlagegeldern aus dem Retail Commercial Banking hin zu Investmentgesellschaften, die seit dem Jahr 1971 mit ihren Geldmarktfonds ein gleichermaßen liquides, aber oftmals höher verzinsliches Produkt anbieten.[513] Diese Entwicklung wurde durch eine von der sowohl im Retail- als auch im Wholesale-Geschäft vertretenen Investmentbank Merrill Lynch[514] eingeführte Produktinnovation weiter beschleunigt. Sie bot ihren Retail-Kunden erstmals im Jahr 1977 mit ihrem Cash Management Account (CMA) als Alternative zum klassischen, von Commercial-Banken offerierten Zahlungsverkehrskonto die Möglichkeit an, Einlagen liquide und verzinslich in Geldmarktfonds anzulegen und dieses Konto darüber hinaus gleichzeitig für Scheck- und Kreditkartentransaktionen zu nutzen.[515] Weitere im Retail-Segment der Investment-Banking-Industrie tätige Brokers zogen bald mit ähnlichen integrierten Investment-Vehikeln nach und sorgten damit in Verbindung mit dieser Produktinnovation trotz zahlreicher Versuche von Commercial-Banken, diesen Vorstoß in ihr Segment gerichtlich zu stoppen, für eine schnelle Verbreitung von Geldmarktfonds,[516] die auch von Wholesale-Kunden für kurzfristige Anlagen genutzt werden.[517]

Diese Entwicklung läßt sich anhand der Strukturveränderung der Finanzaktiva von U.S.-Privatpersonen seit dem Jahr 1980 ablesen (Abbildung 6-5).

---

513 ICI: Mutual Fund Fact Book, a.a.O., S. 18; Bryan, Lowell/Farrell, Diana: Market Unbound: Unleashing Global Capitalism, New York et al. 1996, S. 245.

514 Vgl. zu Merrill Lynch ausführlicher Abschnitt 3.3.2.

515 Saunders, Anthony: Financial Institutions Management, a.a.O., S. 431; Malkiel, Burton G.: A Random Walk Down Wall Street, 6th edition, New York/London 1996, S. 334; o.V.: Merrill Lynch, a.a.O., S. 341.

516 Vgl. zur Einführung des CMA durch Merrill Lynch ausführlicher Nocera, Joseph: A Piece of the Action: How the Middle Class Joined the Money Class, New York et al. 1994, S. 149-163.

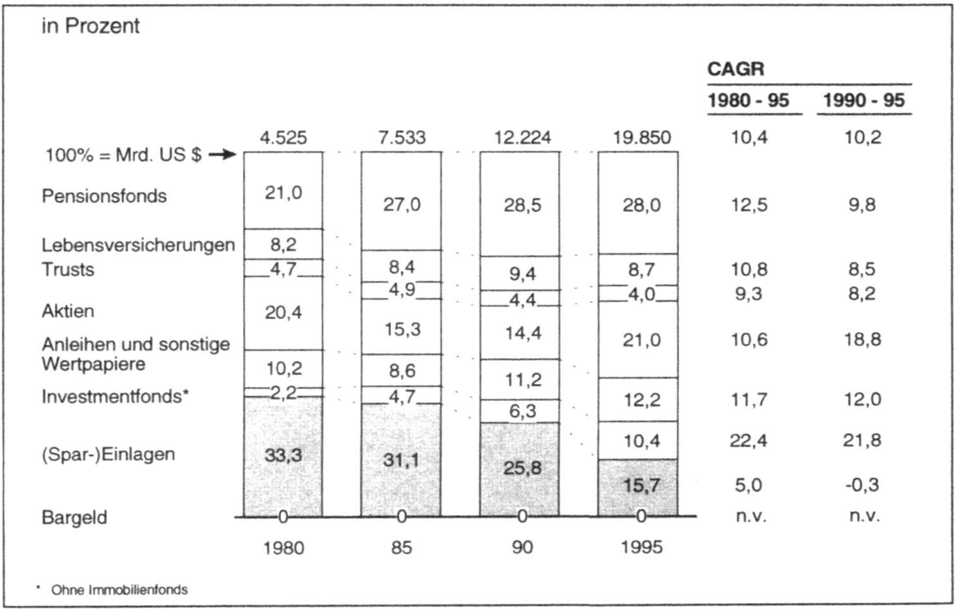

Abbildung 6-5: Struktur der Finanzaktiva von U.S.-Privatpersonen - 1980-95[518]

Das Wachstum der (Spar-)Einlagen blieb im Zeitraum von 1980 bis 1995 mit einer durchschnittlichen jährlichen Wachstumsrate von 5,0 Prozent von allen Anlageformen am deutlichsten hinter dem durchschnittlichen jährlichen Wachstum aller Finanzaktiva von 10,4 Prozent auf 19,9 Billionen US $ im Jahr 1995 zurück. Infolgedessen sank der prozentuale Anteil der (Spar-)Einlagen an den gesamten Finanzaktiva in diesem Zeitraum kontinuierlich von 33,3 Prozent auf 15,7 Prozent. Gleichzeitig wies das Volumen der von U.S.-Privatpersonen gehaltenen Investmentfonds mit 22,4 Prozent die höchste durchschnittliche jährliche Wachstumsrate auf, wozu auch die Kategorie der Geld-

517 Baumol, William J. et al.: The Economics of Mutual Fund Markets: Competition Versus Regulation, Boston/Dordrecht/London 1990, S. 32-37.

518 Eigene Berechnungen auf der Basis von Daten aus ICI: Mutual Fund Fact Book, a.a.O., S. 60 (Annahme: 26 Prozent des Gesamtvolumens von Investmentfonds wurden, wie bereits im Zusammenhang mit Abbildung 6-3 erwähnt, nicht von Retail-Anlegern gehalten; vgl. dazu ausführlicher ICI: Mutual Fund Fact Book, a.a.O., S. 35-37); ACLI: Life Insurance Fact Book, Washington D.C. 1981-1996; Federal Financial Institutions Examination Council: Annual Report of Trust Assets, Washington D.C. 1981-1996; PSI Global: Sizing and Segmenting the Consumer Financial Market, New York 1997; Board of Governors of the Federal Reserve System: Flow of Funds Accounts in the United States, Flows and Outstandings: Federal Reserve Statistical Release Z.1, Washington D.C. 1981-1996.

marktfonds beitrug, die als Substitut für Einlagenprodukte angesehen werden können. Des weiteren ist der Bedeutungsverlust der (Spar-)Einlagen, insbesondere von 1990 auf 1995 mit einer negativen Wachstumsrate von -0,3 Prozent nur durch erhebliche Umschichtungen beziehungsweise Wertsteigerungen aufgrund der günstigen Entwicklung an den Wertpapierbörsen zugunsten von Aktien- und Rentenfonds, Anleihen und sonstigen Wertpapieren sowie vor allem von Aktien zu erklären, deren Anteil an den Finanzaktiva in besagtem Zeitraum deutlich von 14,4 Prozent auf 21,0 Prozent anstieg.

Klarer läßt sich der Erfolg der Einführung von Geldmarktfonds anhand einer genaueren Betrachtung der Entwicklung der gesamten Investmentfondsvolumina in den USA nach Fondskategorien zeigen, für die Daten bis zum Jahr 1975 zurück analysiert wurden (Abbildung 6-6).

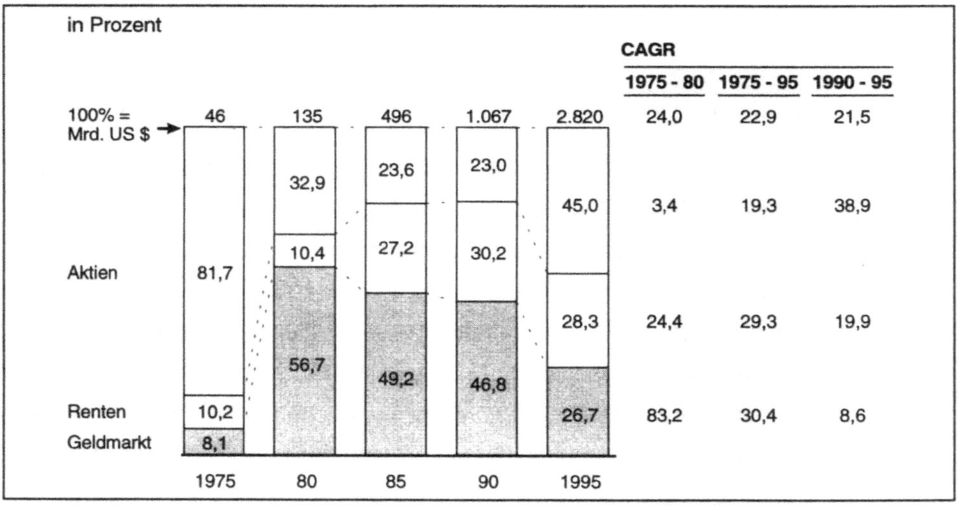

Abbildung 6-6: U.S.-Investmentfondsvolumen[519] nach Fondskategorien - 1975-95[520]

Nach der bereits oben erwähnten Einführung dieser Produktinnovation im Jahr 1971 stieg der Anteil der Geldmarktfonds am gesamten Investmentfondsvolumen von null auf 8,1 Prozent im Jahr 1975 und mit einer durchschnittlichen jährlichen Wachstumsrate von 83,2 Prozent weiter auf einen Anteil von 56,7 Prozent im Jahr 1980 an. Sehr

519 Ohne Immobilienfonds.

deutlich ging dieser Anteil von 46,8 Prozent im Jahr 1990 auf 26,7 Prozent in 1995 erst im Zusammenhang mit der bereits geschilderten positiven Entwicklung an den Wertpapierbörsen zurück,[521] im Zuge derer sich der Anteil der Aktienfonds durch Zuflüsse und Wertsteigerungen von 23,0 Prozent auf 45,0 Prozent erhöhte.[522] Interessanterweise fiel die damit verbundene durchschnittliche jährliche Wachstumsrate des Aktienfondsvolumens im Zeitraum von 1990 bis 1995 mit 38,9 Prozent deutlich höher aus als der Zuwachs des von U.S.-Privatpersonen direkt gehaltenen Aktienvolumens mit durchschnittlich jährlich 18,8 Prozent[523] im gleichen Zeitraum.[524]

Die Rahmenbedingungen für das weitere Wachstum von Geldmarktfonds sind als günstig einzustufen. Aufgrund der im Durchschnitt älter werdenden Bevölkerung sowohl in den USA als auch in anderen industrialisierten Ländern nimmt die Sparneigung tendenziell zu, während der Kreditbedarf der Haushalte insgesamt eher rückläufig einzuschätzen ist.[525] Diese Entwicklungen müßten konsequenterweise zu einem zunehmenden Einlagenüberschuß der Commercial-Banken im Privatkundengeschäft führen. Damit wären die Anreize gering, Retail-Investoren in Konkurrenz zu Geldmarktfonds mit vergleichsweise hohen Einlagezinsen[526] anzulocken.[527]

---

520 Eigene Berechnungen auf der Basis von Daten aus ICI: Mutual Fund Fact Book, a.a.O, S. 60.

521 Diese Entwicklung war auch die Folge von Änderungen der regulatorischen Rahmenbedingungen seit dem Jahr 1978, die Commercial-Banken das Angebot gleichwertiger Produkte ermöglichte (Baumol, William J. et al.: Economics of Mutual Fund Markets, a.a.O., S. 37-40; Mack, Phillip R./Schoenbeck, Michael A.: Recent Trends in the Mutual Fund Industry, in: Federal Reserve Bulletin, Vol. 79 (1993), No. 11, S. 1001-1012).

522 In absoluten Zahlen war das Volumen der Geldmarktfonds von null im Jahr 1971 auf über 500 Milliarden US $ im Juni 1994 angestiegen, denen zum gleichen Zeitpunkt ein Volumen auf Einlagen- und Geldmarktkonten bei Commercial-Banken von circa 782 Milliarden US $ gegenüberstand (Saunders, Anthony: Financial Institutions Management, a.a.O., S. 425).

523 Da der durchschnittliche jährliche Anstieg des S&P 500 als Total Return to Shareholders Index von 1990 bis 1995 bereits 16,6 Prozent betrug (eigene Berechnungen auf der Basis von Daten aus der Datastream-Datenbank, Datastream International Limited, London), war der Nettozufluß neuer Mittel in Aktien als Direktanlage in diesem Zeitraum offenbar gering.

524 Abbildung 6-5.

525 Vgl. zu den demographischen Trends in den USA und anderen Industrieländern sowie zu den Konsequenzen dieser Entwicklungen ausführlicher Abschnitt 6.2.3 und Abbildung 6-11.

526 Vgl. zur positiven Korrelation der Zuflüsse zu Geldmarktfonds mit der Differenz zwischen der Rendite von Geldmarktfonds und dem durchschnittlichen Zinssatz für Spareinlagen ausführlicher ICI: Mutual Fund Fact Book, a.a.O., S. 8-12.

527 Bryan, Lowell/Farrell, Diana: Market Unbound, a.a.O., S. 245.

Die eingangs dieses Abschnitts festgestellte relative Bedeutungszunahme des Retail-Segments in der U.S.-Investment-Banking-Industrie[528] läßt sich jedoch auch dann noch deutlich beobachten, wenn man den Zuwachs der Geldmarktfonds von 1980 bis 1995 ausblendet. Da das durchschnittliche jährliche Volumenwachstum der Geldmarktfonds von 1980 bis 1995 mit 16,5 Prozent geringer ausfiel als das der Summe aller Investmentfonds, erhöht sich die Wachstumsrate des Retail-Segments ohne Geldmarktfonds von 22,5 Prozent auf 26,8 Prozent. Der relative Bedeutungsgewinn dieses Segments wird mit einer Zunahme des prozentualen Anteils von 7,7 Prozent auf 38,0 Prozent statt von 16,0 Prozent auf 45,5 Prozent noch etwas deutlicher.

6.2.2 Nachfrageverschiebung vom Wholesale- zum Retail-Investment-Banking-Segment

Das Retail Investment Banking gewann nicht nur durch die im vorigen Abschnitt skizzierte Nachfrageverschiebung aus dem Retail-Segment der Commercial-Banking-Industrie, sondern auch zu Lasten des Wholesale-Segments in der Investment-Banking-Industrie an relativer Bedeutung. Letzterer Aspekt ist im wesentlichen auf eine zunehmende Individualisierung der Altersvorsorge in den USA zurückzuführen, die sich am relativen Bedeutungsgewinn von Defined-Contribution-Plänen im weiteren Sinne, bei denen der begünstigte Arbeitnehmer beziehungsweise spätere Rentner das Anlage- oder Renditerisiko trägt,[529] gegenüber Defined-Benefit-Plänen[530] ablesen läßt, im Rahmen derer dem Begünstigten eine feste Zusage hinsichtlich der Höhe der späte-

---

528 Abbildung 6-3.

529 Da auch im Rahmen der individuellen Altersvorsorgepläne (Abbildung 6-8) das Anlage- oder Renditerisiko bei dem späteren Versorgungsempfänger verbleibt, werden diese im weiteren Verlauf der Arbeit auch zu den Defined-Contribution-Plänen im weiteren Sinne gezählt. Üblicherweise dient die Kategorie der Defined-Contribution-Pläne lediglich zur Bezeichnung bestimmter arbeitgebergestützter Altersvorsorgepläne (vgl. dazu beispielsweise Black, Kenneth Jr./Skipper, Harold D.: Life Insurance, 12th edition, Englewood Cliffs 1994, S. 797-799; Conning & Company: The Pension/Retirement Assets Business: Sleeping with the Enemy, Hartford/London 1996, S. 20-24).

530 Vgl. zur Konzeption und Abgrenzung von Defined-Benefit- und Defined-Contribution-Plänen ausführlicher Bodie, Zvi/Mitchell, Olivia S.: Pension Security in an Aging World, in: Bodie, Zvi/Mitchell, Olivia S./Turner, John A. (Eds.): Securing Employer-Based Pensions: An International Perspective, Philadelphia 1995, S. 8-10; Black, Kenneth Jr./Skipper, Harold D.: Life Insurance, a.a.O., S. 797; Conning & Company: Pension/Retirement Assets, a.a.O., S. 19-24.

ren Rentenzahlungen gemacht wird, und das Anlage- oder Renditerisiko somit beim Arbeitgeber beziehungsweise Beitragszahler verbleibt (Abbildung 6-7).[531]

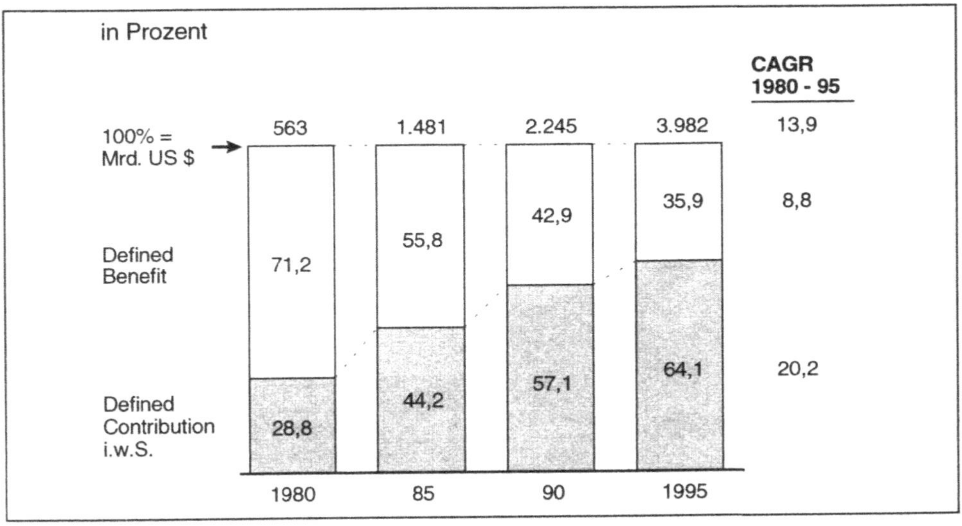

Abbildung 6-7: Vermögenswerte in U.S.-Defined-Benefit- und -Defined-Contribution-Plänen im weiteren Sinne - 1980-95[532]

Während das im Rahmen von Defined-Contribution-Plänen im weiteren Sinne verwaltete Anlagevolumen von 1980 bis 1995 eine durchschnittliche jährliche Wachstumsrate von 20,2 Prozent aufwies, betrug der Vergleichswert für Defined-Benefit-Pläne[533] lediglich 8,8 Prozent. Infolge dieser Wachstumsdifferentiale hat sich der

531 Vgl. zur zunehmenden Bedeutung von Defined-Contribution- gegenüber Defined-Benefit-Plänen sowie den demographischen, regulatorischen und wirtschaftlichen Gründen für diese Entwicklung ausführlicher Conning & Company: Pension/Retirement Assets, a.a.O., S. 29-47.

532 Eigene Berechnungen auf der Basis von Daten aus Sanford C. Bernstein & Co., Inc.: Future of Money Management, a.a.O., S. 31, Exhibit 17; EBRI: EBRI Databook on Employee Benefits, Washington D.C. 1995; EBRI, Washington D.C.

533 Defined-Benefit-Pläne begründen eine Rolle für das Wholesale beziehungsweise Institutional Asset Management. Auch der Anteil der im Rahmen von Defined-Benefit-Plänen verwalteten Vermögenswerte am Gesamtvolumen des Wholesale beziehungsweise Institutional Asset Management ging von 57 Prozent im Jahr 1980 deutlich bis auf 42 Prozent in 1995 zurück (eigene Berechnungen auf der Basis von Abbildung 6-3 und Abbildung 6-7).

Anteil der Defined-Contribution-Pläne im weiteren Sinne am Gesamtvolumen von 1980 bis 1995 kontinuierlich von 28,8 Prozent auf 64,1 Prozent erhöht.[534]

Diese Entwicklung ist stark mit der Einführung steuerbegünstigter individueller Formen der Altersvorsorge für abhängig Beschäftigte im Rahmen des Employee Retirement Income Security Act (ERISA) im Jahr 1974[535] und der Schaffung steuerbegünstigter arbeitgebergestützter Altersvorsorgepläne im Jahr 1978 verbunden, die, wie bereits erwähnt, für den Zweck dieser Arbeit beide als Defined-Contribution-Pläne im weiteren Sinne bezeichnet werden (Abbildung 6-8).[536]

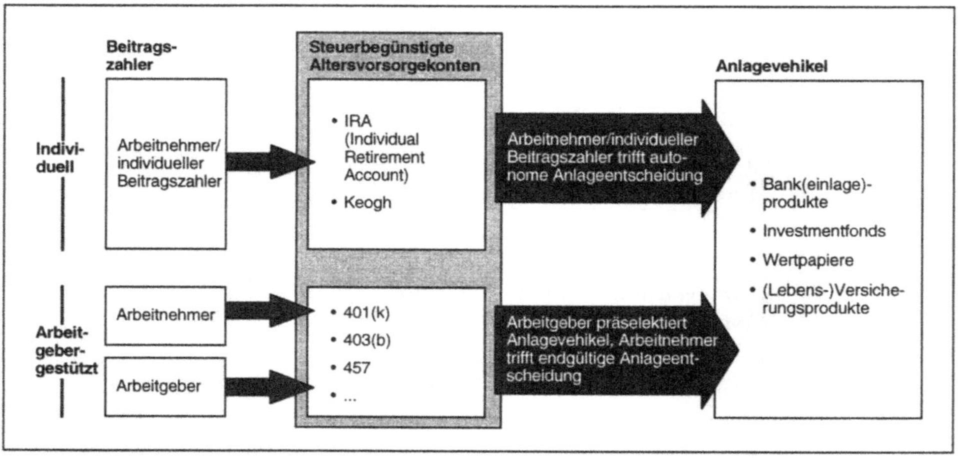

Abbildung 6-8: Möglichkeiten der steuerbegünstigten individuellen und arbeitgebergestützten Altersvorsorge in den USA[537]

---

534 Der staatlichen, im Umlageverfahren ohne Kapitaldeckung finanzierten Altersversorgung über Transferzahlungen kommt in den USA mit einem derzeitigen Anteil von knapp über 50 Prozent an den Einkommen der Rentnerhaushalte eine vergleichsweise geringe Bedeutung zu (vgl. dazu später ausführlicher Abschnitt 6.2.3 und Abbildung 6-12). Wie auch in anderen industrialisierten Staaten bestehen jedoch auch in den USA erhebliche Bedenken, ob dieses Standbein der Altersvorsorge langfristig in der gegenwärtigen Form und im Umfang aufrecht zu erhalten ist (Mattern, Frank et al.: Aktie, Arbeit, Aufschwung: Wie der Finanzplatz Wirtschaft und Gesellschaft wieder in Schwung bringt, Frankfurt/New York 1997, S. 133-137; Conning & Company: Pension/Retirement Assets, a.a.O., S. 36-38, 44-45).

535 Vgl. zum ERISA ausführlicher Black, Kenneth Jr./Skipper, Harold D.: Life Insurance, a.a.O., S. 793-794; Conning & Company: Pension/Retirement Assets, a.a.O., S. 17, 26.

536 ICI: Mutual Fund Fact Book, a.a.O., S. 18.

537 Ohne Berücksichtigung staatlicher/öffentlicher Transferzahlungen.

Im Rahmen der individuellen Altersvorsorgepläne besteht für Arbeitnehmer beziehungsweise individuelle Beitragszahler die Möglichkeit, bis zu bestimmten jährlichen Höchstbeträgen steuerbegünstigte Beiträge auf sogenannte Individual Retirement Accounts (IRA) oder Keogh-Pläne[538] einzuzahlen und diese eigenständig in dafür als Anlagevehikel vorgesehene Bank(einlage)produkte, Investmentfonds, Wertpapiere oder bestimmte (Lebens-)Versicherungsprodukte sämtlicher verfügbarer Anbieter zu investieren.[539] Bei den arbeitgebergestützten Defined-Contribution-Plänen können sowohl Arbeitnehmer als auch Arbeitgeber innerhalb der festgelegten jährlichen Höchstbeträge steuerbegünstigte Beiträge auf Konten zum Beispiel sogenannter 401(k)-[540], 403(b)- beziehungsweise 457-Pläne[541] abführen.[542] Auch hier trifft der Arbeitnehmer als Begünstigter die letztendliche Anlageentscheidung.[543] Im Unterschied zu den individuellen Altersvorsorgeplänen kann er jedoch nicht auf das gesamte Spektrum von Anlagevehikeln zurückgreifen, sondern ist auf die vom Arbeitgeber vorab getroffene Auswahl bestimmter Anlagemöglichkeiten und Anbieter beschränkt.

---

538 Für Selbständige beziehungsweise Unternehmer besteht die Möglichkeit, im Rahmen sogenannter Keogh-Pläne individuell steuerbegünstigt für das Alter vorzusorgen; vgl. dazu ausführlicher Black, Kenneth Jr./Skipper, Harold D.: Life Insurance, a.a.O., S. 816-818.

539 ICI: Mutual Fund Fact Book, a.a.O., S. 53.

540 Vgl. zur Konzeption und wachsenden Verbreitung von 401(k)-Plänen überblickartig Black, Kenneth Jr./Skipper, Harold D.: Life Insurance, a.a.O., S. 821; Meehan, John/Laderman, Jeffrey M.: The Smart 401(k), in: Business Week, o. Jg. (1995), July 3, 1995, S. 58-62; o.V.: Retirement Market Set for Growth, in: Life Insurance International, o. Jg. (1996), October 1996, S. 14.

541 Diese verschiedenen, in ihrer Grundkonzeption jedoch einheitlichen Pläne sind nach den jeweils relevanten Abschnitten des U.S. Internal Revenue Code benannt und für unterschiedliche Gruppen von Arbeitnehmern relevant: 401(k)-Pläne für Angestellte im privatwirtschaftlichen Sektor, 403(b)-Pläne für Mitarbeiter im öffentlichen Bildungswesen und bestimmter steuerbegünstigter Organisationen, 457-Pläne für Mitarbeiter staatlicher und lokaler Behörden sowie einer weiteren Gruppe steuerbegünstigter Organisationen (ICI: Mutual Fund Fact Book: A Basic Guide to the Trends and Statistics Observed and Recorded in the Mutual Fund Industry, 36th edition, Washington 1996, S. 89). Im Jahr 1995 entfielen 68,8 Prozent des im Rahmen dieser drei Kategorien akkumulierten Investmentfondsvolumens von 379,4 Milliarden US $ auf 401(k)-Pläne, 29,7 Prozent auf 403(b)-Pläne und 1,5 Prozent auf 457-Pläne (ICI: Mutual Fund Fact Book, a.a.O., S. 52); vgl. zu den einzelnen Formen der arbeitgebergestützten Defined-Contribution-Pläne ausführlicher Conning & Company: Pension/Retirement Assets, a.a.O., S. 20-24.

542 Neben diesen genannten wichtigsten Formen werden auch Money Purchase Pension Plans, Profit Sharing Plans and Stock Bonus Plans als Defined-Contribution-Pläne eingestuft (Black, Kenneth Jr./Skipper, Harold D.: Life Insurance, a.a.O., S. 797).

543 Die weitgehende Verlagerung der Anlageentscheidung zusammen mit dem Anlage- beziehungsweise Versorgungsrisiko ist konsistent mit dem Kongruenzprinzip als klassischem Managementprinzip, welches besagt, "[...] daß Kompetenz sich mit Aufgabe(n) und Verantwortung decken müsse und umgekehrt." (Staehle, Wolfgang H.: Management, a.a.O., S. 657).

Aus Sicht der Anbieter kann in diesem Zusammenhang von einem zweistufigen Vertrieb gesprochen werden, da zunächst der Arbeitgeber und dann der einzelne Arbeitnehmer von der Vorteilhaftigkeit des angebotenen Produkts zu überzeugen sind.[544]

Als sehr populäre Anlagevehikel im Rahmen dieser individuellen und arbeitgebergestützten Defined-Contribution-Altersvorsorgepläne im weiteren Sinne haben sich dabei vor allem seit dem Beginn der neunziger Jahre Investmentfonds herausgestellt (Abbildung 6-9).

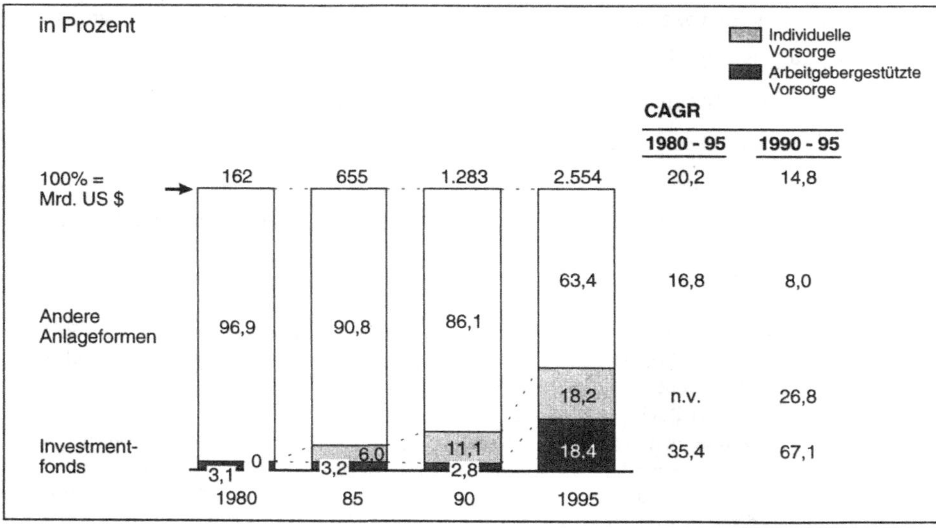

Abbildung 6-9: U.S.-Investmentfondsvolumen im Rahmen von Defined-Contribution-Plänen im weiteren Sinne - 1980-95[545]

---

544 Brinker, Bernhard/Sautter, Michael T.: Mutual Funds in Germany: Evaluating Opportunities, in: The McKinsey Quarterly, o. Jg. (1997), No. 2, S. 197-198; dabei geht die Entwicklung in den letzten Jahren dahin, den Arbeitnehmern zunehmend größere Auswahlmöglichkeiten zu bieten. Während im Jahr 1992 lediglich 25 Prozent aller 401(k)-Pläne in den USA die Möglichkeit boten, in Investmentfonds unterschiedlicher Anbieter anzulegen, betrug dieser Wert im Jahr 1997 bereits 63 Prozent (Hirsch, James S.: Retirement-Fund Cash Going to Fidelity Slows as Employees Seek More Choices, in: The Wall Street Journal, January 8, 1997, S. C1).

545 Eigene Berechnungen auf der Basis von Daten aus Sanford C. Bernstein & Co., Inc.: Future of Money Management, a.a.O., S. 31, Exhibit 17; EBRI: EBRI Databook on Employee Benefits, Washington D.C. 1995; EBRI, Washington D.C.; ICI: Mutual Fund Fact Book: A Basic Guide to the Trends and Statistics Observed and Recorded in the Mutual Fund Industry, 21st-35th edition, Washington D.C. 1981-1995; ICI: Mutual Fund Fact Book, a.a.O., S. 52.

Die durchschnittliche jährliche Wachstumsrate des in arbeitgebergestützten Defined-Contribution-Plänen angelegten Investmentfondsvolumens war von 1980 bis 1995 mit 35,4 Prozent mehr als doppelt so hoch wie die der übrigen Anlageformen sämtlicher Defined-Contribution-Pläne im weiteren Sinne mit 16,8 Prozent. Von 1990 bis 1995 fiel dieser Unterschied noch deutlicher aus, als das Volumen der Defined-Contribution-Plänen im weiteren Sinne zuzurechnenden Investmentfonds um jährlich durchschnittlich 26,8 Prozent im Rahmen individueller und sogar 67,1 Prozent innerhalb arbeitgebergestützter Pläne gegenüber 8,0 Prozent der übrigen Anlageformen anwuchs. Die Bedeutung der individuellen und arbeitgebergestützten Altersvorsorge für das Wachstum des Investmentfondsvolumens wird auch bei der Betrachtung der Nettomittelzuflüsse von 1992 bis 1996 evident (Abbildung 6-10). Insgesamt 42 Prozent der Zuflüsse resultierten allein aus dem Altersvorsorgesparen im Rahmen der oben beschriebenen IRA-, Keogh- und 401(k)-Pläne.[546]

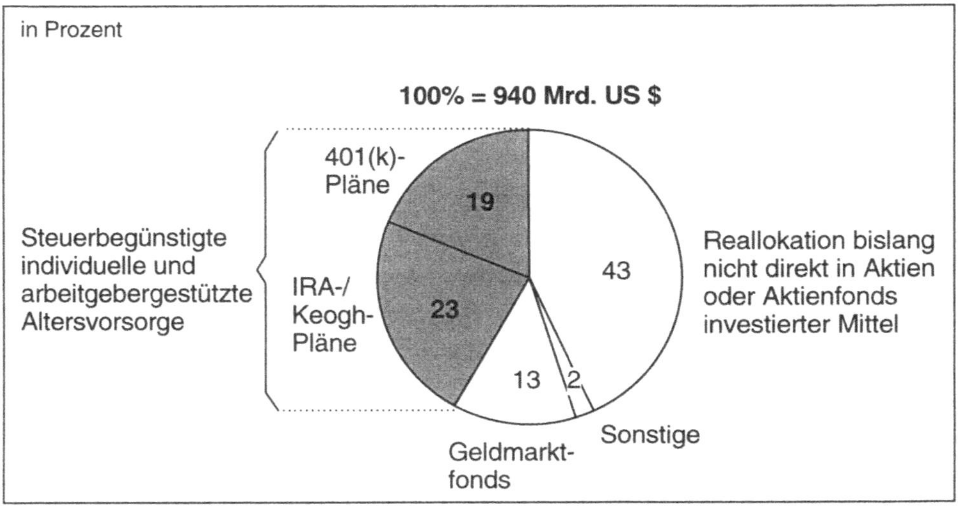

Abbildung 6-10: Nettomittelzuflüsse zu U.S.-Investmentfonds - 1992-96[547]

Daß es über die bereits beschriebenen Entwicklungen hinaus weitere Gründe für den relativen Bedeutungsgewinn des Retail-Investment-Banking-Segments geben muß,

546 Sanford C. Bernstein & Co., Inc.: Future of Money Management, a.a.O., S. 15.

547 Eigene Abbildung in Anlehnung an Sanford C. Bernstein & Co., Inc.: Future of Money Management, a.a.O., S. 15; Werte für 1996 von Sanford C. Bernstein & Co., Inc. geschätzt.

wird deutlich, wenn man diesen Trend ohne Berücksichtigung von Geldmarktfonds[548] und Defined-Contribution-Plänen im weiteren Sinne zuzurechnenden Investmentfonds analysiert. In diesem Fall beläuft sich das durchschnittliche jährliche Wachstum des Retail-Segments[549] von 1980 bis 1995 auf 22,6 Prozent,[550] und die relative Zunahme des Anteils dieses Segments am gesamten Produktbereich Asset Management verringert sich von 7,0 Prozent auf 25,1 Prozent gegenüber der ursprünglichen Entwicklung von 16,0 Prozent auf 45,5 Prozent sowie von 7,7 Prozent auf 38,0 Prozent bei der Betrachtung der Entwicklung ohne Geldmarktfonds.

6.2.3 Inhärente Attraktivität des Retail-Investment-Banking-Segments

Das U.S.-Retail-Investment-Banking-Segment profitiert in seiner relativen Bedeutung nicht nur von Nachfrageverschiebungen zu Lasten der Retail-Commercial-Banking-[551] und Wholesale-Investment-Banking-Segmente[552], sondern auch von seiner inhärenten Attraktivität, die wiederum überwiegend den Produktbereich Retail Asset Management betrifft.

Ausgangspunkt ist die bereits erwähnte,[553] aus Sicht der Retail-Asset-Management-Industrie günstige demographische Situation der U.S.-Bevölkerung (Abbildung 6-11). Bei einer gegenüber dem Wachstum der Gesamtbevölkerung von 0,9 Prozent weit überdurchschnittlichen jährlichen Wachstumsrate von 2,7 Prozent von 1990 bis 2010 gewinnt Schätzungen zufolge mit der Gruppe der 45- bis 64-jährigen zukünftig weiterhin genau die Bevölkerungsgruppe an relativer Bedeutung, die sich durch ein vergleichsweise hohes Durchschnittseinkommen und eine hohe Sparrate auszeichnet. Ihr Anteil an der Gesamtbevölkerung soll von 19 Prozent im Jahr 1990 auf 27 Prozent im Jahr 2010 ansteigen.[554] Diese Verschiebung geht zu Lasten der unter 45-jährigen,

---

548 Abschnitt 6.2.1.

549 Abbildung 6-3.

550 Gegenüber 22,5 Prozent in der Ausgangssituation und 26,8 Prozent ohne Berücksichtigung von Geldmarktfonds.

551 Abschnitt 6.2.1.

552 Abschnitt 6.2.2.

553 Abschnitt 6.2.1.

554 Diese Entwicklung wird in ihrer Tendenz für die Gesamtheit aller industrialisierten Länder prognostiziert (Bryan, Lowell/Farrell, Diana: Market Unbound, a.a.O., S. 119).

die grundsätzlich unter anderem eine geringere Sparrate und ein überdurchschnittlich hoher Kreditbedarf kennzeichnet. Es wird geschätzt, daß der Anteil dieser Bevölkerungsgruppe im gleichen Zeitraum von 69 Prozent auf 60 Prozent zurückgeht. Der Anteil der Gruppe der Einwohner, die 65 Jahre oder älter sind und ihr angespartes Vermögen im Zeitablauf zumindest teilweise zu Konsumzwecken abbauen, soll noch leicht von 12 Prozent auf 13 Prozent ansteigen. Diese demographischen Trends führen zu einem erheblichen Anwachsen der verfügbaren Haushaltsvermögen und stellen damit eine sehr günstige Rahmenbedingung für weiteres starkes Wachstum der Retail-Asset-Management-Industrie dar.[555]

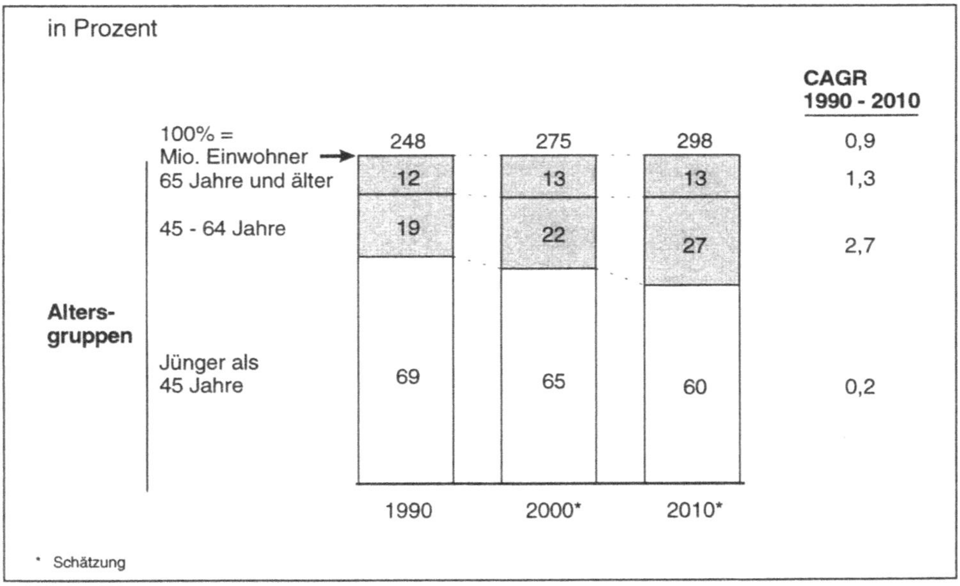

Abbildung 6-11: Demographische Entwicklung in den USA - 1990-2010[556]

Neben der demographischen Entwicklung ist auch der im internationalen Vergleich geringe Anteil im Umlageverfahren finanzierter und daher nicht kapitalgedeckter öffentlicher Transferzahlungen in den USA von Bedeutung (Abbildung 6-12). Während diese öffentlichen Transferzahlungen in den USA ähnlich wie in Großbritannien

---

[555] Bryan, Lowell/Farrell, Diana: Market Unbound, a.a.O., S. 118-123, 144-145.

[556] Eigene Abbildung in Anlehnung an McKinsey & Company, Inc.: Winning in the U.S. Mutual Fund Industry: What Will it Take?, nicht veröffentlichte interne Studie, Washington D.C. 1995.

lediglich knapp über fünfzig Prozent der durchschnittlichen Einkommen der Rentnerhaushalte ausmachen, betragen die Vergleichswerte für Deutschland und Frankreich 72,5 Prozent und 75,0 Prozent.[557] Diese Konstellation schafft über die damit zwangsläufig verbundenen hohen Pro-Kopf-Vermögenswerte überhaupt erst die Voraussetzung dafür, daß, wie im letzten Abschnitt dargelegt, steuerbegünstigte individuelle und arbeitgebergestützte Altersvorsorgepläne gegenwärtig in den USA in dem beschriebenen Umfang zum Wachstum des Investmentfondsvolumens beitragen können. Zusätzlich wird diese Entwicklung von der allgemeinen Unsicherheit der Bevölkerung in den USA wie auch in anderen industrialisierten Ländern über den Fortbestand der staatlichen, im Umlageverfahren ohne Kapitalrücklagen finanzierten Altersversorgung im gegenwärtigen Umfang begünstigt. Dies führt seitens der Bevölkerung zu einem steigenden Bewußtsein der Notwendigkeit, stärker im Rahmen individueller oder arbeitgebergestützter Pläne für das Rentenalter Vorsorge zu treffen.[558]

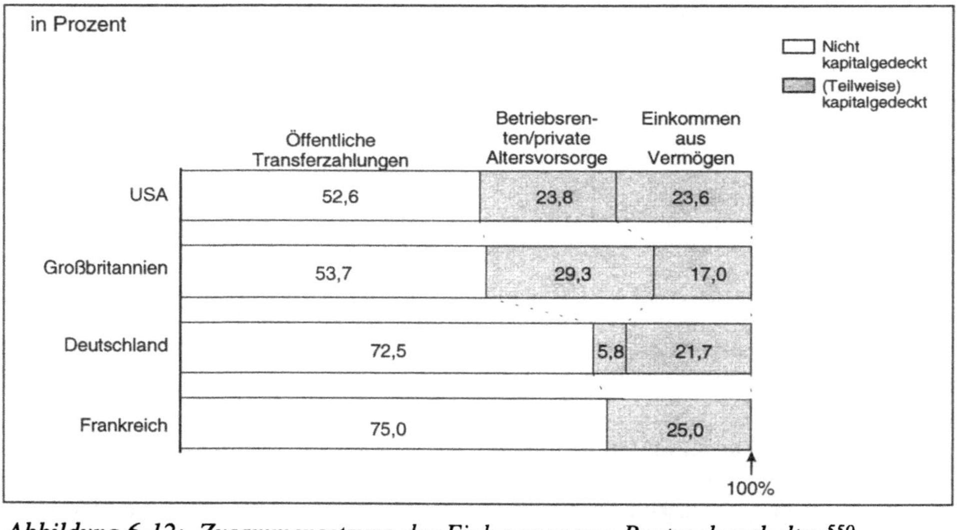

Abbildung 6-12: Zusammensetzung der Einkommen von Rentnerhaushalten[559]

557 Mattern, Frank et al.: Aktie, Arbeit, Aufschwung, a.a.O., S. 134-135.

558 Mattern, Frank et al.: Aktie, Arbeit, Aufschwung, a.a.O., S. 136-137; Conning & Company: Pension/Retirement Assets, a.a.O., S. 36; Goldman Sachs: Investment Management Industry, a.a.O., S. 53-58.

559 Werte von 1992 (USA), 1995 (Großbritannien), 1993 (Deutschland), 1994 (Frankreich); eigene Abbildung in Anlehnung an Mattern, Frank et al.: Aktie, Arbeit, Aufschwung, a.a.O., S. 135.

Vieles spricht auch dafür, daß die zunehmende, ebenfalls mit dem relativen Bedeutungsgewinn von Defined-Contribution-Plänen einhergehende Verlagerung des Anlage- beziehungsweise Renditerisikos auf den späteren Rentenempfänger mit ein Grund für die starke Performance-Orientierung der Retail-Investoren in den USA ist, da sich Renditeunterschiede über lange Zeiträume deutlich auf das spätere Versorgungsniveau auswirken. Bereits eine Erhöhung der durchschnittlich erzielbaren realen Rendite von sieben Prozent[560] um lediglich einen Prozentpunkt auf acht Prozent, was einer Steigerung des Ausgangswertes um 14 Prozent gleichkommt, bedeutet für das Beispiel einer vierzigjährigen Ansparphase vom 25. bis zum 65. Lebensjahr mit einer monatlichen Sparleistung von 250 DM bei einer Verrentung des angesparten Betrags über eine fünfzehnjährige Ruhestandsphase vom 65. bis zum 80. Lebensjahr statt monatlicher Rentenzahlungen von 5.480 DM um 38 Prozent höhere Ruhestandsbezüge von 7.566 DM in heutigen Preisen.[561]

Die operative Umsetzung des Renditebewußtseins im Rahmen der Anlageentscheidung wird durch eine entsprechende Transparenz der Performance erleichtert. Im U.S.-Investmentfondsgeschäft besteht eine weitgehende Transparenz durch die breite Akzeptanz der Morningstar Performance Ratings (Abbildung 6-13). Im Jahr 1996 waren, nach 76,8 Prozent fünf Jahre zuvor, bereits 81,7 Prozent des gesamten U.S.-Investmentfondsvermögens durch Morningstar geratet. Das in den beiden am höchsten gerateten Fondskategorien gehaltene Vermögen stieg von 1991 bis 1996 von 53,3 Prozent auf 63,8 Prozent des gesamten Fondsvermögens an.[562] Daß dies nicht lediglich auf eine überdurchschnittlich steigende Anzahl von Fonds in diesen beiden Kategorien zurückzuführen ist, beweist der sogar leicht rückläufige Anteil der Fondsanzahl in diesen beiden Kategorien im Verhältnis zur Gesamtzahl an Fonds im Markt.

---

560 Dieser Wert entspricht bei einer Anlage des Vermögens zu 50 Prozent in Aktien und 50 Prozent in Anleihen der realen Durchschnittsrendite in Deutschland von 1980 bis 1996 (Sautter, Michael T.: Exzellenz oder Exitus - Trends und Erfolgsfaktoren im Asset Management, Vortrag im Rahmen des Bankenforums an der European Business School, Oestrich-Winkel, 1. November 1997).

561 Berechnet auf Basis jährlich nachschüssiger Zahlungen unter der Annahme, daß die jeweiligen realen Renditen in der zugrundegelegten Höhe über die nächsten 55 Jahre erzielt werden können. Vgl. zu den Berechnungsgrundlagen Schulte, Karl-Werner: Wirtschaftlichkeitsrechnung, 4. Auflage, Heidelberg/Wien 1986, S. 193-194.

562 Im Jahr 1996 entfielen bereits 80 Prozent aller Verkäufe von U.S.-Investmentfonds auf diese beiden am höchsten gerateten Fondskategorien (Putnam, Lovell & Thornton: The Investment Management Industry in the United States, New York/San Francisco, July 11, 1997, S. 31).

Dieser Wert ging von 35,3 Prozent im Jahr 1991 auf 32,2 Prozent im Jahr 1996 zurück.

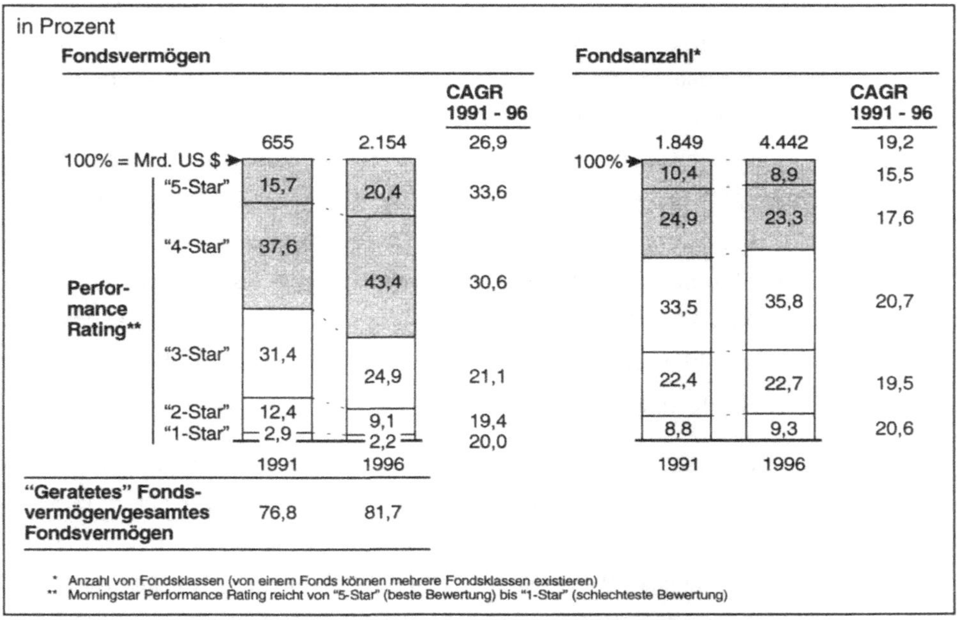

Abbildung 6-13: Verteilung von U.S.-Investmentfonds[563] nach Performance Rating - 1991 vs. 1996[564]

Es ist davon auszugehen, daß diese Performance-Orientierung in Verbindung mit einem etablierten und transparenten Performance-Standard ein wichtiger Grund für die zunehmende Verbreitung von Investmentfonds als wesentlicher Bestandteil des provisionsträchtigen Retail-Asset-Management-Geschäfts im engeren Sinne ist. Wie bereits oben festgestellt, waren Investmentfonds das am schnellsten wachsende Anlagevehikel von Retail-Investoren,[565] und zwar insbesondere im Zusammenhang mit Aktienan-

563 Nur "geratete" Fonds; ohne Geldmarktfonds und Immobilienfonds.

564 Eigene Berechnungen auf der Basis von Daten aus ICI: Mutual Fund Fact Book, a.a.O., 60-62 sowie aus der Principia-Plus-for-Mutual-Funds-Datenbank, Morningstar, Inc., Chicago.

565 Von 1980 bis 1995 wuchsen die Anlagen in Investmentfonds mit einer durchschnittlichen jährlichen Rate von 22,4 Prozent mit Abstand am schnellsten von allen von U.S.-Privatpersonen für ihre Finanzaktiva genutzten Anlagemedien (Abbildung 6-5).

lagen.[566] Diese Beobachtung und Argumentation sind konsistent mit den Berechnungen von Sirri/Tufano, nach denen Retail-Investoren in Abhängigkeit von den zu Investitionszwecken zur Verfügung stehenden Mitteln aufgrund von Transaktionskosten und unvollständiger Diversifikation zum Teil erhebliche Opportunitätskosten auf sich nehmen, wenn sie statt Anteilen an einem voll diversifizierten, an den Index gekoppelten Aktienfonds selbst ein Aktienportfolio halten. Konkret reichen diese Opportunitätskosten von jährlich 1,16 Prozent für die nach verfügbarem Vermögen obersten 20 Prozent der U.S.-Bevölkerung bis zu 9,82 Prozent für die untersten 20 Prozent.[567] Vor dem Hintergrund, daß Anteile an einem Aktienindexfonds bereits zu jährlichen Kosten von 0,4 Prozent zu erwerben sind, stellt dies für alle außer sehr wohlhabenden Individuen gegenüber dem Aufbau eines eigenen Aktienportfolios aus dieser Argumentation heraus die vorteilhaftere Investitionsalternative dar.[568] Da sich für den typischen U.S.-Investor[569] mit einem verfügbaren Vermögen von 28.044 US $ nach diesen Berechnungen beim eigenständigen Halten eines Aktienportfolios jährliche Opportunitätskosten in Höhe von ungefähr 750 US $ ergeben, beläuft sich das gesamte Marktpotential für Anbieter von Investmentfonds beziehungsweise vergleichbarer Pooling-Leistungen bei ungefähr 80 Millionen Haushalten in den USA überschlagsmäßig auf circa 60 Milliarden US $ pro Jahr.[570]

Trotz dieser ökonomischen Plausibilitätsüberlegungen ist die erwähnte, in den letzten Jahren zu beobachtende starke Verlagerung von Anlagegeldern in Aktienfonds[571] zumindest zum Teil auch im Zusammenhang mit der günstigen Börsenentwicklung zu sehen. Immerhin stieg der S&P 500 als Total Return to Shareholders Index von 1992

---

566 Während das Volumen der gesamten U.S.-Aktienfonds von 1990 bis 1995 um jährlich durchschnittlich 38,9 Prozent anwuchs (Abbildung 6-6), stieg das Volumen der von U.S.-Privatpersonen direkt gehaltenen Aktien im gleichen Zeitraum nur um jährlich durchschnittlich 18,8 Prozent an (Abbildung 6-5).

567 Dabei reicht der bei der Berechnung zugrunde gelegte Median des zu Investitionszwecken verfügbaren Einkommens von 4.324 US $ bei den untersten 20 Prozent der U.S.-Bevölkerung bis 111.770 US $ bei den obersten 20 Prozent.

568 In den USA waren im Jahr 1997 sechs der vierzig meistverkauften Fonds passiv verwaltete Aktienindexfonds, während es im Jahr 1996 erst drei waren (o.V.: Index-Fonds schlagen Aktien-Picker, in: Frankfurter Allgemeine Zeitung, Nr. 2, 3. Januar 1998, S. 13).

569 Zur Ermittlung des "typischen U.S.-Investors" wurde der Median zugrunde gelegt.

570 Vgl. zu diesen Berechnungen ausführlicher Sirri, Erik R./Tufano, Peter: Economics of Pooling, a.a.O., S. 103-108.

571 Abbildung 6-10.

bis 1996 um jährlich durchschnittlich 17,2 Prozent.[572] Mit dem Aufkommen erster Unsicherheiten an den Finanzmärkten mit dem ersten größeren Kursverlust am 27. Oktober 1997, als die Kurse an der New Yorker Börse im Durchschnitt um mehr als sieben Prozent nachgaben, blieben im Oktober 1997 die Nettomittelzuflüsse für die amerikanischen Aktienfonds erstmals seit längerer Zeit mit mehr als 13 Prozent deutlich hinter den Monatsschätzungen des ICI, Washington D.C., dem Branchenverband der U.S.-Investmentgesellschaften, zurück. Für diese Entwicklung können jedoch ebenfalls steuerliche Gründe mitverantwortlich sein, aus denen heraus viele Anleger die stark auf die Monate November und Dezember konzentrierten Gewinnausschüttungen der Aktienfonds abwarten, bevor sie sich wieder entsprechend engagieren.[573] Eine historische Untersuchung des ICI über mehr als 50 Jahre ergibt zwar, daß es im U.S.-Markt auch bei starken Kursrückgängen an den Aktienbörsen nicht zu massenhaften Rückgaben der Anteile von Aktienfonds kam. Der höchste Mittelabfluß aus Aktienfonds innerhalb eines Monats wurde im Oktober 1987 mit 3,1 Prozent des gesamten zu diesem Zeitpunkt in Aktienfonds investierten Volumens verzeichnet. Dennoch kommt die Untersuchung zu dem Ergebnis, daß grundsätzlich von einem leichten Rückgang der Nettomittelzuflüsse für Aktienfonds als Reaktion auf eine sich verschlechternde Situation an den Aktienbörsen, und umgekehrt, ausgegangen werden kann.[574]

Als Zwischenergebnis kann an dieser Stelle festgehalten werden, daß der Bereich Retail Asset Management und damit das gesamte Retail-Investment-Banking-Segment aufgrund der diskutierten Entwicklungen in den USA nachhaltig an relativer Bedeutung gewinnt. In Abhängigkeit von der Relevanz, die der Produktbereich Asset Management für die bislang überwiegend auf das Wholesale-Segment fokussierten Investment-Banken besitzt, könnte der erwähnte Trend mit der Absicht dieser Anbie-

---

572 Eigene Berechnungen auf der Basis von Daten aus der Datastream-Datenbank, Datastream International Limited, London. Dabei ist unklar, ob die hohen Nettomittelzuflüsse für die U.S.-Aktieninvestmentfonds in den letzten Jahren (Abbildung 6-6; Abbildung 6-10) in erster Linie mit ein Grund für diese positive Entwicklung der U.S.-Aktienmärkte in der ersten Hälfte der neunziger Jahre waren, oder ob eben diese gute Performance ursächlich für die hohen Nettomittelzuflüsse war.

573 o.V.: Zuflüsse zu amerikanischen Aktienfonds rückläufig, in: Frankfurter Allgemeine Zeitung, Nr. 281, 3. Dezember 1997, S. 33.

574 Vgl. zu dieser Untersuchung ausführlicher ICI: Mutual Fund Fact Book, a.a.O., S. 42-45.

ter, die Effektivität des Leistungsprozesses, das heißt die Kongruenz von Nachfrage und Leistungsangebot zumindest aufrechtzuerhalten oder sogar zu steigern, eine zunehmende Integration der Investment-Banking-Industrie begründen. Eine Integrationstendenz ließe sich so jedoch lediglich als Ergebnis einer Vorwärtsintegration von Wholesale-Investment-Banken in das Retail-Segment erklären.[575] Die Vorteilhaftigkeit einer Rückwärtsintegration durch die Erweiterung des Retail-Geschäfts um Wholesale-Aktivitäten[576] kann daraus nicht abgeleitet werden.

6.3 Integrationsstrategien zur Steigerung der Effizienz des Leistungserstellungsprozesses

Als zweiter Teil der unternehmensbezogenen Beurteilung der Vorteilhaftigkeit von Integrationsstrategien aus leistungswirtschaftlicher Perspektive untersucht dieser Abschnitt, ob ein Integrationstrend aufgrund potentieller Effizienzgewinne durch die Kombination von Wholesale- und Retail-Investment-Banking-Aktivitäten zu postulieren ist. Dazu werden sowohl Effiziensteigerungsmöglichkeiten[577] durch die Realisierung von Economies of Scale oder Größenvorteilen sowie durch Economies of Scope oder Verbundvorteilen[578] zwischen dem Wholesale- und Retail-Investment-Banking-Geschäft betrachtet (Abbildung 6-14).[579] Dabei erfolgt die Argumentation jeweils sowohl entlang der Kernfunktionen des Finanzsystems,[580] die von Investment-Banken wahrgenommen werden,[581] als auch im Hinblick auf mögliche Auswirkungen auf die Unternehmenskultur als integratives Element und die Inputfaktoren für den Leistungserstellungsprozeß. Ließen sich in diesem Zusammenhang per saldo Effi-

---

575 Vgl. dazu ausführlicher Abschnitt 3.3.1.

576 Vgl. dazu ausführlicher Abschnitt 3.3.2.

577 Als Effizienzsteigerung wird dabei eine Steigerung des Output bei gleichbleibendem Input oder ein gleichbleibender Output bei einer Verringerung des Input verstanden.

578 Vgl. zu Economies of Scale und Scope ausführlicher Chandler, Alfred D. Jr.: Scale and Scope, a.a.O., S. 21-31.

579 Vgl. zu genaueren Definitionen von Economies of Scale und Economies of Scope ausführlicher im folgenden Abschnitt 6.3.1 und Abschnitt 6.3.2.

580 Vgl. zur Abgrenzung der Kernfunktionen des Finanzsystems im Rahmen der funktionalen Perspektive als einer Variante der neoinstitutionellen Betrachtungsweise ausführlicher Abschnitt 4.3.2.1.

581 Vgl. zum Umfang der Wahrnehmung von Kernfunktionen des Finanzsystems durch Investment-Banken ausführlicher Abschnitt 4.3.2.2 sowie Abbildung 4-3 und Abbildung 4-4.

zienzsteigerungspotentiale nachweisen, so könnte damit auch über die unmittelbaren und mittelbaren Wechselwirkungen zwischen Rentabilität und Effizienz als Dimensionen des Marktergebnisses sowie der Marktstruktur im Rahmen des SCP-Modells[582] für eine zunehmende Integration von Wholesale und Retail Banking in der Investment-Banking-Industrie argumentiert werden.

\+ Positiv
\- Negativ
0 Keine wesentlichen

	Economies of Scale	Economies of Scope
Unternehmenskultur	0	–
Kernfunktionen*		
• Abwicklung von Zahlungen	0	0
• Losgrößentransformation	+	+
• Ressourcentransfer	+	+
• Risikomanagement	+	0
• Bereitstellung von Preisinformationen	0	+
• Umgang mit Anreizproblemen	+	0
Inputfaktoren		
• Kapital	+	(+/–)
• Arbeit/Talent	+	+/–

* Merton, Robert C./Bodie, Zvi: Conceptual Framework, a.a.O., S. 12-16

Abbildung 6-14: Effizienzsteigerungsmöglichkeiten durch die Integration von Wholesale- und Retail-Investment-Banking-Aktivitäten

Obwohl sich bereits zahlreiche Studien mit den Potentialen für Economies of Scale und Economies of Scope bei Finanzdienstleistungsunternehmen mit zum Teil sehr unterschiedlichen Ergebnissen befaßten,[583] waren Effizienzsteigerungsmöglichkeiten

---

582 Abbildung 6-2.

583 Vgl. dazu ausführlicher Walter, Ingo: Universal Banking: A Shareholder Value Perspective, in: European Management Journal, Vol. 15 (1997), No. 4, S. 347-350; Saunders, Anthony: Financial Institutions Management, a.a.O., S. 263; Dietrich, Kimball J.: Financial Institutions, a.a.O., S. 748-750; Mahajan, Arvind/Rangan, Nanda/Zardkoohi, Asghar: Cost Structures in Multinational and Domestic Banking, in: Journal of Banking and Finance, Vol. 20 (1996), No. 2, S. 283-306; Molyneux, Philip/Altunbas, Yener/Gardener, Edward: Efficiency in European Banking, Chichester et al. 1996; Berger, Allen N./Hunter, William C./Timme, Stephen G.: The Efficiency of Financial Institutions: A Review of Research Past, Present and Future, in: Journal of Banking and Finance, Vol. 17 (1993), No. 2/3, S. 223-227; Berger, Allen N.: Efficiency in Banking, in: Saunders, Anthony: Financial Institutions Management: A Modern Perspective,

aufgrund von Größen- und Verbundvorteilen bei Investment-Banken beziehungsweise Wertpapierhäusern bislang nur sporadisch Gegenstand von veröffentlichten Untersuchungen.[584] Goldberg et al. kamen im Rahmen ihrer im Jahr 1991 veröffentlichten Untersuchung, die in ihrer Zielsetzung stark auf die Eintrittsmöglichkeiten für Commercial-Banken in die Investment-Banking-Industrie nach einer möglichen Verringerung der Restriktionen durch den Glass Steagall Act oder dessen Wegfall ausgerichtet war, zu dem Ergebnis, daß Economies of Scale lediglich von kleineren Anbietern mit einem jährlichen Ertrag von 14 bis 36 Millionen US $ erzielt werden können, und Economies of Scope in dieser Industrie keine besondere Bedeutung haben.[585] Eine wesentliche und im Rahmen des Berichts offen angesprochene Schwäche dieser Untersuchung ist die geringe Sample-Größe von 74 Unternehmen, die zur Analyse in vier Gruppen unterteilt wurden. Darüber hinaus leidet die Aussagefähigkeit im Hinblick auf gegenwärtige und zukünftige Entwicklungen darunter, daß die Daten bereits aus dem Jahr 1983 stammen und auch lediglich die Ergebnisse eines Jahres untersucht

---

2nd edition, Chicago et al. 1997, S. 264; Mester, Loretta J.: Economies of Scale and Scope, in: Saunders, Anthony: Financial Institutions Management: A Modern Perspective, 2nd edition, Chicago et al. 1997, S. 265; Berger, Allen N./Hancock, Diana/Humphrey, David B.: Bank Efficiency Derived from the Profit Function, in: Journal of Banking and Finance, Vol. 17 (1993), No. 2/3, S. 317-347; Dermine, Jean/Röller, Lars-Hendrik: Economies of Scale and Scope in French Mutual Funds, in: Journal of Financial Intermediation, Vol. 2 (1992), No. 1, S. 83-93; Goldberg, Lawrence G. et al.: Economies of Scale and Scope in the Securities Industry, in: Journal of Banking and Finance, Vol. 15 (1991), S. 94-96.

584 Vgl. dazu ausführlicher Matthews, John O.: Economics of Competition, a.a.O., S. 111-123; Saunders, Anthony: Financial Institutions Management, a.a.O., S. 262-266; Die Mehrzahl der Studien befaßt sich mit Economies of Scale und Economies of Scope bei Commercial-Banken und Lebensversicherungsunternehmen. Berger/Hunter/Timme bemängeln in diesem Zusammenhang, daß sich die Studien nahezu ausschließlich mit Economies of Scale und Economies of Scope befassen, obwohl die dabei festgestellten Ineffizienzen auf lediglich 5 Prozent der Gesamtkosten von Commercial-Banken geschätzt werden. Wesentlich größere Ineffizienzen im Bereich von 20 Prozent der Gesamtkosten werden als Resultat sogenannter X-Inefficiencies vermutet, die aus mangelnden Managementfähigkeiten zur Kostenkontrolle und Erlösmaximierung resultieren (Berger, Allen N./Hunter, William C./Timme, Stephen G.: Efficiency of Financial Institutions, a.a.O., S. 222; Dietrich, Kimball J.: Financial Institutions, a.a.O., S. 725; Leibenstein, Harvey: Mikroökonomie und X-Effizienztheorie: Wenn es keine Krise gibt, dann sollte es eine geben, in: Bell, Daniel/Kristol, Irving (Hrsg.): Die Krise in der Wirtschaftstheorie, Übersetzer: Franz Haslinger, Ernst-Gert vom Kolke, Berlin et al. 1984, S. 123-139; Caves, Richard: Structure, Conduct, Performance, a.a.O., S. 72).

585 Goldberg, Lawrence G. et al.: Economies of Scale and Scope, a.a.O., S. 91-107; vgl. dazu auch Matthews, John O.: Economics of Competition, a.a.O., S. 111-123, 172-182, der gleichzeitig die besondere Bedeutung von Innovationsführerschaft für große Investment-Banken zur Absicherung ihrer Marktposition hervorhebt.

wurden. In Verbindung mit den in Abschnitt 5.2.2 festgestellten Ergebnisvolatilitäten weckt dies Zweifel an der Repräsentativität der Studie. Schließlich weisen die Autoren selbst darauf hin, daß die Ergebnisse hinsichtlich der Economies of Scope aus methodischen Gründen indikativ und nicht statistisch signifikant sind.[586]

6.3.1 Economies of Scale

Unter Economies of Scale oder Größenvorteilen soll im folgenden allgemein die Verringerung der Durchschnittskosten, die im Rahmen der Wahrnehmung der Kernfunktionen anfallen, durch eine Erhöhung der Betriebsgröße beziehungsweise der Kapazität verstanden werden.[587] Economies of Scale lassen sich durch eine Integration von Wholesale- und Retail-Investment-Banking-Aktivitäten im wesentlichen in bezug auf einige Kernfunktionen sowie hinsichtlich der Inputfaktoren argumentieren (Abbildung 6-14).[588]

Economies of Scale in bezug auf die Wahrnehmung der Kernfunktionen. Unter den von Investment-Banken wahrgenommenen Kernfunktionen können auf konzeptioneller Ebene Effizienzsteigerungspotentiale durch eine Integration von Wholesale- und Retail-Banking-Aktivitäten in bezug auf die Losgrößentransformation, den Ressourcentransfer, das Risikomanagement und den Umgang mit Anreizproblemen identifiziert werden.

Von den Produktbereichen, im Rahmen derer die drei erstgenannten Funktionen wahrgenommen werden, sind Sales & Trading und Asset Management die einzigen, die sowohl für das Retail- als auch das Wholesale-Kundensegment relevant sind.[589] Potential zur Erzielung von Economies of Scale besteht dabei zum einen im Fondsmanagement, im Rahmen dessen bestehende Systeme und Prozesse mit vergleichsweise

---

586 Vgl. zur Problematik derartiger Untersuchungen auch Walter, Ingo: Universal Banking, a.a.O., S. 347.

587 Vgl. dazu ausführlicher Dietrich, Kimball J.: Financial Institutions, a.a.O., S. 712-723; Saunders, Anthony: Financial Institutions Management, a.a.O., S. 256-259; Mester, Loretta J.: Economies of Scale and Scope, a.a.O., S. 265; Caves, Richard: Structure, Conduct, Performance, a.a.O., S. 24-26; Scherer, Frederic M./Ross, David: Industrial Market Structure, a.a.O., S. 97-100.

588 Vgl. dazu ausführlicher Abschnitt 4.3.2.2 sowie Abbildung 4-4.

589 Vgl. dazu ausführlicher Abschnitt 2.3.

geringem Mehraufwand an die Erfordernisse des zusätzlichen Geschäfts mit dem durch eine Integration neu hinzukommenden Kundensegment anzupassen sein müßten. Effizienzsteigerungen sind zum Beispiel in der Geschäftsabwicklung im Backoffice sowie im Research[590] zu erwarten.[591] Die Realisierung von Economies of Scale in den Bereichen Marketing und Kundenservice[592] erscheint aufgrund der unterschiedlichen Bedürfnisse von Wholesale- und Retail-Kunden eher bei einer Ausweitung des Geschäfts innerhalb des bestehenden Kundensegments möglich als bei einer Integration von Wholesale- und Retail-Geschäft.

Dafür verringert sich im letzteren Fall aufgrund der in der Regel unterschiedlichen Produktanforderungen die Gefahr von Effizienzverlusten durch Diseconomies of Scale im Rahmen des aktiven Managements einzelner Portfolios. Da mit dem Volumen eines Portfolios auch die Größe einzelner zu handelnder Positionen und damit wiederum gleichzeitig die Gesamtkosten einer einzelnen Transaktion[593] steigen, existiert bei dem Ziel der Maximierung des Portfoliovermögens ein optimales Portfoliovolumen, bei dem die Kosten einer zusätzlichen Handelstransaktion genau den Opportunitätskosten entsprechen, die mit der Unterlassung dieser Handelsaktivität verbunden sind. Die Höhe dieses Volumens ist wiederum von Markttiefe, Researchqualität und Transaktionsbedürfnis abhängig.[594]

Analog zum Produktbereich Asset Management sollten die notwendigen Kapazitätsanpassungen zur Durchführung der durch eine Integration aus Kundengruppensicht im Bereich Sales & Trading zusätzlich anfallenden Wertpapierkäufe und -verkäufe auf-

---

590 Vgl. dazu ausführlicher den folgenden Absatz zu Effizienzsteigerungsmöglichkeiten im Rahmen des Umgangs mit Anreizproblemen.

591 Perold, André F./Salomon, Robert S.: The Right Amount of Assets under Management, in: Financial Analysts Journal, Vol. 47 (1991), No. 3, S. 38.

592 Perold, André F./Salomon, Robert S.: Right Amount of Assets, a.a.O., S. 38.

593 Die Transaktionskosten setzen sich aus der üblicherweise von der Größe der einzelnen Handelsposition unabhängigen Provision ("Commission") sowie den aus der Marktreaktion resultierenden Kosten zusammen. Letztere können als Differenz zwischen realisiertem Transaktionspreis und dem Durchschnitt der quotierten An- und Verkaufskurse gemessen werden, die dem halben "Bid-Ask-Spread" entspricht und mit dem Volumen einer einzelnen Transaktion zunimmt (Perold, André F./Salomon, Robert S.: Right Amount of Assets, a.a.O., S. 32-33).

594 Vgl. zu dieser Diskussion ausführlicher Perold, André F./Salomon, Robert S.: Right Amount of Assets, a.a.O., S. 31-39.

grund der vergleichsweise hohen Rüstkosten[595] mit einem unterproportionalen Anstieg der Gesamtkosten zu realisieren sein.

Schließlich bietet eine integrierte Bearbeitung sowohl des Retail- als auch des Wholesale-Kundensegments Investment-Banken die Möglichkeit, im Rahmen ihrer Research-Aktivitäten effizienter die Funktion des Umgangs mit Anreizproblemen wahrzunehmen. Investment-Banken tragen unmittelbar zu einer Verringerung der Anreizprobleme bei, indem sie das Informationsgefälle zwischen den Emittenten von Wertpapieren und den einzelnen Anlegern durch die Bereitstellung beziehungsweise den Verkauf ihrer durch Research gewonnenen Informationen sowie ihres besseren und schnelleren Informationszugangs reduzieren.[596] Im Rahmen einer Integrationsstrategie erscheint es ökonomisch sinnvoll, diese mit großem Aufwand gewonnenen Informationen und Fähigkeiten[597] mit vergleichsweise geringen Zusatzkosten auch dem bislang nicht adressierten Retail- oder Wholesale-Kundensegment zur Verfügung zu stellen und so die Effizienz der Research-Aktivitäten zu steigern.[598]

Economies of Scale in bezug auf die Inputfaktoren. Größenvorteile lassen sich ebenfalls bei der Beschaffung von Kapital[599] und der Rekrutierung neuer Mitarbeiter vermuten.

Hinsichtlich der Kapitalbeschaffung kann aufgrund entsprechender Präferenzen von Investoren sowie angesichts der weitgehend fixen Transaktionskosten bei der Emission von Wertpapieren in Verbindung mit durchschnittlich höheren Emissionsvolumina bei größeren Unternehmen von der Existenz von Economies of Scale ausge-

---

595 Dietrich, Kimball J.: Financial Institutions, a.a.O., S. 278.

596 Geisst, Charles R.: Investment Banking, a.a.O., S. 10-11; Eccles, Robert G./Crane, Dwight B.: Doing Deals, a.a.O., S. 138; Kolman, Joe: The Growth of Derivatives Research, in: Institutional Investor, Vol. 25 (1991), No. 13, S. 143-144; Galant, Debbie: Research: Ordering a la Carte, in: Institutional Investor, Vol. 24 (1990), No. 6, S. 145-146.

597 Marshall, John F./Ellis, M. E.: Investment Banking, a.a.O., S. 147-148, 377; McKinsey & Company, Inc.: Getting the Best out of Research: An Approach to Determine Optimum Research Capacities and their Utilization, nicht veröffentlichte interne Studie, Zurich 1996.

598 Perold, André F./Salomon, Robert S.: Right Amount of Assets, a.a.O., S. 38; Marshall, John F./Ellis, M. E.: Investment Banking, a.a.O., S. 314, 338-342.

599 Die spezifischen Auswirkungen einer Integration von Wholesale und Retail Banking auf den Inputfaktor Kapital wurden hinsichtlich potentieller Diversifikationseffekte bereits ausführlich in Abschnitt fünf im Rahmen der unternehmensbezogenen Beurteilung der Vorteilhaftigkeit von Integrationsstrategien aus finanzwirtschaftlicher Perspektive diskutiert.

gangen werden. Bei Aktienemissionen wurde festgestellt, daß die Emissionskosten sowohl mit der Größe des Emittenten als auch mit dem Emissionsvolumen negativ korrelierten.[600] Die Präferenzen von Investoren für Emissionen größerer Unternehmen und die damit verbundenen geringeren Renditeforderungen lassen sich mit einer geringeren wahrgenommenen Volatilität der Gewinne erklären, die wiederum im wesentlichen auf eine höhere Marktmacht größerer Unternehmen, bessere Möglichkeiten zur buchhalterischen Ergebnisglättung sowie einen höheren Diversifikationsgrad in bezug auf Produktmix und geografische Verteilung der Unternehmensaktivitäten zurückgeführt werden kann.[601]

Auch bei der Rekrutierung neuer Mitarbeiter müßten größere Unternehmen in der Lage sein, Economies of Scale zu realisieren. Kann beispielsweise der mit dem Aufbau einer entsprechenden Reputation einer Investment-Bank an führenden Universitäten und Business Schools[602] verbundene Aufwand auf eine größere Zahl zu rekrutierender Mitarbeiter verteilt werden, so reduziert sich mit zunehmender Größe der durchschnittliche Aufwand pro neuem Mitarbeiter, oder der absolute Recruiting-Aufwand kann bei gleichbleibenden Durchschnittskosten zur weiteren Verbesserung der Qualität zukünftiger Mitarbeiter erhöht werden.

Solange die aufgezeigten potentiellen Economies of Scale in bezug auf die Wahrnehmung der Kernfunktionen und hinsichtlich der Inputfaktoren nicht durch die zu Beginn des Abschnitts 6.3 erwähnten und positiv mit der Unternehmensgröße korrelierenden X-Inefficiencies kompensiert oder sogar überkompensiert werden,[603] kann eine Integration von Wholesale- und Retail-Investment-Banking-Aktivitäten zu einer Steigerung der Effizienz des Leistungsprozesses beitragen.[604] Ein Integrationstrend in der Investment-Banking-Industrie kann aus dem Economies-of-Scale-Potential jedoch keinesfalls abgeleitet werden, da diese Effizienzsteigerungsmöglichkeiten, anders als die im folgenden Abschnitt zu diskutierenden Economies of Scope, nicht spezifisch für eine Integration von Wholesale und Retail Investment Banking sind, sondern auch

---

600 Ritter, Jay R.: Costs of Going Public, a.a.O., S. 269-281.

601 Vgl. dazu ausführlicher Scherer, Frederic M./Ross, David: Industrial Market Structure, a.a.O., S. 126-130.

602 Vgl. dazu ausführlicher Abschnitt 6.3.2.

603 Dietrich, Kimball J.: Financial Institutions, a.a.O., S. 750.

604 Walter, Ingo: Universal Banking, a.a.O., S. 346-347.

durch eine Ausweitung der Investment-Banking-Aktivitäten innerhalb des Retail- oder Wholesale-Segments realisiert werden können.

6.3.2 Economies of Scope

Economies of Scope oder Verbundvorteile bezeichnen diejenigen Effizienzsteigerungsmöglichkeiten, die sich aus der gemeinsamen Nutzung von Inputfaktoren über verschiedene Kernfunktionen hinweg beziehungsweise zur Erzeugung unterschiedlicher Formen des Output ergeben (Abbildung 6-14).[605] Economies of Scope lassen sich zum einen in bezug auf die Wahrnehmung der Kernfunktionen erkennen. Darüber hinaus erscheint es realistisch, im Zusammenhang mit einer Integration von Wholesale- und Retail-Investment-Banking-Aktivitäten von Diseconomies of Scope oder Verbundnachteilen, zumindest jedoch von Schwierigkeiten im Hinblick auf die Unternehmenskultur auszugehen. Die Wirkungsrichtung der Verbundeffekte auf die Beschaffung von Inputfaktoren von Investment-Banken läßt sich nicht eindeutig angeben, sondern muß nach Integrationsformen differenziert beurteilt werden.

Economies of Scope in bezug auf die Wahrnehmung der Kernfunktionen. Economies of Scope oder Verbundvorteile können sich durch eine Integration von Wholesale und Retail Investment Banking im wesentlichen hinsichtlich der Kernfunktionen Losgrößentransformation, Ressourcentransfer und Bereitstellung von Preisinformationen ergeben.

Die wohl wichtigste Aufgabe einer Investment-Bank ist die Organisation der Verbindung zwischen Unternehmen beziehungsweise Institutionen als Emittenten mit Kapitalbedarf auf der einen und nach Anlagemöglichkeiten suchenden Wholesale- und Retail-Investoren auf der anderen Seite (Abbildung 6-15).

---

605 Vgl. dazu ausführlicher Dietrich, Kimball J.: Financial Institutions, a.a.O., S. 723-725; Saunders, Anthony: Financial Institutions Management, a.a.O., S. 259-261; Mester, Loretta J.: Economies of Scale and Scope, a.a.O., S. 265; Scherer, Frederic M./Ross, David: Industrial Market Structure, a.a.O., S. 100-102.

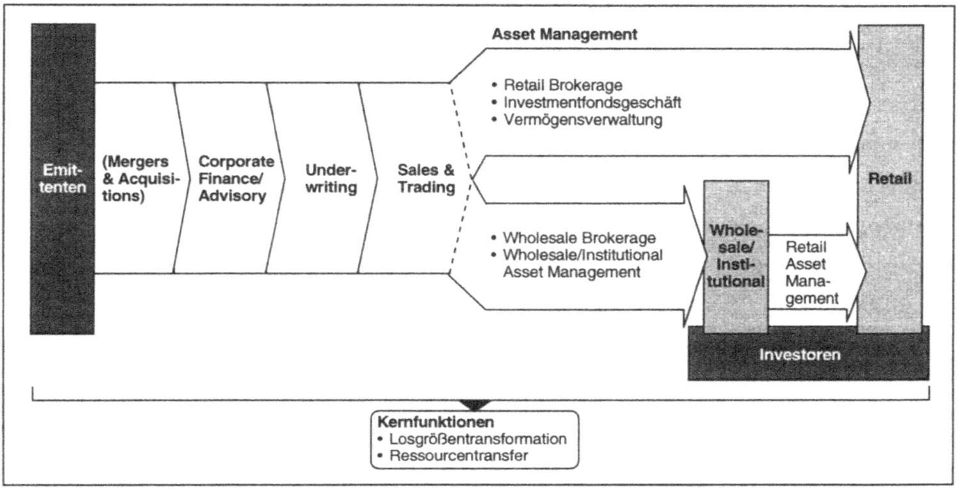

Abbildung 6-15: Organisation der Verbindung zwischen Emittenten und Investoren durch Investment-Banken

Erst diese Verbindung ermöglicht die marktliche Wahrnehmung des Ressourcentransfers über unterschiedliche Industrien, Raum und Zeit hinweg sowie der Losgrößentransformation durch Subdividing und Pooling. Das heißt, daß einerseits das Eigen- und Fremdkapital kapitalsuchender Emittenten in Anteile unterteilt und diese über die Wertpapierbörsen an viele einzelne, auch kleinere Kapitalanleger verkauft, andererseits Anlegergelder gesammelt und den Emittenten durch eben diesen Anteilskauf zur Verfügung gestellt werden. Eine Integration von Wholesale- und Retail-Investment-Banking-Aktivitäten eröffnet die Möglichkeit, unter Umgehung intermediärer Wholesale- beziehungsweise institutioneller Investoren die unmittelbare marktliche Verbindung zwischen Emittenten und Retail-Investoren herzustellen. Dies versetzt eine integrierte Investment-Bank grundsätzlich in die Lage, zum einen ihren Retail-Kunden exklusiv den Zugang zu attraktiven, im Rahmen des eigenen Wholesale-Geschäfts generierten Anlagemöglichkeiten sichern zu können.[606] Beispielsweise stand dieser Aspekt für den Investmentfondsmanager und Retail Broker Fidelity bei dem im Januar 1997 vereinbarten Kooperationsabkommen mit der Wholesale-Investment-Bank

606 Vgl. dazu ausführlicher die Diskussion des Underpricing-Phänomens bei der Erstemission von Aktien in Abschnitt 2.3.3.

Salomon Brothers[607] im Vordergrund.[608] Zum anderen kann gegenüber den Emittenten mit dem unmittelbaren Zugang zu Retail-Investoren sowie der damit verbundenen Kenntnis der Anlagepräferenzen dieses Segments[609] und einer gesteigerten Plazierungskraft geworben werden. Zum Beispiel setzt die integrierte Investment-Bank Merrill Lynch,[610] die 1995 Platz eins, 1996 Platz zwei im Bereich Underwriting bei dem von der Fachzeitschrift Euromoney durchgeführten "Poll of Polls" belegte,[611] diese Fähigkeit zur Differenzierung von ihren Wettbewerbern aktiv bei der Generierung von neuem Emissions- beziehungsweise Underwriting-Geschäft im Rahmen ihrer Wholesale-Aktivitäten ein.[612] Die Bedeutung von Retail-Plazierungskraft im Aktienemissionsgeschäft wird auch bei einer Analyse der nach ihrem Emissionsvolumen weltweit zehn größten Aktienemissionen der letzten fünf Jahre, das heißt von Anfang Januar 1993 bis Ende Dezember 1997, deutlich (Abbildung 6-16). Diese zehn Emissionen repräsentieren nach ihrer Anzahl 0,1 Prozent, nach ihrem Emissionsvolumen von knapp 46 Milliarden US $ jedoch 5,9 Prozent der Aktienemissionen weltweit in diesem Zeitraum.[613] Dabei betrug der durchschnittliche Prozentsatz des Emissionsvolumens, welches bei Retail-Investoren plaziert wurde, ohne Berücksichtigung der Emissionen der Halifax Building Society und der China Telecom HK Ltd, für die keine entsprechenden Daten erhältlich waren, immerhin über 50 Prozent.[614]

---

607 Dieses Kooperationsabkommen wurde noch vor der Übernahme von Salomon durch den Finanz- und Versicherungskonzern Travelers Group im September 1997 geschlossen und soll auch danach weiter bestehen bleiben (o.V.: Salomon Succumbs, a.a.O., S. 81).

608 Truell, Peter: Alliance with Salomon, a.a.O., S. 35; Raghavan, Anita/McGough, Robert: Fidelity Brokerage Arm in Pact to Market Salomon Offerings, a.a.O., S. C1.

609 Vgl. zur Bedeutung der Kenntnis von Investorenpräferenzen im Zusammmenhang mit der Bereitstellung von Preisinformationen ausführlicher den folgenden Absatz.

610 Vgl. dazu ausführlicher Abschnitt 3.3.2.

611 Dobson, Rebecca: The Rise of DMG, a.a.O., S. 112-113.

612 Corrigan, Tracy: Still Thundering, in: Financial Times, September 30, 1997, S. 16.

613 In dem genannten Zeitraum gab es 9.743 Aktienemissionen mit einem Gesamtvolumen von 778,3 Milliarden US $ (Omnibase-Datenbank, IFR Securities Data, London).

614 Selbst wenn man für die Emissionen der Halifax Building Society und der China Telecom HK Ltd einen Retail-Anteil von Null annimmt, ergibt sich für den durchschnittlichen Prozentsatz des Emissionsvolumens, welches bei Retail-Investoren plaziert wurde, immer noch ein Wert von knapp über 40 Prozent. Dabei ist anzumerken, daß es sich bei den in Abbildung 6-16 aufgelisteten Emissionen mit Ausnahme der Emission der Halifx Building Society um (Teil-)Privatisierungen handelte, deren Erfolg in Europa in erheblichem Umfang auf das starke Interesse von Retail-Investoren zurückgeführt wird (o.V.: Telecom Italia, a.a.O., S. 10).

Rang	Emittent	Land	Beginn	Emissionsvolumen in Mio. US $	Anteil von Retail-Investoren in Prozent
1	Deutsche Telekom AG	Deutschland	November 1996	8.731	40
2	Halifax Building Society	Großbritannien	Juni 1997	6.588	n.v.
3	Telstra Corp.	Australien	April 1996	5.881	61
4	Telecom Italia	Italien	Oktober 1997	5.044	96
5	Ente Nazionale Idrocarburi (ENI)	Italien	Juni 1997	4.825	61
6	France Telecom S.A.	Frankreich	Juli 1996	3.364	2
7	Ente Nationale Idrocarburi (ENI)	Italien	Oktober 1996	3.180	55
8	China Telecom HK Ltd.	Hongkong	September 1997	2.948	n.v.
9	Endesa – Empr. Nac. de Electricidad	Spanien	April 1997	2.676	58
10	Elf Aquitaine (SNEA)	Frankreich	Februar 1994	2.616	5
			Gesamt	**45.855**	**51***

* Gewichteter Durchschnitt; ohne Berücksichtigung der Emissionen der Halifax Building Society und der China Telecom HK Ltd., für die keine entsprechenden Daten zur Verfügung standen

Abbildung 6-16: Charakteristika der zehn weltweit größten Aktienemissionen - 1993-97[615]

Gleichzeitig besteht jedoch aus übergeordneter Perspektive im Zusammenhang mit einer integrierten Verbindung zwischen Emittenten und Retail-Investoren die Gefahr, daß eine Investment-Bank das vergleichsweise hohe Informationsgefälle gegenüber Retail-Investoren gezielt dazu nutzt, wenig attraktive Emissionen am Markt zu plazieren.[616] Damit würde der im Rahmen der Emittent-Bank-Beziehung bestehende Anreiz einer Investment-Bank zum Underpricing von Emissionen[617] zumindest teilweise zu Lasten der Retail-Investoren verringert.[618] Als marktbasiertes Korrektiv könnte im

---

615 Eigene Abbildung auf der Basis von Daten aus der Omnibase-Datenbank, IFR Securities Data, London sowie von Angaben zu den Anteilen von Retail-Investoren aus o.V.: Sommer nennt Emission der T-Aktie vollen Erfolg, in: Bonner General-Anzeiger, 18. November 1997, S. 15; Sykes, Trevor: Floats: Sunk Without the Telstra Sale, in: Australian Financial Review, No. 9258, January 3, 1998, S. 26; Magrini, Marco: BoT-People All'Assalto di Telecom, in: Il Sole 24 Ore, No. 293, 26 Ottobre 1997, S. 9; o.V.: Jumbo Telecom Italia Sale Blows Out As Deal Escapes Market Slump, in: Euroweek, October 31, 1997, S. 10; Calderoni, Mario: Dismissioni All'Italiana, Una Storia di Successi, in: Il Sole 24 Ore, No. 292, 25 Ottobre 1997, S. 29; Dupuy, Helena/Mollo, Pascal: Premiers Pas en Bourse Pour l'Action France, in: La Tribune, No. 126, 20 Octobre 1997, S. 2-3; o.V.: Endesa Sale Details Unveiled with Expected Domestic Bias, in: Euroweek, September 26, 1997, S. 8.

616 Vgl. dazu beispielsweise Teitelbaum, Richard: Salomon-Fidelity Deal, a.a.O., S. 21.

617 Vgl. dazu ausführlicher Abschnitt 2.3.3.

618 Vgl. dazu wie auch zu weiteren Interessenkonflikten von Banken im Zusammenhang mit der Emission von Wertpapieren ausführlicher Saunders, Anthony/Walter, Ingo: Universal Banking in the United States, a.a.O., S. 178-179; Matthews, John O.: Economics of Competition, a.a.O., S. 67-75.

Hinblick auf diese Problematik ein funktionierendes Investmentperformance-Rating-System[619] in Verbindung mit dem Reputationseffekt dienen, da mittel- bis langfristig die Reputation einer integrierten Investment-Bank nicht nur als Underwriter gegenüber Emittenten,[620] sondern auch als Anbieter von Investmentprodukten gegenüber Retail-Investoren Einfluß auf den Geschäftserfolg haben dürfte. Sollten sich diese Marktlösung als ein wenig effektives Korrektiv herausstellen, dann könnte diese Problematik auch durch eine bewußte, regulatorisch begründete, institutionelle Trennung der Beratung der Emittenten einschließlich der Preisfestsetzung von der eigentlichen Plazierung der Emission zumindest bei Retail-Investoren vermieden werden.[621]

Verbundvorteile können auch hinsichtlich der Bereitstellung von Preisinformationen im Rahmen des Underwriting-Prozesses erwartet werden. In der Festlegung eines geeigneten Erstemissionspreises[622] einer Aktie oder Anleihe liegt ein wesentlicher Teil der Wertschöpfung von Investment-Banken beim Underwriting für den Emittenten.[623] Die Grundlage für die Generierung dieser Preisinformation, die den Investoren am Markt als Basis für den erstmaligen Verkauf der Wertpapiere zur Verfügung gestellt wird, bildet die Einschätzung der Nachfragesituation an den relevanten Märkten durch die beratende Investment-Bank.[624] Deren Einschätzung basiert wiederum auf zahlreichen Kontakten und Beziehungen vor allem zu institutionellen Investoren als potentiellen Abnehmern.[625] Können diese unmittelbaren Investorenkontakte nun im Rahmen einer Strategie der Vorwärtsintegration auch auf das bislang nicht adressierte Retail-Kundensegment ausgeweitet werden, so sollte dies Investment-Banken in ihrer neuen

---

619 Vgl. dazu beispielsweise die Ausführungen zum Morningstar-Rating in den USA in Abschnitt 6.2.3 sowie Abbildung 6-13.

620 Vgl. dazu ausführlicher Abschnitt 2.3.3 sowie Abschnitt 4.3.2.2.

621 Vgl. zu Möglichkeiten des Umgangs mit Interessenkonflikten von Banken im Zusammenhang mit der Emission von Wertpapieren ausführlicher Saunders, Anthony/Walter, Ingo: Universal Banking in the United States, a.a.O., S. 180-181; Matthews, John O.: Economics of Competition, a.a.O., S. 75-80.

622 Vgl. dazu ausführlicher Beatty, Randolph P./Ritter, Jay R.: Investment Banking, a.a.O., S. 213-232.

623 Vgl. dazu ausführlicher Geisst, Charles R.: Investment Banking, a.a.O., S. 3-9; Dietrich, Kimball J.: Financial Services and Financial Institutions, a.a.O., S. 294-297; Marshall, John F./Ellis, M. E.: Investment Banking, a.a.O., S. 69-70; Booth, James R./Smith, Richard L. II: Capital Raising, a.a.O., S. 261-281.

624 Dietrich, Kimball J.: Financial Institutions, a.a.O., S. 292-293.

Konstellation aufgrund der breiteren Marktabdeckung insbesondere bei Erstemissionen von Aktien eine effizientere Preisfindung beziehungsweise Bereitstellung von Preisinformationen[626] erlauben.

Economies of Scope in bezug auf die Unternehmenskultur. Als integratives Element[627] erleichtert die Unternehmenskultur die Wahrnehmung der Kernfunktionen durch eine Investment-Bank als Organisation. Die Unternehmenskultur vermittelt nach außen wie auch nach innen einen Sinnzusammenhang der Unternehmensaktivitäten in der Form von Motivation und Legitimation und sichert unternehmensintern den Basiskonsens über normative Grundfragen sowie ein Konsensfindungspotential für Konflikte, die Voraussetzungen für eine produktive Zusammenarbeit der Mitarbeiter zur bestmöglichen Wahrnehmung der relevanten Funktionen sind.[628]

Angesichts der Spezifika des Managements von (Wholesale-)Investment-Banken[629] in Verbindung mit deren zum Teil stark unternehmensspezifisch ausgeprägten Unternehmenskulturen[630] erstaunt es nicht, daß die zur Vorwärts-[631] oder Rückwärtsintegration[632] vor allem auf dem Wege der Akquisition oder Fusion erforderliche Verschmelzung verschiedener Kulturen als überaus problematisch erachtet wird.[633] Derartige

---

625 Marshall, John F./Ellis, M. E.: Investment Banking, a.a.O., S. 77-78; Dietrich, Kimball J.: Financial Institutions, a.a.O., S. 31.

626 In diesem Zusammenhang bedeutet das für die Investment-Bank, daß sie für den Emittenten einen höheren Preis als andere Wettbewerber erzielen und gleichzeitig die komplette Unterbringung der Emission am Markt sicherstellen kann.

627 McGoldrick, Beth: Goldman Sachs Culture, a.a.O., S. 54.

628 Vgl. dazu ausführlicher Brinker, Bernhard: Handhabung von Komplexität in der Unternehmensführung, Diplomarbeit zur Erlangung des akademischen Grades Diplom-Betriebswirt, European Business School, Schloß Reichartshausen, Februar 1993, S. 38-39; Ulrich, Peter: Systemsteuerung und Kulturentwicklung: Auf der Suche nach einem ganzheitlichen Paradigma der Managementlehre, in: Die Unternehmung, 38. Jg. (1984), Heft 4, S. 312-313.

629 Vgl. dazu ausführlicher Abschnitt 2.4.

630 So ist zum Beispiel, wie bereits in Abschnitt 5.2.2 erwähnt, die Wholesale-Investment-Bank Salomon Brothers für ihre aggressive und von hoher Risikobereitschaft geprägte Trading-Kultur bekannt; vgl. ausführlicher zu den Besonderheiten der Unternehmenskulturen einzelner Investment-Banken McGoldrick, Beth: Goldman Sachs Culture, a.a.O., S. 55-56.

631 Vgl. dazu auch anhand von Beispielen ausführlicher Abschnitt 3.3.1.

632 Vgl. dazu auch anhand von Beispielen ausführlicher Abschnitt 3.3.2.

633 Matthews, John O.: Economics of Competition, a.a.O., S. 123; Shearlock, Peter: Bulge Bracket, a.a.O., S. 17-20; vgl. dazu beispielsweise im Zusammenhang mit der Übernahme von Salomon Brothers durch die Travelers Group im September 1997 Authers, John: Mighty Macho, a.a.O., S. 22; Corrigan, Tracy: Guy from Brooklyn, a.a.O., S. 7; o.V.: Salomon Succumbs, a.a.O., S. 82;

Zweifel werden genährt von Fehlschlägen wie zum Beispiel der versuchten, aber letztendlich gescheiterten Zusammenführung der Firmen Shearson und Lehman Brothers zu Beginn der achtziger Jahre. Dabei gilt die Integration von Wholesale- und Retail-Investment-Banking-Aktivitäten generell als besonders schwierig. Als positives Beispiel wird in diesem Zusammenhang immer wieder Merrill Lynch herangezogen, die bislang als einziger Anbieter Wholesale- und Retail-Investment-Banking-Geschäfte mit nachhaltigem Erfolg[634] unter einem Dach kombiniert.[635] David H. Komansky, President und Chief Executive Officer von Merrill Lynch[636] behauptet, daß die eigentliche Herausforderung bei der Integration von Wholesale und Retail Investment Banking immer "in the execution of that capability"[637] lag. "It has taken us 50 years to learn how to do it. It is more difficult than it would appear."[638]

Economies of Scope in bezug auf die Inputfaktoren. Hinsichtlich der für den Leistungserstellungsprozeß von Investment-Banken relevanten Inputfaktoren sind Kapital und Arbeit beziehungsweise Talent zu unterscheiden.[639]

Die Auswirkungen einer Integration von Wholesale und Retail Banking auf den Inputfaktor Kapital wurden bereits unter dem Diversifikationsaspekt ausführlich in Abschnitt fünf im Rahmen der unternehmensbezogenen Beurteilung der Vorteilhaftigkeit von Integrationsstrategien aus finanzwirtschaftlicher Perspektive diskutiert. Dabei konnte zum einen keine eindeutige Evidenz für die oftmals vermuteten Diversifika-

---

o.V.: Übernahme von Salomon durch Travelers, a.a.O., S. 22; im Zusammenhang mit der Übernahme von Robertson Stephens durch BankAmerica im Juni 1997 Dutta, Mahua: Robertson Stephens, a.a.O., S. 19; Frank, Stephen E./McGeehan, Patrick: BankAmerica, a.a.O., S. 16. Vgl. ausführlicher zur allgemeinen Problematik der Inkompatibilität von Unternehmenskulturen im Zusammenhang mit Unternehmensübernahmen Very, Philippe et al.: Relative Standing and the Performance of Recently Acquired European Firms, in: Strategic Management Journal, Vol. 18 (1997), No. 8, S. 593-614.

634 Vgl. dazu ausführlicher Abschnitt 3.3.2.

635 Corrigan, Tracy: Thundering, a.a.O., S. 16; o.V.: Salomon Succumbs, a.a.O., S. 82.

636 Merrill Lynch: Geschäftsbericht 1996, New York 1997, S. 69. Interessanterweise kommt David H. Komansky wie alle seiner Vorgänger aus dem Retail-Geschäft; erst seit 1990 befaßt er sich aktiv mit dem Institutional- beziehungsweise Wholesale-Geschäft der Firma (Corrigan, Tracy: Thundering, a.a.O., S. 16).

637 Corrigan, Tracy: Thundering, a.a.O., S. 16.

638 Corrigan, Tracy: Thundering, a.a.O., S. 16.

639 Saunders, Anthony: Financial Institutions Management, a.a.O., S. 261; Geisst, Charles R.: Investment Banking, a.a.O., S. 14-16; Eccles, Robert G./Crane, Dwight B.: Doing Deals, a.a.O., S. 44-47.

tionseffekte mit entsprechenden Auswirkungen auf das Risikoprofil und damit auf die Kapitalkosten gefunden werden. Wenn überhaupt, so scheinen derartige Diversifikationseffekte eher im Rahmen einer Strategie der Vorwärtsintegration, das heißt der Ergänzung von Wholesale- um Retail-Investment-Banking-Aktivitäten[640] realisierbar zu sein als im umgekehrten Fall der Rückwärtsintegration.[641] Zum anderen ist diese Thematik nur aus neoinstitutioneller Perspektive relevant, wenn man, anders als im Rahmen der neoklassischen Betrachtungsweise, vom Bestehen von Informationsasymmetrien auf den Kapitalmärkten ausgeht, die das jeweils zu betrachtende Unternehmen betreffen.[642]

In bezug auf den Inputfaktor Arbeit beziehungsweise Talent ist neben der Qualität und Motivation der vorhandenen Mitarbeiter, die, wie bereits erwähnt, maßgeblich von der Unternehmenskultur der Investment-Bank beeinflußt wird,[643] auch die Einstellung potentieller zukünftiger Mitarbeiter zu dem Unternehmen entscheidend. Aufgrund der hohen Relevanz talentierter Individuen für den Geschäftserfolg[644] ist der Recruiting-Markt als Input-Markt für Investment-Banken von enormer Bedeutung.[645] In diesem Zusammenhang stellt sich die Frage, inwieweit die wahrgenommene Attraktivität einer Investment-Bank als Arbeitgeber durch eine mögliche Integration von Wholesale- und Retail-Banking-Aktivitäten beeinflußt wird. Um dies zu klären, werden im folgenden die Ergebnisse von Marktforschungen der Universum AB, Stockholm, ausgewertet. Dieses Unternehmen erkundete in den USA erstmals im Jahr 1997 unter Studenten an führenden U.S. Business Schools in einer gestützten Befragung, für welche fünf Arbeitgeber sie idealerweise gerne arbeiten würden.[646] Die gleiche Umfrage wird auch bereits seit 1995 jährlich an führenden europäischen Universitäten beziehungsweise Business Schools durchgeführt,[647] deren Ergebnisse aufgrund der Internationalität des

---

640 Vgl. dazu ausführlicher Abschnitt 3.3.1.

641 Vgl. dazu ausführlicher Abschnitt 3.3.2.

642 Vgl. dazu ausführlicher Abschnitt 5.3.

643 Very, Philippe et al.: Performance of Recently Acquired European Firms, a.a.O., S. 593-614.

644 Vgl. dazu ausführlicher Abschnitt 2.4.

645 Vgl. dazu ausführlicher McGoldrick, Beth: Goldman Sachs Culture, a.a.O., S. 58.

646 Vgl. zur Konzeption dieser Befragung und den Ergebnissen ausführlicher Universum AB: The American Graduate Survey 1997, Stockholm 1997; Branch, Shelly: MBAs Are Hot Again - And They Know It, in: Fortune, Vol. 135 (1997), No. 7, April 14, 1997, S. 155-157.

647 Vgl. zur Konzeption dieser Befragungen und den Ergebnissen ausführlicher Universum AB: The European Graduate Survey 1997, Stockholm 1997; Universum AB: The European Graduate Sur-

Investment-Banking-Geschäfts[648] auch für die Untersuchung der Problemstellung dieser Arbeit anhand der U.S.-Investment-Banking-Industrie als relevant erachtet werden. Als Umfrageergebnis wird für jedes gelistete Unternehmen der Rangplatz und ein Index angegeben, der für den durchschnittlichen Prozentsatz der Studenten an den Business Schools beziehungsweise Universitäten steht, die das jeweilige Unternehmen als einen ihrer fünf bevorzugten Arbeitgeber einstufen.[649]

Für den Zweck dieser Arbeit wurden jeweils die Ergebnisse der drei führenden Unternehmen und aller Banken unter den 50 höchstplazierten Unternehmen der Umfragen in den USA und Europa aus dem Jahr 1997 und für Europa zusätzlich aus den Jahren 1996 und 1995 tabellarisch dargestellt (Abbildung 6-17). Kennzeichnet man die Banken nach ihrem jeweiligen Kundengruppenfokus,[650] so fällt bei den Umfrageergebnissen bei den U.S. Business Schools auf, daß mit Fidelity Investments lediglich eine Bank mit Schwerpunkt im Retail-Geschäft auf Platz 24 erscheint. Sieben der insgesamt zehn unter den 50 höchstplazierten Unternehmen vertretenen Banken fokussieren sich überwiegend auf das Wholesale-Segment. Zwei dieser Anbieter, Goldman Sachs

---

vey 1996, Stockholm 1996; Universum AB: The European Graduate Survey 1995, Stockholm 1995.

648 Abschnitt 2.4.

649 Die eigentliche Durchführung der Umfragen für das Jahr 1997 erfolgte von September bis November 1996 in den USA und von Januar 1997 bis Mai 1997 in Europa, so daß die Ankündigungen der Kooperation von Salomon Brothers mit Fidelity im Januar 1997 und der Akquisition von Dean Witter, Discover durch Morgan Stanley im Februar 1997, wenn überhaupt, allenfalls Einfluß auf die Ergebnisse der Umfrage in Europa haben konnten (Universum AB).

650 Vgl. zum Kundengruppenfokus ausführlicher Abschnitt 3.3.1 zu Morgan Stanley, Salomon Brothers und Fidelity Investments sowie Abschnitt 3.3.2 zu Merrill Lynch; o.V.: Goldman, Sachs & Co., in: Mirabile, Lisa (Ed.): International Directory of Company Histories, Volume 2, Chicago/London 1990, S. 414-416; The Goldman Sachs Group L.P.: Goldman Sachs at a Glance, Internet Site (http://www.gs.com/about/at-a-glance.html) vom 17. Februar 1998, S. 1-4; Moody's Investors Service, Inc.: Moody's Company Data Report: J.P. Morgan & Co. Inc., New York 1997, S. 2; Moody's Investors Service, Inc.: Moody's Company Data Report: Lehman Brothers Holdings Inc., New York 1997, S. 2; UBS: European Banking: The Discreet Charm of Investment Banking, London, November 1997, S. 64; o.V.: CS First Boston, in: Mirabile, Lisa (Ed.): International Directory of Company Histories, Volume 2, Chicago/London 1990, S. 402-404; o.V.: The Chase Manhattan Corporation, updated by David E. Salamie, in: Grant, Tina (Ed.): International Directory of Company Histories, Volume 12, Detroit/London 1996, S. 145-148; Moody's Investors Service, Inc.: Moody's Company Data Report: Bankers Trust New York Corp., New York 1997, S. 3; o.V.: Bankers Trust New York Corporation, in: Mirabile, Lisa (Ed.): International Directory of Company Histories, Volume 2, Chicago/London 1990, S. 229-231.

und Morgan Stanley[651], führen das Ranking der besten Banken mit klarem Abstand mit den Plätzen drei und sechs an. Die beiden übrigen, sowohl im Retail- als auch im Wholesale-Geschäft vertretenen Banken Merrill Lynch und Chase Manhattan/ Chemical belegen die Plätze elf und 38.

Wholesale-Fokus
Integriert
Retail-Fokus

USA

Rang 1997	Unternehmen*	Index** 1997
1	McKinsey & Company, Inc.	22,9
2	Boston Consulting Group	15,2
3	Goldman Sachs	15,0
6	Morgan Stanley	11,6
11	Merrill Lynch	9,9
14	J.P. Morgan	9,0
18	Salomon Brothers	7,1
24	Fidelity Investments	4,9
28	Lehman Brothers	4,3
29	CS First Boston	4,3
38	Chase Manhattan/Chemical	3,3
48	Bankers Trust	2,4

Europa

Rang 1997	1996	1995	Unternehmen*	Index** 1997
1	1	1	McKinsey & Company, Inc.	19,2
2	2	2	Boston Consulting Group	16,8
3	3	-	Andersen Consulting	12,3
8	7	9	Goldman Sachs	8,8
9	8	11	J.P. Morgan	8,7
11	15	12	Morgan Stanley	6,6
15	10	13	Merrill Lynch	6,2
22	24	21	Deutsche Bank/DMG	5,7
31	25	23	Salomon Brothers	3,7
42	47	-	Banque Paribas	3,0
48	44	50	Union Bank of Switzerland	2,4
49	42	41	Swiss Bank Corporation	2,3

* Jeweils Angabe der drei führenden Unternehmen sowie aller Banken unter den 50 höchstplazierten Unternehmen in 1997
** Durchschnittlicher Prozentsatz der Studenten an den Business Schools/Universitäten, die das jeweilige Unternehmen als einen ihrer fünf bevorzugten Arbeitgeber einstufen

Abbildung 6-17: Arbeitgeberpräferenzen amerikanischer und europäischer Business-School-/Universitäts-Absolventen[652]

Interessant erscheint in diesem Zusammenhang, daß Merrill Lynch als potentieller Arbeitgeber in der Gunst der U.S.-Business-School-Studenten deutlich hinter den Wholesale-Investment-Banken Goldman Sachs und Morgan Stanley zurückbleibt, während diese sowohl im Retail als auch im Wholesale Banking gleichermaßen vertretene Investment-Bank mit ihrer am "Absatzmarkt" wahrgenommenen Leistungsfähigkeit 1995 und 1996 den ersten Platz im "Poll of Polls" der Fachzeitschrift

---

651 Noch vor der Akquisition des Retail Brokers und Kreditkartenanbieters Dean Witter, Discover im Februar 1997 (Abschnitt 3.3.1).

652 Eigene Abbildung auf der Basis von Umfrageergebnissen aus Universum AB: American Graduate Survey 1997, a.a.O.; Universum AB: European Graduate Survey 1997, a.a.O.; Universum AB: European Graduate Survey 1996, a.a.O.; Universum AB: European Graduate Survey 1995, a.a.O.

Euromoney, noch deutlich vor diesen beiden Wettbewerbern, belegte.[653] Schließlich bleibt im Rahmen der U.S.-Umfrageergebnisse festzuhalten, daß mit J.P. Morgan, CS First Boston, Chase Manhattan/Chemical und Bankers Trust lediglich vier der zehn unter den 50 höchstplazierten Unternehmen eingestuften Banken der Commercial-Banking-Industrie zuzuordnen sind[654] und diese innerhalb der Bankenwertung mit dem vierten sowie den drei letzten Plätzen gegenüber den Investment-Banken vergleichsweise schlecht abschneiden. Die Unterscheidung wird jedoch zunehmend schwieriger, da die genannten Commercial-Banken zum Teil bereits schon in erheblichem Umfang unmittelbar mit Investment-Banken konkurrieren. So belegten zum Beispiel J.P. Morgan und Chase/Chemical im Jahr 1996 in der Aggregation von Underwriting-, Trading- und Advisory-Geschäft bei dem bereits erwähnten "Poll of Polls" der Fachzeitschrift Euromoney die Plätze fünf und zehn.[655]

Aus den Umfragen unter Studenten führender europäischer Business Schools beziehungsweise Universitäten im Jahr 1997 ergibt sich ein ähnliches Bild. Zwar konzentieren sich von den neun unter den als 50 beliebteste Arbeitgeber eingestuften Banken lediglich fünf überwiegend auf das Wholesale-Geschäft.[656] Von diesen gingen mit Goldman Sachs, J.P. Morgan und Morgan Stanley[657] drei amerikanische Institute als die in der Bankenindustrie am stärksten präferierten Arbeitgeber hervor. Unter den verbleibenden vier integrierten Anbietern befindet sich, abgesehen von drei europäi-

---

653 Der jährlich veröffentlichte "Poll of Polls" der Fachzeitschrift Euromoney aggregiert zunächst verschiedene League-Table- und Umfrageergebnisse zu Rankings in den Bereichen Underwriting, Trading und Advisory und faßt diese dann gewichtet zu einem Gesamtranking zusammen; vgl. dazu ausführlicher Dobson, Rebecca: The Rise of DMG, a.a.O., S. 112-113 sowie Abschnitt 1.1.

654 Moody's Investors Service, Inc.: J.P. Morgan & Co. Inc., a.a.O., S. 1; Walter, Ingo: Universal Banking, a.a.O., S. 350; o.V.: The Chase Manhattan Corporation, a.a.O., S. 145; o.V.: Bankers Trust, a.a.O., S. 229.

655 Dobson, Rebecca: The Rise of DMG, a.a.O., S. 112.

656 Vgl. zum Kundengruppenfokus der gegenüber den Umfrageergebnissen aus den USA für Europa neu hinzugekommenen Banken ausführlicher o.V.: Deutsche Bank A.G., in: Mirabile, Lisa (Ed.): International Directory of Company Histories, Volume 2, Chicago/London 1990, S. 278-280; Thomson BankWatch, Inc.: Banking Company Profile: Groupe Paribas, New York et al., August 25, 1997, S. 1-2; o.V.: Union Bank of Switzerland, in: Mirabile, Lisa (Ed.): International Directory of Company Histories, Volume 2, Chicago/London 1990, S. 378-379; o.V.: Swiss Bank Corporation, in: Mirabile, Lisa (Ed.): International Directory of Company Histories, Volume 2, Chicago/London 1990, S. 368-370; UBS: Investment Banking, a.a.O., S. 48, 66.

657 Noch vor der Akquisition des Retail Brokers und Kreditkartenanbieters Dean Witter, Discover im Februar 1997 (Abschnitt 3.3.1).

schen Universalbanken,[658] auch die integrierte U.S.-Investment-Bank Merrill Lynch, die im Jahr 1997 wieder von Rang zehn auf 15 in der Gesamtwertung hinter Morgan Stanley zurückfiel. Von den europäischen integrierten Universalbanken konnte sich 1997 mit der Deutschen Bank beziehungsweise der Deutschen Morgan Grenfell lediglich ein Anbieter im Mittelfeld der neun unter den 50 beliebtesten Arbeitgebern vertretenen Banken positionieren. Die beiden übrigen, Union Bank of Switzerland und Swiss Bank Corporation,[659] wurden relativ weit abgeschlagen noch hinter Salomon Brothers[660] und Banque Paribas auf den Rängen 48 und 49 eingestuft. Vor allem die vergleichsweise schlechte Plazierung der Swiss Bank Corporation überrascht vor dem Hintergrund, daß diese Bankengruppe mit SBC Warburg bei dem "Poll of Polls" der Fachzeitschrift Euromoney im Jahr 1996 hinter Merrill Lynch und Goldman Sachs, aber unter anderem noch vor Morgan Stanley und J.P. Morgan den dritten Platz belegte.[661] Ein nahezu ausschließlich auf das Retail-Geschäft fokussierter Anbieter wie Fidelity Investments im Rahmen der U.S.-Umfrage konnte sich in der Gunst der europäischen Studenten nicht unter den 50 beliebtesten Arbeitgebern plazieren.

Sicherlich kann der Kundengruppenfokus im Rahmen der strategischen Ausrichtung einzelner Investment-Banken nicht monokausal als alleiniger Faktor zur Erklärung von Unterschieden in deren Einschätzung als potentieller Arbeitgeber durch Studenten führender Business Schools beziehungsweise Universitäten in den USA und Europa herangezogen werden.[662] Bezogen auf die Fragestellung dieser Arbeit ist jedoch vor

---

658 Vgl. zum Universalbankbegriff ausführlicher Kolbeck, Rosemarie: Universalbankensystem, in: Gerke, Wolfgang/Steiner, Manfred (Hrsg.): Handwörterbuch des Bank- und Finanzwesens, 2., überarbeitete und erweiterte Auflage, Stuttgart 1995, Sp. 1858-1867.

659 Noch vor der Ankündigung der Fusion von Union Bank of Switzerland (Schweizerische Bankgesellschaft) und Swiss Bank Corporation (Schweizerischer Bankverein) im Dezember 1997 (o.V.: Eine der größten Investmentbanken der Welt entsteht, in: Frankfurter Allgemeine Zeitung, Nr. 286, 9. Dezember 1997, S. 20; o.V.: Hohe Wellen auch in Amerika, in: Frankfurter Allgemeine Zeitung, Nr. 287, 10. Dezember 1997, S. 23).

660 Noch vor dem Kooperationsabkommen mit Fidelity Investments im Januar 1997 (Abschnitt 3.3.1).

661 Dobson, Rebecca: The Rise of DMG, a.a.O., S. 112.

662 So spricht beispielsweise vieles dafür, daß die in den Umfrageergebnissen begründete führende Position von Goldman Sachs unter den aufgelisteten Banken (Abbildung 6-17) nicht zuletzt auch auf Vorteile, die mit deren Organisation als Partnership verbunden sind, zurückzuführen ist (McGoldrick, Beth: Goldman Sachs Culture, a.a.O., S. 53-63; McKinsey & Company, Inc.: The Professional Services Firm: Partnerships, Hierarchies and Baronies, nicht veröffentlichte interne Studie, Washington D.C. 1995); vgl. zu den Faktoren, die das Image eines Unternehmens als

dem Hintergrund dieser Ergebnisse wohl zu befürchten, daß eine Wholesale-Investment-Bank durch eine Vorwärtsintegration in das Retail-Investment-Banking-Geschäft ceteris paribus ihr Image am Recruiting-Markt eher verschlechtern als verbessern wird. Für eine bislang stark auf das Retail-Geschäft fokussierte Investment-Bank scheint hingegen durch eine Rückwärtsintegration in das Wholesale Investment Banking ceteris paribus eher die Chance zu bestehen, ihr Image als potentieller Arbeitgeber bei Studenten führender Business Schools beziehungsweise Universitäten zu verbessern als zu verschlechtern.

Generell gilt für Economies-of-Scope-Potentiale ebenso wie für Effizienzsteigerungsmöglichkeiten durch Economies of Scale, daß diese mit ungewissem Nettoeffekt von den bereits erwähnten, positiv mit der Unternehmensgröße und negativ mit den Managementfähigkeiten korrelierenden X-Inefficiencies überlagert werden können und daher fallweise sorgfältig abgeschätzt werden müssen.[663]

6.4 ZWISCHENERGEBNIS

Ziel dieses sechsten Abschnitts war die unternehmensbezogene Beurteilung der Vorteilhaftigkeit von Integrationsstrategien aus leistungswirtschaftlicher Perspektive. Zur Untersuchung von Effektivität und Effizienz derartiger Strategien wurde als Analyserahmen auf das SCP-Modell zurückgegriffen, welches die Wirkungszusammenhänge von Rahmenbedingungen, Marktstruktur, Marktverhalten und Marktergebnis sowie die Auswirkungen entsprechender Veränderungen erklären hilft.

Unter dem Aspekt der Effektivität des Leistungsprozesses, das heißt der Kongruenz des Leistungsangebots mit der Nachfrageentwicklung, lassen sich für die U.S.-Investment-Banking-Industrie Integrationstendenzen der Wholesale- und Retail-Segmente ableiten. Dies liegt an der Zunahme der relativen Bedeutung des Retail Investment Banking, die wiederum im wesentlichen angebotsseitig auf Produktinnovationen, nachfrageseitig auf makroökonomisch induzierte Nachfrageschwankungen im

---

zukünftiger Arbeitgeber aus der Sicht von Studenten führender Universitäten und Business Schools beeinflussen Universum AB: European Graduate Survey 1995, a.a.O., S. 72-75).

663 Dietrich, Kimball J.: Financial Institutions, a.a.O., S. 725, 750; Berger, Allen N./Hunter, William C./Timme, Stephen G.: Efficiency of Financial Institutions, a.a.O., S. 221-249.

Zusammenhang mit der positiven Entwicklung der Situation an den Aktienbörsen sowie auf die demographische Entwicklung in den USA und die zunehmende Individualisierung von Vorsorgerisiko und Anlageentscheidung durch die Reregulierung des Altersversorgungssystems zurückgeführt werden kann. Insbesondere der zuletzt genannte Aspekt ist konsistent mit der bisherigen Entwicklung der U.S.-Investment-Banking-Industrie, die in ihrer strukturellen Entwicklung bereits mehrfach von Änderungen des politischen beziehungsweise rechtlichen Umfelds aufgrund von Regulierungsentscheidungen geprägt wurde.[664] In diesem Fall hat die regulatorisch bedingt verstärkte Verlagerung des Vorsorgerisikos und damit konsequenterweise auch der Anlageentscheidung auf das Individuum unmittelbare Auswirkungen auf die Wahrnehmung der Kernfunktionen des Ressourcentransfers über Zeit und des Risikomanagements, und damit auf den Produktbereich (Retail) Asset Management von Investment-Banken, im Rahmen dessen sie diese Funktionen unmittelbar wahrnehmen.[665] Festzuhalten bleibt jedoch auch, daß sich mit dem im Zusammenhang mit der Effektivität des Leistungsprozesses diskutierten relativen Bedeutungsgewinn des Retail-Segments der Investment-Banking-Industrie zwar eine zunehmende Tendenz zur Integration begründen läßt. Diese ist jedoch lediglich als Ergebnis einer Vorwärtsintegration von Wholesale-Investment-Banken in das Retail-Segment zu erklären. Die Vorteilhaftigkeit einer Rückwärtsintegration durch die Erweiterung des Retail-Geschäfts um Wholesale-Aktivitäten ist daraus nicht abzuleiten.

Zur unternehmensbezogenen Beurteilung der Vorteilhaftigkeit von Integrationsstrategien unter dem Effizienzaspekt wurden sowohl die Kernfunktionen einer Investment-Bank als auch die Unternehmenskultur und die Inputfaktoren für den Leistungserstellungsprozeß im Hinblick auf potentielle Economies of Scale und Economies of Scope untersucht. Ließen sich diesbezüglich Effizienzsteigerungspotentiale nachweisen, dann könnte im Rahmen des SCP-Modells über die unmittelbaren und mittelbaren Wech-

---

664 Goldberg, Lawrence G. et al.: Economies of Scale and Scope, a.a.O., S. 92-93; als Beleg lassen sich dafür beispielhaft anführen: der Glass Steagall Act von 1933, der im wesentlichen die Trennung von Commercial und Investment Banking festschrieb; die Abschaffung fixer Provisionssätze für Aktientransaktionen im Jahr 1975 als unmittelbare Folge der Securities Act Amendments; die endgültige Einführung der sogenannten Rule 415 im Jahr 1983, die die Shelf Registration von Wertpapieren erlaubte; die Zulassung sogenannter "Section 20 Subsidiaries", die zu einer Aufweichung der Grenzen zwischen Commercial und Investment Banking führte; vgl. dazu ausführlicher Abschnitt 2.2.

selwirkungen zwischen Marktergebnis und Marktstruktur im Sinne einer zunehmenden Integration von Wholesale und Retail Banking in der Investment-Banking-Industrie argumentiert werden.

Zwar lassen sich Ansatzpunkte zur Erzielung von Economies of Scale im Zusammenhang mit den Kernfunktionen und den Inputfaktoren aufzeigen. Unklar ist jedoch, in welchem Ausmaß diese von X-Inefficiencies aufgrund wachsender Größe und mangelnder Managementfähigkeiten überlagert werden.[666] Darüber hinaus kann mit Effizienzsteigerungspotentialen aufgrund von Economies of Scale nur schwer eine zunehmende Integration von Wholesale und Retail Banking begründet werden, da diese auch durch eine Ausweitung der Investment-Banking-Aktivitäten innerhalb des Retail- oder Wholesale-Segments zu realisieren wären. Es ließe sich bei einem per Saldo negativen Gesamteffekt lediglich gegen eine zunehmende Integrationstendenz argumentieren.

Die Ergebnisse der Untersuchung hinsichtlich möglicher Verbundvorteile durch eine Integration von Wholesale- und Retail-Investment-Banking-Aktivitäten sind differenziert zu beurteilen. Es spricht einiges dafür, daß deutliche Vorteile hinsichtlich der Kernfunktionen Losgrößentransformation und Ressourcentransfer aus der Fähigkeit einer integrierten Investment-Bank resultieren, eine unmittelbare marktliche Verbindung nicht nur zwischen Emittenten mit Kapitalbedarf auf der einen und nach Anlagemöglichkeiten suchenden institutionellen Investoren auf der anderen Seite, sondern auch, unter Umgehung weiterer Intermediäre, unmittelbar mit Retail-Investoren herstellen zu können.[667] Andererseits sind im Hinblick auf die zum Teil stark unterschiedlich ausgeprägten Unternehmenskulturen negative Verbundeffekte insbesondere bei der Integration von Wholesale- und Retail-Investment-Banking-Aktivitäten im Rahmen einer Fusion oder Akquisition zu erwarten. In der U.S.-Investment-Banking-Industrie ist mit Merrill Lynch bislang erst ein, wenn auch sehr prominentes,

---

665 Vgl. dazu ausführlicher Abschnitt 4.3.2.2 sowie Abbildung 4-4.

666 Dietrich, Kimball J.: Financial Institutions, a.a.O., S. 725, 750; Berger, Allen N./Hunter, William C./Timme, Stephen G.: Efficiency of Financial Institutions, a.a.O., S. 221-249.

667 Jedoch ist auch hier, wie im Rahmen der Diskussion der Economies-of-Scale-Potentiale, zu beachten, daß diese Effizienzsteigerungsmöglichkeiten durch positiv mit der Unternehmensgröße und negativ mit den Managementfähigkeiten korrelierende X-Inefficiencies überlagert werden können.

Beispiel für eine gelungene derartige Integration in größerem Umfang bekannt. Schließlich deutet im Hinblick auf mögliche Verbundeffekte bezüglich des Inputfaktors Arbeit beziehungsweise Talent aufgrund der Präferenzstrukturen von Studenten führender Universitäten und Business Schools sowohl in den USA als auch in Europa einiges darauf hin, daß sich eine Vorwärtsintegration in das Retail-Investment-Banking-Geschäft ceteris paribus eher negativ auf das Image einer Wholesale-Investment-Bank am Recruiting-Markt auswirkt. Eine bislang stark auf das Retail-Geschäft fokussierte Investment-Bank könnte hingegen in dieser Hinsicht von einer Rückwärtsintegration in das Wholesale Investment Banking ceteris paribus eher profitieren.

7 Wettbewerbsbezogene Beurteilung der Vorteilhaftigkeit von Integrationsstrategien

Nachdem die Vorteilhaftigkeit von Integrationsstrategien in den beiden vorangegangenen Abschnitten fünf und sechs rein unternehmensbezogen beurteilt wurde, soll im Rahmen dieses siebten Abschnitts untersucht werden, ob aufgrund wettbewerbsbezogener Aspekte eine verstärkte Integration von Wholesale und Retail Investment Banking zu erwarten ist (Abbildung 7-1).

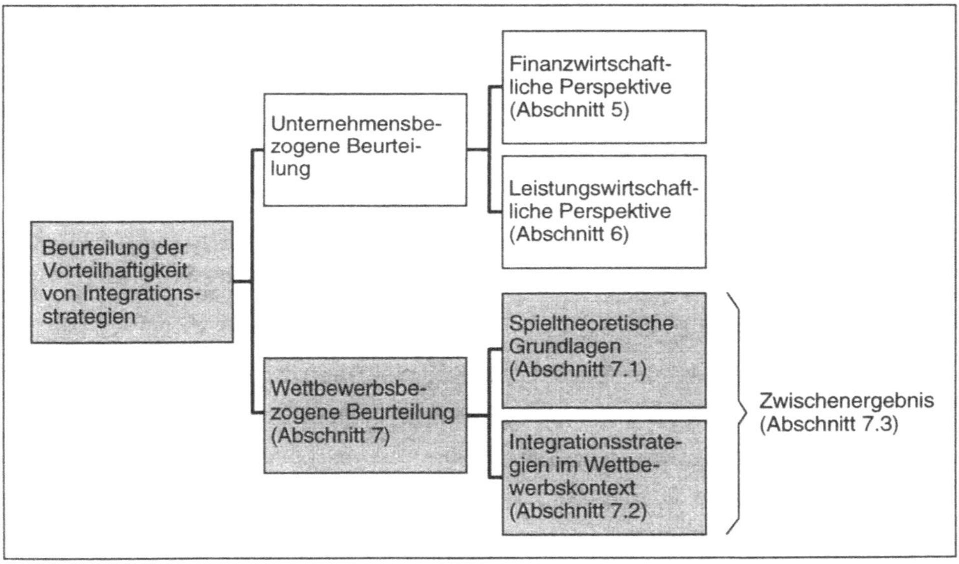

Abbildung 7-1: Vorteilhaftigkeit von Integrationsstrategien aus Wettbewerbssicht

Dazu werden zunächst Grundlagen der Spieltheorie erörtert, die als Basis für die darauffolgende Beurteilung von Integrationsstrategien im Wettbewerbskontext dienen.

7.1 Spieltheoretische Grundlagen

Die Spieltheorie behandelt interdependente Entscheidungssituationen auf der Basis der neoklassischen Rationalitätsannahmen und ist in diesem Sinne auch der neoklassischen Betrachtungsweise[668] zuzuordnen. Insofern, als sie sich auch mit Situationen unvollständiger und unvollkommener Information der handelnden Personen befaßt,[669] beinhaltet die Spieltheorie jedoch auch Elemente der neoinstitutionellen Betrachtungsweise[670]. Im Gegensatz zum traditionellen neoklassischen Handeln der Marktteilnehmer, bei dem Handlungen auf der Grundlage von Rahmendaten geplant werden können, die von den Entscheidungen der jeweils handelnden Subjekte unberührt bleiben, geht die Spieltheorie von strategischem Handeln aus, das die Effekte der Handlungen des einzelnen auf das Handeln anderer und damit auf die Rahmenbedingungen berücksichtigt. Insofern stellt die spieltheoretische Betrachtungsweise auch eine Ergänzung beziehungsweise Weiterentwicklung der traditionellen Theorie der Industrial Organization oder Industrieökonomie dar, deren Modelle wie das SCP-Modell,[671] das im Rahmen des vorangegangenen sechsten Abschnitts als Analyserahmen genutzt wurde, auf der Annahme des traditionellen parametrischen Handelns beruhen.[672] Da wichtige ökonomische Entscheidungssituationen häufig interdependent sind, gewinnt die Spieltheorie gegenüber der traditionellen Neoklassik zunehmend an Bedeutung.[673]

Die Pionierleistung bei der Entwicklung der Spieltheorie ist von Neumann und Morgenstern[674] zuzuschreiben,[675] die sich jedoch anfänglich vor allem mit Nullsummenspielen befaßten. Hinsichtlich der Spiele, die in kooperativer Form gespielt werden, wurde unterstellt, daß die jeweiligen Aktionen der Teilnehmer von diesen gemeinsam ausgewählt und umgesetzt werden. Durch derartige Spiele konnten jedoch

---

668 Vgl. dazu ausführlicher Abschnitt 4.2.

669 Bei unvollständiger Information besteht Unsicherheit bezüglich wesentlicher Charakteristika des anderen Spielers, während unvollkommene Information Unsicherheit über die Handlungen des Mitspielers bedeutet; vgl. dazu ausführlicher Ghemawat, Pankaj: Games Businesses Play: Cases and Models, Cambridge/London 1997, S. 224-229; Fudenberg, Drew/Tirole, Jean: Game Theory, Cambridge/London 1991, S. XIX-XX; Tirole, Jean: The Theory of Industrial Organization, Cambridge/London 1990, S. 431-436.

670 Vgl. dazu ausführlicher Abschnitt 4.3.1.

671 Vgl. dazu ausführlicher Abschnitt 6.1.

672 Ghemawat, Pankaj: Games, a.a.O., S. 1-6.

673 Feess-Dörr, Eberhard: Mikroökonomie, a.a.O., S. 506.

674 Neumann, John von/Morgenstern, Oskar: The Theory of Games and Economic Behaviour, Princeton 1944

nur Teile der Realität abgebildet werden, da Beziehungen zwischen Spielern nicht immer konfliktär sind und Aktionen von den Spielern oftmals getrennt gewählt werden. Nash[676] entwickelte schließlich ein Gleichgewichtskonzept für solche Spiele, die Konflikt und Kooperation verbinden, während Schelling[677] die spieltheoretische Analyse auf Spiele mit sequentiellen Zügen erweiterte und dabei die Ideen strategischer Züge entwickelte.[678]

Zwar bietet auch die Spieltheorie nicht den einen, universell einsetzbaren Lösungsweg für interdependente Entscheidungssituationen jeder Art. Sie stellt jedoch einen Rahmen zur Verfügung, innerhalb dessen auf der Basis bestimmter Kernvorstellungen unter Umständen mit vielen Einzelanalysen ein Lösungsansatz für Entscheidungsprobleme in Situationen unvollständiger Information entwickelt werden kann. Im Rahmen des Grundmodells der neoklassischen Entscheidungstheorie werden derartige Probleme unter expliziter Berücksichtigung mit Eintrittswahrscheinlichkeiten versehener alternativer Umweltzustände durch die Ermittlung der Strategie mit dem maximalen Erwartungswert oder, nach der Zuweisung von Nutzenindizes, der Strategie mit dem maximalen Erwartungswert des Nutzens gelöst.[679] Im Unterschied zur klassischen Entscheidungstheorie berücksichtigt die Spieltheorie bei der Lösung ökonomischer Entscheidungsprobleme in Situationen unvollständiger Information über die explizite Betrachtung alternativer Umweltzustände hinaus, daß diese oftmals das Resultat bewußt handelnder Konkurrenten sind, die ihrerseits das Verhalten der anderen bei

---

675 Ghemawat, Pankaj: Games, a.a.O., S. 8; Fudenberg, Drew/Tirole, Jean: Game Theory, a.a.O., S. XVIII; das ursprüngliche Ziel der Arbeit von von Neumann/Morgenstern war die Lösung von Problemen der Oligopoltheorie (Feess-Dörr, Eberhard: Mikroökonomie, a.a.O., S. 299).

676 Darauf aufbauend entwickelten Selten im Jahr 1965 das Konzept der "Subgame Competition" (Selten, Reinhard: Spieltheoretische Behandlung eines Oligopolmodells mit Nachfrageträgheit, in: Zeitschrift für die gesamte Staatswirtschaft, 12. Jg. (1965), S. 301-324; Selten, Reinhard: Re-Examination of the Perfectness Concept for Equilibrium Points in Extensive Games, in: International Journal of Game Theory, Vol. 4 (1975), S. 25-55) und Harsanyi in den Jahren 1967 und 1968 das "Bayesian Nash Equilibrium" (Harsanyi, John: Games With Incomplete Information Played by Bayesian Players, in: Management Science, Vol. 14 (1967), No. 2, S. 159-182 (Part I), Vol. 14 (1968), No. 3, S. 320-334 (Part II), Vol. 14 (1968), No. 4, S. 486-502 (Part III)).

677 Schelling, Thomas C.: The Strategy of Conflict, Cambridge 1960.

678 Vgl. dazu sowie zu einem kurzen Überblick über weiterführende Literatur zur Spieltheorie Dixit, Avinash K./Nalebuff, Barry J.: Thinking Strategically: The Competitive Edge in Business, Politics, and Everyday Life, New York/London 1991, S. 199-200; Fudenberg, Drew/Tirole, Jean: Game Theory, a.a.O., S. XVII-XX.

ihren Entscheidungen einkalkulieren.[680] Dem Umstand, daß derartige, als strategisch bezeichnete Situationen wechselseitiger Abhängigkeiten typischerweise bei Gesellschaftsspielen auftreten, hat die Spieltheorie ihren Namen zu verdanken.[681]

Als Grundlage für die weiteren, auf die Zielsetzung der vorliegenden Arbeit bezogenen Ausführungen werden im folgenden anhand von Beispielen drei grundlegende strategische Situationen dargestellt und spieltheoretisch interpretiert. Dabei handelt es sich um Spiele mit eindeutigem und mit dominiertem Gleichgewichtspunkt[682] sowie um das Spiel ohne Gleichgewichtspunkt (Abbildung 7-2).

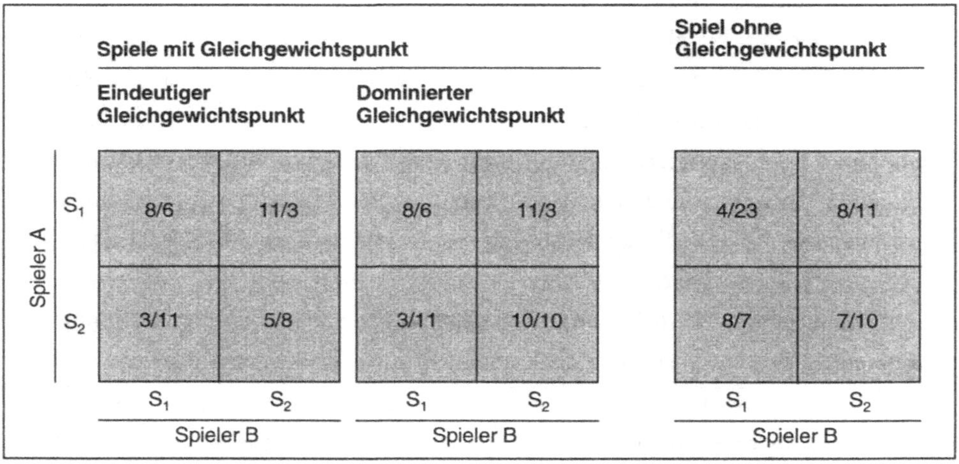

Abbildung 7-2: Grundformen spieltheoretisch relevanter Situationen[683]

Angenommen werden dabei jeweils zwei Unternehmen beziehungsweise Spieler A und B, die sich als Konkurrenten gegenüberstehen und jeweils zwischen den (Preis-)

---

679 Laux, Helmut: Entscheidungstheorie: Grundlagen, Berlin/Heidelberg/New York 1982, S. 138-173.

680 Fudenberg, Drew/Tirole, Jean: Game Theory, a.a.O., S. XVII.

681 Güth, Werner: Spieltheorie und ökonomische (Bei)Spiele, Berlin et al. 1992, S. 1; Feess-Dörr, Eberhard: Mikroökonomie, a.a.O., S. 299-301.

682 Gleichgewichtspunkte werden zum Teil in Anlehnung an den bereits oben erwähnten Mathematiker John Nash auch als Nash-Gleichgewichte bezeichnet; mit dem Gleichgewichtsbegriff ist jedoch keine Aussage über die Vorteilhaftigkeit der Gleichgewichtslösung für alle beteiligten Spieler oder die Gesellschaft verbunden (Dixit, Avinash K./Nalebuff, Barry J.: Thinking Strategically, a.a.O., S. 74-76; Fudenberg, Drew/Tirole, Jean: Game Theory, a.a.O., S. 11-29; Tirole, Jean: Industrial Organization, a.a.O., S. 425-426).

683 Eigene Abbildung in Anlehnung an Feess-Dörr, Eberhard: Mikroökonomie, a.a.O., S. 301-304.

Strategien S_1 und S_2 wählen können. Als Resultat der Kombination der beiden Strategien ergeben sich die in den Matrizen dargestellten Auszahlungen oder Gewinne. Dabei gibt die erste Zahl immer das Ergebnis für den Spieler A, die zweite Zahl das Ergebnis für Spieler B an.[684]

Spiel mit eindeutigem Gleichgewichtspunkt. Im Rahmen des Spiels mit einfachem Gleichgewichtspunkt erzielen beide Spieler mit (11/3) beziehungsweise (3/11) den jeweils höchsten Gewinn, wenn einer den niedrigeren Preis im Rahmen der Strategie S_1, und der andere mit der Strategie S_2 den höheren Preis wählt (Abbildung 7-2). Jedoch ist die Erzielung dieses Ergebnisses für beide Spieler äußerst unrealistisch, da der Gewinn für den Konkurrenten minimal ausfallen würde. Spieltheoretisch ist daher keine dieser beiden geschilderten Entscheidungssituationen stabil im Sinne eines Gleichgewichts. Dies wird als eine Situation definiert, in der keiner der beteiligten Spieler die von ihm gewählte Strategie ändern kann, ohne sich schlechter zu stellen, wenn der andere Spieler bei seiner gewählten Strategie bleibt. Für das vorliegende Beispiel ergibt sich daher der Gleichgewichtspunkt mit (8/6) dann, wenn beide Spieler mit der Strategie S_1 den niedrigeren Preis wählen. Wechselte beispielsweise Spieler A zur Strategie S_2 über, während Spieler B bei seiner Strategie S_1 bliebe, würde sich das Ergebnis für Spieler A von acht auf drei verschlechtern und für Spieler B von sechs auf elf verbessern. Immer dann, wenn die Spieler gegenseitig über ihre strategischen Alternativen und die damit verbundenen Ergebnisse informiert sind sowie rational logisches Verhalten des Konkurrenten unterstellen, ist davon auszugehen, daß diese Gleichgewichtslösung auch tatsächlich realisiert wird.[685]

Spiel mit dominiertem Gleichgewichtspunkt. Das Beispiel für den Fall eines Spiels mit dominiertem Gleichgewichtspunkt unterscheidet sich ökonomisch vom vorangegangenen Beispiel lediglich dadurch, daß die Auszahlungen oder Gewinne der beiden Konkurrenten von (5/8) auf (10/10) ansteigen, wenn beide die Hochpreisstrategie S_2 wählen (Abbildung 7-2). Obwohl diese Strategiekombination für beide Spieler ökonomisch vorteilhafter wäre als die beidseitige Wahl der Niedrigpreisstrategie S_1, stellt letztere Entscheidungssituation mit dem Ergebnis von (8/6) nach wie vor den einzigen Gleichgewichtszustand dar. Ausgehend von Punkt (10/10) wäre es hingegen für beide

---

684 Feess-Dörr, Eberhard: Mikroökonomie, a.a.O., S. 301-304.

Konkurrenten möglich, durch einen Wechsel zur Niedrigpreisstrategie S_1 ihren Gewinn von zehn auf elf zu erhöhen, solange der Wettbewerber bei der ursprünglich eingeschlagenen Hochpreisstrategie S_2 bleibt. In derartigen Fällen spricht man davon, daß der Punkt (10/10) den Punkt (8/6) dominiert, und nennt letzteren konsequenterweise einen dominierten Gleichgewichtspunkt. Bei solchen Spielen mit dominiertem Gleichgewichtspunkt ist zu berücksichtigen, daß rationales Verhalten unter den Spielern beziehungsweise Konkurrenten die gegenseitige Kenntnis des jeweiligen Verhaltens und damit zum Beispiel auch der Risikobereitschaft, des Temperaments oder auch des Vertrauensverhältnisses der beteiligten Spieler untereinander voraussetzt. Ist letzteres im vorliegenden Beispiel zwischen den beiden Konkurrenten vorhanden, so ist damit zu rechnen, daß der Punkt (10/10) irgendwann erreicht und entgegen der oben erwähnten Gleichgewichtsbedingung dann auch beibehalten wird. In einem derartigen Fall spricht man davon, daß ein Spiel kooperativ gespielt wird, wobei eine Kooperation sowohl durch unmittelbare Absprachen als auch im Vertrauen auf die Einsicht des Konkurrenten zustandekommen kann.[686]

Der als Beispiel für ein Spiel mit dominiertem Gleichgewichtspunkt herangezogene Fall stellt vom Prinzip her die ökonomische Variante des häufig zitierten Gefangenendilemmas dar.[687] Dabei werden zwei festgenommene Verbrecher mit der Situation konfrontiert, daß sie beide mit einer deutlich härteren Strafe zu rechnen haben, wenn beide die Tat gestehen als wenn sie diese leugnen. Gleichzeitig wissen beide, daß im Fall asymmetrischen Aussageverhaltens der Kronzeuge freigesprochen, der Verweigerer jedoch noch härter als im Fall eines Doppelgeständnisses bestraft wird. Auch hier stellt das beidseitige Geständnis und die damit verbundene Bestrafung die Gleichgewichtslösung dar, die nicht als irrational anzusehen ist, obwohl aus Gesamtsicht für beide Beteiligten eine vorteilhaftere Lösung existiert. Diese ist jedoch nur bei entsprechendem gegenseitigen Vertrauen zu realisieren. Daraus läßt sich ableiten, daß die

---

685 Feess-Dörr, Eberhard: Mikroökonomie, a.a.O., S. 302.

686 Feess-Dörr, Eberhard: Mikroökonomie, a.a.O., S. 302-303.

687 Dixit, Avinash K./Nalebuff, Barry J.: Thinking Strategically, a.a.O., S. 11-14; Fudenberg, Drew/Tirole, Jean: Game Theory, a.a.O., S. 9-10; Tirole, Jean: Industrial Organization, a.a.O., S. 426.

Spieltheorie nicht ausschließlich eine ökonomische Theorie darstellt,[688] sondern auch für philosophische oder sozialwissenschaftliche Untersuchungen des Verhältnisses von individueller und kollektiver Rationalität relevant ist.[689]

Spiel ohne Gleichgewichtspunkt. Neben Spielen mit Gleichgewichtspunkt sind auch Entscheidungssituationen vorstellbar, in denen kein Gleichgewicht existiert (Abbildung 7-2). In jedem Feld der Matrix besteht für einen der beiden Konkurrenten die Möglichkeit, durch einen Strategiewechsel bei gleichbleibender Strategie des Konkurrenten ein für sich ökonomisch vorteilhafteres Ergebnis zu erzielen. Für derartige Situationen bietet die Spieltheorie mit den sogenannten gemischten Strategien zwar auch Lösungen an, die im wesentlichen auf der Auswahl von Strategien auf der Basis bestimmter Wahrscheinlichkeitsverteilungen beruhen. Jedoch werden diese spieltheoretischen Lösungsvorschläge umso komplizierter und weniger allgemein verbindlich, je mehr Spieler und Strategien in einer bestimmten Entscheidungssituation zugelassen werden. In vielen Situationen kommt die Spieltheorie auch zu dem Ergebnis, daß vor dem Hintergrund ihrer Verhaltensannahmen kein eindeutiges Ergebnis vorherzusagen ist. Dies stellt jedoch keine Schwäche der Spieltheorie an sich dar, da in diesen Fällen lediglich ein reales Problem aufgegriffen wird, das mit Hilfe der Spieltheorie transparent darstellbar ist.[690]

7.2 Beurteilung von Integrationsstrategien im Wettbewerbskontext

Auf Basis der geschilderten drei grundlegenden strategischen Situationen sollen im folgenden einige konzeptionelle Überlegungen unter Wettbewerbsaspekten zu einer möglichen Integration von Wholesale und Retail Investment Banking angestellt und

---

[688] Vgl. beispielsweise zur Anwendbarkeit der Spieltheorie auf betriebswirtschaftlich relevante strategische Fragestellungen Ghemawat, Pankaj: Games, a.a.O.; Nalebuff, Barry J./Brandenburger, Adam M.: Coopetition - kooperativ konkurrieren: Mit der Spieltheorie zum Unternehmenserfolg, aus dem Englischen von Hartmut J. H. Rastalsky, Frankfurt/Main/New York 1996; Brandenburger, Adam M./Nalebuff, Barry J.: The Right Game: Use Game Theory to Shape Strategy, in: Harvard Business Review, Vol. 73 (1995), No. 4, S. 57-71; o.V.: Movers and Shakers, in: The Economist, Vol. 346 (1998), No. 8052, January 24th 1998, S. 69.

[689] Güth, Werner: Spieltheorie, a.a.O., S. 1-3; Feess-Dörr, Eberhard: Mikroökonomie, a.a.O., S. 303-304.

[690] Feess-Dörr, Eberhard: Mikroökonomie, a.a.O., S. 304.

mit den bisherigen Erkenntnissen verknüpft werden. Aufgrund identischer zugrundeliegender Logik beziehen sich diese sowohl auf die aus Sicht der Wholesale-Investment-Banken relevante Strategie der Vorwärtsintegration als auch auf die auf Retail-Investment-Banken zutreffende Strategie der Rückwärtsintegration, solange dies nicht explizit anders erwähnt wird.

Ausgangspunkt der Überlegungen ist die Gegenüberstellung einer einzelnen, aus Kundengruppensicht bislang fokussiert agierenden Investment-Bank und deren ebenfalls überwiegend auf eines der beiden Kundensegmente ausgerichteter Konkurrenten (Abbildung 7-3).

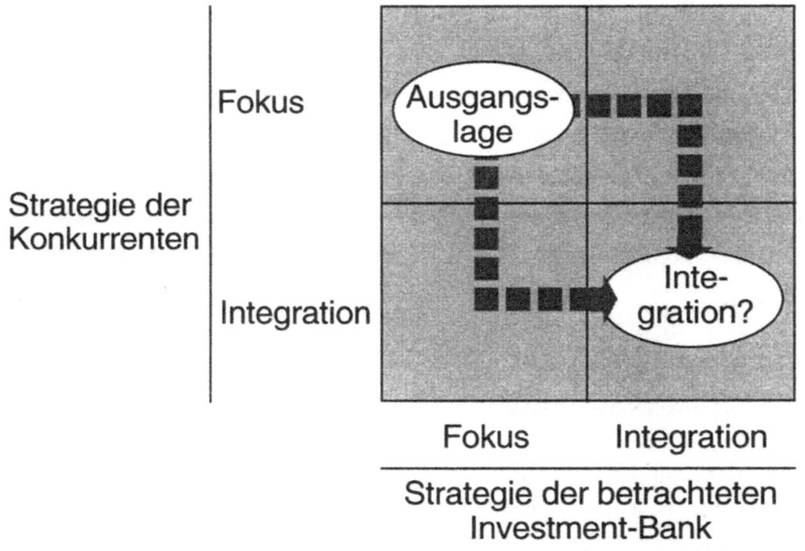

Abbildung 7-3: Grundmodell der Integration von Wholesale- und Retail-Investment-Banking aus spieltheoretischer Sicht

Im Rahmen der erwähnten spieltheoretischen Grundmodelle besteht nun die Möglichkeit, daß eine fortschreitende Integration, wenn überhaupt, entweder von entsprechenden strategischen Schritten der Wettbewerber ausgelöst wird, und die einzeln betrachtete Investment-Bank darauf reagiert, oder umgekehrt. Wendet man die Ausführungen zu den auch als Gefangenen-Dilemma bezeichneten Spielen mit dominiertem Gleichgewichtspunkt[691] auf die Situation in der Investment-Banking-Industrie an, so ergibt sich, daß es auch bei logisch-rationalem Verhalten der Marktteilnehmer aus individueller Sicht unabhängig von der unternehmensbezogenen, einzelwirtschaftlichen Vorteilhaftigkeit[692] eines möglichen Endzustands vollkommener Integration gegenüber der Ausgangslage zu einer Integration in der Investment-Banking-Industrie kommen kann. Dies setzt voraus, daß sich zunächst eine der beiden Seiten durch eine entsprechende einseitige Strategieänderung gegenüber der Ausgangslage verbessern kann. In der Folge muß es für den oder die Konkurrenten möglich sein, sich wiederum gegenüber der nun für sie neuen Ausgangslage durch ein strategisches Gleichziehen auf Dauer besserzustellen, auch wenn dieser Zustand gegenüber der ursprünglichen Ausgangslage, das heißt noch vor dem ersten strategischen Schachzug des Wettbewerbers beziehungsweise der Wettbewerber, eine Verschlechterung darstellt.

Aufgrund der im sechsten Abschnitt diskutierten potentiellen ökonomischen Vorteile einer Integration von Wholesale und Retail Investment Banking aus einzelwirtschaftlicher Sicht, die im wesentlichen in Abhängigkeit von der Managementqualität lediglich von den sogenannten X-Inefficiencies (über-)kompensiert werden können, ist es wohl plausibel anzunehmen, daß es tatsächlich einzelnen Investment-Banken gelingen kann, sich durch einen ersten strategischen Schritt in Richtung eines integrierten Anbieters dauerhafte einzelwirtschaftliche Vorteile zu verschaffen.[693] Ebenso erscheint es realistisch anzunehmen, daß derartige Schritte negative ökonomische Konsequenzen für die verbleibenden Anbieter implizieren. Die potentiellen Nachteile liegen für die nach wie vor fokussiert agierenden Retail-Investment-Banken in einem erschwerten Zugang zu attraktiven Aktienemissionen, die sie ihren Kunden als Investitionsmöglichkeiten anbieten können, für überwiegend im Wholesale-Geschäft tätige Investment-Banken in der Einschränkung ihrer Retail-Plazierungskraft im Zusammen-

---

691 Vgl. dazu ausführlicher Abschnitt 7.1.

692 Vgl. dazu ausführlicher Abschnitte fünf und sechs.

693 Dahingehende Erwartungen bestanden offensichtlich bei dem im Januar 1997 angekündigten Kooperationsabkommen der Wholesale-Investment-Bank Salomon mit dem Investmentfondsanbieter und Retail Broker Fidelity sowie der im Februar 1997 verkündeten Übernahme des Retail Brokers und Kreditkartenanbieters Dean Witter, Discover durch die Wholesale-Investment-Bank Morgan Stanley; vgl. dazu ausführlicher Abschnitt 1.1. und Abschnitt 3.3.1.

hang mit ihrem Emissionsgeschäft.[694] Das Ausmaß der negativen ökonomischen Konsequenzen hängt dabei sowohl von segmentübergreifenden Faktoren als auch von für das Retail- und Wholesale-Segment spezifischen Faktoren ab.

Segmentübergreifende Faktoren. Zum einen werden die Auswirkungen für die fokussiert agierenden Investment-Banken grundsätzlich umso deutlicher, je weiter ein möglicher Integrationsprozeß bereits fortgeschritten ist, je exklusiver die integrierten Anbieter ihre Aktivitäten ausgestalten, je weniger realistisch die Möglichkeit eines eigenständigen Aufbaus entsprechender komplementärer Aktivitäten ist und je weniger fokussierte Konkurrenten im eigenen Segment noch existieren. Darüber hinaus spielt die Qualität des Geschäfts der fokussierten Anbieter eine erhebliche Rolle. Je höher die Qualität der von fokussierten Wholesale-Investment-Banken durchgeführten Aktienemissionen und je höher und umfassender die Vertriebskraft der auf das Retail-Segment spezialisierten Anbieter, umso höher ist der Pull-Effekt,[695] den diese Anbieter gegenüber den exklusiv im jeweils anderen Segment tätigen oder bereits integrierten Anbietern erzeugen können. Damit kann wirkungsvoll möglichen Bestrebungen integrierter Anbieter entgegengewirkt werden, den Wertschöpfungsprozeß durchgängig weitestgehend exklusiv, ohne Einbeziehung spezialisierter Drittanbieter auszugestalten.

Retail-spezifische Faktoren. Spezifische Relevanz für das Ausmaß der ökonomischen Konsequenzen eines möglichen Integrationsprozesses für fokussierte Retail-Investment-Banken hat das Maß der Anbieterkonzentration innerhalb des Wholesale-Segments der Investment-Banking-Industrie. Je höher dies ausfällt, umso schneller und unvermittelter können sich denkbare Integrationsstrategien konkurrierender Anbieter in eine Bedrohung der Position durch erschwerten Zugang zu attraktiven Aktienemissionen übersetzen. Analysiert man die Marktanteile des Marktführers sowie der drei, fünf und zehn größten Anbieter im Underwriting-Geschäft in den USA von 1988 bis 1997 (Abbildung 7-4), so stellt man in bezug auf das Equity Underwriting fest, daß die Marktanteile zwar in den einzelnen Jahren zum Teil starken Schwan-

---

694 Vgl. zu möglichen Gründen für vertikale Integrationsentscheidungen ausführlicher Argyres, Nicholas: Vertical Integration Decisions, a.a.O., S. 129-150; Comanor, William S.: Vertical Mergers, Market Powers, and the Antitrust Laws, in: American Economic Review, Vol. 57 (1967), No. 2, S. 254-265.

kungen unterworfen waren, heute jedoch nach einem deutlichen Anstieg seit 1994 mit 24,6 Prozent, 66,6 Prozent, 82,1 Prozent und 96,4 Prozent mit Ausnahme des Werts für den Marktführer wieder ungefähr das gleiche, relativ hohe Niveau wie vor zehn Jahren aufweisen. Der Anteil des Marktführers hat sich in den vergangenen zehn Jahren von 32,0 Prozent im Jahr 1988 auf 24,6 Prozent in 1997 verringert.[696]

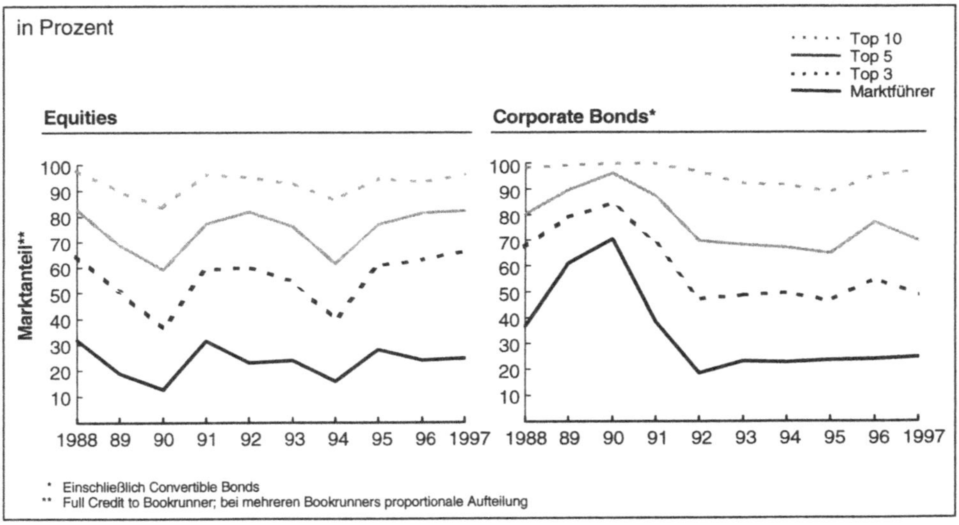

Abbildung 7-4: Anbieterkonzentration im U.S.-Underwriting-Geschäft - 1988-97[697]

Dabei stellt sich die Gruppe der fünf führenden Anbieter in den USA als vergleichsweise stabil heraus. Insgesamt fanden sich neun verschiedene Investment-Banken in den vergangenen fünf Jahren mindestens einmal auf den ersten fünf Plätzen, wobei drei davon in allen Jahren in dieser Gruppe vertreten waren.[698] Im Hinblick auf das Underwriting von Corporate Bonds und Convertibles sind die untersuchten, ebenfalls

---

695 Bruhn, Manfred: Marketing, a.a.O., S. 73, 245-246.

696 Im europäischen Aktienemissionsgeschäft sind die Marktanteile des Marktführers sowie der größten drei, fünf und zehn Anbieter trotz eines deutlichen Anstiegs der beiden zuletzt genannten Maßgrößen im Jahr 1997 seit 1988 erheblich zurückgegangen und liegen heute mit 9,9 Prozent, 27,2 Prozent, 41,8 Prozent und 66,0 Prozent weit unter den Vergleichswerten für das U.S.-Equity-Underwriting-Geschäft.

697 Eigene Berechnungen auf der Basis von Daten aus der Omnibase-Datenbank, IFR Securities Data, London sowie aus der SDC-Datenbank, Securities Data Company, New York.

698 In Europa waren dies im gleichen Zeitraum insgesamt 13 Anbieter, von denen lediglich zwei in allen Jahren der Gruppe der fünf größten Anbieter angehörten.

deutlichen Schwankungen unterworfenen Konzentrationsgrade im Beobachtungszeitraum in den USA zum Teil erheblich zurückgegangen und liegen heute im Durchschnitt etwas unterhalb der Werte für das Equity-Underwriting.[699] Auch die Stabilität der Gruppe der fünf größten Anbieter ist geringer als im Aktienemissionsgeschäft. Insgesamt waren dort in den vergangenen fünf Jahren zehn Anbieter mindestens einmal vertreten und nur ein Anbieter über den gesamten Zeitraum hinweg in dieser Gruppe präsent.[700] Dazu ist anzumerken, daß der Zugang zu bestimmten Anleiheemissionen aufgrund der einheitlicheren und einfacher vergleichbaren Risiko-Rendite-Charakteristika für den Erfolg im Retail-Investment-Banking-Geschäft grundsätzlich weniger entscheidend sein dürfte als der Zugriff auf besonders attraktive Aktienemissionen.[701]

Wholesale-spezifische Faktoren. Neben der zukünftigen Bedeutung von Retail-Distributionskraft im Emissionsgeschäft ist für das Ausmaß der ökonomischen Konsequenzen einer potentiell zunehmenden Integration der Investment-Banking-Industrie für fokussierte Wholesale-Anbieter auch der Konzentrationsgrad innerhalb des Retail-Segments sowie die Möglichkeit des Zugangs zu Retail-Vertriebskanälen außerhalb der Investment-Banking-Industrie relevant.

Die grundlegende Frage im Wettbewerbskontext für das Ausmaß der ökonomischen Bedrohung fokussierter Wholesale-Anbieter durch eine mögliche weitgehende Integration der Investment-Banking-Industrie ist die nach der zukünftigen Bedeutung von Retail-Distributionskraft im Emissionsgeschäft. Die Umstände, daß eben diese Fähigkeit von Merrill Lynch zum Teil mit als Grund für deren Markterfolg angegeben wird[702] und daß mit Morgan Stanley und Salomon im Jahr 1997 zwei bedeutende Wettbewerber versuchten, ihre Vertriebskraft durch Akquisition oder Kooperation

---

699 Analog zum Aktien-Emissionsgeschäft sind auch die Marktanteile der führenden Anbieter im europäischen Anleihen-Emissionsgeschäft zurückgegangen und liegen heute sehr deutlich unter den vergleichbaren Werten für den U.S.-Markt.

700 Im Vergleich dazu waren in Europa im vergleichbaren Markt und Zeitraum insgesamt 14 Anbieter vertreten, von denen keiner über alle fünf betrachteten Jahre hinweg der Gruppe der gößten fünf Anbieter angehörte.

701 Den genannten Zahlenwerten und Auswertungen liegen eigene Berechnungen auf der Basis von Daten von IFR Securities Data und der Securities Data Company zugrunde.

702 Vgl. dazu ausführlicher Corrigan, Tracy: Thundering, a.a.O., S. 16 sowie Abschnitt 6.3.2.

dahingehend zu ergänzen,[703] sprechen für eine nachhaltig wesentliche Rolle des Retail-Zugangs. Unklar ist jedoch, inwieweit die Bedeutung der Retail-Plazierungskraft von dem relativen, gegenwärtig hohen Anteil von Privatisierungsvorhaben am Aktienemissionsvolumen[704] und damit von in hohem Maße politischen Entscheidungen abhängt und wie sich dieser Anteil zukünftig entwickelt.

Analog zu den Retail-spezifischen Faktoren ist auch das Ausmaß der Anbieterkonzentration innerhalb des Retail-Segments für den Grad der Bedrohung fokussierter Wholesale-Investment-Banken von Bedeutung. Mit einem hohen Konzentrationsgrad verstärkt sich die Gefahr, daß der Zugang zu Retail-Kunden im Rahmen von Integrationsstrategien anderer Anbieter schnell und unvermittelt monopolisiert wird. Analysiert man dazu zum einen den Grad der Anbieterkonzentration im U.S.-Investmentfonds-Geschäft nach dem verwalteten Anlagevolumen, so ergibt sich ein differenziertes Bild (Abbildung 7-5).

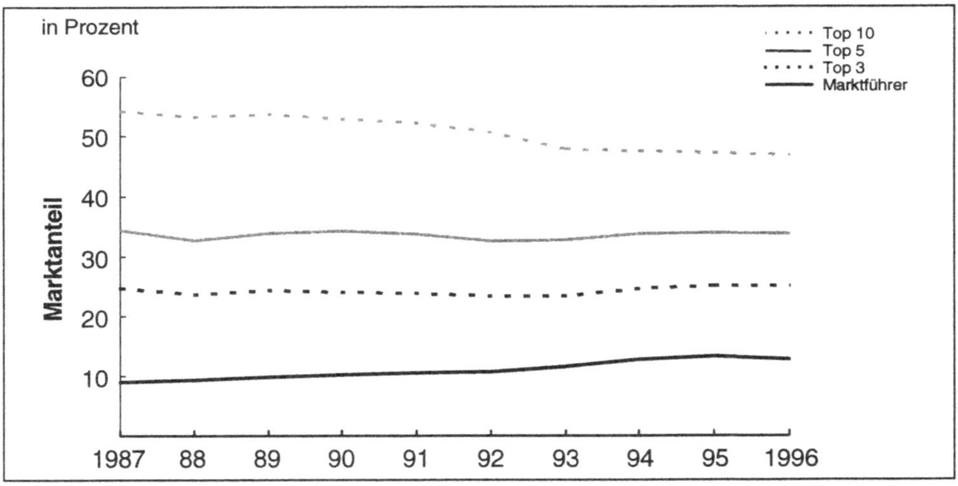

Abbildung 7-5: Anbieterkonzentration im U.S.-Investmentfondsgeschäft - 1987-96[705]

Während der Marktanteil des Marktführers im Zeitraum von 1987 bis 1996 deutlich von 9,0 Prozent auf 12,8 Prozent anstieg, blieben die Anteile der größten drei und fünf

---

703 Vgl. dazu ausführlicher Abschnitt 1.1 und Abschnitt 3.3.1.

704 Vgl. dazu ausführlicher Abschnitt 6.3.2 sowie Abbildung 6-16.

705 Eigene Berechnungen auf der Basis von Daten aus ICI: Releases on the Largest Mutual Fund Companies, Washington D.C., December 1985-1996.

Anbieter mit 24,8 Prozent gegenüber 25,1 Prozent beziehungsweise 34,3 Prozent gegenüber 33,7 Prozent nahezu konstant.[706] Der Marktanteil der zehn am Volumen gemessen wichtigsten Anbieter verringerte sich sogar deutlich von 54,3 Prozent auf 47,0 Prozent.[707] Die Gruppe der fünf größten Anbieter stellte sich über die letzten fünf Jahre hinweg jedoch als sehr stabil heraus. Lediglich in einem Jahr war ein anderer Anbieter als die sonst führenden vertreten.[708]

Als weitere Indikatoren für die Retail-Vertriebskraft können die Anzahl der Vertriebsmitarbeiter (Registered Representatives beziehungsweise Retail Brokers)[709] und der Vetriebsniederlassungen (Offices) herangezogen werden (Abbildung 7-6). Auch hier ergibt sich ein differenziertes Bild. Während sich die Anbieterkonzentration, gemessen an der Anzahl von Registered Representatives beziehungsweise Retail Brokers, von 1989 bis 1996 durchgehend rückläufig von 14,4 Prozent auf 10,7 Prozent für den Marktführer, von 35,3 Prozent auf 27,0 Prozent für die größten drei, von 49,4 Prozent auf 37,4 Prozent für die größten fünf und von 64,5 Prozent auf 52,5 Prozent für die größten zehn U.S.-Brokerage-Firmen entwickelt hat, gleicht das Muster hinsichtlich der Anzahl von Offices eher der Anbieterkonzentration im Invest-

---

706 Gleichzeitig waren die beiden nach verwaltetem Anlagevermögen wichtigsten U.S.-Anbieter auch die größten Direktvertreiber von Investmentfondsprodukten. Dazu ist anzumerken, daß der Direktvertrieb (zum Beispiel über Telefon, Fax, PC oder Internet) tendenziell eher zum Vertrieb vergleichsweise einfacher, wenig erklärungsbedürftiger Produkte geeignet und mit überdurchschnittlich hohen Marketingaufwendungen verbunden ist (Sanford C. Bernstein & Co., Inc.: Retail Securities Industry, a.a.O., S. 41; Sautter, Michael T.: Trends und Erfolgsfaktoren im Asset Management, a.a.O.; Brinker, Bernhard/Sautter, Michael T.: Mutual Funds, a.a.O., S. 200).

707 Vgl. zur Anbieterkonzentration im U.S.-Investmentfondsgeschäft auch Putnam, Lovell & Thornton: Investment Management Industry, a.a.O., S. 33-34, deren Ergebnisse konsistent mit den Erkenntnissen aus den im Rahmen dieser Arbeit im vorliegenden Zusammenhang durchgeführten Analysen sind.

708 Eigene Auswertungen auf der Basis von Daten des ICI.

709 Ein Registered Representative ist definiert als Mitarbeiter "[...] of a stock exchange member broker/dealer who acts as an ACCOUNT EXECUTIVE for clients. As such, the registered representative gives advice on which securities to buy and sell, and he collects a percentage of the commission income he generates as compensation. To qualify as a registered representative, a person must acquire a background in the securities business and pass a series of tests, including the General Securities Examination and state securities tests. 'Registered' means licensed by the Securities and Exchange Commission and by the New York Stock Exchange." (Downes, John/Goodman, Jordan Elliot: Dictionary of Finance and Investment Terms, 3rd edition, New York et al. 1991, S. 361); vgl. zur synonymen Verwendung der Termini Registered Representative und Retail Broker auch Sanford C. Bernstein & Co., Inc.: Retail Securities Industry, a.a.O., S. 37-38.

mentfonds-Geschäft. Während der auf den Marktführer entfallende Anteil im angegebenen Zeitraum deutlich von 20,7 Prozent auf 27,1 Prozent anstieg, erhöhte sich der Anteil der drei größten Anbieter nur noch leicht von 35,2 Prozent auf 39,2 Prozent. Gleichzeitig blieb der Anteil der größten fünf mit 47,2 Prozent gegenüber 48,1 Prozent nahezu konstant, während der Anteil der zehn größten Retail-Brokerage-Firmen im Beobachtungszeitraum von 65,5 Prozent auf 57,7 Prozent zurückging. Sowohl hinsichtlich der Anzahl der Registered Representatives beziehungsweise Retail Brokers als auch der Offices erwies sich die Gruppe der fünf größten Anbieter in den letzten fünf Jahren mit insgesamt sieben beziehungsweise sechs mindestens einmal vertretenen Firmen, von denen drei beziehungsweise vier über alle fünf Jahre hinweg dieser Gruppe angehörten, als sehr stabil.[710]

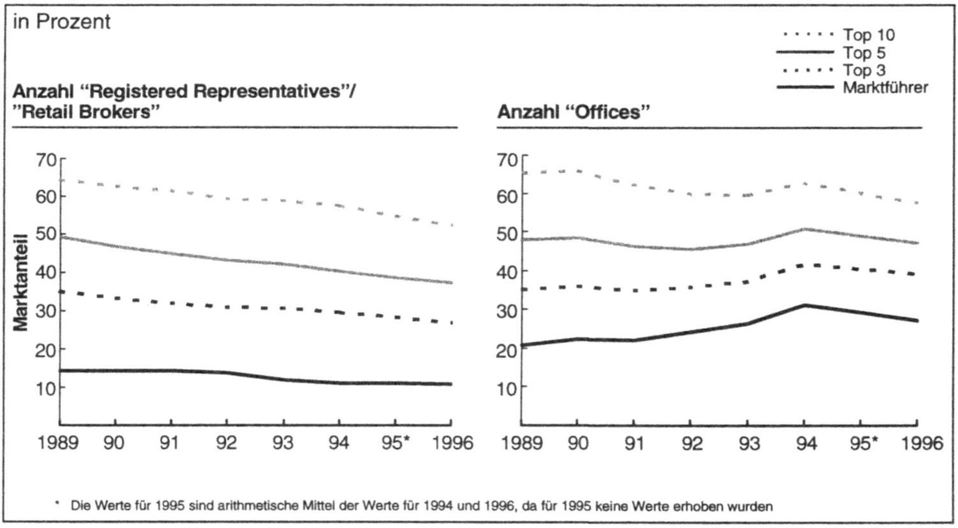

Abbildung 7-6: Anbieterkonzentration im U.S.-Brokerage-Geschäft - 1989-96[711]

[710] Dabei waren vier Anbieter im betrachteten Zeitraum mindestens einmal sowohl unter den nach der Anzahl von Registered Representatives beziehungsweise Retail Brokers als auch unter den nach der Anzahl von Offices fünf größten Anbietern vertreten.

[711] Eigene Berechnungen auf der Basis von Daten aus SIA: Securities Industry Yearbook, New York 1981-1996 sowie von Ergebnissen der jährlichen Erhebungen der Anzahl von Registered Representatives beziehungsweise Retail Brokers und Offices (mit Ausnahme für das Jahr 1995) durch die Fachzeitschrift Institutional Investor im Rahmen einer Umfrage unter den 200 führenden U.S. Securities Firms; vgl. dazu ausführlicher Bent, Barbara/Halliday, Lisa: Ranking America's Biggest Brokers, in: Institutional Investor, Vol. 24 (1990), No. 4, S. 91-102; Bent,

Des weiteren ist für die Auswirkungen einer möglicherweise zunehmenden Integration der Investment-Banking-Industrie auf fokussierte Wholesale-Anbieter die Frage relevant, inwieweit ihnen zukünftig außerhalb der Investment-Banking-Industrie Retail-Distributionskanäle für die Plazierung von Wertpapieren im Rahmen ihres Emissionsgeschäfts offenstehen (Abbildung 7-7).

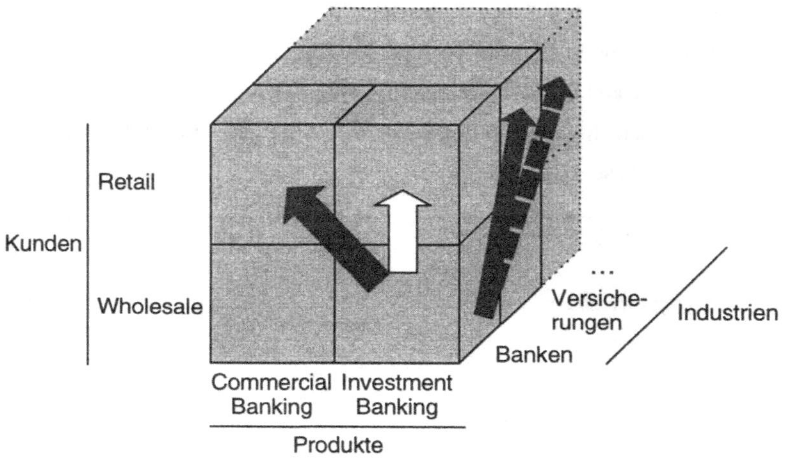

Abbildung 7-7: Zugangsmöglichkeiten zu Retail-Kunden für Wholesale-Investment-Banken

Entsprechende Opportunitäten könnten sich zum Beispiel bei einer weiteren Aufweichung des Glass Steagall Act[712] oder sogar dessen vollständiger Aufhebung[713] im

---

Barbara/Halliday, Lisa: Ranking America's Biggest Brokers, in: Institutional Investor, Vol. 25 (1991), No. 4, S. 139-148; Beer, Kieran/Bent, Barbara/Halliday, Lisa: Ranking America's Biggest Brokers, in: Institutional Investor, Vol. 26 (1992), No. 4, S. 68-78; Kenney, Jane: Ranking America's Biggest Brokers, in: Institutional Investor, Vol. 27 (1993), No. 4, S. 95-102; Carroll, Michael: Ranking America's Biggest Brokers: Why Liquidity is King, in: Institutional Investor, Vol. 28 (1994), No. 4, S. 153-158; Carroll, Michael: Ranking America's Biggest Brokers: Poised on the Precipice, in: Institutional Investor, Vol. 29 (1995), No. 4, S. 77-84; Atlas, Riva: America's Biggest Brokers, a.a.O., S. 107-111.

712 Vgl. dazu ausführlicher Abschnitt 2.2.

713 Vgl. zur Diskussion um die Zukunft des Glass Steagall Act ausführlicher Geisst, Charles R.: Investment Banking, a.a.O., S. 219-227; Rajan, Raghuram G.: The Entry of Commercial Banks into the Securities Business: A Selective Survey of Theories and Evidence, in: Saunders, Anthony/Walter, Ingo: Universal Banking: Financial System Design Reconsidered, Chicago/London/Singapore 1996, S. 282-302; Thakor, Anjan V.: The Design of Financial Systems:

Hinblick auf die Retail-Segmente der Commercial-Banking-Industrie,[714] der Versicherungsindustrie oder weiterer Industrien ergeben, die bislang nicht mit dem Vertrieb von Wertpapierprodukten in Verbindung gebracht wurden. Derartige Entwicklungen würden die potentielle Gefahr eines erschwerten Zugangs zu Retail-Kunden für fokussierte Wholesale-Anbieter bei einer fortschreitenden Integration der Investment-Banking-Industrie verringern. So verfügte beispielsweise das nach Prämieneinnahmen aus dem Lebensversicherungsgeschäft im Jahr 1996 größte U.S.-Versicherungsunternehmen, Metropolitan Insurance, über circa 8.100 Vertriebsmitarbeiter.[715] Diesen stehen 12.900 Retail Broker der hinsichtlich dieser Dimension führenden Retail-Brokerage-Firma Merrill Lynch gegenüber. Die drei nach Marktkapitalisierung per April 1997 größten U.S.-Commercial-Banken Citicorp, BankAmerica und Chase Manhattan[716] wiesen Ende 1996 mit im Durchschnitt 1.050 Niederlassungen[717] hinsichtlich dieses Kriteriums sogar eine größere Präsenz in der Fläche auf als Merrill Lynch mit 670 Offices, die damit Rang drei im Ranking der größten U.S.-Retail-Brokerage-Firmen belegten.[718]

An Overview, in: Journal of Banking and Finance, Vol. 20 (1996), No. 5, S. 917-948; Whiting, Richard M.: Dismantling Glass-Steagall: The Road Not Taken, in: The Journal of Lending & Credit Risk Management, Vol. 79 (1997), No. 5, S. 30-36; Mester, Loretta J.: Repealing Glass-Steagall: The Past Points the Way to the Future, in: Business Review (Federal Reserve Bank of Philadelphia), July/August 1996, S. 3-18; Kroszner, Randall S./Rajan, Raghuram G.: Is the Glass-Steagall Act Justified? A Study of the U.S. Experience with Universal Banking before 1933, in: The American Economic Review, Vol. 84 (1994), No. 4, S. 810-832; Bryan, Lowell L.: Breaking up the Bank: Rethinking an Industry Under Siege, Homewood 1988, S. 105-121; Hunt, David: European Investment Banks, a.a.O., S. 109-115; Breuer, Rolf-E.: Investmentbanking als Zukunft der Universalbanken, in: Bank Magazin, o. Jg. (1996), Heft 10, S. 64; Reinicke, Wolfgang H.: Banking, Politics and Global Finance: American Commercial Banks and Regulatory Change, 1980-1990, Aldershot/Brookfield 1995, S. 57-133; Marshall, John F./Ellis, M. E.: Investment Banking, a.a.O., S. 378-386; Reimpell, Peter: Strategien deutscher Banken im Investment Banking, in: Die Bank, 29. Jg. (1990), Nr. 9, S. 488-490; Saunders, Anthony/Walter, Ingo: Bank "Uniqueness" and the Securities Activities of Commercial Banks, in: Williamson, J. Peter (Ed.): The Investment Banking Handbook, New York et al. 1988, S. 433-442; Wilson, Gregory: Getting Beyond Glass-Steagall, in: The McKinsey Quarterly, o. Jg. (1995), No. 2, S. 109-115.

714 Vgl. dazu beispielsweise Horowitz, Jed: Record Revenues in Store for Goldman's Bankers, in: Investment Dealers' Digest, Vol. 62 (1996), No. 49, December 2, 1996, S. 3.

715 A.M. Best Company: Best's Aggregates & Averages: Life-Health, 1997 edition, Oldwick 1997.

716 Abbildung 2-2.

717 o.V.: BankAmerica Corporation, Chase Manhattan Corporation, Citicorp, in: The SNL Quarterly Bank Digest, Vol. 8 (1997), No. 1, S. 68, 616, 618.

718 Atlas, Riva: America's Biggest Brokers, a.a.O., S. 110.

Schließlich besteht für Wholesale-Investment-Banken aufgrund entsprechender Entwicklungen von Technologie und Kundenakzeptanz grundsätzlich auch die Möglichkeit, durch den Aufbau eigener Direktvertriebskapazitäten, beispielsweise über Telefon, PC oder Internet auch ohne eigene Geschäftsstellen oder Agentenvertrieb eine unmittelbare Verbindung zu Retail-Investoren herzustellen. Im Jahr 1996 wurden nach Schätzungen beispielsweise bereits knapp 40 Prozent der Investmentfonds in den USA auf diesem Wege verkauft.[719] Jedoch ist dabei zu berücksichtigen, daß auch die erfolgreiche Umsetzung einer solchen Direktvertriebsstrategie neben erheblichen Investitionen zumindest teilweise auch den Aufbau traditioneller Retail-Vertriebsfähigkeiten, wie zum Beispiel Retail-Branding beziehungsweise -Marketing und die Fähigkeit zur operativen Abwicklung und Servicierung einer hohen Anzahl von Transaktionen und Kundenkonten, erfordert.[720]

7.3 Zwischenergebnis

Ziel dieses siebten Abschnitts war die wettbewerbsbezogene Beurteilung der Vorteilhaftigkeit von Integrationsstrategien. Dies erfolgte auf der Basis einiger grundlegender spieltheorethischer Überlegungen, bei denen die Interdependenz des strategischen Handelns eines Unternehmens mit dem Handeln der Konkurrenten und damit die Veränderlichkeit der für das betreffende Unternehmen relevanten Rahmenbedingungen berücksichtigt wurde. Daraus ergab sich, daß auch bei logisch-rationalem Verhalten aller Beteiligten neben Konstellationen mit eindeutigem, ökonomisch vorteilhaftem Gleichgewichtspunkt auch stabile Konstellationen realisiert werden können, deren Gleichgewichtspunkt für die beteiligten Spieler aus ökonomischer Sicht suboptimal ist.

Übertragen auf die Frage der Integration von Wholesale und Retail Banking in der Investment-Banking-Industrie heißt dies, daß ein solcher Zustand nicht nur bei klaren ökonomischen Vorteilen, sondern unter Umständen auch dann erreicht werden kann, wenn die Vorteilhaftigkeit einer solchen Integration auf Basis der rein unternehmens-

---

719 Ohne Berücksichtigung von Geldmarktfonds und einschließlich des Vertriebs an institutionelle Kunden (Sanford C. Bernstein & Co., Inc.: Future of Money Management, a.a.O., S. 18, Exhibit 9).

720 Brinker, Bernhard/Sautter, Michael T.: Mutual Funds, a.a.O., S. 200; Sautter, Michael T.: Trends und Erfolgsfaktoren im Asset Management, a.a.O.

bezogenen Beurteilung sowohl aus finanz- als auch aus leistungswirtschaftlicher Perspektive[721] nicht unmittelbar nachvollziehbar ist. Als Voraussetzung dafür müssen sich zunächst ein oder mehrere Anbieter durch eine entsprechende einseitige Strategieänderung gegenüber der Ausgangslage verbessern können. Auf der anderen Seite muß es den Konkurrenten in der Folge möglich sein, sich wiederum gegenüber der für sie nun neuen Ausgangslage durch ein strategisches Gleichziehen dauerhaft besserzustellen, auch wenn dieser Zustand inferior gegenüber deren ursprünglicher Ausgangslage ist.

Dabei resultiert entsprechender Handlungsdruck für die verbleibenden, auf das Retail-Geschäft fokussierten Anbieter aus der Gefahr eines erschwerten oder unzureichenden Zugangs zu attraktiven (Aktien-)Emissionen, die sie ihren Kunden als Anlagemöglichkeiten anbieten können, während sich für die weiterhin überwiegend auf das Wholesale-Geschäft fokussierten Anbieter unter Umständen Probleme im Hinblick auf ihre für das Emissionsgeschäft relevante Retail-Plazierungskraft ergeben können.

Das Ausmaß des Handlungsdrucks wächst unabhängig vom Geschäftsschwerpunkt zum einen mit der Höhe des Integrationsgrads der Investment-Banking-Industrie zum Entscheidungszeitpunkt. Zum anderen ist das Ausmaß des Handlungsdrucks umgekehrt proportional zur Qualität des Emissionsgeschäfts beziehungsweise dem Umfang der Retail-Plazierungskraft, da von diesen Eigenschaften die Stärke des Pull-Effektes abhängt, den die fokussierten Anbieter in ihren jeweiligen Kundensegmenten gegenüber bereits integrierten Anbietern erzeugen können. Diese Fähigkeit kann wiederum dazu eingesetzt werden, etwaigen Betrebungen integrierter Anbieter entgegenzuwirken, den Wertschöpfungsprozeß durchgängig weitestgehend exklusiv ohne den Rückgriff auf spezialisierte, auf ein Kundensegment fokussierte Anbieter auszugestalten.

Schließlich steigt das Ausmaß des Handlungsdrucks sowohl für fokussierte Retail- als auch Wholesale-Anbieter mit dem Grad der Anbieterkonzentration im jeweils anderen Segment, da sich die eben beschriebene Ausschlußgefahr damit umso schneller beziehungsweise unvermittelter ergeben kann. Im Wholesale-Segment der U.S.-Investment-Banking-Industrie kann der Grad der Anbieterkonzentration im Underwriting-Geschäft zumindest im Vergleich zum europäischen Markt als relativ hoch eingestuft werden.

---

721 Vgl. dazu ausführlicher Abschnitte fünf und sechs.

Dies drückt sich auch in der größeren Stabilität der Gruppe der fünf führenden Anbieter über die letzten fünf Jahre des Beobachtungszeitraums aus. Allerdings läßt sich dieser vergleichsweise hohe Konzentrationsgrad bereits über die letzten zehn Jahre hinweg sogar mit leicht sinkender Tendenz beobachten. Im Vergleich dazu fällt der Grad der Anbieterkonzentration im U.S. Retail Investment Banking im Durchschnitt geringer aus. Auch hier war der Trend im Beobachtungszeitraum zumindest im Hinblick auf die Gruppe der fünf beziehungsweise zehn größten Anbieter leicht rückläufig, während in bezug auf den Marktführer und die Gruppe der drei größten Anbieter zum Teil ein leichter Anstieg zu verzeichnen war.

Darüber hinaus ist speziell für das Ausmaß des Handlungsdrucks fokussierter Wholesale-Investment-Banken zum einen relevant, wie sich die zumindest im Zusammenhang mit Privatisierungsvorhaben gegenwärtig erhebliche Bedeutung des Retail-Anteils bei Aktienemissionen zukünftig entwickelt. Zum anderen könnte sich der Handlungsdruck erheblich verringern, wenn fokussierte U.S.-Wholesale-Investment-Banken durch ein weiteres Aufweichen beziehungsweise Abschaffen des Glass Steagall Act Zugangsmöglichkeiten zu Retail-Kunden außerhalb der Investment-Banking-Industrie zur Plazierung ihrer Emissionen bekämen. Beide Fragen können vorausschauend nur schwer beantwortet werden, da sie mit allen Unwägbarkeiten politischer Entscheidungen behaftet sind. Schließlich ist auch der Aufbau eigener Direktvertriebsaktivitäten durch Wholesale-Investment-Banken zur Sicherung des Zugangs zu Retail-Investoren denkbar, jedoch erfordert auch diese Vertriebsform zumindest teilweise den Aufbau traditioneller Retail-Vertriebsfähigkeiten.

8 Zusammenfassung und Ausblick

Als Ausgangspunkt der vorliegenden Arbeit wurde im *ersten Abschnitt* zum einen der fortwährende relative Bedeutungsgewinn des Investment Banking gegenüber dem Commercial Banking in den vergangenen Jahren festgestellt. Dieser ist jedoch aufgrund der Entwicklung der regulatorischen Rahmenbedingungen vor dem Hintergrund einer zunehmenden Aufweichung der Grenzen zwischen beiden Industrien zu sehen. Zum anderen existieren Anzeichen einer beginnenden Konsolidierung in der Investment-Banking-Industrie über angestammte traditionelle Kundensegmente hinweg, die die Frage nach der sowohl bankpolitisch als auch industriestrukturell relevanten weiteren Entwicklung aufwerfen.

Das Ziel der Arbeit war es daher, aufbauend auf einer grundlegenden wissenschaftlichen Systematisierung des Investment Banking zu untersuchen, inwieweit ökonomische Gründe ausschlaggebend für eine weitgehende Integration von Wholesale- und Retail-Investment-Banking sein können. Dieser Fragestellung wurde am Beispiel der U.S.-Investment-Banking-Industrie nachgegangen.

Zu diesem Zweck erfolgte im Rahmen des *zweiten Abschnitts* zunächst eine allgemeine Unterteilung der Bankenindustrie entlang der Dimensionen Produktspektrum und Kundengruppe in die Segmente Commercial und Investment Banking einerseits sowie Retail und Wholesale Banking andererseits. Die historische Entwicklung und damit auch die heutigen Tätigkeitsbereiche des Investment Banking stellten sich als stark von regulatorischen Eingriffen geprägt heraus. Ausgehend von der Vermittlertätigkeit zwischen Kapitalanbietern und -nachfragern als ursprünglicher Aufgabe der Investment-Banken lassen sich heute als wesentliche Produkt- und Servicebereiche M&A, Corporate Finance/Advisory, Underwriting, Sales & Trading und Asset Management unterscheiden, die jeweils im Zusammenhang mit unterschiedlichen Märkten/Instrumenten sowie Kundengruppen die einzelnen Geschäftsfelder beschreiben. Hinsichtlich des Asset Management kann weiterhin in Abhängigkeit vom Autonomiegrad der Anlageentscheidung des Investors zwischen Asset Management im weiteren und engeren Sinne unterschieden werden. Für die anschließende Argumentation im Rahmen dieser Arbeit kommt dem Asset Management im weiteren Sinne besondere Bedeutung zu, da ausschließlich in diesem Bereich Geschäfte mit Retail-

und Wholesale-Kunden abgewickelt werden, während alle übrigen Produktbereiche nur für das Wholesale-Segment relevant sind.

Aus der Shareholder-Value-basierten empirischen Erfolgsanalyse alternativer kundengruppenorientierter Strategien anhand von Beispielen aus der U.S.-Investment-Banking-Industrie ergibt sich ein differenziertes Bild. Auffallend ist dabei, daß mit Merrill Lynch und Charles Schwab im Beobachtungszeitraum zwei Investment-Banken die besten Ergebnisse erzielten, die nachhaltig im Retail-Geschäft vertreten sind. Als Folge der strategischen Richtungsänderungen von Morgan Stanley und Salomon zu Beginn des Jahres 1997 von einem ausgeprägten Wholesale-Fokus hin zu einer Abdeckung des gesamten Kundengruppenspektrums lassen sich zwar leichte Aufholeffekte gegenüber den verglichenen Wettbewerbern verzeichnen, zeitlich waren diese Entwicklungen jedoch zu neu, als daß aus den Analysen verläßliche Erkenntnisse über den Erfolg oder Mißerfolg alternativer kundengruppenorientierter Strategien ableitbar wären.

Im *vierten Abschnitt* wurde als konzeptioneller Bezugsrahmen zur Beurteilung der Vorteilhaftigkeit von Integrationsstrategien sowohl aus unternehmensbezogener als auch aus wettbewerbsbezogener Perspektive die Ergänzung der neoklassischen um die neoinstitutionelle Betrachtungsweise argumentiert, wobei auf letztere insbesondere in der Variante der funktionalen Perspektive zurückgegriffen wurde.

Im Rahmen der unternehmensbezogenen Beurteilung der Vorteilhaftigkeit von Integrationsstrategien wurde im *fünften Abschnitt* aus finanzwirtschaftlicher Perspektive nach Anhaltspunkten gesucht, die für eine Diversifikationsstrategie durch die Kombination von Wholesale und Retail Investment Banking sprechen. Dabei stellte sich heraus, daß dieses in der Praxis häufig zur Begründung entsprechender strategischer Schritte herangezogene Argument der Realisierung von Diversifikationseffekten überhaupt nur dann relevant sein kann, wenn man im Rahmen der neoinstitutionellen Betrachtungsweise von Informationsasymmetrien auf den Kapitalmärkten ausgeht, die für das jeweils zu betrachtende Unternehmen von Bedeutung sind. Aus rein portfoliotheoretischer Perspektive ist eine solche Strategie als ökonomisch nicht sinnvoll einzustufen, da die gleichen Diversifikationseffekte mindestens ebenso effizient durch die Investoren selbst zu erzielen sind. Geht man von den Annahmen der neoinstitutionellen Betrachtungsweise aus, so deuten zwar einige Ergebnisse der vorgenommenen empirischen Untersuchung tatsächlich auf das Bestehen entsprechender Diversifikationspotentiale hin, eine generell gültige Aussage läßt sich jedoch in diesem Sinne aufgrund von ebenfalls existierenden Gegenbeispielen nicht ableiten.

Der *sechste Abschnitt* befaßte sich mit der Frage, ob aus der Sicht einer Investment-Bank aus leistungswirtschaftlicher Perspektive durch eine Integration von Wholesale- und Retail-Aktivitäten ökonomische Vorteile in Form von Effektivitäts- oder Effizienzgewinnen zu erzielen sind.

Tatsächlich läßt sich argumentieren, daß eine Präsenz im Retail-Segment der U.S.-Investment-Banking-Industrie aufgrund dessen relativen Bedeutungsgewinns effektiv im Sinne einer Kongruenz von Angebots- und Nachfragestruktur war. Ursächlich dafür sind Nachfrageverschiebungen aufgrund von Produktinnovationen, makroökonomisch induzierten Nachfrageschwankungen, günstigen demographischen Verhältnissen im Sinne einer hohen Sparquote sowie der zunehmend individualisierten Ausgestaltung des U.S.-Altersversorgungssystems mit einem vergleichsweise hohen Anteil kapitalgedeckter Finanzierungsverfahren. Vor allem die beiden zuletzt genannten Punkte sprechen für ein weiteres Anhalten dieser für das Retail-Segment vorteilhaften Entwicklung, die im übrigen konsistent mit den in Abschnitt drei gewonnenen Hinweisen auf den überdurchschnittlichen Erfolg im Retail-Geschäft engagierter Investment-Banken ist. Darüber hinaus könnte dies aus historischer Perspektive als ein weiteres Beispiel dafür gewertet werden, wie die U.S.-Investment-Banking-Industrie in ihrer Struktur nachhaltig von Regulierungsentscheidungen beeinflußt wird, die in diesem Fall nicht unmittelbare, sondern über die Gestaltung des Altersversorgungssystems mittelbare Auswirkungen auf diese Industrie hätten. Mit dieser Argumentation allein läßt sich jedoch lediglich die ökonomische Vorteilhaftigkeit einer Strategie der Vorwärtsintegration, das heißt einer Erweiterung des bestehenden Wholesale-Geschäfts um Retail-Aktivitäten begründen, nicht jedoch eine allgemeine Integrationstendenz in der U.S.-Investment-Banking-Industrie.

Auch die Analyse möglicher Effizienzsteigerungspotentiale durch die Realisierung von Economies of Scale gibt hierauf keine eindeutige Antwort. Obwohl auf konzeptioneller Ebene derartige Effekte durchaus positiv gesehen werden können, legen empirische Untersuchungen bei Finanzdienstleistungsunternehmen die Erkenntnis nahe, daß mögliche Vorteile nicht zuletzt aufgrund der hohen Humankapitalintensität dieses Geschäfts[722] von wesentlich bedeutenderen X-Inefficiencies überlagert werden.[723] Da diese von der Qualität des jeweils handelnden Managements abhängen, lassen sich potentielle Größenvorteile durch eine Integration von Wholesale- und Retail-Investment-Banking-Aktivitäten immer nur einzelfallbezogen beurteilen. Zudem kann aus den Effizienzsteigerungspotentialen aufgrund von Economies of Scale keine spezifische Erklärung für eine zunehmende Integration von Wholesale und Retail Banking abgeleitet werden, da diese von fokussierten Anbietern auch durch eine Ausweitung ihrer bestehenden Investment-Banking-Aktivitäten innerhalb des Retail- oder Wholesale-Segments zu realisieren wären.

Im Hinblick auf die Erzielung von Economies of Scope lassen sich auf der einen Seite Vorteile durch eine Integration von Wholesale- und Retail-Investment-Banking-Aktivitäten dahingehend erzielen, daß unter Umgehung weiterer Intermediäre eine unmittelbare marktliche Verbindung zwischen Emittenten und Retail-Investoren hergestellt werden kann. Auf der anderen Seite muß im Rahmen einer Integrationsstrategie aufgrund der hohen Spezifität der Unternehmenskulturen grundsätzlich auch mit Inkompatibilitäten im Sinne von negativen Economies of Scope gerechnet werden. Darüber hinaus laufen Wholesale-Investment-Banken bei einer Strategie der Vorwärtsintegration Gefahr, Einbußen im Hinblick auf ihr Recruiting-Image bei Universitäts- und Business-School-Absolventen zu erleiden. Umgekehrt sollten Retail-Investment-Banken im Rahmen einer Strategie der Rückwärtsintegration einen entsprechenden Imagegewinn in dem für Investment-Banken sehr bedeutsamen Recruiting-Markt realisieren können.

Bei der wettbewerbsbezogenen spieltheoretischen Betrachtung der Problemstellung dieser Arbeit im *siebten Abschnitt* stellte sich schließlich heraus, daß es unter bestimmten Voraussetzungen sogar auch dann zu einer Integration der Investment-Banking-Industrie kommen kann, wenn sich die Marktteilnehmer gegenüber der Ausgangslage ökonomisch dauerhaft schlechter stellen würden. Beim Beginn einer

---

722 Dietrich, Kimball J.: Financial Institutions, a.a.O., S. 750.

723 Berger, Allen N./Hunter, William C./Timme, Stephen G.: Efficiency of Financial Institutions, a.a.O., S. 222; Allen, Linda: Operational Efficiency in Banking: An International Comparison, in: Journal of Banking and Finance, Vol. 20 (1996), No. 4, S. 655-672; DeYoung, Robert: Comment on 'Operational Efficiency in Banking: An International Perspective', in: Journal of Banking and Finance, Vol. 21 (1997), No. 10, S. 1325-1329.

solchen Entwicklung müßten sich die bislang auf das Wholesale- oder Retail-Segment fokussierten Marktteilnehmer umso eher zu einem entspechenden strategischen Zug veranlaßt sehen, je geringer die Qualität des von ihnen betriebenen Geschäfts und damit deren Fähigkeit einzustufen ist, den notwendigen Pull-Effekt zu erzeugen, der ihnen auch in einer stark integrierten Investment-Banking-Industrie als Retail-Anbieter den Zugang zu attraktiven Aktienemissionen und als fokussierte Wholesale-Investment-Bank einen adäquaten Zugang zu Retail-Investoren zur Plazierung von Emissionen offenhält. Darüber hinaus steigt die Wahrscheinlichkeit einer solchen Entwicklung zum einen mit dem Ausmaß der bestehenden Integration und zum anderen mit dem Grad der Anbieterkonzentration in den beiden Segmenten. Dazu ist festzuhalten, daß der Konzentrationsgrad im U.S. Wholesale Banking zwar vergleichsweise hoch ist, in den vergangenen Jahren jedoch keinesfalls in einer Weise zugenommen hat, die die Wahrscheinlichkeit einer solchen Entwicklung über diesen vergangenen Zeitraum hinweg erhöht hätte. Ebenso entwickelte sich der im Vergleich zum Wholesale-Segment geringere Grad der Anbieterkonzentration in der U.S.-Retail-Investment-Banking-Industrie in den letzten Jahren eher rückläufig. Unabhängig von der Unsicherheit über die zukünftige Entwicklung der gegenwärtig nicht unerheblichen Bedeutung von Retail-Plazierungskraft im Emissionsgeschäft befinden sich fokussierte U.S.-Wholesale-Anbieter gegenüber Retail-Investment-Banken in diesem Zusammenhang insofern in einer vergleichsweise günstigen Situation, als sie mit einer weiteren Aufweichung oder sogar Abschaffung des Glass Steagall Act auch außerhalb der Investment-Banking-Industrie den Zugang zu Retail-Kunden suchen oder sich unter Umständen über den Aufbau eines eigenen Direktvertriebs eine unmittelbare Verbindung zu Retail-Investoren herstellen könnten.

Zusammenfassend ist festzuhalten, daß sich allein auf der Basis ökonomischer Abwägungen derzeit keine zwangsläufige Entwicklung hin zu einer aus Kundengruppensicht voll integrierten Anbieterstruktur in der U.S.-Investment-Banking-Industrie prognostizieren läßt. Vielmehr erscheint vor allem aufgrund der hohen Bedeutung der Managementqualität für die Realisierung von Effizienzsteigerungspotentialen und für die erfolgreiche Zusammenführung unterschiedlicher Unternehmenskulturen eine fallweise Beurteilung der Vorteilhaftigkeit von Integrationsvorhaben angezeigt. Sowohl aus der Sicht von Retail- als auch von Wholesale-Investment-Banken erweist sich dabei die Möglichkeit einer durchgängigen Gestaltung der Verbindung zwischen

Emittenten und Investoren vielversprechend. Speziell für Retail-Investment-Banken besteht offenbar durch einen entsprechenden strategischen Schritt die Möglichkeit, ihr aufgrund der hohen Bedeutung talentierter Individuen für den Geschäftserfolg wichtiges Image auf dem Recruiting-Markt positiv zu beeinflussen. Aus der Sicht einzelner Wholesale-Investment-Banken erscheint eine entsprechende Ausweitung der Geschäftstätigkeit aufgrund des relativen Bedeutungsgewinns des Retail-Investment-Banking-Segments umso interessanter, je höher die Bedeutung ist, die dem Produktbereich Asset Management innerhalb des Geschäftsportfolios grundsätzlich beigemessen wird. Im Hinblick auf eine nachhaltige Plazierungskraft bei Retail-Investoren besitzen U.S.-Wholesale-Investment-Banken zumindest die Option, diese in Abhängigkeit von der weiteren Entwicklung des regulatorischen Umfelds auch außerhalb der Investment-Banking-Industrie oder durch den Aufbau eigener Direktvertriebskapazitäten sicherstellen zu können.

Diese im Rahmen der Analyse der U.S.-Investment-Banking-Industrie gewonnenen Erkenntnisse sind zu erheblichen Teilen auch auf die europäische beziehungsweise deutsche Bankenindustrie übertragbar. Zum einen gibt es keinen plausiblen Grund, die Untersuchungen zur Bedeutung der Managementqualität im Zusammenhang mit der Realisierung von Effizienzsteigerungspotentialen und der möglichst reibungslosen Zusammenführung unterschiedlicher Unternehmenskulturen als U.S.-spezifisch anzusehen.[724] Auch die Analysen zum Image einzelner Banken im Recruiting-Markt ergaben für die USA und Europa durchaus vergleichbare Ergebnisse.[725] Darüber hinaus ist analog zur Entwicklung in den USA festzustellen, daß das Retail-Asset-Management im engeren Sinne bereits heute zum Beispiel für deutsche Universalbanken von erheblicher Bedeutung ist. Anhand einer exemplarischen Analyse einer großen deutschen Universalbank kann gezeigt werden, daß circa 50 Prozent des gesamten Market Value Added[726] allein auf das Investmentfondsgeschäft entfallen.[727] Vieles spricht dafür, daß

---

724 Schulz, Bettina: Die Dresdner Bank will eine Investmentbank in Amerika kaufen, in: Frankfurter Allgemeine Zeitung, Nr. 195, 23. August 1997, S. 15; Lewis, Janet: Deutsche Bank Tries to Step Up, in: Fortune, Vol. 133 (1996), No. 10, May 27, 1996, S. 46-47; o.V.: Die Deutsche Bank baut ihr gesamtes Investment Banking um, in: Frankfurter Allgemeine Zeitung, Nr. 11, 14. Januar 1998, S. 17.

725 Vgl. dazu ausführlicher Abschnitt 6.3.2 sowie Abbildung 6-17.

726 Der Market Value Added ergibt sich als Differenz aus dem Discounted-Cash-Flow-Wert der einzelnen Geschäftsbereiche und dem Buchwert des allozierten Eigenkapitals.

das Retail-Investment-Banking-Segment in der europäischen beziehungsweise deutschen Bankenindustrie zukünftig noch erheblich an Bedeutung gewinnen wird. Zum einen besteht aufgrund des nach wie vor hohen Anteils von Einlagen an den privat gehaltenen Vermögenswerten[728] noch erheblicher Spielraum für wertpapierbasierte Produktinnovationen. Zum anderen läßt eine mit dem Trend in den USA vergleichbare demographische Entwicklung in den europäischen Industrieländern[729] sowie die in Deutschland, wie auch in vielen anderen europäischen Ländern, ungelöste Rentenproblematik in Verbindung mit der gegenwärtig vergleichsweise geringen Bedeutung kapitalgedeckter Finanzierungsverfahren erheblichen Nachholbedarf vermuten.[730] In Deutschland wäre bei einer teilweisen Umstellung der Altersversorgung auf das Kapitaldeckungsverfahren beispielsweise mit einer Festschreibung des Beitragssatzes zur gesetzlichen Rentenversicherung auf 21,1 Prozent im Jahr 2000 zur Finanzierung der daraus resultierenden Versorgungslücke bereits im Jahr 2010 ein zu verwaltender Kapitalstock erforderlich, der in etwa dem heutigen Marktwert sämtlicher börsennotierter deutscher Unternehmen entspricht.[731] Unterstellt man analog zu der Entwicklung in den USA gleichzeitig eine zunehmende Individualisierung des Versorgungsrisikos und damit auch der Anlageentscheidung, so läßt sich daraus ein enormes Potential für das Retail Asset Management ableiten.

Abschließend bleibt als Ausblick festzuhalten, daß eine Ausweitung der in dieser Arbeit durchgeführten ökonomischen Analysen über die Investment-Banking-Industrie hinaus auf weitere Bereiche des Finanzdienstleistungssektors, wie zum Beispiel die Versicherungsindustrie,[732] vielversprechend erscheint[733] und sich daher als Themen-

---

727 Sautter, Michael T.: Trends und Erfolgsfaktoren im Asset Management, a.a.O.

728 Obwohl der Anteil bereits deutlich von 51,9 Prozent im Jahr 1985 auf 34,6 Prozent in 1995 zurückging, lag letzterer Wert noch deutlich über dem Anteil von 15,7 Prozent in den USA (Abbildung 6-5; Sautter, Michael T.: Trends und Erfolgsfaktoren im Asset Management, a.a.O.).

729 Bryan, Lowell/Farrell, Diana: Market Unbound, a.a.O., S. 119.

730 Vgl. dazu beispielsweise Davis, E. Philip: An International Comparison of the Financing of Occupational Pensions, in: Bodie, Zvi/Mitchell, Olivia S./Turner, John A. (Eds.): Securing Employer-Based Pensions: An International Perspective, Philadelphia 1995, S. 244-281; Goldman Sachs: The Global Pension Time Bomb and its Capital Market Impact, New York, May 1997.

731 Mattern, Frank et al.: Aktie, Arbeit, Aufschwung, a.a.O., S. 133-143.

732 Vgl. dazu ansatzweise Abbildung 7-7.

733 So kommen beispielsweise entsprechende empirische Studien zu dem Ergebnis, daß im Hinblick auf die Risikodiversifikation für eine Commercial-Bank größere Effekte aus einer Kombination

gebiet für die weitere wissenschaftliche Auseinandersetzung sowohl auf theoretischer als auch auf empirischer Ebene anbietet. Dabei müßten im Zusammenhang mit einer Zunahme der Verbriefung und des kapitalmarktbasierten Handels von Risiken[734] ergänzend zu den Aspekten der Emission und der Plazierung von Wertpapieren auch mögliche neue Formen der Aufgabenverteilung zwischen diesen Industrien berücksichtigt werden, um die ökonomische Vorteilhaftigkeit alternativer, aus heutiger Sicht innovativer institutioneller Arrangements umfassend und vollständig beurteilen zu können.

---

mit einem Versicherungsunternehmen als mit einer Investment-Bank zu erwarten sind (Walter, Ingo: Universal Banking, a.a.O., S. 350).

734 Vgl. dazu beispielsweise Crossman, Alex: Banking on Bancassurance, in: IFR, o. Jg. (1997), No. 1196, August 16, 1997, S. 3.

ANHANG

A1 Datenbank der Securities Industry Association

Ein Großteil der für den Zweck dieser Arbeit durchgeführten Analysen und Auswertungen basiert auf Daten des Research Department der amerikanischen Securities Industry Association (SIA) mit Sitz in New York.[1] Diese bietet mit ihrer Securities Industry DataBank in aggregierter Form vierteljährliche und jährliche Daten aus Bilanzen und Gewinn- und Verlustrechnungen von Unternehmen der amerikanischen Securities- beziehungsweise Investment-Banking-Industrie an, die ungefähr 70 Prozent bis 80 Prozent der gesamten U.S.-Investment-Banking-Industrie abdecken. Die Daten sind zum einen buchhalterisch nach verschiedenen Positionen aus der Gewinn- und Verlustrechnung und der Bilanz, zum anderen institutionell nach unterschiedlichen Institutsgruppen unterteilt, die im folgenden abgegrenzt und näher beschrieben werden. Um dabei eine größtmögliche Präzision des Ausdrucks sicherzustellen und Fehlinterpretationen durch die Übersetzung von Fachtermini auszuschließen, werden die folgenden Absätze größtenteils wörtlich in englischer Sprache aus der Originalquelle übernommen.[2]

A1.1 Buchhalterische Unterteilung der Daten der Securities Industry Association

Buchhalterisch unterteilt die SIA ihre Daten nach verschiedenen Positionen aus der Gewinn- und Verlustrechnung und der Bilanz, von denen im folgenden die wesentlichen abgegrenzt und eingehender beschrieben werden.

---

1 Securities Industry Association, Research Department, 120 Broadway, New York, NY 10271.

2 Vgl. dazu und im folgenden ausführlicher SIA: Securities Industry DataBank, a.a.O.

A1.1.1 Unterteilung nach Positionen aus der Gewinn- und Verlustrechnung

A1.1.1.1 Revenues

Commissions. Commissions from all agency equity (including closed-end but excluding open-end mutual funds) and debt transactions including non-inventory principal (simultaneous riskless) transactions. Commissions earned on introduced and omnibus accounts carried for other brokers are reported net.

Trading Gain (Loss). Realized and unrealized gains and losses on securities held for sale in the ordinary course of business (net of dividends and interest earned on such securities but not reduced by floor costs or taxes).

Investment Account Gain (Loss). Realized and unrealized gains and losses on securities identified as held for investment (no adjustment for dividends and interest earned, which are reported in "other related" revenues, nor for interest paid, taxes or floor costs).

Underwriting Revenue. Gross profits and losses from management of and participation in underwriting syndicates and selling groups (sales price less purchase price adjusted for discounts, commissions and allowances paid or received). Direct expenses for specific underwritings are deducted but employee compensation and other expenses of the underwriting department are not deducted.

Margin Interest. Interest earned on customers' securities and commodities accounts.

Mutual Fund Sale Revenue. Income from sale of open-end investment company (mutual fund) securities as a retailer or underwriter. Includes net amount of sales load and commissions from installment sales (but excludes commissions from closed-end funds which are reported in all other commissions).

Fees, Asset Management. Total fees for account supervision, investment advisory and administrative services.

Research Revenue. Revenues from the sale of research services including income from the sale of research advice, research reports, market letters, stock guides, portfolio analyses, and publications and consultations concerning investment advice.

Commodities Revenue. Income from commissions, fees, and principal trading in commodities (including futures and spot commodities contracts).

Other Revenue Related to the Securities Business. Includes, among other things, private placement fees, proxy solicitation fees, service charges (such as for mergers and acquisitions), fees for options done away from an exchange, dividends and interest from investment accounts (including repos and reverse repos), subscription fees for periodic publications (exclusive of research).

Other Revenue. All other revenue not related to brokers' securities business.

A1.1.1.2 Expenses

Registered Representative Compensation. Total compensation to registered representatives (RRs defined here as individuals that spend 50 percent of their time effecting transactions with public customers) including: salary, commission or other basis.

Clerical Employee Compensation. All salaries, commissions, bonuses, profit sharing, payroll taxes and benefits paid to or incurred for all employees other than RRs, voting stockholder officers and general partners.

Voting Officer Compensation. Total salaries and employee benefits for voting stockholder officers and general partners.

Other Employee Compensation. Non-carrying and non-clearing (FOCUS Part II-A firms, mainly "Commission Introducing") brokers' total compensation expense for salaries, commissions, bonuses, profit sharing, payroll taxes, etc., for all employees other than voting stockholder officers or general partners (this FOCUS II-A Short Form line is in place of the separate RR and Clerical Employee lines on the standard Part II Long Form).

Total Floor Costs. Includes all commissions (including commodity transaction payouts), floor brokerage and clearance paid to other brokers, and clearance fees paid to clearing corporations, associations and depositories (FOCUS II-A brokers report all these fees on the "Commissions Paid to Broker-Dealers" line).

Communications Expense. Expenditures for telephone, telegraph, leased wires, tickers and projectors, quotations machines, NASDAQ, postage, stationary and office supplies.

Occupancy & Equipment Costs. Expenditures for rent, heat, light, maintenance, depreciation and amortization, equipment (other than EDP) rentals, repair to premises, janitorial services, cleaning expenses and general insurance.

Promotional Costs. General advertising and promotional expenses.

Interest Expense. All interest payments other than those credited to subordinated borrowings or general and limited partners' capital.

Losses from Error Accounts & Bad Debts. Includes all losses in error accounts and bad debts.

Data Processing Costs. Rental and depreciation of data processing equipment (other than service bureau).

A1.1.2 Unterteilung nach Bilanzpositionen

A1.1.2.1 Assets

Cash. Includes petty cash, cash in domestic financial institutions, unrestricted cash deposited in foreign institutions, and other unrestricted items such as cash in transit.

Segregated Cash. Cash segregated for agent and trustee accounts, customer accounts, restricted deposits, and any other segregated accounts pursuant to regulations of any regulatory bodies (federal, state, exchanges, SEC, CFTC, etc.)

Receivables - Brokers, Dealers, Clearing Organizations. Includes all receivables from brokers or dealers and clearing organizations from: all failed to deliver accounts; securities borrowed from customers (including short accounts); omnibus accounts carried by other brokers or dealers; and other receivables from brokers or dealers such as floor brokerage, commissions, etc.

Receivables from Customers. All receivables from customers' commodity and securities accounts including cash accounts, margin accounts, partly secured accounts, and unsecured accounts; all reserve allowances for doubtful accounts.

Receivables from Non-Customers. All receivables from non-customers in cash accounts, fully secured accounts, partly secured and unsecured accounts.

Reverse Repurchase Agreements. Costs of securities which have been purchased as principal under an agreement to resell the securities to the seller. A reverse repurchase agreement is the purchase of a security at a specified price with an agreement to resell the security at a definite price at a specific future date. The transaction is treated as a receivable collateralized by the security purchased, not as part of the buyer's trading or investment account.

Securities & Spot Commodities Owned. Includes the market value of all government, corporate and municipal debt and equity securities, money market instruments, options, arbitrage, and spot commodities long and firms' proprietary accounts (including securities deposited with clearing organizations or others).

Investments in Subsidiaries, Affiliates & Partnerships. Allowable assets from bona fide transactions between brokers or dealers and guaranteed subsidiaries.

Property, Furniture & Equipment. Assets acquired for use in the ordinary course of the trade or business of a broker or dealer (those generally necessary for the conduct of a brokerage business). Although determined on a case-by-case basis, an office building acquired for the purpose of rental income does not qualify but a truck used to make deliveries of securities would qualify.

Other Assets. All other assets including dividends and interest receivables, free shipments of securities, loans and advances to employees and customers, taxes receivable and other miscellaneous assets such as insurance claims, life insurance policies, etc.

A1.1.2.2 Liabilities

Bank Loans Payable. All bank loans payable other than those secured by or for customer accounts and securities, letters of credit unsecured or secured by proprietary securities and/or spot commodities.

Repurchase Agreements. Securities sold as principal under a repurchase agreement are deemed to still be securities owned, the market value is still included under "Securities & Spot Commodities Owned" and the proceeds of the sales are reported here.

Payables. For all payables (brokers, dealers, clearing organizations, customers, non-customers), reporting is the same as for receivables.

Securities Sold Short. Market value of all securities sold which have not yet been purchased.

Accounts Payable & Accrued Liabilities. Estimated liabilities established for, but not limited to, security dividends receivable, short security differences, unsecured or partly secured short positions, or other deficits in customers' accounts and "aged" transfer positions (a contra charge is made to profit and loss accounts).

Notes & Mortgages Payable. Notes and mortgages payable, both secured and unsecured, on fixed assets acquired for use in the ordinary course of the trade or business of a broker or dealer.

Subordinated Liabilities. Liabilities subordinated to claims of general creditors, including cash and security borrowings, secured demand note collateral agreements, exchange memberships contributed for use of company, and accounts and other borrowings not qualified for net capital purposes.

A1.2 Institutionelle Unterteilung der Daten der Securities Industry Association

Institutionell unterteilt die SIA ihre Daten nach verschiedenen Institutsgruppen: Total Firms, National Full Line, Large Investment Banking, Regionals, New York City-Based, Clearing Firms, Discounters, Commission Introducing und Other. Im folgenden werden diese Institutsgruppen abgegrenzt und näher beschrieben sowie die dazugehörigen Firmen aufgelistet.[3]

A1.2.1 Total Firms (309)

A proxy for the "total" securities industry. Consists of all New York Stock Exchange member broker-dealers doing a public business. Although small in number, this group accounts for approximately 70 percent to 80 percent of revenues, capital, assets and other financial parameters of all broker-dealers in the U.S.

A1.2.2 National Full Line (NFL) (6)

The largest full service broker-dealers (also known as "wirehouses") with an extensive national (and international) branch network system. The NFLs, all self-clearing, account for the vast majority of all retail brokerage services, revenues and employees in the U.S. The NFLs provide a broad array of virtually every financial service and product to both households and institutions. Most are headquartered in New York City. The NFLs' investment banking businesses are comparable to that of the next group, the LIBs.

Diese Gruppe umfaßt:

A.G. Edwards & Sons, Inc.; Dean Witter Reynolds Incorporated; Merrill Lynch, Pierce, Fenner & Smith Incorporated; Paine Webber Incorporated; Prudential Securities Inc.; Smith Barney Incorporated.

---

3 Stand viertes Quartal 1996; die in Klammern hinter den Namen der einzelnen Institutsgruppen angegebenen Werte informieren über die Anzahl der in der jeweiligen Gruppe vertretenen Firmen.

A1.2.3 Large Investment Banking (LIB) (8)

The largest U.S. investment banks (besides NFLs), all headquartered in New York City and self-clearing with a limited branch network system (money center cities) and a predominantly institutional client base.

Diese Gruppe umfaßt:

Bear, Stearns & Co. Inc.; Credit Suisse First Boston Corporation; Donaldson Lufkin & Jenrette Securities Corporation; Goldman, Sachs & Co.; Lehman Brothers Inc.; J.P. Morgan Securities Inc.; Morgan Stanley & Co. Incorporated; Salomon Brothers Inc.

A1.2.4 Regionals (65)

The largest (non-NFL and non-NYC) full service broker-dealers, usually self-clearing with regional branch network systems (i.e. Midwest, Northeast) providing a wide array of financial services and products to both retail and institutional clients (similar to NFLs but on a much smaller regional scale). This group does *not* reflect all firms outside New York. Regionals are also divided into three subgroups - large, medium and small - based on revenue cut-offs.

Diese Gruppen umfassen:

Small Regionals (24). Adams, Harkness & Hill, Inc.; Anderson & Strudwick, Incorporated; BNP Securities (USA), Inc.; Branch, Cabell & Co.; J.W. Charles Securities Inc.; Davenport & Co. of Virginia, Inc.; E.D. & F. Man International Inc.; Equitable Securities Corporation; Folger Nolan Fleming Douglas Incorporated; Hanifen, Imhoff, Inc.; Hazlett, Burt & Watson, Inc.; Howard, Well, Labouisse, Friedrichs Incorporated; Howe, Barnes Investments, Inc.; Wayne Hummer Investments L.L.C.; Johnston, Lemon & Co. Incorporated; Midland Walwyn Capital Corporation; Moors & Cabot, Inc.; David A. Noyes & Company; O'Connor & Company; Parker/Hunter Incorporated; Seidler Companies Incorporated; Smith Moore & Co.; Sterne, Agee & Leach, Inc.; Wilshire Associates Incorporated.

Medium Regionals (20). George K. Baum & Company; Crowell, Weedon & Co.; Ferris, Baker Watts, Incorporated; First Albany Corporation; First of Michigan

Corporation; Hambrecht & Quist Incorporated; J.J.B. Hilliard, W.L. Lyons, Inc.; Mesirow Financial Inc.; Ohio Company (The); Principal Financial Securities; Ragen MacKenzie Incorporated; Robertson, Stephens & Company; Rodman & Renshaw, Inc.; Roney & Co.; Scott & Stringfellow Investment Corporation; Southwest Securities, Inc.; Stephens Inc.; Stifel, Nicolaus & Company, Incorporated; Sutro & Co. Incorporated; Wedbush Morgan Securities Inc.

Large Regionals (21). Advest Inc.; Robert W. Baird & Co. Incorporated; William Blair & Company, LLC; J.C. Bradford & Co.; Alex. Brown & Sons Incorporated; Chicago Corporation (The); Dain Bosworth, Incorporated; Everen Securities, Inc.; Interstate/Johnson Lane Corporation; Janney Montgomery Scott Inc.; Edward D. Jones & Co.; Legg Mason Wood Walker, Incorporated; McDonald & Company, Securities, Inc.; Montgomery Securities; Morgan Keegan & Company, Inc.; Piper Jaffray Incorporated; Rauscher Pierce Refsnes, Inc.; Raymond James & Associates, Inc.; Robinson-Humphrey Company, Inc.; Tucker Anthony Incorporated; Wheat, First Securities, Inc.

A1.2.5 New York City-Based (NYC) (72)

New York City headquartered broker-dealers which conduct a broad array of financial services including brokerage, investment banking, trading, money management, etc. This group, mostly self-clearing and many with branch network systems, includes most U.S. broker-dealer subsidiaries of foreign banks and securities organizations. NYCs provide both retail and institutional services but have become a much more institutionally-oriented group in recent years. This group does not reflect all New York firms; other types of New York firms, i.e., NFLs, Discounters, etc., are categorized by their predominant business characteristic. NYCs are also divided into two subgroups - large and small - based on revenue cut-offs.

Diese Gruppen umfassen:

Small New York City-Based Regionals (47). ABN Amro Securities (USA) Inc.; Fred Alger & Company, Incorporated; Asiel & Co. LLC; BHF Securities Corporation; BT Brokerage Corporation; Baird, Patrick & Co., Inc.; D.H. Blair & Co. Inc.; CIBC Wood Gundy Securities Corporation; Commerzbank Capital Markets Corporation; Credit

Lyonnais Securities (USA) Inc.; Doft & Co., Inc.; Dominick & Dominick, Incorporated; Ernst & Co.; First Manhattan Co.; Robert Fleming Inc.; Furman Selz Financial Services LLC; Garban Corporates, Inc.; Gintel & Co. Limited Partnership; Glickenhaus & Co.; Oscar Gruss & Son Incorporated; Ingalls & Synder; Inverned Associates Incorporated; Kalb, Voorhis & Co., LLC; Kankaku Securities (America) Inc.; Keefe, Bruyette & Woods, Inc.; Ladenburg Thalmann & Co., Inc.; Lawrence, O' Donnell, Marcus, LLC; Lepercq, DeNeuflize Securities Inc.; Loeb Partners Corporation; Murphey, Marseilles, Smith & Nammack, Inc.; Brean Murray and Co., Inc.; National Investor Services Corp.; Nesbitt Burns Securities Inc.; New Japan Securities International; Carl H. Pforzheimer & Co.; Prime Dealer Services Corp.; Purcell Graham Incorporated; RBC Dominion Securities Corp.; Republic New York Securities Corp.; Richardson Greenshields Securities, Inc.; Rothschild Inc; Schonfeld Securities Inc.; Societe Generale Securities Corp.; J. Streicher & Co., LLC; Swiss American Securities Inc.; H.G. Wellington & Co., Inc.; Westminster Securities Corporation.

Large New York City-Based Regionals (25). Arnhold & S. Bleichroeder, Inc; Baring Securities Inc; Sanford C. Bernstein & Co. Inc; Cowen & Co.; Daiwa Securities America Inc.; Deutsche Morgan Grenfell, Inc.; Dillon, Read & Co., Inc.; Fahnestock & Co., Inc.; Furman Selz, LLC, Gruntal & Co. Incorporated; HSBC Securities, Inc.; Herzog, Heine, Geduld, Inc.; Josephthal Lyon & Ross, Incorporated; Lazard Freres & Co. LLC; Mabon Securities Corp.; NatWest Securities Corporation; Neuberger & Berman; Nikko Securities Co. International, Inc.; Nomura Securities International, Inc.; Oppenheimer & Co., Inc.; SBC Capital Markets, Inc.; Schroder Wertheim & Co. Incorporated; Scotia McLeod (USA) Inc; UBS Securities LLC; Yamaichi International (America), Inc.

A1.2.6 Clearing Firms (17)

Firms principally engaged in correspondent clearing.

Diese Gruppe umfaßt:

BHC Securities Inc.; Bear, Steams Securities Corp.; Broadcort Capital Corp.; JW Charles Clearing Corp.; Correspondent Services Corporation; Everen Clearing

Corporation; First Options of Chicago, Inc.; Fleet Clearing Corporation; Hanifen, Imhoff Clearing Corp.; Lewco Securities Corp.; LIT Clearing Services Inc.; Merrill Lynch Professional Clearing; National Financial Services Corporation; Newbridge Securities, Inc.; Robb, Peck, McCooey Clearing Corporation; US Clearing Corp.; Wexford Clearing Services Corporation.

A1.2.7 Discounters (16)

NYSE member broker-dealers which hold themselves out as, and are *primarily engaged in*, the discount brokerage business. Commissions, mainly retail, are the primary revenue source. Includes both self-clearing and introducing discounters and their clearing subsidiaries. Does not include multi-business broker-dealers which offer discount commissions as just one business line.

Diese Gruppe umfaßt:

BA Investment Services, Inc.; Baker & Co., Incorporated; Brown & Company Securities Corporation; Fidelity Brokerage Services, Inc.; Fleet Brokerage Securities, Inc.; Olde Discount Corporation; Pacific Brokerage Services; Quick & Reilly Inc.; Russo Securities, Inc.; Charles Schwab & Co., Inc.; Muriel Siebert & Co., Inc.; Stockcross, Inc.; Tradex Brokerage Services, Inc.; Wall Street Discount Corporation; Waterhouse Securities Inc.; York Securities, Inc.

A1.2.8 Commission Introducing (104)

The many NYSE member broker-dealers which only "introduce" commission business but don't carry or clear their own customer accounts. This group is also segregated because they file a short-term FOCUS Report (Part II-A) which is not totally comparable to the long form FOCUS (Part II) filed by all other NYSE members. Not a very homogenous group beyond their non-carrying status.

Diese Gruppe umfaßt:

Abel/Noser Corp.; Alpha Management Inc.; Asset Allocation Executions, LLC; Atalanta/Sosnoff Management Corporation; Autranet, Inc.; BCS Brokerage Inc.;

Bishop, Rosen & Co., Inc.; Blackburn & Company, Inc.; Boston Institutional Services, Incorporated; Bridge Trading Company; Brill Securities, Inc.; Brittingham, Inc.; H D Brous & Co., Inc.; Capital Institutional Services, Inc.; CMJ Partners LP.; Coleman & Company; Collins & Co.; Robert M. Corley Inc.; Cuttone & Co., Inc.; Morris David & Sons Securities, Inc.; Walter J. Dowd, Inc.; Dratel Group, Inc. (The); Dunlevy & Co., Incorporated; Europa Securities Inc.; Exeter Ltd.; Farina & Associates Inc.; Federated Management Inc.; Floor Broker Network, Inc.; Fourteen Research Corporation (The); Stuart Frankel & Co., Inc.; Gateway Capital Investment Group; Gerard Klauer Mattison & Co., Inc.; Gilder, Gagnon, Howe & Co.; Goetz, Batchker & Co., Inc.; Gordon, Haskett Capital Corporation; Gordon, Haskett & Co.; David J. Greene & Company; Griswold Company, Inc. (The); Guzman & Co.; Halcyon Execution Services Inc.; Hamershlag, Kempner & Co.; Heights Partners Inc.; Lawrence Helfant Inc.; Bernard Herold & Co., Inc.; P. R. Herzig & Co. Inc.; Hochstin Jakobson & Co. Inc.; Hoenig & Co., Inc.; Independence Institutional Securities; J.R.P. Securities Inc.; JSF Securities Corp.; JNK Securities Corp.; Kahn Brothers & Co., Inc.; Keane Securities Co., Inc.; Kelly & Christensen Inc.; B. Laterman & Company, Inc.; Lek, Schoenau & Company, Inc.; Lieber & Co.; Lipper Analytical Securities Corporation; Lombardi, Aprilante & Co., Inc.; Lynch, Jones & Ryan Inc.; Francis Maglio & Co., Inc.; McCauley Securities Ltd.; Midwood Securities Inc.; Miller Tabak Hirsch & Co.; Mitch Hutch Asset Management Inc.; Mogavero, Lee & Company Inc.; Montag & Joselson; Nandra Group, Inc.; WJ Nolan & Company Inc.; Gail Marie Pankey Co.; Pershing Trading Company; Prentice Securities Inc.; Randolph H. Post Co.; Propp & Company, Inc.; Quintin Corp.; Reynders & Gray & Co. Inc.; Rochdale Securities Corporation; Richard A. Rosenblatt & Company Inc.; Ruane, Cunniff & Co., Inc.; Frank Russell Securities Inc.; S.G.I. Ltd.; SLL Securities, Inc.; Safian Investment Research Inc.; Lee Sager & Co.; Sands Brothers; Dennis R. Saul & Co. Inc.; Seaport Securities Corp.; Shamus Group Inc.; Sharpe Securities; Shields & Co.; Shufro, Rose & Ehrman; Silverman Brothers Inc.; Standard & Poor's Securities, Inc.; Starr Securities, Inc.; Strasbourger Pearson Tulcin Wolff Incorporated; Stuart Coleman & Co. Inc; TIR Securities Inc.; TLW Securities, L.P.; Tribeca Investments, LLC; Trubee, Collins & Co. Inc.; H.C. Wainwright & Co. Inc.; WG Trading Co., L.P.; Wall Street Access; Weeden & Co., L.P.

A1.2.9 Other (21)

All other NYSE member broker-dealers which are self-clearing but do not meet the specifications of any of the preceding firm categories.

Diese Gruppe umfaßt:

Brown Brothers Harriman & Co.; P.R. Burke & Co. Inc.; Common Back Office Inc.; Shelby Cullom Davis & Co.; ESI Securities Company; Fagenson & Company, Inc.; Albert Fried & Co., LLC; Gordon Capital Inc.; Henderson Brothers Inc.; Hornblower Fischer & Co. Inc.; Interactive Brokers LLC; Kellner DiLeo & Co.; William O'Neil & Co. Incorporated; W.H. Reaves & Co. Inc.; Regional Operations Group; Rock Island Securities Company; Spear, Leeds & Kellogg; Transatlantic Securities Company; W&D Securitites, Inc.; Weiss, Peck & Greer; Wagner Stott Mercator Partners.

A2 Volatilitätsberechnung am Beispiel des Total Revenue der U.S. "National Full Line Firms"

Im folgenden soll am Beispiel des Total Revenue der Gruppe der "National Full Line Firms" die für den fünften Abschnitt dieser Arbeit relevante Berechnung des trendbereinigten Variationskoeffizienten[4] durchgeführt werden, der als Maß für den Vergleich der Volatilität von Total Revenue und After-Tax Net Income unterschiedlicher Institute beziehungsweise Institutsgruppen herangezogen wurde (Abbildung A2-1).

in Mio. US $

	1980	1981	1982	1983	1984	1985	1986	1987	1988	1989	1990	1991	1992	1993	1994	1995	1996
(0) **Zählvariable**	1	2	3	4	5	6	7	8	9	10	11	12	13	14	15	16	17
(1) **Total Revenue:** aus SIA DataBank	7.326	8.326	9.889	12.923	13.066	16.712	21.897	21.683	20.167	20.467	17.582	21.669	24.360	27.218	24.298	26.802	30.206
(2) **Trendlinienwert:** y= 1.275,7*(0)+ 7.611,9	8.888	10.163	11.439	12.715	13.990	15.266	16.542	17.818	19.093	20.369	21.645	22.920	24.196	25.472	26.747	28.023	29.299
(3) **Abweichung:** (1)-(2)	-1.562	-1.838	-1.550	208	-924	1.446	5.355	3.866	1.074	98	-4.063	-1.251	164	1.747	-2.449	-1.221	907
(4) **Quadrierter Wert der Abweichung:** (3)^2 (in Mrd.)	2.438	3.377	2.403	43	854	2.091	28.676	14.943	1.153	10	16.507	1.566	27	3.050	6.000	1.491	823
(5) **Varianz:** Summe der Werte aus (4)/17 (in Mrd.)	5.027																
(6) **Standardabweichung:** (5)^0,5	2.242																
(7) **Arithmetisches Mittel des Total Revenue:** Summe der Werte aus (1)/17	19.094																
(8) **Trendbereinigter Variationskoeffizient:** (6)/(7)	**11,7%**																

Abbildung A2-1: Berechnung des trendbereinigten Variationskoeffizienten als Volatilitätsmaß[5]

Aufbauend auf dem in Millionen US $ angegebenen Total Revenue der "National Full Line Firms" von 1980 bis 1996 in Zeile (1)[6] wird zunächst mit der Methode der kleinsten Quadrate die Trendlinie in Form einer Regressionsgeraden für diese Zeitreihe

4 Vgl. zur Herleitung und formalen Darstellung des trendbereinigten Variationskoeffizienten ausführlicher Abschnitt 5.2.1.

5 Eigene Berechnungen auf der Basis von Daten aus der Securities Industry DataBank, SIA, New York (vgl. dazu ausführlicher Punkt A1 des Anhangs).

6 Securities Industry DataBank, SIA, New York (vgl. dazu ausführlicher Punkt A1 des Anhangs).

bestimmt (Abbildung A2-2). Im vorliegenden Fall repräsentiert die Trendlinie die Werte der Zeitreihe mit einem R^2-Wert von 0,89 sehr gut.[7]

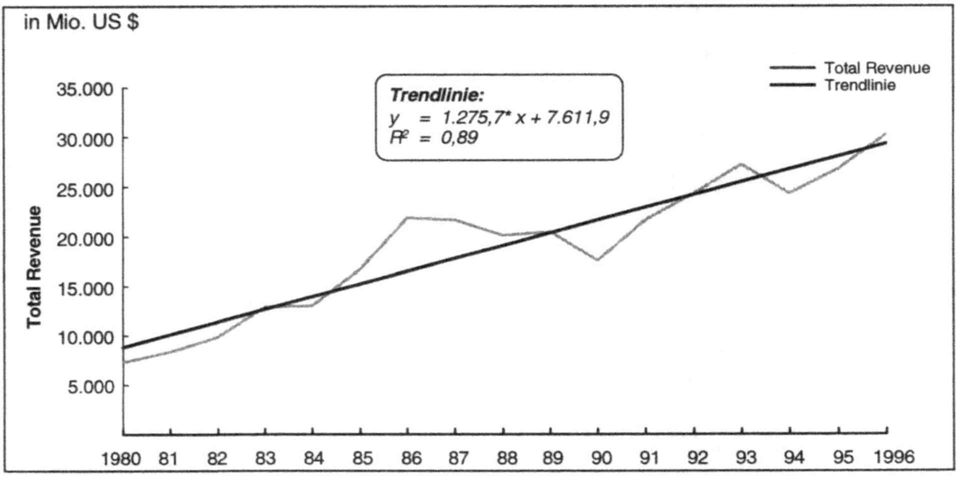

Abbildung A2-2: Total Revenue von U.S. "National Full Line Firms" - 1980-96[8]

Aus der resultierenden Geradengleichung werden in Zeile (2) durch Einsetzen der Zählvariablen aus Zeile (0) in die Gleichung die Trendlinienwerte für die Jahre 1980 bis 1996 ermittelt. Die sich aus der Differenz von Total Revenue und Trendlinienwert in Zeile (3) errechnete Abweichung wird in Zeile (4) quadriert, um daraus anschließend mit dem arithmetischen Mittel der quadrierten Abweichungen für die Jahre 1980 bis 1996 in Zeile (5) die trendbereinigte Varianz des Total Revenue der "National Full Line Firms" zu bestimmen. Durch Ziehen der Quadratwurzel wird die Varianz in Zeile (6) in die Standardabweichung überführt. Dividiert man schließlich diesen Wert für die Standardabweichung durch das in Zeile (7) ermittelte arithmetische Mittel des Total Revenue von 1980 bis 1996 in Zeile (1), so erhält man in Zeile (8) mit 11,7 Prozent den trendbereinigten Variationskoeffizienten für den Total Revenue der "National Full Line Firms" im Zeitraum von 1980 bis 1996. Dieser dimensionslose Wert kann nun zu Vergleichen mit dem Total Revenue anderer Institute beziehungsweise Institutsgruppen im selben Zeitraum herangezogen werden.

---

7 Schulze, Peter M.: Beschreibende Statistik, a.a.O., S. 136-143, 143-148.

8 Eigene Berechnungen auf der Basis von Daten aus der Securities Industry DataBank, SIA, New York (vgl. dazu ausführlicher Punkt A1 des Anhangs).

LITERATURVERZEICHNIS

A.M. Best Company: Best's Aggregates & Averages: Life-Health, 1997 edition, Oldwick 1997

Achleitner, Ann-Kristin/Achleitner, Paul: Investment Banking, Working Paper, European Business School, Schloß Reichartshausen, August 1997

ACLI: Life Insurance Fact Book, Washington D.C. 1981-1996

Akerlof, George: The Market for Lemons: Quality Uncertainty and the Market Mechanism, in: Quarterly Journal of Economics, Vol. 84 (1970), No. 3, S. 488-500

Albach, Horst (Hrsg.): Zur Theorie der Unternehmung: Schriften und Reden von Erich Gutenberg: Aus dem Nachlaß, Berlin et al. 1989

Albach, Horst: Gutenberg und die Zukunft der Betriebswirtschaftslehre, in: ZfB, 67. Jg. (1997), Heft 12, S. 1257-1283

Alchian, Amen A./Demsetz, Harold: Production, Information Costs, and Economic Organization, in: The American Economic Review, Vol. 62 (1972), S. 777-795

Alchian, Amen A./Woodward, S.: Reflections on the Theory of the Firm, in: Journal of Institutional and Theoretical Economics, Vol. 143 (1987), S. 110-136

Alchian, Amen A./Woodward, S.: The Firm is Dead. Long Live the Firm: A Review of Oliver E. Williamson's The Economic Institutions of Capitalism, in: Journal of Economic Literature, Vol. 26 (1988), S. 65-79

Allen, Franklin/Faulhaber, Gerald R.: Signaling by Underpricing in the IPO Market, in: Journal of Financial Economics, Vol. 23 (1989), S. 303-323

Allen, Franklin/Gale, Douglas: Financial Innovation and Risk Sharing, Cambridge/London 1995

Allen, Linda: Operational Efficiency in Banking: An International Comparison, in: Journal of Banking and Finance, Vol. 20 (1996), No. 4, S. 655-672

American Bankers Association: Banking Terminology, 3rd edition, Washington D.C. 1991

Ansoff, H. Igor: Strategies for Diversification, in: Harvard Business Review, Vol. 35 (1957), No. 5, S. 113-124

Argyres, Nicholas: Evidence on the Role of Firm Capabilities in Vertical Integration Decisions, in: Strategic Management Journal, Vol. 17 (1996), No. 2, S. 129-150

Arrow, Kenneth J.: The Economics of Agency, in: Pratt, John W./Zeckhauser, Richard J. (Hrsg.): Principals and Agents: The Structure of Business, Boston 1985, S. 37-51

Asquith, Paul/Mullins, David W. Jr.: The Impact of Initiating Dividend Payments on Shareholders' Wealth, in: Journal of Business, Vol. 56 (1983), No. 1, S. 77-96

Atlas, Riva: Ranking America's Biggest Brokers: Good News, Bad News, in: Institutional Investor, Vol. 31 (1997), No. 4, S. 107-111

Auckenthaler, Christoph: Finanzmathematische Grundlagen des Investment Banking, Bern/Stuttgart/Wien 1994

Auckenthaler, Christoph: Theorie und Praxis des modernen Portfolio-Managements, 2., vollständig überarbeitete und ergänzte Auflage, Bern/Stuttgart/Wien 1994

Authers, John/Simon, Bernard: Further Shake-Out Seen in US Banking, in: Financial Times, June 30, 1997, S. 22

Authers, John: How the Mighty Macho Has Fallen, in: Financial Times, September 27/28, 1997, S. 22

Authers, John: Schwab Targets IPOs, in: Financial Times, August 8, 1997, S. 22

Balvers, Ronald J./McDonald, Bill/Miller, Robert E.: Underpricing of New Issues and the Choice of Auditor as a Signal of Investment Banker Reputation, in: Accounting Review, Vol. 63 (1988), No. 4, S. 605-622

Baron, David P./Holmström, Bengt: The Investment Banking Contract for New Issues Under Asymmetric Information: Delegation and the Incentive Problem, in: The Journal of Finance, Vol. 35 (1980), No. 5, S. 1115-1138

Baron, David P.: A Model of the Demand for Investment Banking Advising and Distribution Services for New Issues, in: The Journal of Finance, Vol. 37 (1982), No. 4, S. 955-976

Barzel, Yoram: Economic Analysis of Property Rights, Cambridge 1989

Baumol, William J. et al.: The Economics of Mutual Fund Markets: Competition Versus Regulation, Boston/Dordrecht/London 1990

Beatty, Randolph P./Ritter, Jay R.: Investment Banking, Reputation and the Underpricing of Initial Public Offerings, in: Journal of Financial Economics, 15. Jg. (1986), S. 213-232

Beelitz, Frank F.: M&A in den USA: Der Prozeß und die Player, in: Siegwart, Hans et al. (Hrsg.): Meilensteine im Management: Mergers & Acquisitions, Stuttgart/Basel 1990, S. 107-125

Beer, Kieran/Bent, Barbara/Halliday, Lisa: Ranking America's Biggest Brokers, in: Institutional Investor, Vol. 26 (1992), No. 4, S. 68-78

Benartzi, Shlomo/Michaely, Roni/Thaler, Richard: Do Changes in Dividends Signal the Future or the Past?, in: The Journal of Finance, Vol. 52 (1997), No. 3, S. 1007-1034

Benston, George J./Smith, Clifford W.: A Transaction Cost Approach to the Theory of Financial Intermediation, in: The Journal of Finance, Vol. 31 (1976), No. 2, S. 215-231

Benston, George J.: The Origins of and Justification for the Glass-Steagall Act, in: Saunders, Anthony/Walter, Ingo: Universal Banking: Financial System Design Reconsidered, Chicago/London/Singapore 1996, S. 31-69

Benston, George J.: The Separation of Commercial and Investment Banking: The Glass-Steagall Act Revisited and Reconsidered, Houndmills et al. 1990

Bent, Barbara/Halliday, Lisa: Ranking America's Biggest Brokers, in: Institutional Investor, Vol. 24 (1990), No. 4, S. 91-102

Bent, Barbara/Halliday, Lisa: Ranking America's Biggest Brokers, in: Institutional Investor, Vol. 25 (1991), No. 4, S. 139-148

Berger, Allen N./Hancock, Diana/Humphrey, David B.: Bank Efficiency Derived from the Profit Function, in: Journal of Banking and Finance, Vol. 17 (1993), No. 2/3, S. 317-347

Berger, Allen N./Hunter, William C./Timme, Stephen G.: The Efficiency of Financial Institutions: A Review of Research Past, Present and Future, in: Journal of Banking and Finance, Vol. 17 (1993), No. 2/3, S. 221-249

Berger, Allen N.: Efficiency in Banking, in: Saunders, Anthony: Financial Institutions Management: A Modern Perspective, 2nd edition, Chicago et al. 1997, S. 264

Berger, Philip G./Ofek, Eli: Diversification's Effect on Firm Value, in: Journal of Financial Economics, Vol. 37 (1995), S. 39-65

Bhagat, Sanjai/Marr, M. Wayne/Thompson, G. Rodney: The Rule 415 Experiment: Equity Markets, in: The Journal of Finance, Vol. 40 (1985), No. 5, S. 1385-1401

Bianco, Anthony: Can Salomon Grow by Shrinking? The Firm is Abandoning Markets it Worked Hard to Dominate, in: Business Week, o. Jg. (1987), No. 3023, October 26, 1987, S. 30

Binkowski, Peter/Beeck, Helmut: Finanzinnovationen, Bonn 1989

Black, Kenneth Jr./Skipper, Harold D.: Life Insurance, 12th edition, Englewood Cliffs 1994

Bloch, Ernest: Inside Investment Banking, 2nd edition, Burr Ridge et al. 1989

Board of Governors of the Federal Reserve System: Flow of Funds Accounts in the United States, Flows and Outstandings: Federal Reserve Statistical Release Z.1, Washington D.C. 1981-1996

Bodie, Zvi/Merton, Robert C.: The Informational Role of Asset Prices: The Case of Implied Volatility, in: Crane, Dwight B. et al. (Eds.): The Global Financial System: A Functional Perspective, Boston 1995, S. 197-224

Bodie, Zvi/Mitchell, Olivia S.: Pension Security in an Aging World, in: Bodie, Zvi/Mitchell, Olivia S./Turner, John A. (Eds.): Securing Employer-Based Pensions: An International Perspective, Philadelphia 1995, S. 1-28

Böhme, Markus: Die Zukunft der Universalbank: Strategie, Organisation und Shareholder Value im Informationszeitalter, Ludwig-Maximilians-Universität München, Diss., München 1997

Booth, James R./Chua, Lea: Ownership Dispersion, Costly Information, and IPO Underpricing, in: Journal of Financial Economics, Vol. 41 (1996), No. 2, S. 291-310

Booth, James R./Smith, Richard L. II: Capital Raising, Underwriting and the Certification Hypothesis, in: Journal of Financial Economics, Vol. 15 (1986), S. 261-281

Bowers, Helen M./Miller, Robert E.: Choice of Investment Banker and Shareholders' Wealth of Firms Involved in Acquisitions, in: Financial Management, Vol. 19 (1990), No. 4, S. 34-44

Branch, Shelly: MBAs Are Hot Again - And They Know It, in: Fortune, Vol. 135 (1997), No. 7, April 14, 1997, S. 155-157

Brandenburger, Adam M./Nalebuff, Barry J.: The Right Game: Use Game Theory to Shape Strategy, in: Harvard Business Review, Vol. 73 (1995), No. 4, S. 57-71

Brealey, Richard A./Myers, Stewart C.: Principles of Corporate Finance, 4th edition, New York et al. 1991

Breid, Volker: Marktorientierte Risikoberücksichtigung in den Ansätzen der neoklassischen Finanzierungstheorie, in: Betriebswirtschaftliche Forschung und Praxis, 48. Jg. (1997), Nr. 3, S. 308-321

Breuer, Rolf-E.: Globalisierung versus Fragmentierung der Finanzmärkte, in: Gebauer, Wolfgang/Rudolph, Bernd (Hrsg.): Finanzmärkte und Zentralbankpolitik, Frankfurt am Main 1995, S. 243-257

Breuer, Rolf-E.: Investmentbanking als Zukunft der Universalbanken, in: Bank Magazin, o. Jg. (1996), Heft 10, S. 64-66

Brinker, Bernhard/Sautter, Michael T.: Mutual Funds in Germany: Evaluating Opportunities, in: The McKinsey Quarterly, o. Jg. (1997), No. 2, S. 196-200

Brinker, Bernhard: Die Eignung des "Shareholder Value" zur zielorientierten Steuerung von Geschäftseinheiten, Diplomarbeit zur Erlangung des akademischen Grades Diplom-Kaufmann, European Business School, Schloß Reichartshausen, Februar 1994

Brinker, Bernhard: Handhabung von Komplexität in der Unternehmensführung, Diplomarbeit zur Erlangung des akademischen Grades Diplom-Betriebswirt, European Business School, Schloß Reichartshausen, Februar 1993

Bruhn, Manfred: Marketing: Grundlagen für Studium und Praxis, Wiesbaden 1990

Bryan, Lowell L.: Breaking up the Bank: Rethinking an Industry Under Siege, Homewood 1988

Bryan, Lowell/Farrell, Diana: Market Unbound: Unleashing Global Capitalism, New York et al. 1996

Bühner, Rolf/Tuschke, Anja: Zur Kritik am Shareholder Value - eine ökonomische Analyse -, in: Betriebswirtschaftliche Forschung und Praxis, 48. Jg. (1997), Nr. 5, S. 499-516

Bühner, Rolf: Shareholder Value-Ansatz, in: Die Betriebswirtschaft, 52. Jg. (1992), Nr. 3, S. 418-419

Büschgen, Hans E.: Bankbetriebslehre: Bankgeschäfte und Bankmanagement, 4., vollständig überarbeitete und erweiterte Auflage, Wiesbaden 1993

Butler, Patrick et al.: A Revolution in Interaction, in: The McKinsey Quarterly, o. Jg. (1997), No. 1, S. 4-23

Cadette, Walter M.: Universal Banking: A U.S. Perspective, in: Saunders, Anthony/Walter, Ingo: Universal Banking: Financial System Design Reconsidered, Chicago/London/Singapore 1996, S. 696-715

Calderoni, Mario: Dismissioni All'Italiana, Una Storia di Successi, in: Il Sole 24 Ore, No. 292, 25 Ottobre 1997, S. 29

Carosso, Vincent P.: Investment Banking in America: A History, Cambridge 1970

Carroll, Michael: Ranking America's Biggest Brokers: Poised on the Precipice, in: Institutional Investor, Vol. 29 (1995), No. 4, S. 77-84

Carroll, Michael: Ranking America's Biggest Brokers: Why Liquidity is King, in: Institutional Investor, Vol. 28 (1994), No. 4, S. 153-158

Carter, Richard B./Dark, Frederick H.: An Empirical Examination of Investment Banking Reputation Measures, in: The Financial Review, Vol. 27 (1992), No. 3, S. 355-374

Carter, Richard/Manaster, Steven: Initial Public Offerings and Underwriter Reputation, in: The Journal of Finance, Vol. 45 (1990), No. 4, S. 1045-1067

Caves, Richard: American Industry: Structure, Conduct, Performance, 6th edition, Englewood Cliffs, 1987

Caytas, Ivo G./Mahari, Julian I.: Im Banne des Investment Banking: Fusionen und Übernahmen überleben den Crash '87, 2. Auflage, Stuttgart 1988

Chandler, Alfred D. Jr.: Scale and Scope: The Dynamics of Industrial Capitalism, Cambridge/London 1990

Chatterjee, Sayan/Wernerfelt, Birger: The Link between Resources and Type of Diversification: Theory and Evidence, in: Strategic Management Journal, Vol. 12 (1991), No. 1, S. 33-48

Chemmanur, Thomas J./Fulghieri, Paolo: Investment Bank Reputation, Information Production, and Financial Intermediation, in: The Journal of Finance, Vol. 49 (1994), No. 1, S. 57-79

Chen, Nai-Fu: Some Empirical Tests of the Theory of Arbitrage Pricing, in: The Journal of Finance, Vol. 38 (1983), No. 5, S. 1393-1414

Chernow, Ron: The Death of the Banker: The Decline and Fall of the Great Financial Dynasties and the Triumph of the Small Investor, New York 1997

Chmielewicz, Klaus: Forschungskonzeptionen der Wirtschaftswissenschaft, 2., überarbeitete und erweiterte Auflage, Stuttgart 1979

Clarkson, Kenneth W./Miller, Roger LeRoy: Industrial Organization: Theory, Evidence and Public Policy, New York 1982

Coase, Ronald H.: The Nature of the Firm, in: Economica, Vol. 4 (1937), S. 386-405

Coase, Ronald H.: The Problem of Social Cost, in: Journal of Law and Economics, Vol. 3 (1960), S. 1-44

Comanor, William S.: Vertical Mergers, Market Powers, and the Antitrust Laws, in: American Economic Review, Vol. 57 (1967), No. 2, S. 254-265

Conning & Company: The Pension/Retirement Assets Business: Sleeping with the Enemy, Hartford/London 1996

Cooper, I./Kaplanis, E.: Home Bias in Equity Portfolios and the Cost of Capital for Multinational Firms, in: Journal of Applied Corporate Finance, Vol. 8 (1995), No. 3, S. 95-102

Copeland, Thomas E./Weston, J. Fred: Financial Theory and Corporate Policy, 3rd edition, New York 1988

Copeland, Tom/Koller, Tim/Murrin, Jack: Valuation: Measuring and Managing the Value of Companies, 2nd edition, New York et al. 1994

Copulsky, William: Balancing the Needs of Customers and Shareholders, in: The Journal of Business Strategy, Vol. 12 (1991), No. 6, S. 44-47

Cornett, Marcia Millon/Davidson, Wallace N. III/Rangan, Nanda: Deregulation in Investment Banking: Industry Concentration Following Rule 415, in: Journal of Banking and Finance, Vol. 20 (1996), No. 1, S. 85-113

Corrigan, Tracy: Salomon Forges Alliance with Brokerage, in: Financial Times, January 20, 1997, S. 23

Corrigan, Tracy: Still Thundering, in: Financial Times, September 30, 1997, S. 16

Corrigan, Tracy: The Guy from Brooklyn, in: Financial Times, September 27/28, 1997, S. 7

Cox, Charles C./Kohn, Bruce A.: Regulatory Implications of Computerized Communications in Securities Markets, in: Saunders, Anthony/White, Lawrence J. (Eds.): Technology and the Regulation of Financial Markets: Securities, Futures, and Banking, Lexington/Toronto 1986, S. 7-18

Crane, Dwight B. et al. (Eds.): The Global Financial System: A Functional Perspective, Boston 1995

Crane, Dwight B./Bodie, Zvi: The Transformation of Banking, Harvard Business Review, Vol. 74 (1996), No. 2, S. 109-117

Crane, Dwight B.: The Tansfer of Economic Resources, in: Crane, Dwight B. et al. (Eds.): The Global Financial System: A Functional Perspective, Boston 1995, S. 129-151

Craven, John A.: Mergers & Acquisitions, in: Gerke, Wolfgang/Steiner, Manfred (Hrsg.): Handwörterbuch des Bank- und Finanzwesens, 2., überarbeitete und erweiterte Auflage, Stuttgart 1995, Sp. 1443-1453

Crawford, Richard D./Sihler, William W.: The Troubled Money Business: The Death of an Old Order and the Rise of a New Order, New York 1991

Crossman, Alex: Banking on Bancassurance, in: IFR, o. Jg. (1997), No. 1196, August 16, 1997, S. 3

Davis, E. Philip: An International Comparison of the Financing of Occupational Pensions, in: Bodie, Zvi/Mitchell, Olivia S./Turner, John A. (Eds.): Securing Employer-Based Pensions: An International Perspective, Philadelphia 1995, S. 244-281

Day, George S./Fahey, Liam: Putting Strategy into Shareholder Value Analysis, in: Harvard Business Review, Vol. 68 (1990), No. 2, S. 156-162

Demsetz, Harold: The Exchange and Enforcement of Property Rights, in: Journal of Law and Economics, Vol. 7 (1964), S. 11-26

Demsetz, Harold: Towards a Theory of Property Rights, in: American Economic Review, Vol. 57 (1967), S. 347-359

Deppe, Hans-Dieter: Eine Konzeption wissenschaftlicher Bankbetriebslehre in drei Doppelstunden, in: Deppe, Hans-Dieter (Hrsg.): Bankbetriebliches Lesebuch, Stuttgart 1978, S. 3-98

Dermine, Jean/Röller, Lars-Hendrik: Economies of Scale and Scope in French Mutual Funds, in: Journal of Financial Intermediation, Vol. 2 (1992), No. 1, S. 83-93

DeYoung, Robert: Comment on 'Operational Efficiency in Banking: An International Perspective', in: Journal of Banking and Finance, Vol. 21 (1997), No. 10, S. 1325-1329

Diamond, Douglas W.: Financial Intermediation and Delegated Monitoring, in: Review of Economic Studies, Vol. 51 (1984), No. 166, S. 393-414

Dietl, Helmut: Institutionen und Zeit, Tübingen 1993

Dietl, Helmut: Organizational Response to Capital Market Inefficiencies: Germany, Japan and the United States in Comparison, Habilitationsschrift an der Ludwig-Maximilians-Universität München, München 1996

Dietrich, Kimball J.: Financial Services and Financial Institutions: Value Creation in Theory and Practice, Upper Saddle River 1996

Dixit, Avinash K./Nalebuff, Barry J.: Thinking Strategically: The Competitive Edge in Business, Politics, and Everyday Life, New York/London 1991

Dixit, Avinash K.: The Making of Economic Policy: A Transaction-Cost Politics Perspective, Cambridge/London 1996

Dobson, Rebecca: The Rise of DMG, in: Euromoney, o. Jg. (1997), No. 1, S. 112-113

Downes, John/Goodman, Jordan Elliot: Dictionary of Finance and Investment Terms, 3rd edition, New York et al. 1991

Dreesbach, Stefan: Derivative Aktienindexprodukte im modernen Portfoliomanagement, in: Eller, Roland (Hrsg.): Handbuch Derivativer Instrumente: Produkte, Strategien und Risikomanagement, Stuttgart 1996, S. 301-338

Drill, Michael: Investor Relations: Funktion, Instrumentarium und Management der Beziehungspflege zwischen schweizerischen Publikums-Aktiengesellschaften und ihren Investoren, Bern/Stuttgart/Wien 1995

Drukarczyk, Jochen/Richter, Frank: Unternehmensgesamtwert, anteilseignerorientierte Finanzentscheidungen und APV-Ansatz, in: Die Betriebswirtschaft, 55. Jg. (1995), Nr. 5, S. 559-580

Drukarczyk, Jochen: Theorie und Politik der Finanzierung, 2., völlig neugestaltete Auflage, München 1993

Drukarczyk, Jochen: Unternehmensbewertung, unter Mitarbeit von Bernhard Schwetzler, München 1996

Drukarczyk, Jochen: Wertorientierte Unternehmenssteuerung, in: Zeitschrift für Bankrecht und Bankwirtschaft, 9. Jg. (1997), Heft 3, S. 217-226

Dudley, William C.: The Regulatory Environment for Investment Banking, in: Kuhn, Robert Lawrence (Ed.): Investing and Risk Management: Volume I of the Library of Investment Banking, Homewood 1990, S. 41-64

Dufey, Gunter/Giddy, Ian H.: The Evolution of Instruments and Techniques in International Financial Markets, in: S.U.E.R.F., Tilburg 1981

Dufey, Gunter: Finanzinnovationen, Innovationsprozeß, in: Gerke, Wolfgang/Steiner, Manfred (Hrsg.): Handwörterbuch des Bank- und Finanzwesens, 2., überarbeitete und erweiterte Auflage, Stuttgart 1995, Sp. 701-711

Dupuy, Helena/Mollo, Pascal: Premiers Pas en Bourse Pour l'Action France, in: La Tribune, No. 126, 20 Octobre 1997, S. 2-3

Dürr, Michael: Investor Relations: Handbuch für Finanzmarketing und Unternehmenskommunikation, 2., überarbeitete und erweiterte Auflage, München/Wien/Oldenbourg 1995

Dutta, Mahua: Don't Mess With Robertson Stephens, in: The American Banker, Vol. 162 (1997), No. 111, S. 19

Duyn, Aline van: Poll of Polls, the Decathlon of Investment Banking, in: Euromoney, o. Jg. (1993), No. 10, S. 79-81

Ebers, Mark/Gotsch, Wilfried: Institutionenökonomische Theorien der Organisation, in: Kieser, Alfred (Hrsg.): Organisationstheorien, 2., überarbeitete Auflage, Stuttgart/Berlin/Köln 1995, S. 185-235

EBRI: EBRI Databook on Employee Benefits, Washington D.C. 1995

Eccles, Robert G./Crane, Dwight B.: Doing Deals: Investment Banks at Work, Boston 1988

Eccles, Robert G./Crane, Dwight B.: Managing Through Networks in Investment Banking, in: California Management Review, Vol. 30 (1987), No. 1, S. 176-195

Eggertsson, Thráinn: Economic Behaviour and Institutions, Cambridge et al. 1990

Eichhorn, Peter: Die Methodologiediskussion in der Betriebswirtschaftslehre und ihre Bedeutung für die Bankbetriebslehre, in: Deppe, Hans-Dieter (Hrsg.): Bankbetriebliches Lesebuch, Stuttgart 1978, S. 137-152

Eilenberger, Guido: Bankbetriebswirtschaftslehre: Grundlagen - Internationale Bankleistungen - Bank-Management, 6., völlig neu bearbeitete Auflage, München/Wien 1996

Eisenhardt, Kathleen M.: Agency Theory: An Assessment and Review, in: Academy of Management Review, Vol. 14 (1989), No. 1, S. 57-74

Eller, Roland: Derivative Instrumente - Überblick, Strategien, Tendenzen, in: Eller, Roland (Hrsg.): Handbuch Derivativer Instrumente: Produkte, Strategien und Risikomanagement, Stuttgart 1996, S. 3-38

Executive Office of the President, Office of Management & Budget: Standard Industrial Classification Manual, Indianapolis 1987

Fama, Eugene F.: Efficient Capital Markets II, in: The Journal of Finance, Vol. 46 (1991), No. 5, S. 1575-1617

Fama, Eugene F.: Efficient Capital Markets: A Review of Theory and Empirical Work, in: The Journal of Finance, Vol. 25 (1970), S. 383-417

FDIC: Report of Condition & Income for Commercial Banks & Selected Other Financial Institutions, Washington D.C. 1981-1997

Federal Financial Institutions Examination Council: Annual Report of Trust Assets, Washington D.C. 1981-1996

Federal Reserve: Outstanding Money Market Instruments, Internet Site: The Bond Market Association (http://www.psa.com/research/o3.htm), 16. Januar 1998

Feess-Dörr, Eberhard: Mikroökonomie: Eine Einführung in die neoklassische und klassisch-neoricardianische Preis- und Verteilungstheorie, Marburg 1991

Finnerty, John D.: An Overview of Corporate Securities Innovation, in: Continental Bank Journal of Applied Corporate Finance, o. Jg. (1992), S. 23-39

Fisher, Frederick G. III: Global Market Integration: An International Perspective, in: Williamson, J. Peter (Ed.): The Investment Banking Handbook, New York et al. 1988, S. 35-54

Fox, Justin: What the Morgan Merger Portends, in: Fortune, Vol. 135 (1997), No. 4, March 3, 1997, S. 19-20

Franck, Egon: Die ökonomischen Institutionen der Teamsportindustrie: Eine Organisationsbetrachtung, Wiesbaden 1995

Frank, Stephen E./McGeehan, Patrick: BankAmerica Agrees to Acquire Robertson Stephens, a Boutique, in: The Wall Street Journal Europe, June 10th, 1997, S. 16

Froot, Kenneth A./Scharfenstein, David S./Stein, Jeremy C.: Risk Management: Coordinating Corporate Investment and Financing Policies, in: The Journal of Finance, Vol. 48 (1993), No. 5, S. 1629-1658

Froot, Kenneth A./Stein, Jeremy C.: Risk Management, Capital Budgeting, and Capital Structure Policy for Financial Institutions: An Integrated Approach, National Bureau of Economic Research Working Paper 5403, Cambridge, January 1996

Froot, Kenneth A.: Incentive Problems in Financial Contracting: Impacts on Corporate Financing, Investment, and Risk Management Policies, in: Crane, Dwight B. et al. (Eds.): The Global Financial System: A Functional Perspective, Boston 1995, S. 225-261

Fudenberg, Drew/Tirole, Jean: Game Theory, Cambridge/London 1991

Furubotn, Eirik G./Pejovich, Svetozar: Property Rights and Economic Theory: A Survey of Recent Literature, in: Journal of Economic Literature, Vol. 10 (1972), S. 1137-1162

Gahn, Roland: Delegiertes Portfolio Management deutscher institutioneller Anleger aus dem Nichtbanken-Bereich, Ludwig-Maximilians-Universität München, Diss., München 1994

Galant, Debbie: Research: Ordering a la Carte, in: Institutional Investor, Vol. 24 (1990), No. 6, S. 145-146

Gardener, Edward/Molyneux, Philip (Eds.): Investment Banking: Theory and Practice, 2nd edition, Plymouth 1996

Gart, Alan: Regulation, Deregulation, Reregulation: The Future of the Banking, Insurance, and Securities Industries, New York et al. 1994

Gaughan, Patrick A.: Mergers, Acquisitions, and Corporate Restructurings, New York et al. 1996

Gaulke, Jürgen: Investor Relations als Schlüssel zum Erfolg, in: Gablers Magazin, 11. Jg. (1997), Nr. 8, S. 21-24

Geisst, Charles R.: Investment Banking in the Financial System, Englewood Cliffs 1995

Gerke, Wolfgang/Rapp, Heinz-Werner: Eigenkapitalbeschaffung durch Erstemission von Aktien, in: Gebhard, Günther/Gerke, Wolfgang/Steiner, Manfred (Hrsg.): Handbuch des Finanzmanagements: Instrumente und Märkte der Unternehmensfinanzierung, München 1993, S. 287-312

Ghemawat, Pankaj: Games Businesses Play: Cases and Models, Cambridge/London 1997

Gilbert, S. Parker: Investment Banking in the Nineties, in: Challenges of Global Finance: Die Herausforderungen des globalen Finanzmarktes, Mainz 1991, S. 73-85

Goldberg, Lawrence G. et al.: Economies of Scale and Scope in the Securities Industry, in: Journal of Banking and Finance, Vol. 15 (1991), S. 91-107

Goldberg, Lawrence G./Rai, Anoop: The Structure-Performance Relationship for European Banking, in: Journal of Banking and Finance, Vol. 20 (1996), No. 4, S. 745-771

Goldman Sachs: The Coming Evolution of the Investment Management Industry: Opportunities and Strategies, New York, October 1995

Goldman Sachs: The Global Pension Time Bomb and its Capital Market Impact, New York, May 1997

Goldman Sachs: The Goldman Sachs Group, L.P. and Subsidiaries Annual Report 1996

Gomez, Peter/Ganz, Matthias: Diversifikation mit Konzept: Den Unternehmenswert steigern, in: Harvard Manager, 14. Jg. (1992), Heft 1, S. 44-54

Gomez, Peter/Weber, Bruno: Akquisitionsstrategien zur Steigerung des Unternehmungswertes, in: Siegwart, Hans et al. (Hrsg.): Meilensteine im Management, Band 1: Mergers & Acquisistions, Basel/Frankfurt am Main/Stuttgart 1990

Gomez, Peter: Wertmanagement: Vernetzte Strategien für Unternehmen im Wandel, Düsseldorf et al. 1993

Goodson, Peter D.: Investment Banking as a Profession: Pathway to Glory or Road to Oblivion?, in: Williamson, J. Peter (Ed.): The Investment Banking Handbook, New York et al. 1988, S. 1-7

Goold, Michael: Strategies and Styles: The Role of the Centre in Managing Diversified Corporations, Oxford/New York 1987

Grill, Wolfgang/Perczynski, Hans: Wirtschaftslehre des Kreditwesens, 22., überarbeitete und erweiterte Auflage, Bad Homburg 1987

Guillemin, Evan et al.: The Structure of Investment Banking: Ranking the Underwriters, in: Kuhn, Robert Lawrence (Ed.): Investing and Risk Management: Volume I of the Library of Investment Banking, Homewood 1990, S. 65-144

Güth, Werner: Spieltheorie und ökonomische (Bei)Spiele, Berlin et al. 1992

Habermayer, Wolfgang: Das Shareholder-Value-Prinzip zur Unternehmenssteuerung, in: Österreichisches Bank Archiv, 45. Jg. (1997), Nr. 7, S. 497-498

Harsanyi, John: Games With Incomplete Information Played by Bayesian Players, in: Management Science, Vol. 14 (1967), No. 2, S. 159-182 (Part I), Vol. 14 (1968), No. 3, S. 320-334 (Part II), Vol. 14 (1968), No. 4, S. 486-502 (Part III)

Hart, Oliver: Firms, Contracts, and Financial Structure, Oxford 1995

Haugen, Robert A.: The New Finance: The Case Against Efficient Markets, Englewood Cliffs 1995

Hayes, Samuel L./Hubbard Philip M.: Investment Banking: A Tale of Three Cities, Boston 1990

Hayes, Samuel L./Spence, A. Michael/Marks, David V. P.: Competition in the Investment Banking Industry, Boston 1983

Hayes, Samuel L./Spence, A. Michael/Marks, David V. P.: Investment Banking Competition: An Historical Sketch, in: Williamson, J. Peter (Ed.): The Investment Banking Handbook, New York et al. 1988, S. 11-33

Hayes, Samuel L.: Investment Banking: Commercial Banks' Inroads, in: Williamson, J. Peter (Ed.): The Investment Banking Handbook, New York et al. 1988, S. 443-456

Hayes, Samuel L.: The Transformation of Investment Banking, in: Harvard Business Review, Vol. 57 (1979), No. 1, S. 153-170

Hein, Manfred: Einführung in die Bankbetriebslehre, 2., überarbeitete Auflage, 1993

Heisler, Jeffrey/Kohn, Sonja: The Banking Culture of the United States of America, in: Schuster, Leo (Ed.): Banking Cultures of the World, Frankfurt am Main 1996, S. 139-150

Hirsch, James S.: Retirement-Fund Cash Going to Fidelity Slows as Employees Seek More Choices, in: The Wall Street Journal, January 8, 1997, S. C1

Hofmann, Hansgeorg B.: Produktentwicklungslinien im Investment Banking, in: International Bankers Forum e.V. (Hrsg.): Die Banken auf dem Weg ins 21. Jahrhundert, Wiesbaden 1996, S. 3-25

Hofmann, Hans-Joachim: Die Evolution von Marktstrukturen: Eine theoretische und empirische Diskussion zur Entwicklung der horizontalen Unternehmenskonzentration, Bern/Stuttgart 1982

Hoover's, Inc.: Merrill Lynch & Co., Inc., in: Bloomberg-Financial-Markets-Datenbank, Bloomberg L.P., New York, No. 10990, S. 1-5

Hoover's, Inc.: Morgan Stanley, Dean Witter, Discover & Co., in: Bloomberg-Financial-Markets-Datenbank, Bloomberg L.P., New York, No. 15970, S. 1-5

Hoover's, Inc.: Salomon Inc., in: Bloomberg-Financial-Markets-Datenbank, Bloomberg L.P., New York, No. 11315, S. 1-5

Hoover's, Inc.: The Bear Stearns Companies Inc., in: Bloomberg-Financial-Markets-Datenbank, Bloomberg L.P., New York, No. 10191, S. 1-5

Hoover's, Inc.: The Charles Schwab Corporation, in: Bloomberg-Financial-Markets-Datenbank, Bloomberg L.P., New York, No. 10320, S.1-4

Horowitz, Jed: Record Revenues in Store for Goldman's Bankers, in: Investment Dealers' Digest, Vol. 62 (1996), No. 49, December 2, 1996, S. 3-4

Hörter, Steffen: Das Shareholder-Value-Konzept: Ein Steuerungsinstrumentarium für Banken?, in: Zeitschrift für das gesamte Kreditwesen, 49. Jg. (1996), Heft 4, S. 146-148

Hunt, David: What Future for European Investment Banks?, in: The McKinsey Quarterly, o. Jg. (1995), No. 1, S. 105-117

Husson, Bruno/Jacquillat, Bertrand: French New Issues, Underpricing and Alternative Methods of Distribution, in: Guimaraes, Rui M. C./Kingsman, Brian G./Taylor, Stephen J. (Eds.): A Reappraisal of the Efficiency of Financial Markets, Berlin et al. 1989, S. 349-368

ICI: Mutual Fund Fact Book: A Basic Guide to the Trends and Statistics Observed and Recorded in the Mutual Fund Industry, 37th edition, Washington D.C. 1997

ICI: Mutual Fund Fact Book: A Basic Guide to the Trends and Statistics Observed and Recorded in the Mutual Fund Industry, 36th edition, Washington D.C. 1996

ICI: Mutual Fund Fact Book: A Basic Guide to the Trends and Statistics Observed and Recorded in the Mutual Fund Industry, 21st-35th edition, Washington D.C. 1981-1995

ICI: Releases on the Largest Mutual Fund Companies, Washington D.C., December 1985-1996

Jackson, Tony: Winning Minds, Not Hearts, in: Financial Times, October 27, 1997, S. 14

Jackson, Tony: Zeal Tempered by Sensitivity, in: Financial Times, October 27, 1997, S. 14

Jacob, Adolf-Friedrich/Klein, Sebastian: Investment Banking: Bankpolitik, Methoden und Konzepte, Wiesbaden 1996

Jacob, Adolf-Friedrich: Finanzierungsregeln, Vertrauenskapital und Risikoaversion, in: Kistner, Klaus-Peter/Schmidt, Reinhart (Hrsg.): Unternehmensdynamik: Horst Albach zum 60. Geburtstag, Wiesbaden 1991, S. 111-131

Jacquemin, Alexis: The New Industrial Organization: Market Forces and Strategic Behavior, 2nd edition, Cambridge 1991

Janisch, Monika: Das strategische Anspuchsgruppenmanagement: Vom Shareholder Value zum Stakeholder Value, Bern/Stuttgart/Wien 1993

Jeffris, Tony: Bear Stearns Companies, Inc., updated by Thomas Derdak, in: Grant, Tina (Ed.): International Directory of Company Histories, Volume 15, Detroit et al. 1996, S. 144-145

Jensen, Michael C./Meckling, William H.: Theory of the Firm: Managerial Behavior, Agency Costs and Ownership Structure, in: Jensen, Michael C./Smith, Clifford W. Jr. (Eds.): The Modern Theory of Corporate Finance, New York et al. 1984, S. 78-133

Jensen, Michael C.: Agency Costs of Free Cash Flow, Corporate Finance, and Takeovers, in: The American Economic Review, Vol. 76 (1986), No. 2, S. 323-329

Joehnk, Michael D.: An Introduction to Fixed Income Securities, in: Kuhn, Robert Lawrence (Ed.): Investing and Risk Management: Volume I of the Library of Investment Banking, Homewood 1990, S. 417-427

Johnson, Hazel J.: The Banker's Guide to Investment Banking: Securities and Underwriting Activities in Commercial Banking, o.O. 1996

Karmann, Alexander/Meyer, Axel: Financial Innovations as Optimal Investment Banking Contracts: An Agency Approach, Beiträge zur Wirtschaftsforschung, Diskussionsbeitrag Nr. 70, Hamburg 1990

Kenney, Jane: Ranking America's Biggest Brokers, in: Institutional Investor, Vol. 27 (1993), No. 4, S. 95-102

Kester, W. Carl: Capital and Ownership Structure: A Comparison of United States and Japanese Manufacturing Corporations, in: Financial Management, Vol. 15 (1986), No. 1, S. 97-113

Khoury, Sarkis J.: The Deregulation of the World's Financial Markets: Myths, Realities, and Impact, New York/Westport/London 1990

Kidwell, David S./Marr, M. Wayne/Thompson, Graham R.: SEC Rule 415: The Ultimate Competitive Bid, in: Journal of Financial and Quantitative Analysis, Vol. 19 (1984), No. 2, S. 183-195

Klebaner, Benjamin J.: American Commercial Banking: A History, Boston 1990

Klein, B./Crawford, R./Alchian, A.: Vertical Integration, Appropriable Rents, and the Competitive Contracting Process, in: Journal of Law and Economics, Vol. 21 (1978), No. 2, S. 297-326

Kolbeck, Rosemarie: Universalbankensystem, in: Gerke, Wolfgang/Steiner, Manfred (Hrsg.): Handwörterbuch des Bank- und Finanzwesens, 2., überarbeitete und erweiterte Auflage, Stuttgart 1995, Sp. 1858-1867

Kollar, Axel: Emission von Wertpapieren, in: Gerke, Wolfgang/Steiner, Manfred (Hrsg.): Handwörterbuch des Bank- und Finanzwesens, 2., überarbeitete und erweiterte Auflage, Stuttgart 1995, Sp. 500-511

Kolman, Joe: The Growth of Derivatives Research, in: Institutional Investor, Vol. 25 (1991), No. 13, S. 143-144

Koloski Morris, Jane: Venture Capital I: Industry Structure and Investment Strategy, in: Kuhn, Robert Lawrence (Ed.): Capital Raising and Financial Structure: Volume II of the Library of Investment Banking, Homewood 1990, S. 355-373

Kreikebaum, Hartmut: Strategische Unternehmensplanung, 4. Auflage, Stuttgart/Berlin/Köln 1991

Kroszner, Randall S./Rajan, Raghuram G.: Is the Glass-Steagall Act Justified? A Study of the U.S. Experience with Universal Banking before 1933, in: The American Economic Review, Vol. 84 (1994), No. 4, S. 810-832

Kroszner, Randall S.: The Evolution of Universal Banking and its Regulation(s) in Twentieth Century America, in: Saunders, Anthony/Walter, Ingo: Universal Banking: Financial System Design Reconsidered, Chicago/London/Singapore 1996, S. 70-99

Kruschwitz, Lutz/Löffler, Andreas: Ross' APT ist gescheitert. Was nun?, in: zfbf, 49. Jg. (1997), Nr. 7/8, S. 644-651

Kuhn, Robert Lawrence: A Philosophy of Investment Banking, in: Kuhn, Robert Lawrence (Ed.): Investing and Risk Management: Volume I of the Library of Investment Banking, Homewood 1990, S. 3-26

Kuhn, Robert Lawrence: New Age Investment Banking, in: The Journal of Business Strategy, Vol. 11 (1990), No. 6, S. 54-56

Kuhn, Robert Lawrence: Securities and Instruments: Classifications and Characteristics, in: Kuhn, Robert Lawrence (Ed.): Corporate and Municipal Securities: Volume III of the Library of Investment Banking, Homewood 1990, S. 3-20

Kuhn, Robert Lawrence: The Scope and Structure of Investment Banking, in: Kuhn, Robert Lawrence (Ed.): Capital Raising and Financial Structure: Volume II of the Library of Investment Banking, Homewood 1990, S. 3-57

Kuhn, Robert Lawrence: The Strategies of Investment Banking, in: Kuhn, Robert Lawrence (Ed.): Mergers, Acquisitions, and Leveraged Buyouts: Volume IV of the Library of Investment Banking, Homewood 1990, S. 3-17

Langlois, Richard N./Robertson, Paul L.: Explaining Vertical Integration: Lessons from the American Automobile Industry, in: Journal of Economic History, Vol. 49 (1989), No. 2, S. 361-375

Laux, Helmut: Entscheidungstheorie: Grundlagen, Berlin/Heidelberg/New York 1982

Law, Warren A.: Ein Unternehmen ist mehr als sein Börsenwert, in: Harvard Manager, 8. Jg. (1986), Heft 4, S. 12-15

Lawrence, Paul R./Lorsch, Jay W.: Organization and Environment: Managing Differentiation and Integration, Homewood 1967

Lee, Dwight R./Verbrugge, James A.: The Efficient Market Theory Thrives on Criticism, in: Bank of America Journal of Applied Corporate Finance, Vol. 9 (1996), No. 1, S. 35-40

Leibenstein, Harvey: Mikroökonomie und X-Effizienztheorie: Wenn es keine Krise gibt, dann sollte es eine geben, in: Bell, Daniel/Kristol, Irving (Hrsg.): Die Krise in der Wirtschaftstheorie, Übersetzer: Franz Haslinger, Ernst-Gert vom Kolke, Berlin et al. 1984, S. 123-139

Leslie, Keith J./Michaels, Max P.: The Real Power of Real Options, in: The McKinsey Quarterly, o. Jg. (1997), No. 3, S. 4-22

Lewis, Janet: Deutsche Bank Tries to Step Up, in: Fortune, Vol. 133 (1996), No. 10, May 27, 1996, S. 46-47

Lewis, Scott M.: Charles Schwab Corp., in: Grant, Tina (Ed.): International Directory of Company Histories, Volume 15, Detroit et al. 1996, S. 94-96

Lewis, William: Structure of Investment Banks: Three-D Approach Wins Clients, in: Financial Times, International Corporate Finance, June 20, 1997, S. V

Liebler, Hans: Strategische Optionen - Eine kapitalmarktorientierte Bewertung von Investitionen unter Unsicherheit, Konstanz 1996

Lingenfelder, Michael/Walz, Hartmut: Investor Relations als Element des Finanzmarketing, in: WiSt, 17. Jg. (1988), Heft 9, S. 467-469

Lintner, John: Security Prices, Risk, and Maximal Gains from Diversification, in: The Journal of Finance, Vol. 20 (1965), No. 4, S. 587-615

Lippe, Gerhard: Das Wissen des Bankkaufmanns, 5., neubearbeitete Auflage, Wiesbaden 1986

Löchel, Horst: Institutionen, Transaktionskosten und wirtschaftliche Entwicklung: Ein Beitrag zur neuen Institutionenökonomik und zur Theorie von Douglass C. North, Berlin 1995

Loughran, Tim/Ritter, Jay R.: The Timing and Subsequent Performance of New Issues, University of Illinois Working Paper, November 1993

Lücke, Wolfgang: Die prägende Wirkung der Lehre Gutenbergs für die Entwicklung der Betriebswirtschaftslehre, in: ZfB, 67. Jg. (1997), Heft 12, S. 1245-1256

Mack, Phillip R./Schoenbeck, Michael A.: Recent Trends in the Mutual Fund Industry, in: Federal Reserve Bulletin, Vol. 79 (1993), No. 11, S. 1001-1012

MacKie-Mason, Jeffrey M.: Do Taxes Affect Corporate Financing Decisions?, in: The Journal of Finance, Vol. 45 (1990), No. 5, S. 1471-1494

Magon, Kim M.: Fidelity Investments Inc., updated by Taryn Benbow-Pfalzgraf, in: Grant, Tina (Ed.): International Directory of Company Histories, Volume 15, Detroit et al. 1996, S. 188-190

Magrini, Marco: BoT-People All'Assalto di Telecom, in: Il Sole 24 Ore, No. 293, 26 Ottobre 1997, S. 9

Mahajan, Arvind/Rangan, Nanda/Zardkoohi, Asghar: Cost Structures in Multinational and Domestic Banking, in: Journal of Banking and Finance, Vol. 20 (1996), No. 2, S. 283-306

Maher, Philip/Cooper, Ron: The New Bulge Bracket, in: Investment Dealers' Digest, Vol. 62 (1996), No. 48, November 25, 1997, S. 14-25

Malkiel, Burton G.: A Random Walk Down Wall Street, 6th edition, New York/London 1996

Maltzan, Bernd-Albrecht von: Investment Banking trägt zur Stabilisierung des Universalbankgeschäftes bei, in: Zeitschrift für das gesamte Kreditwesen, 49. Jg. (1996), Heft 5, S. 191-199

Mandelker, Gershon/Raviv, Artur: Investment Banking: An Economic Analysis of Optimal Underwriting Contracts, in: The Journal of Finance, Vol. 32 (1977), No. 3, S. 683-694

Markowitz, Harry M.: Portfolio Selection, in: The Journal of Finance, Vol. 7 (1952), No. 1, S. 77-91

Markowitz, Harry M.: Portfolio Selection: Efficient Diversification of Investments, New Haven/London 1959

Marshall, John F./Ellis, M. E.: Investment Banking and Brokerage, Boulder 1994

Mas-Colell, Andreu/Whinston, Michael D./Green, Jerry R.: Microeconomic Theory, New York/Oxford 1995

Mason, Scott P.: The Allocation of Risk, in: Crane, Dwight B. et al. (Eds.): The Global Financial System: A Functional Perspective, Boston 1995, S. 153-195

Mattern, Frank et al.: Aktie, Arbeit, Aufschwung: Wie der Finanzplatz Wirtschaft und Gesellschaft wieder in Schwung bringt, Frankfurt/New York 1997

Matthews, John O.: Struggle and Survival on Wall Street: The Economics of Competition Among Securities Firms, New York/Oxford 1994

Mauer, David C./Senbet, Lemma W.: The Effect of the Secondary Market on the Pricing of Initial Public Offerings: Theory and Evidence, in: Journal of Financial and Quantitative Analysis, Vol. 27 (1992), No. 1, S. 55-79

Mayshar, Joram: Transaction Costs in a Model of Capital Market Equilibrium, in: Journal of Political Economy, Vol. 87 (1979), No. 4, S. 673-700

McGoldrick, Beth: Inside the Goldman Sachs Culture, in: Institutional Investor, Vol. 9 (1984), No.1, S. 53-63

McKinsey & Company, Inc.: Getting the Best out of Research: An Approach to Determine Optimum Research Capacities and their Utilization, nicht veröffentlichte interne Studie, Zurich 1996

McKinsey & Company, Inc.: The Professional Services Firm: Partnerships, Hierarchies and Baronies, nicht veröffentlichte interne Studie, Washington D.C. 1995

McKinsey & Company, Inc.: Winning in the U.S. Mutual Fund Industry: What Will it Take?, nicht veröffentlichte interne Studie, Washington D.C. 1995

Meehan, John/Laderman, Jeffrey M.: The Smart 401(k), in: Business Week, o. Jg. (1995), July 3, 1995, S. 58-62

Meerschwam, David M.: Breaking Financial Boundaries: Global Capital, National Deregulation, and Financial Services Firms, Boston 1991

Merrill Lynch: Geschäftsbericht 1996, New York 1997

Merton, Robert C./Bodie, Zvi: A Conceptual Framework for Analyzing the Financial Environment, in: Crane, Dwight B. et al. (Eds.): The Global Financial System: A Functional Perspective, Boston 1995, S. 3-31

Merton, Robert C./Perold, André F.: Theory of Risk Capital in Financial Firms, in: Journal of Applied Corporate Finance, Vol. 6 (1993), No. 3, S. 16-33

Merton, Robert C.: A Simple Model of Capital Market Equilibrium with Incomplete Information, in: Journal of Finance, Vol. 42 (1987), No. 3, S. 483-510

Merton, Robert C.: An Intertemporal Capital Asset Pricing Model, in: Econometrica, Vol. 41 (1973), No. 5, S. 867-887

Merton, Robert C.: Financial Innovation and the Management and Regulation of Financial Institutions, in: Journal of Banking and Finance, Vol. 19 (1995), No. 3/4, S. 461-481

Merton, Robert C.: Operation and Regulation in Financial Intermediation: A Functional Perspective, in: Englund, Peter et al. (Eds.): Operation and Regulation of Financial Markets, Stockholm 1993, S. 17-67

Merton, Robert C.: The Financial System and Economic Performance, in: Journal of Financial Services Research, Vol. 3 (1990), No. 4, S. 263-300

Mester, Loretta J.: Economies of Scale and Scope, in: Saunders, Anthony: Financial Institutions Management: A Modern Perspective, 2nd edition, Chicago et al. 1997, S. 265

Mester, Loretta J.: Repealing Glass-Steagall: The Past Points the Way to the Future, in: Business Review (Federal Reserve Bank of Philadelphia), July/August 1996, S. 3-18

Milgrom, Paul/Roberts, John: Economics, Organization, and Management, Englewood Cliffs 1992

Miller, Merton H.: Financial Innovation: Achievements and Prospects, in: Journal of Applied Corporate Finance, Vol. 5 (1992), No. 4, S. 4-11

Mintzberg, Henry: Mintzberg über Management: Führung und Organisation, Mythos und Realität. Aus dem Amerikanischen von Hans-Peter Meyer. Mit fachwissenschaftlicher Beratung durch Prof. Dr. Wolfgang H. Staehle, Freie Universität Berlin, Wiesbaden 1991

Mishkin, Frederic S.: Financial Markets, Institutions, and Money, New York 1995

Modigliani, Franco/Miller, Merton H.: The Cost of Capital, Corporation Finance and the Theory of Investment, in: The American Economic Review, Vol. 48 (1958), No. 3, S. 261-297

Molyneux, Philip/Altunbas, Yener/Gardener, Edward: Efficiency in European Banking, Chichester et al. 1996

Montgomery, Cynthia A./Singh, Harbir: Diversification Strategy and Systematic Risk, in: Strategic Management Journal, Vol. 5 (1984), No. 2, S. 181-191

Moody's Investors Service, Inc.: Moody's Company Data Report: Bankers Trust New York Corp., New York 1997

Moody's Investors Service, Inc.: Moody's Company Data Report: J.P. Morgan & Co. Inc., New York 1997

Moody's Investors Service, Inc.: Moody's Company Data Report: Lehman Brothers Holdings Inc., New York 1997

Moody's: Moody's Corporate Bond Yield Averages, Internet Site: The Bond Market Association (http://www.psa.com/research/C3.htm), 16. Januar 1998

Moore, N. H./Peterson, David R./Peterson, Pamela P.: Shelf Registration and Shareholder Wealth: A Comparison of Shelf and Traditional Equity Offerings, in: The Journal of Finance, Vol. 41 (1986), No. 2, S. 451-463

Mote, Dave: Dean Witter, Discover & Co., in: Grant, Tina (Ed.): International Directory of Company Histories, Volume 15, Detroit et al. 1996, S. 96-98

Myers, Stewart C./Majluf, Nicolas S.: Corporate Financing and Investment Decisions When Firms Have Information that Investors Do Not, in: Journal of Financial Economics, Vol. 13 (1984), June, S. 187-221

Myers, Stewart C.: The Capital Structure Puzzle, in: The Journal of Finance, Vol. 39 (1984), No. 3, S. 575-592

Nalebuff, Barry J./Brandenburger, Adam M.: Coopetition - kooperativ konkurrieren: Mit der Spieltheorie zum Unternehmenserfolg, aus dem Englischen von Hartmut J. H. Rastalsky, Frankfurt/Main/New York 1996

Neal, Robert/Reiffen, David: The Effect of Integration Between Broker-Dealers and Specialists, in: Lo, Andrew W. (Ed.): The Industrial Organization and Regulation of the Securities Industry, Chicago/London 1996, S. 177-201

Neish, Stephen: Boutiques for Sale, in: Euromoney, o. Jg. (1996), No. 330, October, S. 57-60

Neubauer, Werner: Statistische Methoden: Ausgewählte Kapitel für das wirtschaftswissenschaftliche Grundstudium, Frankfurt am Main 1991

Neumann, John von/Morgenstern, Oskar: The Theory of Games and Economic Behaviour, Princeton 1944

Neus, Werner: Börseneinführungen, Underpricing und die Haftung von Emissionsbanken, in: Kredit und Kapital, 29. Jg. (1996), Heft 3, S. 428-455

Nocera, Joseph: A Piece of the Action: How the Middle Class Joined the Money Class, New York et al. 1994, S. 149-163

North, Douglass C.: Economic Performance Through Time, in: The American Economic Review, Vol. 84 (1994), June, S. 359-368

North, Douglass C.: Institutions, Institutional Change and Economic Performance, Cambridge/New York/Melbourne 1990

North, Douglass C.: Theorie des institutionellen Wandels: Eine neue Sicht der Wirtschaftsgeschichte, Tübingen 1988

o.V.: "Nischenstrategie" für europäische Banken, in: Handelsblatt, Nr. 28, 8. Februar 1996, S. 35

o.V.: BankAmerica Corporation, Chase Manhattan Corporation, Citicorp, in: The SNL Quarterly Bank Digest, Vol. 8 (1997), No. 1, S. 68, 616, 618

o.V.: Bankers Trust New York Corporation, in: Mirabile, Lisa (Ed.): International Directory of Company Histories, Volume 2, Chicago/London 1990, S. 229-231

o.V.: Bankers' Hope, in: The Economist, Vol. 343 (1997), No. 8012, April 12th, 1997, S. 77

o.V.: Bank-Holding-Companies, in: Schierenbeck, Henner (Hrsg.): Bank- und Versicherungslexikon, München/Wien 1990, S. 80

o.V.: Bank-Holding-Company-Act of 1956/1970, in: Schierenbeck, Henner (Hrsg.): Bank- und Versicherungslexikon, München/Wien 1990, S. 80

o.V.: Banking Act 1933, in: Schierenbeck, Henner (Hrsg.): Bank- und Versicherungslexikon, München/Wien 1990, S. 80

o.V.: Bei Sanford Weill geht es Schlag auf Schlag, in: Frankfurter Allgemeine Zeitung, Nr. 224, 26. September 1997, S. 22

o.V.: British Investment Banks: The Last of the Mohicans, in: The Economist, Vol. 340 (1996), No. 7975, July 20th 1996, S. 73-74

o.V.: Cold Winds on Wall Street: Back to Basics, in: The Economist, Vol. 317 (1990), No. 7676, October 13th 1990, S. 21-24

o.V.: Commercial Banks, in: Schierenbeck, Henner (Hrsg.): Bank- und Versicherungslexikon, München/Wien 1990, S. 169-170

o.V.: CS First Boston, in: Mirabile, Lisa (Ed.): International Directory of Company Histories, Volume 2, Chicago/London 1990, S. 402-404

o.V.: Deutsche Bank A.G., in: Mirabile, Lisa (Ed.): International Directory of Company Histories, Volume 2, Chicago/London 1990, S. 278-280

o.V.: Die Deutsche Bank baut ihr gesamtes Investment Banking um, in: Frankfurter Allgemeine Zeitung, Nr. 11, 14. Januar 1998, S. 17

o.V.: Die Übernahme von Salomon durch Travelers schlägt hohe Wellen, in: Frankfurter Allgemeine Zeitung, Nr. 224, 26. September 1997, S. 22

o.V.: Edge-Act-Corporation, in: Schierenbeck, Henner (Hrsg.): Bank- und Versicherungslexikon, München/Wien 1990, S. 208

o.V.: Eine der größten Investmentbanken der Welt entsteht, in: Frankfurter Allgemeine Zeitung, Nr. 286, 9. Dezember 1997, S. 20

o.V.: Endesa Sale Details Unveiled with Expected Domestic Bias, in: Euroweek, September 26, 1997, S. 8

o.V.: Gentle Thunderer, in: The Economist, Vol. 345 (1997), No. 8044, November 22nd 1997, S. 105

o.V.: Getting Hitched, in: The Economist, Vol. 344 (1997), No. 8025, July 12th 1997, S. 20

o.V.: Giants Go Hunting, in: The Economist, Vol. 342 (1997), No. 8003, February 8th 1997, S. 89-90

o.V.: Glass Steagall Act, in: Schierenbeck, Henner (Hrsg.): Bank- und Versicherungslexikon, München/Wien 1990, S. 315-316

o.V.: Goldman, Sachs & Co., in: Mirabile, Lisa (Ed.): International Directory of Company Histories, Volume 2, Chicago/London 1990, S. 414-416

o.V.: Hohe Wellen auch in Amerika, in: Frankfurter Allgemeine Zeitung, Nr. 287, 10. Dezember 1997, S. 23

o.V.: Index-Fonds schlagen Aktien-Picker, in: Frankfurter Allgemeine Zeitung, Nr. 2, 3. Januar 1998, S. 13

o.V.: Integration in the Financial Services Industry: An Interview with John A. Craven, Chairman, Morgan Grenfell Group plc, London, and Member of the Board of Managing Directors, Deutsche Bank AG, Frankfurt am Main, in: Business Quarterly, Vol. 60 (1996), No. 4, S. 28-38

o.V.: Investment Banks, in: Schierenbeck, Henner (Hrsg.): Bank- und Versicherungslexikon, 2., völlig überarbeitete und erweiterte Auflage, München/Wien 1994, S. 360

o.V.: Jumbo Telecom Italia Sale Blows Out As Deal Escapes Market Slump, in: Euroweek, October 31, 1997, S. 10

o.V.: Loan Production Offices, in: Schierenbeck, Henner (Hrsg.): Bank- und Versicherungslexikon, München/Wien 1990, S. 448

o.V.: Merrill Lynch & Co., Inc., updated by David E. Salamie, in: Grant, Tina (Ed.): International Directory of Company Histories, Volume 15, Detroit et al. 1996, S. 340-343

o.V.: Merrill Lynch kauft Mercury Asset Management, in: Frankfurter Allgemeine Zeitung, Nr. 270, 20. November 1997, S. 22

o.V.: Movers and Shakers, in: The Economist, Vol. 346 (1998), No. 8052, January 24th 1998, S. 69

o.V.: Nice, If You Can, in: The Economist, Vol. 343 (1997), No. 8016, May 10th 1997, S. 76-81

o.V.: OECD erwartet Rekord bei Firmenübernahmen, in: Süddeutsche Zeitung, Nr. 161, 16. Juli 1997, S. 25

o.V.: Out of Their League?, in: The Economist, Vol. 343 (1997), No. 8022, June 21st 1997, S. 75-81

o.V.: Retirement Market Set for Growth, in: Life Insurance International, o. Jg. (1996), October 1996, S. 14

o.V.: Salomon Inc., updated by David E. Salamie, in: Grant, Tina (Ed.): International Directory of Company Histories, Volume 15, Detroit et al. 1996, S. 447-450

o.V.: Salomon Succumbs at Last, in: The Economist, Vol. 344 (1997), No. 8036, September 27th 1997, S. 81-82

o.V.: Small US Investors Push Charles Schwab to the Top, in: The Financial Post, May 16, 1995, S. 16

o.V.: Sommer nennt Emission der T-Aktie vollen Erfolg, in: Bonner General-Anzeiger, 18. November 1997, S. 15

o.V.: Standard & Poors 500-Index, in: Büschgen, Hans E.: Das kleine Börsenlexikon, Düsseldorf 1994, S. 676

o.V.: Swiss Bank Corporation, in: Mirabile, Lisa (Ed.): International Directory of Company Histories, Volume 2, Chicago/London 1990, S. 368-370

o.V.: Take My Advice, in: The Economist, Vol. 346 (1998), No. 8053, January 31st 1998, S. 86-87

o.V.: The Chase Manhattan Corporation, updated by David E. Salamie, in: Grant, Tina (Ed.): International Directory of Company Histories, Volume 12, Detroit/London 1996, S. 145-148

o.V.: The Dutch Touch, in: The Economist, Vol. 339 (1996), No. 7962, April 20th 1996, S. 66-67

o.V.: Thrift Institutions, in: Schierenbeck, Henner (Hrsg.): Bank- und Versicherungslexikon, München/Wien 1990, S. 625

o.V.: Trennbankensystem, in: Schierenbeck, Henner (Hrsg.): Bank- und Versicherungslexikon, München/Wien 1990, S. 633

o.V.: Übernahme-Spekulationen beflügeln Lehman-Aktien, in: Frankfurter Allgemeine Zeitung, Nr. 106, 9. Mai 1997, S. 20

o.V.: Unbalanced, in: The Economist, Vol. 323 (1992), No. 7757, May 2nd 1992, World Banking Survey, S. 9-12

o.V.: Union Bank of Switzerland, in: Mirabile, Lisa (Ed.): International Directory of Company Histories, Volume 2, Chicago/London 1990, S. 378-379

o.V.: Universalbanksystem, in: Schierenbeck, Henner (Hrsg.): Bank- und Versicherungslexikon, München/Wien 1990, S. 641

o.V.: Valuing Companies: A Star to Sail by?, in: The Economist, Vol. 344 (1997), No. 8028, August 2nd 1997, S. 57-59

o.V.: Zuflüsse zu amerikanischen Aktienfonds rückläufig, in: Frankfurter Allgemeine Zeitung, Nr. 281, 3. Dezember 1997, S. 33

Perold, André F./Salomon, Robert S.: The Right Amount of Assets under Management, in: Financial Analysts Journal, Vol. 47 (1991), No. 3, S. 31-39

Perold, André F.: The Payment System and Derivative Instruments, in: Crane, Dwight B. et al. (Eds.): The Global Financial System: A Functional Perspective, Boston 1995, S. 33-79

Picot, Arnold/Dietl, Helmut/Franck, Egon: Organisation: Eine ökonomische Perspektive, Stuttgart 1997

Picot, Arnold/Reichwald, Ralf: Auflösung der Unternehmung? Vom Einfluß der IuK-Technik auf Organisationsstrukturen und Kooperationsformen, in: ZfB, 64. Jg. (1994), Nr. 5, S. 547-570

Picot, Arnold/Ripperger, Tanja/Wolff, Birgitta: The Fading Boundaries of the Firm: The Role of Information and Communication Technology, in: Journal of Institutional and Theoretical Economics (JITE), Vol. 152 (1996), S. 65-79

Picot, Arnold: Betriebswirtschaftliche Umweltbeziehungen und Umweltinformationen: Grundlagen einer erweiterten Erfolgsanalyse für Unternehmungen, Berlin 1977

Picot, Arnold: Die organisatorische Herausforderung, in: Ewerdwalbesloh, Gerd (Hrsg.): Telekommunikation für Banken und Versicherungen: Finanzdienstleistungen im Wandel, Berlin/Heidelberg/New York 1996, S. 47-84

Picot, Arnold: Ein neuer Ansatz zur Gestaltung der Leistungstiefe, in: zfbf, 43. Jg. (1991), Nr. 4, S. 336-357

Picot, Arnold: Empirische Forschungsansätze in der Finanzwirtschaft, in: Büschgen, Hans E. (Hrsg.): Handwörterbuch der Finanzwirtschaft, Stuttgart 1976, S. 317-328

Picot, Arnold: Marktorientierte Gestaltung der Leistungstiefe, in: Steger, Ulrich (Hrsg.): Der Niedergang des US-Management-Paradigmas: Die europäische Antwort, Düsseldorf et al. 1993, S. 167-201

Picot, Arnold: Transaktionskostenansatz in der Organisationstheorie: Stand der Diskussion und Aussagewert, in: Die Betriebswirtschaft, 42. Jg. (1982), Nr. 2, S. 267-284

Picot, Arnold: Transaktionskostenansatz, in: Wittmann, Waldemar et al. (Hrsg.): Handwörterbuch der Betriebswirtschaft, Stuttgart 1993, Sp. 4194-4204

Picot, Arnold: Verfügungsrechte und Wettbewerb als Determinanten der Entwicklung des Verwaltungsbereichs von Organisationen, in: Boettcher, Erik/Herder-Dorneich, Philipp/Schenk, Karl-E. (Hrsg.): Jahrbuch für Neue Politische Ökonomie, 3. Band, Tübingen 1984, S. 198-222

Porter, Michael E.: Wettbewerbsstrategie (Competitive Strategy): Methoden zur Analyse von Branchen und Konkurrenten, deutsche Übersetzung von Volker Brandt und Thomas C. Schwoerer, 7. Auflage, Frankfurt/Main/New York 1992

Porter, Michael E.: Wettbewerbsvorteile (Competitive Advantage): Spitzenleistungen erreichen und behaupten, deutsche Übersetzung von Angelika Jaeger, 3. Auflage, Frankfurt/Main/New York 1992

Pratt, John W./Zeckhauser, Richard J.: Principals and Agents. An Overview, in: Pratt, John W./Zeckhauser, Richard J. (Eds.): Principals and Agents: The Structure of Business, Boston 1985, S. 1-35

PSI Global: Sizing and Segmenting the Consumer Financial Market, New York 1997

Puri, Manju: Commercial Banks in Investment Banking: Conflict of Interest or Certification Role, in: Journal of Financial Economics, Vol. 40 (1996), No. 3, S. 373-401

Putnam, Lovell & Thornton: The Investment Management Industry in the United States, New York/San Francisco, July 11, 1997

Raettig, Lutz R.: Neuere Entwicklungen im Investment Banking, in: Rudolph, Bernd (Hrsg.): Instrumente und Strategien im Investment Banking, Frankfurt am Main 1990, S. 35-55

Raghavan, Anita/McGough, Robert: Fidelity Brokerage Arm in Pact to Market Salomon Offerings, in: The Wall Street Journal, January 20, 1997, S. C1

Rajan, Raghuram G.: The Entry of Commercial Banks into the Securities Business: A Selective Survey of Theories and Evidence, in: Saunders, Anthony/Walter, Ingo: Universal Banking: Financial System Design Reconsidered, Chicago/London/Singapore 1996, S. 282-302

Ramsler, Martin: Finanzinnovationen, in: Gebhard, Günther/Gerke, Wolfgang/ Steiner, Manfred (Hrsg.): Handbuch des Finanzmanagements: Instrumente und Märkte der Unternehmensfinanzierung, München 1993, S. 429-444

Rappaport, Alfred: Creating Shareholder Value: The New Standard for Business Performance, New York 1986

Rappaport, Alfred: Wertorientierte Unternehmensführung - Strategien zur Schaffung von Shareholder Value, in: Montgomery, Cynthia A./Porter, Michael E. (Hrsg.): Strategie: Die brillanten Beiträge der weltbesten Strategie-Experten, Wien 1996, S. 433-457

Rauch, Eberhard: Telekommunikation als Motor für strukturelle Änderungen in der Bankenlandschaft, in: Ewerdwalbesloh, Gerd (Hrsg.): Telekommunikation für Banken und Versicherungen: Finanzdienstleistungen im Wandel, Berlin/Heidelberg/New York 1996, S. 95-116

Rehm, Hannes: Neue Wege zur Finanzierung öffentlicher Investitionen, in: Zeitschrift für öffentliche und gemeinwirtschaftliche Unternehmen, Beiheft Nr. 18, Baden-Baden 1994

Reid, Gavin C.: Theories of Industrial Organization, Oxford/New York 1987

Reimnitz, Jürgen: Das Primärgeschäft im Emissionsbereich, in: Büschgen, Hans E./Richolt, Kurt (Hrsg.): Handbuch des internationalen Bankgeschäfts, Wiesbaden 1989, S. 241-266

Reimpell, Peter: Strategien deutscher Banken im Investment Banking, in: Die Bank, 29. Jg. (1990), Nr. 9, S. 488-490

Reinicke, Wolfgang H.: Banking, Politics and Global Finance: American Commercial Banks and Regulatory Change, 1980-1990, Aldershot/Brookfield 1995

Remolona, Eli M.: The Recent Growth of Financial Derivative Markets, in: Federal Reserve Bank of New York Quarterly Review, o. Jg. (1992), Winter, S. 28-43

Richolt, Kurt: Die ökonomischen Rahmenbedingungen des internationalen Bankgeschäfts, in: Büschgen, Hans E./Richolt, Kurt (Hrsg.): Handbuch des internationalen Bankgeschäfts, Wiesbaden 1989, S. 25-44

Richter, Frank: DCF-Methoden und Unternehmensbewertung: Analyse der systematischen Abweichungen der Bewertungsergebnisse, in: Zeitschrift für Bankrecht und Bankwirtschaft, 9. Jg. (1997), Heft 3, S. 226-237

Ritter, Jay R.: The Costs of Going Public, in: Journal of Financial Economics, Vol. 19 (1987), S. 269-281

Rock, Kevin: Why New Issues Are Underpriced, in: Journal of Financial Economics, Vol. 15 (1986), S. 187-212

Rogers, David: The Future of American Banking: Managing for Change, New York et al. 1993

Rogowski, Robert J./Sorensen, Eric H.: Deregulation in Investment Banking: Shelf Registration, Structure, and Performance, in: Financial Management, Vol. 14 (1985), No. 1, S. 5-15

Ross, Stephen A.: The Arbitrage Theory of Capital Asset Pricing, in: Journal of Economic Theory, Vol. 13 (1976), S. 341-360

Rupert, Rupert H. (Ed.): The New Era of Investment Banking: Industry Structure, Trends and Performance, Chicago 1993

Sahl, Andreas: Integriertes Hedging von Risiken mit dem Portfolio-Ansatz, in: Eller, Roland (Hrsg.): Handbuch Derivativer Instrumente: Produkte, Strategien und Risikomanagement, Stuttgart 1996, S. 291-299

Sanford C. Bernstein & Co., Inc.: No Longer the Ugly Duckling: The Retail Securities Industry, New York 1997

Sanford C. Bernstein & Co., Inc.: The Future of Money Management in America, New York 1996

Saunders, Anthony/Walter, Ingo: Bank "Uniqueness" and the Securities Activities of Commercial Banks, in: Williamson, J. Peter (Ed.): The Investment Banking Handbook, New York et al. 1988, S. 433-442

Saunders, Anthony/Walter, Ingo: Universal Banking in the United States: What Could We Gain? What Could We Lose?, New York/Oxford 1994

Saunders, Anthony: Financial Institutions Management: A Modern Perspective, 2nd edition, Chicago et al. 1997

Sautter, Michael T.: Exzellenz oder Exitus - Trends und Erfolgsfaktoren im Asset Management, Vortrag im Rahmen des Bankenforums an der European Business School, Oestrich-Winkel, 1. November 1997

Schelling, Thomas C.: The Strategy of Conflict, Cambridge 1960

Scherer, Frederic M./Ross, David: Industrial Market Structure and Economic Performance, 3rd edition, Boston 1990

Schierenbeck, Henner: Institutionelle Bankbetriebslehre: Eine Einführung in die institutionellen Grundlagen des Geld-, Finanz- und Bankwesens, Stuttgart 1987

Schierenbeck, Henner: Shareholder Value-Management im Konzept Ertragsorientierter Banksteuerung, in: Die Bank, 37. Jg. (1998), Nr. 1, S. 13-17

Schmitz, Ronaldo H.: Emissionsgeschäft der Kreditinstitute, in: Gerke, Wolfgang/ Steiner, Manfred (Hrsg.): Handwörterbuch des Bank- und Finanzwesens, 2., überarbeitete und erweiterte Auflage, Stuttgart 1995, Sp. 511-521

Schreyer, William A.: The Globalization of Financial Markets, in: Kuhn, Robert Lawrence (Ed.): Investing and Risk Management: Volume I of the Library of Investment Banking, Homewood 1990, S. 27-40

Schulte, Karl-Werner: Wirtschaftlichkeitsrechnung, 4. Auflage, Heidelberg/Wien 1986

Schulz, Bettina: Die Dresdner Bank will eine Investmentbank in Amerika kaufen, in: Frankfurter Allgemeine Zeitung, Nr. 195, 23. August 1997, S. 15

Schulze, Peter M.: Beschreibende Statistik, München/Wien/Oldenburg 1990

Schuster, Leo: Investment Banking, in: Schierenbeck, Henner (Hrsg.): Bank- und Versicherungslexikon, 2., völlig überarbeitete und erweiterte Auflage, München/Wien 1994, S. 355-360

Schwartz, Eli/Aronson, J. Richard: Some Surrogate Evidence in Support of the Concept of Optimal Financial Structure, in: The Journal of Finance, Vol. 22 (1967), No. 1, S. 10-18

Schween, Carsten: Corporate Venture Capital: Risikokapitalfinanzierung deutscher Industrieunternehmen, Wiesbaden 1996

Scott-Quinn, Brian: Investment Banking: Theory and Practice, London 1990

Scura, Paul/Issever, Marko/Nabholz, Robert: Financial Innovation and New Corporate Securities, in: Kuhn, Robert Lawrence (Ed.): Corporate and Municipal Securities: Volume III of the Library of Investment Banking, Homewood 1990, S. 623-662

Selten, Reinhard: Re-Examination of the Perfectness Concept for Equilibrium Points in Extensive Games, in: International Journal of Game Theory, Vol. 4 (1975), S. 25-55

Selten, Reinhard: Spieltheoretische Behandlung eines Oligopolmodells mit Nachfrageträgheit, in: Zeitschrift für die gesamte Staatswirtschaft, 12. Jg. (1965), S. 301-324

Sharpe, William F.: Capital Asset Prices: A Theory of Market Equilibrium Under Conditions of Risk, in: The Journal of Finance, Vol. 19 (1964), No. 3, S. 425-442

Shearlock, Peter: Battle of the Bulge Bracket, in: The Banker, Vol. 147 (1997), No. 853, S. 17-20

SIA: 1997 Securities Industry Fact Book, New York 1997

SIA: Securities Industry Yearbook, New York 1981-1996

SIA: Security Industry Trends: Negotiated Rates and the U.S. Securities Industry, Vol. 23 (1997), No. 1, S. 1-21

SIA: User Guide to SIA's Securities Industry DataBank, New York 1997

Siebert, Horst: Außenwirtschaft, 4., völlig neubearbeitete und wesentlich erweiterte Auflage, Stuttgart 1989

Siegert, Theo: Eigenarten bankbetrieblicher Leistungen: Ein Beitrag zur theoretischen Bankbetriebslehre, München 1974

Sirri, Erik R./Tufano, Peter: The Economics of Pooling, in: Crane, Dwight B. et al. (Eds.): The Global Financial System: A Functional Perspective, Boston 1995, S. 81-127

Smith, Adam: An Inquiry into the Nature and Causes of the Wealth of Nations, London 1776

Smith, Clifford W. Jr.: Alternative Methods for Raising Capital - Rights Versus Underwritten Offerings, in: Journal of Financial Economics, Vol. 5 (1986), S. 273-307

Smith, Roy C./Walter, Ingo: Global Banking, New York/Oxford 1997

Speckbacher, Gerhard: Shareholder Value und Stakeholder Ansatz, in: Die Betriebswirtschaft, 57. Jg. (1997), Nr. 5, S. 630-639

Spremann, Klaus: Asymmetrische Information, in: ZfB, 60. Jg. (1990), Nr. 5/6, S. 561-586

Spremann, Klaus: Diversifikation im Normalfall und im Streßfall, in: ZfB, 67. Jg. (1997), Heft 8, S. 865-886

Spremann, Klaus: Reputation, Garantie, Information, in: ZfB, 58. Jg. (1988), Nr. 5/6, S. 613-629

Staehle, Wolfgang H.: Management: Eine verhaltenswissenschaftliche Perspektive, 6., überarbeitete Auflage, München 1991

Stein, Jeremy C.: Convertible Bonds as "Backdoor" Equity Financing, in: Journal of Financial Economics, Vol. 32 (1992), August, S. 3-22

Storck, Joachim: Mergers & Acquisitions: Marktentwicklung und bankpolitische Konsequenzen, Wiesbaden 1993

Strong, Norman/Walker, Martin: Information and Capital Markets, Oxford/New York 1987

Swary, Itzhak/Topf, Barry: Global Financial Deregulation: Commercial Banking at the Crossroads, Cambridge/Oxford 1992

Sykes, Trevor: Floats: Sunk Without the Telstra Sale, in: Australian Financial Review, No. 9258, January 3, 1998, S. 26

Tebroke, Hermann-Josef: Finanzinnovationen, Überblick, in: Gerke, Wolfgang/ Steiner, Manfred (Hrsg.): Handwörterbuch des Bank- und Finanzwesens, 2., überarbeitete und erweiterte Auflage, Stuttgart 1995, Sp. 711-726

Teitelbaum, Richard: The Trouble With the Salomon-Fidelity Deal, in: Fortune, Vol. 135 (1997), No. 4, March 3, 1997, S. 21

Terberger, Eva: Neo-institutionalistische Ansätze: Entstehung und Wandel, Anspruch und Wirklichkeit, Wiesbaden 1994

Thakor, Anjan V.: The Design of Financial Systems: An Overview, in: Journal of Banking and Finance, Vol. 20 (1996), No. 5, S. 917-948

The Goldman Sachs Group L.P.: Goldman Sachs at a Glance, Internet Site (http://www.gs.com/about/at-a-glance.html) vom 17. Februar 1998, S. 1-4

Theuvsen, Ludwig: Interne Organisation und Transaktionskostenansatz: Entwicklungsstand - weiterführende Überlegungen - Perspektiven, in: ZfB, 67. Jg. (1997), Heft 9, S. 971-996

Thiele, Mouna: Neue Institutionenökonomik, in: Das Wirtschaftsstudium, 23. Jg. (1994), Heft 12, S. 993-997

Thomson BankWatch, Inc.: Banking Company Profile: Groupe Paribas, New York et al., August 25, 1997

Tinic, Seha M.: Anatomy of Initial Public Offerings of Common Stock, in: The Journal of Finance, Vol. 43 (1988), No. 4, S. 789-822

Tirole, Jean: The Theory of Industrial Organization, Cambridge/London 1990

Titman, Sheridan/Wessels, Roberto: The Determinants of Capital Structure Choice, in: The Journal of Finance, Vol. 43 (1988), No. 1, S. 1-19

Tool, Marc R.: Pricing, Valuation and Systems: Essays in Neoinstitutional Economics, Aldershot/Brookfield 1995

Truell, Peter: Fidelity Forms an Alliance with Salomon, in: The New York Times, January 18, 1997, S. 35

Tucker, Tom: Morgan Stanley Group Inc., updated by David E. Salamie, in: Grant, Tina (Ed.): International Directory of Company Histories, Volume 15, Detroit et al. 1996, S. 374-378

Tufano, Peter: How Financial Engineering Can Advance Corporate Strategy, in: Harvard Business Review, Vol. 74 (1996), No. 1, S. 136-146

Tufano, Peter: Securities Innovations: A Historical and Functional Perspective, in: Bank of America Journal of Applied Corporate Finance, Vol. 7 (1995), No. 4, S. 90-103

UBS: European Banking: The Discreet Charm of Investment Banking, London, November 1997

Uhlir, Helmut: Der Gang an die Börse und das Underpricing-Phänomen, in: Zeitschrift für Bankrecht und Bankwirtschaft, Vol. 1 (1989), Nr. 1, S. 2-16

Ulrich, Peter/Fluri, Edgar: Management: Eine konzentrierte Einführung, 4., verbesserte Auflage, Bern/Stuttgart 1986

Ulrich, Peter: Systemsteuerung und Kulturentwicklung: Auf der Suche nach einem ganzheitlichen Paradigma der Managementlehre, in: Die Unternehmung, 38. Jg. (1984), Heft 4, S. 303-325

Universum AB: The American Graduate Survey 1997, Stockholm 1997

Universum AB: The European Graduate Survey 1995, Stockholm 1995

Universum AB: The European Graduate Survey 1996, Stockholm 1996

Universum AB: The European Graduate Survey 1997, Stockholm 1997

Very, Philippe et al.: Relative Standing and the Performance of Recently Acquired European Firms, in: Strategic Management Journal, Vol. 18 (1997), No. 8, S. 593-614

Wagner, Franz W.: Shareholder Value: Eine neue Runde im Konflikt zwischen Kapitalmarkt und Unternehmensinteresse, in: Betriebswirtschaftliche Forschung und Praxis, 48. Jg. (1997), Nr. 5, S. 473-498

Wahlman, Anton: The Search for a New Equilibrium: Regrouping the European Investment Banks, unpublished paper submitted at The Paul H. Nitze School of Advanced International Studies at John Hopkins University, 1995

Wallis, John Joseph/North, Douglass C.: Measuring the Transaction Sector in the American Economy, 1870-1970, in: Engerman, Stanley L./Gallman, Robert E. (Eds.): Long-Term Factors in American Growth, Chicago/London 1986, S. 95-148

Walter, Ingo: Universal Banking: A Shareholder Value Perspective, in: European Management Journal, Vol. 15 (1997), No. 4, S. 344-360

Walther, Artur: Die Internationalisierung des Investment Banking in Deutschland, in: Gebauer, Wolfgang/Rudolph, Bernd (Hrsg.): Marketing für Finanzprodukte und Finanzmärkte, Frankfurt am Main 1993, S. 137-157

Warg, Markus: Traditional und Nontraditional Banking: Gegensatz oder Ergänzung?, in: Österreichisches Bank Archiv, 43. Jg. (1995), Nr. 5, S. 341-345

Warner, Jerold B.: Bankruptcy Costs: Some Evidence, in: Jensen, Michael C./Smith, Clifford W. Jr. (Eds.): The Modern Theory of Corporate Finance, New York et al. 1984, S. 66-76

Wenger, Ekkehard/Terberger, Eva: Die Beziehung zwischen Agent und Prinzipal als Baustein einer ökonomischen Theorie der Organisation, in: WiSt, 17. Jg. (1988), Heft 10, S. 506-514

Wertschulte, Josef F.: Investment Banking, in: Gerke, Wolfgang/Steiner, Manfred (Hrsg.): Handwörterbuch des Bank- und Finanzwesens, 2., überarbeitete und erweiterte Auflage, Stuttgart 1995, Sp. 1022-1031

Wessels, Roberto E.: The Market for Initial Public Offerings: An Analysis of the Amsterdam Stock Exchange (1982-7), in: Guimaraes, Rui M. C./Kingsman, Brian G./Taylor, Stephen J. (Eds.): A Reappraisal of the Efficiency of Financial Markets, Berlin et al. 1989, S. 323-348

Wetzel, Christoph: Die Auswirkungen des Reichsbörsengesetzes von 1896 auf die Effektenbörsen im Deutschen Reich, insbesondere auf die Berliner Fondsbörse, Münster 1996

Whiting, Richard M.: Dismantling Glass-Steagall: The Road Not Taken, in: The Journal of Lending & Credit Risk Management, Vol. 79 (1997), No. 5, S. 30-36

Williamson, J. Peter (Ed.): The Investment Banking Handbook, New York et al. 1988

Williamson, Oliver E.: Die ökonomischen Institutionen des Kapitalismus: Unternehmen, Märkte, Kooperationen, Tübingen 1990

Williamson, Oliver E.: Markets and Hierarchies: Analysis and Antitrust Implications: A Study in the Economics of Internal Organization, New York/London 1975

Williamson, Oliver E.: Strategizing, Economizing, and Economic Organization, University of California at Berkeley Working Paper EAP-41, Berkeley 1991

Williamson, Oliver E.: The Economics of Organization: The Transaction Cost Approach, in: American Journal of Sociology, Vol. 87 (1981), S. 548-577

Williamson, Oliver E.: Transaction Cost Economics: The Governance of Contractual Relations, in: Journal of Law and Economics, Vol. 22 (1979), S. 233-261

Wilson, Gregory: Getting Beyond Glass-Steagall, in: The McKinsey Quarterly, o. Jg. (1995), No. 2, S. 109-115

Winter, Stefan M.: Derivative Finanzinstrumente der dritten Generation, in: Rudolph, Bernd (Hrsg.): Derivative Finanzinstrumente, Stuttgart 1995, S. 211-237

Woelfel, Charles J.: The Dictionary of Banking: Over 5,000 Terms Defined and Explained, Burr Ridge/New York 1994

Wöhe, Günter: Einführung in die Allgemeine Betriebswirtschaftslehre, 19., überarbeitete und erweiterte Auflage, München 1996

Zaß, Manfred: Sekundärmärkte in Aktien und Anleihen, in: Büschgen, Hans E./Richolt, Kurt (Hrsg.): Handbuch des internationalen Bankgeschäfts, Wiesbaden 1989, S. 267-293

Datenbanken

Bloomberg-Financial-Markets-Datenbank, Bloomberg L.P., New York

Compustat-Datenbank, Standard & Poor's Compustat, Englewood

Datastream-Datenbank, Datastream International Limited, London

Omnibase-Datenbank, IFR Securities Data, London

Principia-Plus-for-Mutual-Funds-Datenbank, Morningstar, Inc., Chicago

SDC-Datenbank, Securities Data Company, New York

Securities Industry DataBank, SIA, New York

DUV Deutscher Universitäts Verlag
GABLER · VIEWEG · WESTDEUTSCHER VERLAG

"ebs-Forschung", Schriftenreihe der EUROPEAN BUSINESS SCHOOL Schloß Reichartshausen

Band 1: Wolfgang Nuber, **Strategische Kontrolle**
Konzeption, Organisation und kontextspezifische Differenzierung
1995. XXII, 402 Seiten, 71 Abb., Broschur DM 118,-/ ÖS 861,-/ SFr 105,-
ISBN 3-8244-0269-6

Band 2: Mathias Bühring-Uhle, **Reflexive Unternehmensführung**
Systemtheoretische Grundlagen rationalen Managements
1995. XVIII, 267 Seiten, 17 Abb., 13 Tab., Broschur DM 98,-/ ÖS 715,-/ SFr 89,-
ISBN 3-8244-0271-8

Band 3: EUROPEAN BUSINESS SCHOOL Schloß Reichartshausen (Hrsg.), **Erfahrung - Bewegung - Strategie**
Festschrift zum 25jährigen Jubiläum der ebs
1996. VIII, 401 Seiten, 45 Abb. (vergriffen)
ISBN 3-8244-0300-5

Band 4: Thomas Schulz, **Risiko-Publizität**
Formen der Darstellung von Marktrisiken im Jahresabschluß der Unternehmung
1996. XXIX, 415 Seiten, 156 Abb. und Tab., Br. DM 118,-/ ÖS 861,-/ SFr 105,-
ISBN 3-8244-0315-3

Band 5: Matthias Winter, **Ökologisch motiviertes Organisationslernen**
1997. XXIII, 291 Seiten, 60 Abb., 17 Tab., Broschur DM 98,-/ ÖS 715,-/ SFr 89,-
ISBN 3-8244-0350-1

Band 6: Dirk Lüth, **Subsidiarität und föderale Währungsunion in Europa**
Eine ergebnis- und verfahrensorientierte Analyse
1997. XVIII, 348 Seiten, 46 Abb., Broschur DM 118,-/ ÖS 861,-/ SFr 105,-
ISBN 3-8244-0365-X

Band 7: Michael Lamla, **Grundsätze ordnungsmäßiger Umwandlungsprüfung**
1997. XVII, 292 Seiten, 27 Abb., Broschur DM 98,-/ ÖS 715,-/ SFr 89,-
ISBN 3-8244-0366-8

Band 8: Alexander Bassen, **Dezentralisation und Koordination von Entscheidungen in der Holding**
1998. XXII, 339 Seiten, 76 Abb., Broschur DM 118,-/ ÖS 861,-/ SFr 105,-
ISBN 3-8244-0390-0

Band 9: Martin Beer, **Outsourcing unternehmensinterner Dienstleistungen**
Optimierung des Outsourcing-Entscheidungsprozesses
1998. XX, 324 Seiten, 51 Abb., Broschur DM 108,-/ ÖS 788,-/ SFr 96,-
ISBN 3-8244-0398-6

GPSR Compliance

The European Union's (EU) General Product Safety Regulation (GPSR) is a set of rules that requires consumer products to be safe and our obligations to ensure this.

If you have any concerns about our products, you can contact us on ProductSafety@springernature.com

In case Publisher is established outside the EU, the EU authorized representative is:

Springer Nature Customer Service Center GmbH
Europaplatz 3
69115 Heidelberg, Germany

Batch number: 10815974

Printed by Printforce, the Netherlands